新装版

内村鑑三とともに

Yanaihara Tadao
矢内原忠雄

東京大学出版会

序にかえて——内村鑑三先生と私

私は先輩や友人の多くと異なり、内村先生の内弟子であったことがない。すなわち、先生の雑誌の編集・校正・執筆等で先生をお援けしたことは一度もなく、講壇の「前座」をつとめたこともなく、先生から協力を命ぜられたことはない。私の処女作である『基督者の信仰』を聖書之研究社から出版して下さったのは異例の御好意であるが、それさえ内弟子的な関係とは異なる。私は一度も先生の家庭で食事を頂いたことはなく、先生の家の名物と言われた萩の餅を味わったこともない。私は意識的に先生から距離を置いて仰いでいた。それは私の性質にもよるが、また先生の仕事を煩わさないようにという遠慮から出たことでもあった。

こういうわけであるから、私は肉によって先生を知ることははなはだ少く、ただ畏れをもって先生から聖書の真理を学んだに過ぎない。そしてそのことは私にとって非常に益であった。私は先生の人柄につまずいたことは一度もなく、先生に対して批評的になったこともない。私は先生から聖書の真理と、それによって世に処する信仰的生活態度を学んだのであって、先生を学んだのではなく、先生についての知識を蓄えたのでもない。

世には私をも先生の「高弟」の中に数える人がある。先生は先生の十二使徒を選むようなことはしなかったが、かりにそのようなことがあったとしても、私はその圏外にいた者である。実際において、先生は何人をも自己の高弟とせず、またどの弟子も先生の高弟をもって任じた者はない。高弟意識のごときは先生とその無教会主義からは最も遠いものである。

一方ではまた、私のごときは内村鑑三の正統をつぐ弟子でない、と批評する人があるとのことである。正統の弟子とはどういう者を指すか知らないが、そういう思想自体が内村鑑三とその無教会主義にとっては異質的であろう。内村鑑三はその後継者をのこさず、その正統をつぐ者をあらかじめ定めておかなかった。われわれは内村鑑三の相続人でなく、彼から教義も財産も弟子も何ものも継承しない。われわれは彼から教えられた聖書を、われわれ自身の霊性と知性によって学び、これをわれわれ自身の言葉によって人に伝える。われわれが彼から学んだものがあるとすれば、この何ものにもとらわれず、内村鑑三によってさえもとらわれないところの、聖霊による自由な信仰的態度であると言えよう。

今や日本において内村ブームの徴候がある。無教会側だけでなく、教会側においても彼をかつぎ、あるいは全集を出版し、あるいは記念碑を建てる。内村の名義とその肖像写真と、欲しければみんな呉れてやる。われわれは内村の信じたイエスの福音をわれわれ自身の信仰として信じ、内村の戦った福音のための戦いを、われわれ自身の戦いとして戦うのみである。

目次

一　内村先生対社会主義

われわれはここに内村鑑三先生記念のために集まりました。それは先生を追悼して過去の記念に生きんがためではありません。またいたずらに先生の偉大を讃美せんがためでもありません。先生の戦いし戦いをわれらも戦い続けんがため、ここに立ったのであります。先生の生涯の事業たりし『聖書之研究』誌の創刊せられたのは明治三十三年でありました。当時その表紙に掲げられし標語は「基督の為め国の為め」というのでありました。先生は国家・社会の苦難の問題より遊離して象牙の塔にこもる思想的遊戯家ではありませんでした。先生には活きた血が、活きた愛が溢れていました。先生は預言者の熱情をもって日本国を愛しました。愛が深刻であればあるほど、先生は腸を絞って国民の腐敗堕落を責めました。当時先生は叫んで言いました。

此我等の日本国は如何なりませう乎。……滅亡であります。……政治家は節操を売ることを何とも思はず、彼等は相互に汚穢を語つて少しも恥と致しません。忠君愛国を教ふる教育家が収賄の嫌疑を以て続々と獄舎に投ぜられます。数万の民が饑餓に泣いて居りますれば、彼等を饑餓に迫らしめたる人は朝廷の恩恵を身に浴びて奢侈淫逸に日を送つて居ります。偶々正義公平を絶叫する者があると思へば、是は不平の声であつて義を愛するの声ではありません。……政府は其各部に於て腐敗を極め……今は小学教師までが賄賂を取るのを当然の事であるやうに思ふに至りました。若し是れが亡国の徴でないならば何が亡国の徴であります乎。……真実とか無私とか云ふことは唯口に唱へられる計りでありまして、之を真面目に信ずる者の殆んど一人も無いと言ふても可い社会であります。希望とか歓喜とか称すべきものは地を払つて無く、唯有るものは失望と悲憤慷慨とのみであります。此君子国と称へられし国の民にして、少しく世の中の経験を有つた者で、悲惨の歴史か堕落の経歴を有たない者とては殆んどありません。純正なる淑女はありません。純潔なる紳士はありません。日本人は皆偽物であります（明治三十六年二月）

かく大胆に内村鑑三は叫びました。しからばこの日本国を救うの途として、先生の見出したるものは何でありましたか。当時新思想として日本においてようやく具体化せんとしつつありし社会主義運動でありますか。明治三十四年五月には安部磯雄氏を中心とする社会民主党が日本最初の社会主義政党として組織せられました。同年七月には『万朝報』が社会改良を目的として理想団を組織しました。当時『万朝報』は黒岩涙香を社長とし、内村先生を幕賓とし、以下幸徳秋水、堺枯川、河上清らの記者を有して、一世の青年の視聴を集めたのであります。後年、わが国社会主義運動史上の中心人物となった幸徳秋水、堺枯川、西川光次郎、山川均、守田有秋、荒畑寒村らの人々は明治三十年代において内村先生の後輩もしくは弟子として、先生の思想的影響を受けたのであります。先生の藩閥政府攻撃、進歩的平民主義、および社会正義の熱情が彼らを惹きつけ、一世の青年を惹きつけたものと思われます。あの能力と熱情とをもつ先生が、わが国社会改革の途として、社会主義を選ばれたとすれば、必ずや偉大なる社会主義の指導者として歴史に名を遺されたでありましょう。

けれども、先生は社会主義者ではありませんでした。初めからそうでありませんでした。先生の主義は十七歳にしてキリストを信じて以来終始一貫キリスト教でありまして、キリスト教か社会主義かの選択の問題は一度も先生には起りませんでした。先生はあるいは政治あるいは実業または教育・文学・社会改良等を試み、もしくは試みんとせられましたが、それは常にキリスト教を基礎とする事業でありました。しかもついに先生の発見したるところはこれらのキリスト教的事業にあらずして、キリスト教そのもの、すなわち福音の宣伝でありました。しかも聖書の研究という最も地味な隠れたる仕事でありました。先生は言いました「世の善事に対《むか》つては満腔の同情を表するのがキリスト信者の特性である。……吾等は吾等と宗教を異にする者の発起に係りたればとて世の善き事業に向て反対を表しない」。しかしキリスト教の主眼は罪のあがないの福音であって、社会改良事業ではない。キリスト教が社会改良と化した時はその大いに堕落した時である。社会改良はキリスト信者にとりては目的ではなくして、キリストを信じたる事の結果である。「社会改良はキリスト信者の道楽の一つである」と。(明治三十四年九月)

かくて先生は社会改良運動に身を寄せずして、聖書の研究に身を投じました。はたして世人はこれをもって先生の退却なりとして、嘲りかつ攻撃いたしました。当時先生は「聖書の研究と社会改良」と題して、左のごとく演説しておられます。いわく、もしマーシャルの経済論が現時の社会改良に益があり、カール・マルクスの資本論が労働問題の解決に効がある、といえば世人は誰しも肯《うけが》うであろう。しかし古き聖書が社会改良に力があるといえば、荒唐無稽に聞えるであろう。ゆえに自分が専ら聖書の研究に従事しているのを見て、多くの人はこれを嘲弄し、ある人は自分は世に当る勇気がないから古典の背にかくれるのであるといい、またある人はこれを骨董的なる閑事業として今や国家滅亡に瀕している際「今は聖書を捨てて起つべき時である」と評した云々。（明治三十五年三月）

かくのごとき状況の下に、先生はマーシャルに行かず、マルクスを取らず、声をあげず埃をあげざる静かなる聖書の研究をばその生涯の事業として選んだのであります。それから三十年の歳月がたちました。わが国社会の道徳的状態は少しも良くなっていません。一方において社会主義、ことにマルクス主義は甚しく盛んとなり、今日の進歩的青年にして多少なりともこの思想の影響感化を被らざるは稀なる状況となりました。しかも内村先生はこの三十年間倦まず撓まずもっぱら聖書の研究を続けてきました。人々は言う、かつて評論界の中心人物たりし内村鑑三、今何処にありや、と。たしかに現代評論界の中心人物は大山郁夫でありまして、内村鑑三ではありません。されば内村先生は時代の進歩にとり残されたのでありますか。彼はもはや現代に用なき人間として死んだのでありますか。然り、ある意味において先生は変化して止まない時勢にとり残されました。しかし社会にとり残されながら、先生は社会の真実の基礎を築いてきました。死に至るまでさようでありました。まことに、建築者《いえつくり》の捨てたる石は隅の首石《おやいし》となれり、とはこのことであります。

けだし、先生の社会主義に対する批判はすでに『聖書之研究』誌創刊当時より明かでありました。先生は社会主義とキリスト教との類似点あるを認めました。しかし両者の根本的相異を初めから明白に主張せられました。そのあい異なる証拠の最も明白なるものとして「社会主義の泰斗として仰がるる独逸のマルクス氏は極端なる唯物論者であります」と、明治三十六年においてすでに喝破しておられます。まことにマルクス主義は唯物論であるに対し、キリスト教は唯神論であります。中江兆民に系統を引く幸徳秋水等の唯物論者は、とうてい、先生と終りを一にすることはできなかったのであります。マルクス主義は人間中心なるに対し、キリスト教は神中心であります。彼は外なる環境の改革によりて人を救うことを主張するに対し、これは中なる人の罪の赦しによりてのみ社会の改革もまた完成せられ得べきを主張します。マルクス主義の叫ぶ社会正義の声は不平反抗の声であるに対し、キリスト教の揚ぐる正義の叫びは神の聖善にもとづく積極的なる要求であります。彼は人をして悲憤慷慨せしめますが、これは人に歓喜と平和とを与えます。何処にマルクス主義を奉じたることによりて、今日直ちにその悩みが平安に、悲しみが歓喜に、萎める心が生気溌剌たる希望に、転化せられ得た人がありますか。今日の人の悩みを救う力の無きものが、いかで社会を根本的に救済することを得ましょうか。内村先生はこの歓喜と生命の源たる、罪の赦しの福音をば三十年間伝えて、かつて倦むところを知らなかったのであります。聖書の研究を嘲る社会改良家に対して先生は言われました。

私を嘲る人は嘲つても宜しう御座います。私共は空気を撃つ様な無益な業に従事して居る者ではありません。私に聖書を棄てよと言ふ社会改良家があつても私は之を棄てません。私は実際最も力ある社会改良に従事して居るのであると自ら信じて居ます。私の社会改良は根本的改良であります。即ち罪悪を其根より絶つ改良であります

（明治三十五年三月）

また、言われました。

私は矢張り嘲笑罵詈の裡に私の一生を終るのでありませう。然しながら私は此短き私の生涯を此日本国を永久に救ふ其準備のために費すことの出来たのを非常に有難く感じます。私は実に世の人が想ふやうに絶望の人ではありません。私は希望を以て種を蒔いて居る者であります。私は実に私の愛する此日本国と偕に救はれつつある者であります。基督の為め、国の為め、私に若し千度びの生涯が与へられますならば、私は総て之を此二つの愛すべき名、即ちイエスと日本国の為めに費さうと欲ひます（明治三十六年一月）

かく叫びたりし先生は、その後満二十七カ年を経て、本年三月二十八日に死にました。死去の二日前先生は「奇蹟を以て此の病を癒し給へ、但し自分の為ならず、福音の宣伝の為に奇蹟を以て此病を癒し給へ」と祈られたそうであります。齢七十、危篤の病床にありてなお、その永年説き来りしキリストの十字架の福音をいま一度明瞭に唱えて死にたし、とは先生衷心の願いであったのであります。

先生は「キリスト信徒の生涯」と題して、『聖書之研究』第五二号（明治三十七年五月）に左のごとく記されました。

不孝と称せられながら出来得る丈の孝をなし、不忠と呼ばれながら出来得る丈の忠を尽し、国を愛し、異端と目せられながら出来得る丈け真理を愛し、而かも一言怨嗟の声を揚げずして感謝に溢れて斯世を逝《さ》る。是れキリスト信徒の生涯なり、嗚呼我れ人として生れ来りし以上は斯かる生涯を送らんかな

この願いは満されました。先生は不孝と呼ばれながら孝を尽しました。不忠不臣といわれながら忠を尽し国を愛しました。異端と目せられながら真理を愛しました。現代に用なしとして社会より無視せら

れ、時代遅れなりとして社会より嘲られながら、人を救い世を済う根本の途を築きました。そして死の近づける時「万歳・感謝・満足・希望・進歩・正義・凡ての善き事」「人類の幸福と日本国の隆盛と宇宙の完成を祈る」と言って死にました。それは真にキリスト信徒の勝利の生涯でありました。然り、勝利であります。『聖書之研究』誌の発行部数は最近において四千数百部に過ぎませんでした。それは小さい数であります。しかし彼は三十年間の奮闘によって、思想的に貧弱なる日本に対し、その全土にわたって、キリストの福音を植えつけました。彼はキリスト教をばそのあらゆるバタ臭き臭気より救って日本人のものとしました。あらゆる坊主臭き色彩より救って平民のものとしました。彼は聖書を日本人の書としました。その事実は何人もこれを疑うことはできません。われらは皆その証人であります。われらは彼の据えし基礎に立ちて、彼の戦いを戦い続けます。「我は福音を恥とせず」とは、『聖書之研究』発刊に当り、創刊号の巻頭言として、内村先生の題せられしところであります。その後もしばしばパウロのこの語を先生は掲げられました。恥とせずとは、もちろんこれを恥ずかしむる社会的事情のありしことを示します。そうして社会の嘲弄のいかに痛きものであるかは、その棘のささった者でなければわかりません。しかし先生は福音を恥としませんでした。「そは総て信ずる者を救はんとの神の大能なればなり」。私はここに自己の小なる名誉のいっさいをかけて言います。社会改革は小なる問題ではありません、社会的不義にむかってわれらは憤ります、しかし社会改革の根本的真理は内村先生と彼の仕えしイエス・キリストとにあります。先生と別れし唯物論者たる社会主義者とその主義とにあるのではあ

りません。（引用はおもに内村先生著『宗教と現世』および『基督教と社会主義』より）

（編者注、引用はかならずしも原典に忠実ではないが、そのままにした。）

二　悲哀の人

1　顔をエルサレムに向けて

「いまは非常時だ非常時だというけれども、銀座を歩いてみても非常時らしいところはどこにもない」と先日ある先輩の言ったことばが妙に私の頭にひっかかっていたおりから、今朝の新聞である著書の広告の中に「非常時は慢性になった」ということが目にとまりました。非常時とは単なるかけ声で、実際は非常時ではないのであろうか、あるいはほんとうに非常時であるのに銀座を歩いている人にそれがわからないのであろうか。いったい非常時は真実なのでしょうか、それとも宣伝なのでしょうか。

かかる混沌の中にあってことの真実を見とおし、真実を語る人は実に悲哀の人であります。悲哀の人とは自分自身のことを悲しむ人ではありません。自分自身のことを悲しむのは利己的です。虚偽が世に満ちてすべての人にほんとうのことのわからぬときたったひとりことの真相を見抜いた人、そして皆が黙っている時に一言いう人、それが悲哀の人であります。いったい真理はこの世にありてすべての人に簡単に領解されるものではありません。真理そのものにこの悲哀性があります。ゆえに真理を知る人はまた悲哀の人たらざるをえません。

神御自身が「悲哀の人」であります。神は全人類を見渡し給いましたが、義人はひとりもなくて皆罪人でありました。この真相を見給うた時、神に悲哀がありました。しからば誰かこの人類を罪より救う者はいないのか。ひとりもありませんでした。底知れぬ沈黙が支配しました。この時宇宙に大なる悲哀がありました。この時神の子イエスが謙遜にもまた確信をもって一歩進み出ました。そしてすべての人の罪を私が負いましょう、私が命を捨てて人類の罪を贖いましょうと言いました。かくてイエスは死に給うたのであります。イエスの時代は今日の世界の状態以上の非常時でありまして、社会的政治的に困難な幾多の問題がありましたけれども、このすべての困難の根本は罪にあることをイエスひとりが気づきました、どうすればこの世が救われるかを彼ひとりが見抜きました、そしてそのために彼は十字架に上ったのであります。イエスは実に「悲哀の人」であります。

イエスの前にエレミヤが悲哀の人でありました。彼は春浅き日郊外を散歩して巴旦杏の白い花を見ました。それは目覚めの花と呼ばれた花であります。世間の人は神などあるものかと、神を無視して我ま勝手に行動していました。しかし「神は目を開けていらっしゃる!」そのことをエレミヤひとりが見抜いたのです。散歩から帰って彼は台所で鍋の煮えたっているようすを見まして、ハッと気がつきました、「災禍《わざわい》が北から来る!」そこで彼は叫んで同胞国民を警めました、「諸君あぶないぜ。諸君の生活諸君の行動を反省して神の前に正しい行いをしなければいけない!」と。国民が皆虚偽の宣伝によりいい気になって、自分の国の正義と繁栄とを過信していた時、エレミヤ一人ことの真実を見分け、彼一人真実を語りました。しかし真実の人の運命がいつもそうであるように、彼も国民に受容れられませんでした。彼は殴られ唾せられました。彼は悲哀の人でありました。(エレミヤ記参照)

内村先生がまた悲哀の人でありました。日露戦争当時、主戦論の渦巻の中で、先生一人非戦論を唱えました。大正十二年の関東大震災の時、先生一人その中に天譴を見ました。先生は衆の見ない真理を見、衆の言わない真理を言いました。そしてそのために売国と罵られ、迷信と嘲笑されました。悲哀の人の運命は常にかくのごとくであります。しかし彼らは真理とともに見、真理とともに語り、そして真理とともに迫害せられたのであります。彼らによりて真理は世に維持せられたのであります。

国際連盟において日本を支持した国は一つもありませんでした。日本は全く孤立しました。まことに非常な出来事であります。もし経済封鎖がおこなわれればどうなるでしょうか。われわれは貧乏になりましょう。そのことを非常時というのでしょうか。否、ほんとうの非常時はそんなところにはありません。経済的困難は忍ぶことができますが、忍ぶことのできないのは国民の道徳の低下、良心の破滅、罪の上に罪を重ねることであります。なにゆえに日本は孤立したのですか。日本は約束を守らないと諸外国は言うのであります。それはほんとうのことであろうか。そう言う方が間違っているか、あるいは言われる方に落度があるのか。これは日本の興亡にとってまことに大問題であります。お前はうそつきだと言われたら、人はやっきとなって弁明するでありましょう。しかるにわれわれの国は現にうそつきだと世界中から言われているのであります。もしもそのことが少しでもほんとうであるならば、まことにわが国にとりまして重大問題であります。そしてうそつきからそつきでないかは、当人自身の言い張りだけでは解りません。そこには事実の証明がなければなりません。一昨年（一九三一〈昭和六〉年）九月十八日夜における満鉄線路爆破事件は、日本側ではあれは支那兵がやったのだと言います。支那側では自分たちがやったのではないと言います。そしてリットン調査団は両国の言い分を並べて、日本軍の行動は自衛権ではないと断じました。すべてが雲霧の中に包まれてわれわれには何が何だかわかりません。しかし事実は一つしかないはずです。この混沌の中にありてもしほんとうの事実を知っている人があれば、その人は悲哀の人たらざるをえないでしょう。「天知る、地知る、人知る、我知る」という諺がありますが、事実はついに欺くべからずであります。

日本の非常時はなにゆえ慢性になりましたか。その中心問題を経済においたからであります。満州は日本にとって利益か否か、日満経済ブロックは可能であるかないか、そういうところに頭をつっこんでいては、非常時は慢性にならざるをえません。このような非常時はやがて消えるでありましょう。しかし非常時の真の意味が神の公義を破ることにあるならば、非常時はまだまだ解消してはいません。

世界のあらゆる国が日本を悪く言っています。しかしどれ一つ日本にむかって石を投ずる資格ある国とてはありません。けれどもそれだからといって、日本はかつて一度も悪いことをしたことのない国だとは言えないでしょう。昔ヨブは己が子らの犯したかもしれぬ罪のために燔祭を捧げたといいます。愛するわれわれの国がもし何かの間違いをしていたとしたら、もし神の正義を蹂躙したことから今日の非常時がきているとしたら、われわれキリスト者はどうしたらよいでしょうか。国民を責めましても、その責めことばは結局己が頭上に返ってきます。国民を憐みましても、われわれには小石一つ取除く力はありません。けれどももしも国民が間違いをしたならば私がその罪を負いましょう、私がそのために死にましょう、――これは誰にもできることです。それが悲哀の人であります。

かく神の正義のために悲哀の人の生涯を送ることによって、キリスト者は地の塩、世の光となりうるのであります。悲哀の人にあらずして、どうして地の塩、世の光となりえましょうか。われわれは皆早晩死ぬのであります。誰でも畳の上で大往生を遂げたいと思う、しかしできないかもしれない。誰でもこれだけの仕事はまとめておきたいと思う、しかしできないかもしれない。誰でも自分の家族が路頭に迷わぬようにだけはしておきたいと思う、けれどもできないかもしれません。ただわれわれは神の真理とともに生き、神の真理とともに死にたい。悲哀の人の報いは天において豊かであります。

ムッソリニは黒シャツの大集団を率いてローマへ進軍し、ファッシストの独裁政府を立てました。イエスは僅か十数名の弟子を連れ、御顔をかたくエルサレムに向けて進み、十字架に付けられ給いました。彼は征服せんがため、これは犠牲とならんため、彼は支配せんがため、これは殺されんがためであります。しかし真理はイエスによりて人類に顕され、救いは彼の十字架によって人類に与えられました。われわれもまた時が熟したら、死ぬるために進みましょう。

悲哀の人は快楽の人でない。彼は真実の人であって、虚偽の人でない。永遠の人であって、現世の人でない。彼は真理を見、真理を語る。ゆえに衆が快楽するときに彼は悲しみ、衆が絶望するときに彼は希望する。彼が衆の快楽に反して罪の重荷を語るとき、世は彼を嘲り迫害する。しかし罪のこらしめが来って人々が悲鳴を上ぐるとき、その悔改に芥子種《からしだね》ほどの真実をも見出でて、前の悲哀の人は人類の希望と歓喜の目標《めじるし》となるのである。

真実の人の此世における当然の運命は悲哀の人である。仏教に「因果応報」なることばがあるが、自分の罪の報いを自分が負うは人類の常識である。しかるに神はある人の罪の報いを他の人に負わしめ給うことがある。そしてキリストの十字架は実にわが罪を彼が負い給うたのである。ゆえにキリストの霊を受けたるキリスト者もまた、他人の罪を自分が負う者でなければならない。他人の罪によってみずから苦しみを受ける者、これすなわち悲哀の人である。

イエスは人類が神を侮りつつある中にあって、一人神の義を見た。また人類が自己の能力事業に誇りつつあるとき、一人人類の罪を見た。神の義と人の罪の対置せられているのを見て、彼は自己の生命を捨つることによってのみ人を神に和ぐる道のあることを知った。彼は人の罪を負うて十字架の上にこれを亡ぼした。彼は悲哀の人であった。

ダビデ王が罪を犯したとき、預言者ナタンは事の真相を見た。そして言うべき一言を言わんがために、覚悟を決めて王の前に出た。「近ごろ聞いた話でありますが、ある富者が自分の家に多くの牛羊あるにかかわらず、旅人をもてなすために、貧しき隣家のただ一つの牝羊を掠めとって煮ました」と。王は怒って、その者を厳罰に処すべしといきまいた。「王よ、あなたがその人である」と言い放った時、ナタンの心は無限の悲哀であったであろう。しかるに幸いなことに、ダビデ王は悔改めて高くあげられ、その子ソロモンは豊かなる神の智恵をもって恵まれたのである。(サムエル後書一二章参照)

大正十二年関東震災の時、内村先生は国民の罪をその中に認め震災はこれに対する天譴なりと唱えて国民の悔改を促した。しかし先生の得たるものは嘲弄のみであって、なんらの国民的悔改は起らず、後の状態は前よりもひどくなった。最近三陸地方の地震と海嘯はわれわれを驚かし、政府も新聞もこれが救済に奔走した。しかし神を怖れ国民の罪の悔改を促す声はいずこよりも聞かれなかったのである。このたびの被害地方は満州事変の従軍兵士の出身地である。さらでだに飢饉状態に悩める三陸地方の無辜の住民がかかる地震の惨害を受けたことには、わが国のどこかに恐るべき罪があって、その天譴をここに下し給うたのではあるまいか。天譴はそれに値する責任者の上に直接に課せられるときよりも、国民中直接責任なき最も弱小なる部分に負わせらるるときにおいてとくに深刻である。わが国民ははたして悔改むべき罪なしと言いうるか。虚偽はわが国に無かったか、約束の蹂躙はなかったか、隣家の牝羊を掠めはしなかったか。神は日本国民に向って悔改を促し給う。国民的罪の悔改か否か、日本の興るも亡ぶも全くこれにかかっていると私は信ずる。

由来大阪人は実際的であると言われる。大阪人は貸借対照表または損益計算表の両側がわかるはずである。もし赤字が出るならば、これを整理し清算する必要と方法を知っているはずである。しからば、国民の道徳的赤字に対して罪の悔改をなす必要のあることがわかるであろう。われわれは神から恩恵をもらうだけでは尽きない。神の恩恵を受けて罪の赦しを被りたるキリスト信者は、みずから国民の罪を悔改め、そのために苦しみを受けて、悲哀の人とならなければならない。彼の報いは天において豊かであるから。

3 日本国の柱

キリスト信者の世における生活態度は地の塩、世の光たることにある。いかにして彼は地の塩、世の光たりうるか。

塩は腐敗しない。そのごとく信者はその信仰を腐敗せしめてはならない。しかしこの腐敗しない塩が料理の味を調えるためにいかなる風に作用するかを見るに、塩は他の材料と混じて区別せられず、また溶解して己自身を殺してしまい、そして他の物の悪臭苦味を己が身に引受ける。こうして塩は全体を味付くるのである。キリスト信者の生活態度が地の塩なりと言うは、われらが独善居士となって世人と交わらず、自分は神の恩恵を受けて救われたが不信者の運命はどうにでもなれというのではない。かえって世の人と混居し、みずからは無きに等しき者となって世人の悪臭苦味を己が身に受け、これによって全体を保つものである。

光の性質および作用は塩と全く反対である。光はけっして暗黒と混じない。暗黒の中に在っておのずから消滅溶解することはない。いかに小なる光といえども、光は常に見分けられひとり輝くものである。そして暗黒の中に閉されたる室内の状態を照し出し、混沌の中に秩序あらしむるものである。キリスト信者が世の光であるというのはまたこのように、その信仰をもってけっして世の思想と混ぜず妥協せず、ひとり神の真理を輝かし、かくて世の罪を照し出し、そして悔改めを促すものである。

塩と光はその性質および作用において正反対のものである。しかしながら人間は一であって二に分たれたものではない。地の塩、世の光なりとは、人間の理解しうる言語の不完全から二つに並べて言われたものであって、別々の使い分けではないであろう。信者は塩であり同時に光である。塩たることが光たることであり、光たることが塩たることなのであろう。すなわち信者が世の光であるのは、塩たる働きをすることによって光るものであろう。イエスは世の罪を負うて十字架にかかり、これによって世を救う永遠の光となり給うた。そのごとく、キリスト信者もまた世の罪を身に負うことによって世の光となり義となるのである。

かくて地の塩、世の光たるものは悲哀の人たらざるをえない。彼は世が暗黒に閉されているときに孤独に光る。そして世の罪を見分け世の暗黒を指摘して、悔改を促さざるをえない。しかも世の罪を責めてみずから清しとするものでなく、かえって世の罪のために苦しみを受け、世の悪臭苦味を己が身に受け、世の救いを神に祈ってかえって世から迫害と嘲弄とを被る。彼は悔改を国民に促してそうして国民の殺すところとなるのである。

真の愛国心は「わが国正し」との感情ではない。国民の罪の悔改めを促して、国家を神の正義と道徳の上に立つるものが真の愛国心である。虚偽と罪悪の上に建てられたる国家は、軍備財力いかに充実するともついに亡国を免れないのである。

日本がかつて歴史上に経験したる最大非常時の一つは、鎌倉時代における元寇であった。その時日本の上下は不安動揺の中に混乱したが、ただひとり動かなかった者は日蓮上人であった。「法華経の行者日蓮、日本国の柱とならん」とは彼の信念であった。彼は邪宗を折伏して国民の罪の悔改を促し、法華経の信受を国民に訴えた。法難は彼の運命であった。しかし日本国は彼の信仰によって支えられたのである。

現代の非常時に当って、日本を救うものはこの一巻の聖書のほかにはない。「われ聖書の行者、日本国の柱とならん」とは、キリスト信者の信念でなければならない。われわれは見るべきものを見、言うべきことを言わねばならない。よしや法難はわれわれの運命となるとも、国民が罪を悔改めて聖書の真理を受くるとき、われらの愛する日本は救われて、義の国として輝き出ずるであろう。

預言者エレミヤは早春巴旦杏の花を見て、国民の罪に対する神の警告を知った。国民皆己が正義と繁

栄とを過信せるとき、彼はその中に危険を認めて災禍を警告したのである。明治天皇の御製に「寒月照梅花」と題して、

照る月の光は未だ寒むけれど春にかはらぬ梅の香ぞする

これはエレミヤの巴旦杏と異って世人の意気沮喪したる中にありてすでに希望の春の近きを預言せられたものである。預言者は人の安逸に耽るときすでに危険を見、人の絶望に陥らんとするときすでに希望を認める。しかしまず巴旦杏の花あって後に梅の花がある。まず国民の悔改めあって後初めて国民の希望が起るのである。現在の時勢にあって、地の塩、世の光たる性質と作用を失い、世論の動くとともに動くは、けっして国を愛するゆえんではない。国の利益のために祈りて国の道徳のために祈らない者は、真の愛国者ではない。

4　敗北の悲哀者より勝利の悲哀者へ

善き思想とは何であるか。正義と真実これである。悪しき思想とは何であるか。利欲と虚偽とこれである。何が正義と真実とであるか。イエス・キリストこれである。彼は真理を見、真理を語り、真理のために死に給うた。彼は己が生命を捨てて、人に新しき生命新しき思想を与え給うた。新しき世界が彼によってつくられた。彼は真理の人であり、したがって悲哀の人であった。

現代において誰が人々を善き思想に導くか。キリスト信者がそれである。彼は真理を見る。自分自身、

また国民、また人類の真実の状態を見て、それが罪であることを見徹し、そして善き思想善き生命を得るためにはこの罪を悔改める必要を指摘するのである。これによって彼は世人の罵りを受け、苦しめられて死ぬる。彼もまたその主にならって悲哀の人たらざるをえないのである。

もし彼の見るところ語るところが、ただ抽象的一般的なる概念であるにとどまるときは、迫害は彼の身に来らない。場合によってはこの世の名誉と幸福とが、彼の分け前にもなり得るであろう。しかしながら真理は現実であり、具体的であり、個々的なる内容と適用をもつものである。人もし個々具体的なる現実の問題に対して真理の適用を試みんか、反撥は直ちに彼の身に及ぶのである。一般的なるキリスト教神学もしくはキリスト教思想はこれを安易に述べることができる。世の快楽とこれらの神学は両立しうるであろう。しかしながら具体的なる真理の生活は必ず十字架を伴わざるをえない。一般的に罪を論じても、人は必ずしもわれわれを憤らない。しかし「汝の罪」を一言すれば、彼はたちまちわれわれを怒るのである。具体的なる十字架なしに述ぶる慰めは、無気力沈滞の原因である。真の生命ある慰めは十字架のなきところには生じない。また十字架なくして道徳を説くとき、強烈なる自我はその結果として来る。われはわれ、われはこれ以外にはいたし方がないのであると言って、強烈なる自信の下に各自勝手のことをするようになる。われらの個々具体的なる行動をいちいち規定しようとする律法主義は信仰の敵であるけれども、十字架によって己が罪を砕かれつつ生活する謙遜は信仰の必要条件である。十字架なければ真のキリスト教道徳はない。十字架はキリストにのみ必要であったのではなくて、信者各自の具体的なる生涯にも必要である。

内村先生は日本的キリスト教を提唱せられた。そうして先生の思想を受けて仏教儒教神道武士道など旧来の日本思想をば「旧約の日本」と称し、キリストの福音によって「新約の日本」が出現するものであるとの思想が、今日ますますキリスト教会の注意を引きつつある。しからば旧約の日本が新約の日本となるにはいかなる変化が必要とせられるであろうか。イエスは旧約律法の一点一画も廃れずして、これを完成すると言い給うた。旧約が新約となるためには、旧約の精髄が保存完成せられることが必要である。日本で言えば神道仏教儒教および武士道の精髄が保存完成せられて、キリストの福音の接木せられる土台とならなければならない。

それと同時に旧約が新約となるためには、旧約に附着せる虚偽が否定せられねばならない。安息日の律法の精髄が保存完成せられるためには、安息日に関する虚偽の律法的実行を排斥せねばならなかった。そしてそれを排斥し給うたことによって、イエスは迫害せられたのである。もし旧約の日本を新約の日本と化せしめんとならば、ただに過去の日本思想の精髄を保存発揮するのみならず、これに附着せる迷信虚偽を清掃しなければならない。そしてそれを試みるとき、たちまち苦難はキリスト信者の運命となるであろう。たとえば某寺の御籤、某社の御守が無効無力であることを、その門前に立ちて一言してみよ、結果はたちまち騒擾と迫害とであろう。

日本的キリスト教の樹立するためには、日本的キリスト教に特殊なる苦難がなければならない。日本に在りては、キリスト教徒の十字架の現実性は、教会攻撃からは来らない。舶来のカトリックをプロテスタントが攻撃し、または舶来の教会を無教会が攻撃しても、それによって受くべき十字架は深刻な現実でありえない。日本的キリスト教には日本的迫害がなければならない。思うに日本思想の精髄はその国家観念にあるであろう。ここに日本思想の最美点があるであろう。しかも最美点のあるところ、最大の罪悪もまた伴うのである。日本的キリスト教は世界に比なきこの国家思想を保存完成するとともに、反動としての国家主義に対し具体的に抵抗するものでなければならない。個人について利欲と虚偽は悪思想であるとすれば、国家的利欲および国家的虚偽はまたきわめて悪思想なりと言わねばならない。しかも利欲の正義的仮装は罪の極致である。たといそれが国家的利欲であるとしても罪の罪たることには変りはない。もし日本的キリスト教が日本特有の国家思想を保存完成すべきものとせば、かくのごとき利欲虚偽の国家思想をば極力排斥するものでなければならない。

　キリスト信者がわが国において思想善導者たるはこの意味においてである。彼は地の塩、世の光として生き、また苦しみ、また死なねばならない。彼は必然に悲哀の人である。彼は国家の罪、国民の罪を見徹す。これがために祈る。これが悔改を説き、己が身においてキリストの苦難の欠けたるを補う。

　悲哀の人はかくして忍苦の人である。しかし悲しむ者は幸いである。彼は後《のち》慰めを受けるであろうから。彼の犠牲によって世は滅亡から救われる。彼は後《のち》神の許に高くあげられ、栄光をもって冠せられるであろう。世人はこれを見て驚き、あの憐むべき人間、あの己たちが嘲弄し迫害した人間が、実は己たちの罪を負い、己たちのために死んで、救いの道を成就したのであることに気づくであろう。そして己たちの卑めたりし彼悲哀の人が、今栄光の人として神の許《もと》高く上げられているを見て、腰を抜かすであろう。彼は敗北の悲哀者より勝利の悲哀者へと高められた。彼の敗北によって世は罪の重荷の何たるかを悟り、心刺されて悔改めるであろう。そうして彼の勝利によって人は永遠の生命の希望を注がれ、国と民は神の義を仰ぎ望んで甦えるであろう。

日本の国を救う者は、このキリストの福音あるのみである。この「悲哀の人」の生涯あるのみである。キリスト信者たる者は聖書の行者として、日本国の柱となろう。法難来らば来れ、来世の希望はわれらのものである。教会がこれをなさねば教会以外の者がこれをなそう。牧師がこれをなさねば平信徒がこれをなそう。平信者であり事務員であったステパノの死は、全エクレシヤを活気づけて福音の生命を腐敗から防いだ。われらもまた十字架によって捨身で行こう。これがサタンを退去せしむる唯一の道である。

三　人は何のために生くるか

1

パウロは「死ぬるは益なり」と言って、一度人生を否定したが「されど我なほ肉体に留るは必要なり」といって、さらに人生を肯定した。さて人生を肯定すれば、人は何のために生くるか、人生の目的いかんという問題が出てくる。それが今日のお話の主題である。

人生で最も重要なる誡命《いましめ》についてイエスがパリサイ人の学者に答えられたところは、第一に主なる汝の神を愛すべしということ、第二に己のごとく汝の隣人を愛すべしということであった。これをピリピ書のことばに適用すれば「生くるにも死ぬるにも我が身によりてキリストの崇められ給はんことを切に願ひまた望む」（一の二〇）、とあるは、すなわち神を愛することを人生の目的となすものであり、「我なほ肉体に留るは汝らの為に必要なり。……なほ存《なが》へて汝らの信仰の進歩と喜悦とのために汝等すべての者と偕に留らんことを知る」（一の二四、二五）、とあるは、すなわち己のごとく隣を愛するために生くるものである。ところで、この「己の如く」という語を、私はときどき反省して考えてみる。己を捨てて他人を愛すべしというのであるならば、かえってよくわかるような気がするが、「己の如く」他人を愛するという語の中には、自己愛が含まれているきらいがないか。

しかし、自己を愛することがなぜ悪いか。自己愛を悪いことと決めていることが独断ではないだろうか。人間は自己という意識をもち、自己の生活をもっている。いやしくも人生を肯定して自己の生存を是認する以上は、自己を愛することも是認せらるべきでないだろうか。

しからば、自己を愛するということの内容は何だろうか。ピリピ書三章の一九節を見ると、

彼らの終は滅亡なり。おのが腹を神となし、己が恥を光栄となし、ただ地の事のみを念ふ

こういう人生の建て方が世の中にあるのである。「腹」というのは食欲のみならず、すべての肉欲を意味する。この人たちは人生の見方、人生の建て方が逆立ちしているため、腹を神となし、恥辱を光栄だと思うのである。近ごろ新聞にある知名の画家が「デフォルマシオン」という題で随筆を書いていたが、それを見ると、友人たちが集まっているとき、一人の者が絵はがき屋の店頭から絵はがきを盗んできた話をしたところ、われもわれもと、同じ経験を告白しなかった者は一人もなかった、という話がある。またその画家の友人である知名の詩人が、学生時代に自分の部屋の押入をそっとあけて見せたところ、その片隅に電球が五、六十も重なりあっていて、それが一つ一つ目を光らし、声もなく勢揃いしていた、彼には少年のときから詩人の魂があった、と書いてある。絵はがきや電球を店頭からかっ払ってくることを、恥辱と感じないのみでなく、むしろ光栄であると言わんばかりである。これなどは「己が恥を光栄となす」者の一例である。そのほか道徳的価値判断のデフォルマシオン（変態）を美と感じ、

光栄となすものは世に少くない。これは地のことだけを思うからであって、滅亡に至る。

しかし、あるいは抗弁して言うかもしれない、滅ばうと滅ぶまいと自分の勝手だ、われわれは彼の世など欲しくない、この世でできるだけ欲情を遂げ、おもしろいことをすればいいんだ、と。

こういう人はみずから永遠の生命を嗣ぐをえないのみでなく、他人の生活、他人の生命を破壊するのである。のみならず、神の造り給うた人間を破壊することによって、神の顔に泥を塗るのである。だから、世を愛し肉を愛する者がいくら強情に、捨てておいてくれ、かまわないでくれ、と言っても、われわれはかまわずにおれない。事はその人の運命に関するだけではなく、他人の運命、さらに神の御名に関する事である。

かくのごとく肉的の意味において自己を愛することは罪である。かかる意味の自己愛は、これを否定しなければならない。

しからば、いかなる自己愛が否定すべからざるものであるか。同じ三章の九―一一節を見ると、

> これキリストを獲、かつ律法による己が義ならで、唯キリストを信ずる信仰による義、すなはち信仰に基きて神より賜る義を保ち、キリストに在るを認められ、キリストとその復活《よみがへり》の力とを知り、又その死にならひて彼の苦難にあづかり、如何《いかに》にもして死人の中より甦へることを得んが為なり

こういう自己愛――自分がかかる義をもちたい、かかる復活を得たい、という欲望は貴き人生の目的である。自分が神の高きごとく高くありたい、人間的標準で見たる義でなくして、神様の標準で見たる

義をばもちたい。——己についての欲望で、これほど大きいものはない。同じく精神的欲望といっても、たいていの道徳や修養は地のことの標準に捉われているが、神様のごとく完全な者に自分がなる、などということはあまりにも高いことであって、その内容の深さ広さ高さを考えるとき、微々たる、渺たるわれわれがそんな高い望みをもっていいか、もつことができるか、と自分で驚くくらいである。

肉体のことについても同様である。われわれは肉体についての願いをいろいろもっている。そのうち最高の願いは何であるかというと、この肉体を朽ちざる体にしてもらいたい。——われわれがそれを言うならば、キリストを信じない人は嘲って、空想だ、狂気だ、ありうべきことでない、と言うにきまっている。けれどもこんなに高い望みを、われわれは聖書によって教えられているんだ。自己についての欲望をもつならば、これほど大きな欲望をもたなければならない。かかる欲望を抱いて、初めて人間の価値、人間の意味がある。それ以外のことは、動物と多く異らないであろう。ただ多少の程度の差があるだけで、結局「己が腹を神となす」ことに帰着する。人間が人間としてとくに慕うものは、神様から賜わる義を保ち、また肉体が復活して生きることでなければならない。これは救いに至る正しき欲望である。己が腹を神となす欲望は、自己を滅ぼすのみならず他人を滅ぼす。これに反しキリストの義と復活を求める欲望は、己を救うのみならず他人を救う。他人を救うことによって、救いはあまねく人々に及び、神の国が成るのである。かかる意味で己の救いを求めること、すなわちかかる意味の自己愛はけっして卑しむべき欲望でないのみならず、人生の目的はまず自己の救いを得ることから始まるのである。

したがって己のごとく隣人を愛するということの意味もおのずから明かである。これは他人が自分同様、キリストを信ずる信仰による義を保ち、キリストとその復活の力を知りえんがために、わが生涯を用いることである。これが隣人を愛するということのいちばん深い意味である。

2

愛は無事泰平のときよりも、苦難や悲しみに際会して初めてよく現われる。ピリピ書にその精神が横溢している。獄中にいるパウロの憂いを慰めるために、ピリピの人が贈物をした。それをパウロがたいへん喜んだというのが、そもそもピリピ書の成立ちである。

汝らが我が患難に与《あづか》りしは善き事なり（四の一四）
汝らが我を思ふ心の今また萌したるを、われ主にありて甚く喜ぶ（四の一〇）

他人の苦難に与る、他人の苦しみを分つ、これがティピカルな愛である。他人を愛するということは具体的には他人の苦難に与ることでなければならない。世の中にはあまりに苦しみが多過ぎる。「死ぬるは益なり」と自分が思うくらいであるから、他人もそう思っているに違いない。個人的の苦しみとか社会的の苦しみとか実にたくさんあって、涙の谷とはよく言ったものと思う。その中にあって、他人の苦しみに対し憐みの心を閉じて、知らない顔をしていることは愛ではない。そうして人に苦しみのある根本の原因は、要するに罪と死とに纏《まつわ》られているからである。したがって他人を愛するというならば、福音を伝えることではないか。自分がキリストによって救われたというならば、他人にも同じ福音を分けて自分が救われたごとく他人を救う、これがいちばん深い愛ではないか。

己の救われるのは他人が救われるため、他人が救われるのは神の国が成るため、神の国が成るのは神の栄光のあがるためである。神の栄光があがって、初めて人生の価値が実現する。神の栄光ということを考えて、初めて自分の人生が広くなり、大道を闊歩して生きることができる。しかるに「自分は」、「自分は」と、自分のことにのみ没頭していると、たといそれが自分の「救い」の問題であっても、その人の人生は萎縮してしまう。他人を愛することがなければ、人は生存の目的を発見することができない。そして他人を愛することは、最も深い意味においては福音を弘めることである。かく考えてみるとすべてのキリスト者は宣教師である。個々のキリスト者は伝道師である。そうなければならないと思う。パウロはピリピの信者たちが「初の日より今にいたるまで、福音を弘むることに与る」ことを、とくに喜んだのであった(一の五)。福音を弘めることに何の意味があるかといえば、それは神の国が成るためである。

ピリピ書三章二〇節に「我らの国籍は天に在り」という有名なことばがある。ここに国籍というのは πολίτευμα ポリトイマという語であって、πόλις ポリス、すなわち町という字から出た語である。ギリシャの政治組織は都市国家であったから、ポリスは町でもあり、国でもあり、ポリトイマは citizenship (市民権)あるいはは nationality (国籍)を意味する。この「我らの国籍は天に在り」、という語を、パウロはただ比喩として言ったのでなく、現実的の神の「国」を考えていたのであろう、と私は思う。神の国の国民であるから、地上に生活している今も、神の国の国民らしく行動しなければならない。旅の恥はかき捨てというのは、きわめて低い道徳である。旅であればあるほど、自分の国の体面を辱かしめないように、心ある者は誰でも考える。そうして神の国の民の国民性は、己のごとく隣人を愛することにある。この国民性を発揮することによって、キリストの福音は弘まり、神の国の民は増し加えられ、キリストの御名は崇められ（一の二〇）、神の栄光と誉とが顕される（一の一一）。これが神の国の民の愛国心であり、そこに地上生活の終局の目的をおいて初めて人生が肯定せられるのである。

3

かく人生をば肯定して、さてこの基礎の上に、具体的にいかなる人生を送るべきであるか。二章の一三節に、

神は御意を成さんために汝らの衷にはたらき、汝等をして志望《こころざし》をたて、業を行はしめ給へばなり

とある。儒教でも立志ということを言うが、これは自分で発奮して志を立てるのである。しかるにパウロによれば、神がわれらの心にはたらきかけて、われらの志を立てさせる、というのである。神から出でた志にして、初めて人生の目的として追求するにふさわしき志が立つ。まだ神を信じなかったときは、学校を卒業してかくかくの地位を得たいとか、かくかくの生活がしたいとか、あるいは大きくても治国

平天下というような、世俗的名誉心の塊である目的を立てる。しかるにわれらの心がキリストの霊に触れたときには、立身出世というような志は空中楼閣のごとく消え去り、今まで大切に抱いていた野心はすべて損と思い、これを芥塵《あくた》のように捨ててしまう。そしてこれまで思いも寄らなかった志が、神によりわれらの衷《うち》に立てられているのを見出す。

かく神による立志がおこなわれて、次にはいかにしてこの志が成就せられるか、という問題がある。これも自分が成就するのではなくて、神が成就せしめ給うのである。一章の六節に、

我は汝らの衷に善き業を始め給ひし者の、キリスト・イエスの日まで之を全うし給ふべき事を確信す

自分の志は必ず成る。何となればこれは神様が立ててくれた志であり、かつ神様が成就させて下さる志だからである。すぐ成らないかもしれないが、キリスト・イエスの日、すなわち世の終り、万物完成の日までには必ず完成して下さる。

また三章一二―一四節に、

われ既に取れり、既に全うせられたりと言ふにあらず、唯これを捉へんとて追求む。キリストは之を得させんとて我を捉へたまへり。兄弟よ、われは既に捉へたりと思はず、唯この一事を務む、即ち後のものを忘れ、前のものに向ひて励み、標準《めあて》を指して進み、神のキリスト・イエスに由りて上に召したまふ召にかかはる褒美を得んとて之を追求む

神を信ずる者の生活は、神の置き給うた標準《めあて》に向って走る生活である。しからばわれらのごとく足の

弱き者は、途中で落伍する危険がないであろうか。否、キリストがわが手をしっかりと取って、いっしょに走って下さるんだから、必ず目的に到達し、栄えの冠を獲得しうる確信がある。この競走は一着二着を争う優勝競走ではない。よしや走力はのろく、時間がかかっても、目的地に到達しさえすれば、ことごとく勝利の栄冠を与えられるのである。自力に恃んで走る者よりも、キリストに支えられて走る跛者の方が、案外早く目的地に達しているかもしれない。キリストを信ずる者は「キリストとその復活の力とを知る」(三の一〇)。これはわれらの衷に注がれてわれら自身の力となり、またわれらの外にありてわれらを捉える力である。この内外の力に支えられて、われらは神の立て給いし目的に向い、人生の馳場を走るのである。

かく神がわれらの志を成就せしめ給うのは、それが神によりて立てられた志だからである。すなわちこの志は自身を救うのみならず他人を救い、神の国を来らせ、神の御名を崇めしめることに関係をもつ志だからである。神の国に関係せざる人間の志について、神が責任を取り給う理由はない。しからば神の国に関する志を立てている者は、世間に多いであろうか。二章の二一節にこうある。

人は皆イエス・キリストの事を求めず、唯おのれの事のみを求む。されどテモテの錬達なるは汝らの知る所なり、即ち子の父に於ける如く我とともに福音のために勤めたり

失礼な話であるが、私がここに立って、青年諸君に一言するけれども、あなた方はキリストの事を求めるのか、己の事を求めるのか。子の父におけるがごとく、私とともに福音のために勤める志をもって

いられるか、どうか。学校を卒業してどういう官庁、どういう会社に入って、どういう家庭をもって……みな己の事である。もっと真面目に己の救いを考えるにしても、要するに己をどうする、己がどうだ、ではないか。イエス・キリストの誉をあげ、神の国の栄を求める志をもつ者がテモテひとりだとはなさけない。

さらにパウロはことばを続けて、

そは我しばしば汝らに告げ、今また涙を流して告ぐる如く、キリストの十字架に敵して歩む者おほければなり（三の一八）

と言う。この講義の初めに言ったごとく、ピリピ書は喜びの書簡であって、喜べ喜べとパウロが繰返して言っている。喜びの書簡における涙であるから、これはとくに深い感銘をわれわれに与える。キリストの十字架に敵して歩む者がほんとうに多い！

二章の一五節を見ると、

是なんぢら責むべき所なく素直にして此の曲れる邪悪《よこしま》なる時代に在りて神の瑕《きず》なき子とならん為なり。汝らは生命の言を保ちて、世の光のごとく此の時代に輝く

これがこの世におけるキリスト者の位置である。この世が曲れる邪悪なる世であることは、どうしても否定できない。そしてキリストの十字架に敵して歩む者があまりにも多いのである。すべての人、ことにキリスト者といわれている人でさえ、己の腹のことだけ、あるいは己の救いのことだけを考えてい

るのではないか。志というに値する志がないのではないか。いわゆる酔生夢死、ただ学校に行き学校を出て、人生を事務的に送るのではないか。人間、志が立たなければ、生存の意味を発見するをえない。

4

札幌農学校のウィリヤム・クラーク先生が帰国に際し、見送りに来た学生たちに向って、"Boys, be ambitious!"「少年よ、大きな志をもて」と言ったことは、有名な語り草である。そのことばに励まされて、農学校の少年たちはそれぞれ大きな志をもって、今日のわれわれのために貴き生涯と仕事を遺していかれた。たとえば内村先生は Jesus と Japan という二つのJのため、すなわちイエスと日本のために自分の生涯を使うという志を立てられ、ほんとうにその通りに、イエスの福音をもって日本のために生涯を使われた。あるいはまた新渡戸先生は太平洋の橋になるという志を立てられた。そしてその通り太平洋の橋となり、日米間の平和のために一生を送られた。少年時代に抱いた志、むしろ神様によって抱かしめられた志をもって、その生涯の事業に従事せられたわけである。

今日、日本の思想界を見るに、ほとんど思想がないと言って、いいではないかと思う。数年前マルクス主義の流行した時代には、ある青年たちは社会改革のために奮起しようとの ambition をもった。これは志を立てたのであったけれども、神の祝福し給うものでなかったから、いろいろな点において誤謬を含んでいた。しかし政府の弾圧とあいまって、マルクス主義防止のためにとった教育者の政策は、ずいぶん不幸なる影響を今日の青年学生に残した。青年をして「思想」せざらしめる手段として、むやみにスポーツを奨励したのは、日本の教育者のなした根本的の間違いであると思う。このために学生の頭は空《から》っぽになり、たましいの緊張を失って思想的動脈硬化症に陥った。思想がなければ、社会が弛緩《ゆる》むのは当然である。ここにおいて官製思想をお膳立して青年学生に提供したが、彼らを満足せしめるだけの内容がその中になかった。

こういう時代であればあるほど、一人のキリスト者の存在がどれほど貴いものであるかを、諸君はよく考えなければならない。一人のキリスト者がキリストによって志を立てることが、どれほど重いことであるかを、考えなければならない。今日の混沌たる世を救う者は、キリストとその復活の力を知る者である、と私は信ずる。キリストに在りて何らかの志を私どもが立て、神の国に関する大きな vision（夢）を見て、起たなければならない時代ではないかと思う。

青年に限らず、日本の教育界思想界において思想の行きづまりをだんだん感じている。種々のスローガンは掲げられるが、人の心を潤おすものはない。今日ほど日本でも世界でも、キリスト者を要求している時代はないと思う。その時にあって、己の事のみを考えてキリストのことを考えず、キリストに在りて社会の救い、国の救い、人類の救いに関する夢をもたないということは、非常に残念なことである。パウロではないけれども、涙を流して訴えなければならない。

内村鑑三先生はいろいろな夢をもたれた。その一つに世界伝道ということを先生は考えられた。アフリカのコンゴーのランバレーネで働いているアルベルト・シュワイツァーに寄附をされ、また支那甘粛省のある伝道病院で働く一人の支那人医師を維持する費用を寄附せられた。先生は、これは自分の「道楽」だと言っておられた。しかし先生の描いた夢は、ほんとうに大きい夢である。それは日本によって世界が救われるためであった。

今日支那の問題が起って、日本はどうしても支那を何とかしなければならないことになった。今後いかに支那を建設するか。これは非常に重要《シリヤス》な問題である。支那の経済的建設、文化的建設を、はたして日本は成し遂げうるのであるか、むつかしい問題だということがわかってきた。事変の進行するにつれ、建設は容易でない、否事変の収拾そのものがむつかしい問題だということがわかってきた。しかしいくらむつかしくても、収拾すべき責任もあれば、必要もある。もし誰もやれないというならば、キリスト者がやればいい。キリスト者にやらせるならば、できる。

内村鑑三先生が支那甘粛省の支那人の医者を維持したということは、私どもにとって非常に大きな教訓である。すでに御承知かもしれないが、私は懇意という間柄ではないけれども、岡藤丑彦君という人が支那に渡って無教会の伝道を開始しておる。これは内村先生が支那人医師の月給を負担したというよりも、もっと重大な問題である。これは内村先生の見られた夢をさらに現実に岡藤君が夢見て、志を立てたのである。内村先生が「おれの道楽だ」、と言われた支那伝道は、義務としてわれわれに課せられている。たとい他の者全部が支那を引掻き廻しても、支那人の傷を包み膏をもってこれを和げることをわれわれはしなければならない。そういう大きな使命をわれわれがもたされている。他のことはキリスト者でない人がしてくれても、この仕事はキリスト者でなければできない。誰も己の国を愛さない者はない。けれども己の国を愛するごとく隣の国を愛し、神の御国が成るために自分の生涯を用いるという志を立てることが、今日の日本のキリスト者に課せられた当面の問題である。頭で考える段階はすでに通り越して、実行を要する段階に入っている。

今日の国内的および世界的情勢の下にあって、人の心に希望をもたせるものはイエス・キリストの僕だけである。これはキリストとその復活の力を知った者であって、すべての人が希望を失うとき、われわれは希望をもって励ます。すべてが悲観的となるとき、われわれは主に在りて楽観する。そのためにキリストの福音を宣べ伝える者を、日本は要求しているのである。もっとも自分で志を立てても、具体的にその通りに実行できるとは限らない。健康、能力、家庭、その他種々の事情があるから、たとえば皆が皆支那に行って働くということは、やりたいと思ってもできない。しかし志がそこにあれば、何かの形で「福音を弘むることに与《あずか》る」ことができる。俗語で言うならば、天秤棒の一端を担《かつ》ぐことができるのである。

私自身のことについて一言するならば、私も学生のときに神によって一つの志を立てた。私は朝鮮に行って、民間にあって、朝鮮の人のために働きたいと思った。しかし家庭の事情で行けなかった。そうしてある鉱山に勤めたのであるが、その後、大学に呼ばれて植民政策の講座を担任することになった。

こうした思いもかけない方法で、朝鮮の人のために働くことができた。そのときはもう朝鮮だけではない。朝鮮も台湾も南洋も印度も、すべて「植民地に住む者」のために働くことができた。大学を辞めても、また何かの形で私の初めの志がなしとげられていくことと信ずる。すなわち志を具体的におこなう方法、形式は、必ずしも初め考えた通りにはいかない。客観的事情により紆余曲折を経て変化を免れないが、しかし神がわれらの衷に働いて立てしめ給うた志は、必ず何らかの形において、しかもわれらが初めに考えたよりはさらに大きく、さらに深く、成就せられるのである。

内村先生の『愛吟』という書物に、クエーカー詩人ホイッチャーの「充されし希望」という詩がある。学窓を卒えた二人の少女が前途の希望を語り合って、一人は女王になりたいと言い、一人は広い世界を見たいと言った。数年を経て再会した時一人が言うのに、

……妾は実に女王となれり、
貧しき人の妻にはあれど。
楽しき家族は妾の民なり、
実《じつ》なる夫は妾の王なり、
愛の勤《つとめ》は妾の律なり。（そなたは如何に成行きにしや。）

これに応えて他の一人が言うのに、

愛と義務との境を越えて、
妾の足は出しことなし。

広き世界のその音信《おとづれ》に
妾は耳を傾けもせず、
妾の母の病の寝間は
妾の世界にあるぞかし。

そして

両人《ふたり》互に手を取り合せ、
喜び涙にむせびて泣けり、
神は幼時の祈願《ねがひ》を聞けり、
我等の望は充たされたりと。

と、いうのである。一人は貧しい人の妻ではあるけれども私は家庭の女王になったといい、一人は姑の病室から足は出ないけれども、それが私の世界であると言い、ともに少女時代の志を神がなしとげさせ給うたことを感謝した。

私たちの志は神様が立てて下さる。それをなしとげる方法もまた神様が定め給うところである。私どもが考えた通りの形では実現しないかもしれないが、神に導かれて忠実に人生の馳場を走り、後になって見るならば、自分の予想しなかった形で、しかも予想以上に志の成就せしめられたことを知るであろう。

このように考えれば、初めて人生が明くなる。この事実がない以上、人生は希望のない沙漠であって、結局人生を否定し社会を否定するよりほかない。神を信じ、神により志を立て、その志の遂行を神によって導かれていくところにのみ、人生を肯定する生活態度が生れる。

先日地方のある高等学校の生徒が私の所に訪ねてきた。『奉天三十年』を読んで非常に感動し、将来医学を学んで伝道医師として働きたいと思う、ということであった。私は、それは君、一時の感激ではだめだよ、と言ったが、彼は、そういうことはありません、と言って帰った。彼はまだ高等学校の一年生であるから、前途遼遠である。しかし、私は彼が帰ったあと、どうぞ神様がこの青年の立てた志を祝し、その志を遂げさせてやって下さい。もし神様の御心であるならば彼に健康を与え、学問を与え、信仰はもちろんのこと、そして支那に行って働く一人前の伝道医師に仕上げてやって下さい、ということを、私は彼のために祈っている。

こういうことを今日年若い諸君にお話して、内村先生がもたれたような大きな志を諸君ももって頂きたいと思う。一人そういう人が起るならば、それだけ世界が変るのである。

四　後世への最大遺物

『後世への最大遺物』という内村先生の有名な御講演があります。今日の私の講演のために、久し振りで読み返してみました。ところが私の今夜言いたいことが全部書いてあります。「弟子はその師に勝らず」とは、よく言ったものです。

先生がこの中で言われていることは、後世への最大遺物として考えられることの第一は金を儲けることであると、実に青天の霹靂のような御言葉であります。われわれキリスト者は金を儲けることを卑しいことだと思いがちでありますが、先生の言われるのに、金を儲けることは天才でなければできない。金を溜めて後世に遺すということはたしかに一つの遺物だ。こうおっしゃった。それから引続いて、事業を遺すということも大きな遺物である。金を溜めることもできず、事業を遺すことのできない者でも、己の思想・文学を後世へ遺すことができる。しかし何よりも最大の遺物は勇しき高尚なる生涯である。こういうことを言っておられるのであります。これは明治二十七年の御講演でありまして、先生が不敬事件のあとを受けまして苦境のどん底にいられたときの御講演であります。

それで今夕は、その内村先生の御講演に列挙せられた事柄の中で、事業ということについてお話してみたいと思うのであります。これは甚だ私に不似合な題目でありますけれども、しかし考えてみるとわれわれの生涯はものを考えることではない。考えていても世の中は少しもよくならない。実行しなければいけない。何でもいいから手近なことを実行することだ。いくら考えましても、あるいは祈りましても、実行しないならば、自分の生涯は勇しくも高尚にもならないし、この世は少しも善くならないのであります。事業と言うと大げさに聞えますけれども、われわれの生活に実践するということであります。

それにつきまして私自身が興味をもっております二、三の事業のお話をしてみたいと思います。

まず第一は教育事業であります。明治維新前後の日本の教育事業のことを考えてみまして、最もわれわれの注意を惹くものは吉田松陰の松下村塾であります。吉田松陰は死にました時は僅か二十八歳の青年でありまして、松下村塾も規模のすこぶる小さいものでありました。けれどもそこから維新の元勲が輩出して、今日の日本ができました。今日日本の教育事業を再検討して、その欠陥は機械的・形式的な教育たる点にある、それではいけないと考えられてきたのでありますが、それについて吉田松陰のことを回顧するのは興味がある。

幕末諸外国の軍艦があいついで日本に来て、世間が騒しくなりましたとき吉田松陰が考えたのに、これは一つ自分で欧米諸国へ行って、その国力を見てこなければならないと。それで幕府の禁をくぐって外国に渡航することを企て、伊豆の下田に潜んでおりまして、ある夜ひそかに小舟を碇泊中のアメリカ軍艦に漕ぎつけた。それに乗せてもらって渡米しようとしたのでありますが、アメリカの軍艦の拒絶するところとなりまして、幕府に引渡されたのであります。もしこの時松陰がアメリカに渡ったとするならば、日本の歴史はどういう風に変ったであろうか、と想像してみます。彼松陰はすこぶる明敏な、気宇高邁な人でありましたから、欧米諸国に自分で行ってみたならば、多分欧米の国力・文明の基礎はキリスト教であることを認識して、あるいは自身キリストを信じて帰ったかもしれないと思う。

しかるに吉田松陰の志は成らず、維新後になって日本政府は岩倉公を主席として、海外に使節を派遣いたしました。この岩倉公一行がアメリカの大統領に謁した時に、大統領は好意をもって、貴国が国を挙げて新生面を開かれるのはたいへん必要な善いことであるが、欧米の文明の根柢はキリスト教であるから、日本の国を開くというならばキリスト教を採用しなければならないと思う、ということを忠告せられたのであります。またドイツに使節一行が行きました時に、宰相ビスマルクもまた好意をもって同じことを忠告しました。日本が西洋文明を取入れるのはよいけれども、キリスト教が欧米文明の根柢をなすものであるから、文明を入れるとともにキリスト教をお入れなさい、そう言ったそうであります。しかし岩倉公や伊藤博文、山県有朋などは、西洋文明を入れてもキリスト教を入れない、という政策をとってきたのであります。その結果が今日の日本の思想の貧困、人物の貧困を来した大きな原因である、と私は確信しています。思想貧困、人物貧困の源《もと》はたましいの貧困にある。そこに最大の欠陥が存している。日本の教育の再建設をなすことが今日非常に必要な事業でありまして、東京に昭和塾というものもできましたが、これはこの教育問題の最も根本的な欠陥を認識して始まったものではないから、何ら改革的の期待をそれにかけることができない。

自分のことを言うのを許して頂きたいのでありますが、私は自分の家で今年から土曜学校を開きました。これは数十人の青年を集めまして、一種の松下村塾的教育をしようと思って始めたのであります。もちろん微々たるもので、吉田松陰に比すべきものはありませんが、ただ精神だけは彼に肩を伍することができると思う。すなわち日本の国の今日以後を担っていく青年をつくりたい、青年の人格をつくりたい、たましいをつくりたい、という考えであります。私は長年官立の学校に奉職しておりましたけれども、そこに最も欠けておるものを、私は供給したいという考えであります。これはたいへん高慢なことを言うようでありますけれども、誰でも手近な、自分の手の届く範囲で、善きことと思うことをしなければならないんだろう。今の時勢はとくに逼迫しておりますから、私は特別感ずるのかもしれませんけれども、ソクラテスにいたしましても、孔子にいたしましても、われわれの救主イエス・キリストにいたしましても、少数の弟子を教育して後の時代をつくったのでありますから、いやしくも教育に従事する者は、学校教育だろうが、学校外の教育だろうが、教育の根本を考えて、次の時代を担っていくべきたましいを養う、ということでなければならないだろうと思う。

もう一つ私の考えるのは出版ということであります。善い書物を出版することがいかに必要であるか、いうまでもないことであります。ことにキリスト教の立場よりする出版事業が必要であります。しかし、今夜はその問題についてあまり論じておりますと終電車がなくなりますから、その次に行きます。

次に私の考えるのは、医療という問題であります。日本国民の健康につきましては、近ごろ厚生省という役所ができまして、だんだん施設が増加していくと思います。国民医療の問題には各方面がありまして、あるいは癩病の救済、あるいは寄生虫問題、その他いろいろありましょうが、とくに私が今日申し上げたいことは、結核患者に対する療養問題であります。私の知っておる青年学生などで、この病気に悩まされている者が非常にたくさんあります。その人たちは種々の苦痛や犠牲を自分も払い、社会も払っておるのであります。国家的見地に立ちましても、個人的見地から見ましても、非常な損失である。この病気は療養が長くかかります。したがって費用を多く要するのであります。費用を多く要しますから、十分療養することができない。私立の療養所に入るには、少からず金がかかる。公立の療養所に入るには、満員続きでなかなか容易に入れない。そこで、もし日本の各地に簡単な結核療養所ができまして、費用安く患者が収容せられることができるならば、どれほど善いかわからない。学生を下宿させるように、あるいは五人なり十人なり結核の患者を容れまして、それに対して療養と精神の慰安とを与えるところの軽便簡易なるサナトリウムがたくさんできれば、どれほどいいかわからないと思う。そしてそのことはわれわれの手の届く所にある。なしうることであります。結核の患者は多くの医薬を必要とするわけではなく、ただ規則正しい生活をなして、心身を安静にして、療養すればよいのであります。たとえば私が土曜学校を始めたという具合に至極簡単に、自分の手の届く範囲で、結核患者を預って療養させることは、やろうと思うならば誰にも比較的簡単にできることでありまして、しかもそれが今日の日本に最も必要なことであります。公立もしくは私立の大病院とか大療養所などに行ってみますと、りっぱな設備はあるけれども、どうも何か足りないものを感ずる。何が足りないか。愛であります。患者の霊魂を愛する愛がない。大きな学校に教育がないと同じように、大きな病院に療養がない。これは最も歎かわしいことであります。愛のあるところの、ほんとうの意味で療養のあるところの、療養所を欲しいものである。われわれがそういう事業を遺したいものである。しかもそれは、志さえあれば誰でも簡単にできることであります。

第四に考えることは伝道であります。福音を伝え、信仰を伝えることであります。これがいかに必要であるかは、私が縷々として申し上げるまでもございません。伝道には、病人に対する伝道、農村に対する伝道、労働者に対する伝道、兵士すなわち軍隊に対する伝道が必要であります。また植民地に対する伝道、外国に対する伝道が必要であります。そして、病人に対しては病人の信者が伝道する。農村では農村の者が福音を伝える。兵士には兵士が福音を伝えることが、最も理想的であります。何となれば、そこに最も深い思いやりと理解とがあるからであります。

私は二、三の実例を申してみたいと思います。岡山県にUという青年がおります。彼は親ひとり子ひとりの結核患者であります。家は貧困であります。胸の病気のほかに、耳が悪くなりまして、蓄音器についておる旧式の喇叭、あれを耳に当てないと、人の話がよく聞えない。しかしこの人の心にキリストの救いが臨んだ結果、彼は自分の病気の療養だけでは満足しなくなった。同じ病気に悩まされておる者を助けたい、助けなければならない。その人たちに福音を伝えなければならない。で、彼はこういう

『祈の友』という雑誌を出しまして（実物を示す）、同病者の相互祈禱の機関として発行し、また福音を伝えている。のみならず、同病の者を収容するサナトリウムをしたいという考えで、その志をもったのでありますけれども、費用がない。そこでとりあえず自分の小さい家に二、三人の患者を容れて世話をしている。すなわち手の届く範囲で事業を実行しているのであります。医療伝道の事業を病人自身やっておるのであります。

もう一つ、これはあまりに諸君に近い例かもしれないが、兵庫県にEという青年があります。やはり結核の病人であります。病気のために中学四年を出ることができないで、中途退学したのであります。中学四年を修業していないから、専門学校に行く資格がないことを歎いていましたが、この人のたましいに植えられたキリストの福音が根づいたとき、はたして人間が変りまして、積極的な力が出てきた。そして『病友』という、こういうリーフレットを出しまして（実物を示す）、病む人の友となり、また福音を伝えている。これも小さいけれども一つの事業を実行したのであります。病人とか学校を出ていない者には何もできぬ、と普通の人は歎きますが、そういうことはございません。病人にでも、学校を出ない人にでも、その人の仕事がある。

もう一つ実例をお話することを許して頂きます。ここにもこういうものがあります（実物を示す）。これは『通信』という名前の謄写刷であります。私の『通信』という名前をもらった。これを出している人はTという青年であります。北海道のある市役所の下級の雇員でありましたが、昨年の夏勤務召集になりまして、今では看護兵として某地の陸軍病院で働いているのであります。彼は隊に入る前から『通信』を出していたのでありますが、隊に入って後もときどき謄写刷を送ってきます。それによると、最近彼はKという未信者の病兵の枕頭で、Oという上等兵と三人で、最初の聖書研究の集まりをした、という。彼の内ポケットには、私の雑誌『嘉信』が真黒になって入っているという。これも事業の一つ、伝道を彼は実行しておるのであります。

次に外国伝道ということについて一言します。一昨日東京でおこなわれました内村先生記念講演会で話したことでありますが、先生は支那甘粛省のある伝道病院で支那人医師一人を維持するだけの費用を寄附なさいました。先生は「これは自分の道楽だ」という風に言われておりました。しかし今日は支那伝道という問題は、道楽の程度を通り過ぎておるのであります。今日それはわれわれの義務であり、責任である。実行の時期であります。そして先生の弟子のひとりたるOは伝道の目的をもって、すでに支那に渡っておるのであります。支那伝道と言えばたいへん組織と準備とが必要と考えますけれども、志があって、それに神様の祝福が下るならば、たったひとりでも実行できないわけではない。

こういう具合に考えてみると、あるいは教育、あるいは出版、あるいは医療、あるいは伝道、そのほかいろいろの事業がありますが、私の心に浮んだ四つのみでも、手近なところになすべき仕事は山ほどころがっていることを感ずるのであります。

多くの優秀なるキリスト者の学生が学校を出ます。そして皆同じように就職問題に心を労します。あの官庁に入る、この会社に入ると言って、一般学生同様憂身《うきみ》を窶《やつ》しておる。しかしキリスト者たる学校卒業生のなすべき仕事は、官庁・会社に雇われてサラリーマンになるという以外にはないか。けっしてそうではありません。彼らの活動を要求する仕事は世の中にいっぱいある。一方金持である人の金の使い途これもまたいくらでもある。今日まだ日本の実業家は金の使い途を知りません。事業の性質・目的そのものを理解しないで、ただつき合い的に、総花的に、各種の公共事業に寄附金を分割する。彼らの収穫するものは、社会事業に寄附金を出したという社会的名誉だけであります。彼らは事業を愛せずして、金だけを出すのであります。

ここにキリスト者の実業家があって、己の儲けた金をキリスト者として使おうと思うならば、最も正しい、善い意味の事業を企てる道はいくらもあると思う。またその事業の経営、指導、技術、事務に当る人物をキリスト者の間に得ることも、さして困難ではないであろう。だんだん日本にもキリスト者の学校卒業生が多くでき、キリスト者たる実業家もできてきます。キリスト者の資本とキリスト者の労働とが結合せられるとき、ここにキリスト者の事業ができるはずです。しかるになぜキリスト者事業が起らないかといえば、そこに一つ欠けておるものがある。それはスピリットである。たましいである、と私は思う。

そういう具合に、私はキリスト者としてなしうる事業を考えてみた。そしておかしいことに思い当った。私の考えた四つの事業は、いずれも明治以来キリスト教の着手してきた仕事であります。教育のためにはミッション・スクールが建てられました。キリスト教出版事業もミッションが始めたし、社会医療事業もそうである。伝道はもちろんのことである。いちいち申し上げることは時間が許しませんけれども、要するに、これら教育・出版・医療・伝道等は、すべて教会や宣教師の側で早くから着手したものであり、ある程度まで実行したものでありますが、今日キリスト教の事業として評価するとき、だいたい失敗の憾なきをえない。キリスト教のたましいが抜けておる、薫りがなくなっておる、ということに気がつくのであります。その欠陥を一口に言えば、神に依頼む信仰であります。神のみに依頼む信仰であります。その信仰にもとづく愛であります。そして魂の抜けた事業の外郭だけに堕してしまっておる。そこに間違いが起ってきたのであろうと思う。

内村鑑三先生は私どもに、神のみに依頼む信仰と、この信仰によって弱き者を助け、罪に悩む者を愛する教えを遺していかれた。そう思って考えてみると、吉田松陰が渡米を果さなかったことにも、神の摂理があった。もし彼が外国に行って、キリスト教を信じて帰ってきて、キリスト教が日本の国教となったとしたならば、そこには形式的宗教の偽善と弊害とがもっと多く起ったかもしれない。吉田松陰がアメリカに行くことができず、ためにキリスト教が日本の国教にならなかったことの中に、神の深き経綸がある。それは日本に内村鑑三のキリスト教の現われんがためである。すなわち神のみに依頼むという純粋な信仰、これを簡単に言いますと、語弊がありましょうが、無教会的な信仰が日本人の中から起って、日本人のたましいを捉えんがためであった。そして無教会の使命は、信仰の純粋を維持することだけにとどまるのではない。宣教師、教会側のキリスト教事業が世俗的な精神の経営に堕落した今日において、純粋なる信仰にもとづいて、各方面のキリスト者事業の再出発をなすということが、また無教会に課せられている任務であります。それをわれわれは純粋なる信仰の内側から発する愛をもって、自分の手の届くところで実行する必要がある。信仰というものは、生きて働く信仰でなければなりません。

いったい事業の価値をその規模の大小ではかることは間違いであります。事業の価値はその品質にある。その精神にある。たとい純粋なる精神をもち、志を抱いていましても、各人に与えられた能力の天分には制限があります。また教育・地位・財産・健康・家庭の事情など、その境遇におきましても、すべての人が大事業をなしうるように生れついておりません、すなわち人が後世に遺す遺物がもし事業の大小ではかられるとするならば、多くの者は失望しなければなりません。志を抱きながら、失望しなければなりません。

鳥取県にTという娘があります。『嘉信』の第一巻第一号に、その人の手紙が匿名で載せてあります。この娘は癩病の療養所に入って働きたいという志を早くもちまして、自分が行きたい療養所もここと定め、長年の間そのために祈り、また努力した。けれども、どうしても行けない。今年になりまして彼女は「もう先生、私は諦めなければならないことになりました」という手紙をよこした。父は老人であり、母が病んだために、その看護をしなければならぬ、という。これは志がありましても、境遇が許さなかったのであります。

このことにつきましては、シュワイツァーの『わが生活と思想より』の中に、私が最も動かされたことばがあります。それは、自分は家族の義務もなし、生計の心配もなく、頑健であったため、志の通りにアフリカに渡るようになったが、世間には同じ志を抱いても境遇のために実行できない人がたくさんある。だから自分は志の通りに仕事のできることを神に感謝し、またその通りにできなかった人たちがたくさんいるということに対して、同情と理解をもっていかなければならない、と非常に謙遜な心境を述べておる。

であるから、事業の価値は事業の大小にあるわけではない。その精神にあると考えなければなりません。

第二に、事業の価値は何のためにその事業をするかということできまると思う。己のため、己の名誉のため、己の利益のためであるならば、卑しい。己のためでなくして、他人のための事業でなければなりません。事業について私どもが志を立てましても、その思う通りにならないことがあります。そのためやむを得ず、事業の種類もしくは方向が変る。方向転換をおこなうことを、神が命じ給うことがあります。たとえば先ほど申しました娘は癩病の療養所に行きたかったけれども、家でお母さんの看病をしなければならない、というふうに方向転換を余儀なくせられることがあります。また事業の大小が思う通りにならないこともございます。しかしこれらは大した問題ではありません。どちらでもいいことでありまして、内村先生の『愛吟』の中に、(「或る詩」)

小なるつとめ小ならず、
世を蓋《お》ふとても大ならず、

と言われている通り、己の意地を突張る、あるいは己の利益を求めるというのであるならば、いかなる種類の事業、いかに大きな事業でもその価値は小である。これに反し、いかに小さい事業でありましても、神の聖旨《みむね》をなすということであるならば、その事業は大である。そしてどんな人でも、全然事業ができないという人はありません。事業と言って語弊があれば、生活のできない人はありません。

近ごろ有名でありますが、『キュリー夫人伝』という書物がございます。マダム・キュリーが娘時代にノートに書き抜いたものの中に、ルナンのイエス伝からの抜萃がある。

何人も彼ほど自己の生活の中で、人類の利益を世間的虚栄よりも重要視した者はない

これはルナンのイエス伝のことばでありますが、またもってキュリー夫人自身に移すことができます。己のためでなくして人類のために生きるということが、キュリー夫人の生涯でありました。彼女の母親は窮迫の中で肺病で死にましたが、慎しみ深いキリスト信者でありました。キュリー夫人は母親の死後教会に行くのをやめた、それで信仰を離れたといわれていますが、しかしキュリー夫人が世間的な虚栄と名誉心を離れ、一生涯人類の利益と幸福のために働いたことの背後には、彼女の母があったのでありますキュリー夫人の後世への最大遺物は、内村先生の筆法をもってすれば、ラジウムの発見にあるのでなく、自己の才能と努力とを己の利益のために利用しなかった、そして人類のために、ことに人類の

中の弱者のために用いたその勇しき高尚なる生涯である、と言わなければならない。そしてかくのごときキュリー夫人の精神をつくった、母なる人の生涯もまた後世への最大遺物であります。この慎しみ深い信仰の母親なくしては、キュリー夫人の精神はできなかったのであります。

私が今日皆様に申し上げたことは、この日本の重大な時節におきまして、あまりにも小さいお話をしたとお考えになりましょうか。また私が申し上げた人物は、キュリー夫人を除いてはことごとく無名《オブスキューア》な、どこの誰かわからない人物を挙げました。内村先生の『後世への最大遺物』には、あるいはリビングストンとか、トマス・カーライル、あるいはスティーブン・ジェラルドなど、有名な偉い人をたくさん例に挙げておられます。内村先生の御講演と私の講演と、もし違いがあるとするならば、私は有名な人のことはほとんど言わなかった。名もない人のことを申し上げた、という点が違っております。リビングストンや、クロムウェルや、カーライルや、スティーブン・ジェラルドなどのしたことは、私どもにできないかもわかりません。しかし、名の無い病人や、名の無い兵士のしたことは誰にもできるはずであります。そういうつもりで私は彼らのことをお話しした。

思い返してみますというと、この大阪のこの場所、この中央電気倶楽部のこの所におきまして、今から六年前に内村先生三周年記念講演会が開かれまして、東京から私も先輩に加わって参りました。その時は満州事変が始まって間もないことでありました。私は「悲哀の人」という題でもって短い講演をいたしました。国の罪を責めたのであります。

その後一昨年の夏大阪に参りまして、黒崎先生の医大の講演会場で私がお話することになりました。「国の礎」と題してお話しました。時は日支事変の起りました当座のことでありました。私は日本の国民と支那国民に対して、十字架の下に平和を結ぶことを深く訴えたのであります。

今日ここに参りまして私が諸君に訴えたことは、すでに御理解のように、従来とは全く異った方面のことを申し上げました。それはなぜであるかというと、満州事変はすでに過去のこと、日支事変はすでにおこなわれていることであります。いまわれわれの問題として与えられていることは、時局の収拾をいかにするかということであります。いかに日本を建設するか、支那を建設するか、日支関係を建設するか、ということがわれわれに与えられている国民的課題であります。支那を経済的、文化的に建設するということにつきまして、いろいろ意見がありまして、多くの美しきことばが述べられていますが、残念ながらことばだけのことであるように見えます。何とかしなければいけない、と皆思っておりますが、漠然たる悲観的な気持が、どことなく引っかかっております。それを今日私は思い、私は憂えます。また皆さんもお憂えなさることと思います。いま申し上げなければならないことは、日本国民は希望をもたなければならない。悲観してはいけない。悲観すべきではない。望みをもって、建設を図らなければならない。もしも国民全部が悲観いたしましても、キリスト者は悲観しません。国民の大多数の者が手のつけようがないと言いましても、キリストを信ずる者は手のつけようを発見するのであります。手のつけようがあることを確信し、また手の届く限りにおいて手をつけるのであります。

その意味におきまして、私は今日はキリスト者にとりまして実行の時期である、と申し上げた次第であります。外に向っては真に支那に詫び、支那を赦し、支那を諒解し、支那の再建設を援けて、いわゆる東亜協同体の理念を実行しうるもの、また国際間の親善を恢復して東洋の平和を樹立しうるものは、キリスト教の信仰以外に道はないと、私は確信します。支那人のために働くべき畑はひろがっていて、働き人を待っている。なすべきことがいっぱいある。なしうる人を待っている。

日本内においてもそうであります。日本内において今日最も必要とせられるものは、国民の精神的水準を高めることであります。この東洋をいかにするかという大問題を、処理していくに堪える日本人を養成することであります。これは遺憾ながら今日まで教育せられてきた日本人には、成し遂げられない大きな問題であります。どうしても新しい日本人、すなわち精神的レベルの高い日本人でなければなりません。そういう日本人をつくっていくこと、これは速成にできないかもしれませんけれども、だんだんつくっていかねばなりません。そのために必要なものの一つは、キリスト者たる母親である。キリスト教の信仰と愛とをもった名も無き母親が、東洋再建の大業を担当すべき子供を生み、かつ育てていくべき義務がある。

その他あるいはキリストの信仰をもった教師、役人、労働者、農夫、医者でも、学生でも、巡査でも、兵隊でも、ベッドに括《くく》りつけられているような病人でも、キリスト者が必要なんです。たとえば、病人の中にキリスト者のあるのは、全体の病人のために必要です。のみならず、彼の生涯あるがために、日本の国民の精神的水準がぐっと高められるのであります。

二十何年支那に滞在した、教育あるある人が、昨年の暮東京に帰って私を訪ねてくれました。いろいろお話がありましたが、その中にこういうことがありました。支那人をわざわざ日本に招いて、とくに示すべきほどの善きものが日本にあるであろうか。たいていの思想は支那にある、日本のアトラクションは瀬戸内海の景色くらいではなかろうかと。私は答えて言いました、日本には内村鑑三先生の事業があります。支那人の中に内村先生の信仰と思想を紹介し、支那の中からもかくのごとき人物を産むことを助けるならば、それは瀬戸内海を見せるよりも善いお土産でしょう、ということを話しました。

内村鑑三先生すでに逝いて満九年であります。もしも私どもが支那人の友だちに向って、日本に来て御覧なさい、日本にあなた方の参考になるものがあります、お見せするものがある、と言いうるならば、その一つは内村鑑三先生の墓石に刻んである銘であります。

我は日本の為め、
日本は世界の為め、
世界はキリストの為め、
而して凡ては神の為め

こういう日本人がいた、ということを示すのも一つであります。

しかし、示すものが先生の墓石だけであるとすれば、いかにも残念な話であります。内村先生の教えによりまして生きている者、すなわち先生の弟子たるわれわれの存在を支那人に見せて、こういう日本人がいるんです、いっしょにやっていきましょう、ということを示したい。

最後に、パウロがピリピの人たちに送りました言を一言申し添えます。

人は皆イエス・キリストの事を求めず、唯おのれの事のみを求む

己のために他人を利用しようという考えは、ただにキリスト教の敵であるのみならず、人類を破壊するものであります。自分は他人のために生活するんだ、人類のために生活するんだ、という考えは、国民を建設し、世界を建設する考えであります。神のためということがわからなければ、せめて他人のため、人類のために生きるということだけでも、わかって頂きたいと思うのであります。

五　前十年と後十年

1

先ほどお話になった石原兵永君は内村先生の内弟子でございまして、先生の家で起居をともにせられた間柄の人なんです。しかるに私は、日曜日にフロックコートを着て講壇にお立ちになる先生だけを多く見ておりました。約二十年も先生のお話を伺っておりましたが、私の用事でもってお訪ねしたのは三度か五度くらいしかない。たいへん先生を畏れておりました。

先生もときどき雑誌に、おれの家に来ると邪魔になるから、なるべく来ないように、と書かれたのであります。私はたいへん先生の御恩を感じておりましたが、ほかに御恩返しする道もありませんから、せめてお邪魔をすまいと思っていた。消極的の御恩報じだったわけです。

最初の時に、先生をお訪ねするのに一週間かかった。お訪ねしようかすまいかというので、苦心惨憺、祈りに祈りを重ねて、結局どうしてもお訪ねしなければならなくなって行ったのです。

これは、私が学生の時に親を失いました。まだキリストを信ぜずしてこの世を去った親は死んでから後救われるかどうか、という問題にぶつかって、いくら考えてもわかりません。これは先生にお聞きするよりほかないと思いましたけれども、先生のお邪魔をすることをたいへん悪いと思いましたから、それで苦しんだのでありますが、とうとう思いきって、こわごわ先生を訪ねました。

そのことを申し上げまして、お教えを願いましたときに、先生は天井の一角をじっと御覧になったまま「僕にもわからんよ」。いつまでたっても天井をにらんだままでおられました。何かおっしゃって下さるかと待っていたけれども、何もおことばがありませんから、私はいたし方なく立上っておいとましました。そうしたら、先生はかわいそうと思われたのでしょう、呼びとめられまして、「そういう問題は君自身が長く信仰生活を続けていれば、いつわかるともなく、そのうちに自然にわかるものだ。君自身が信仰を続けなければいけないよ」と少し優しくおっしゃって下さった。私はお辞儀をしておいとましましたが、外に出てたいへん安心した。その安心の中にはいま、思い返してみますと無事に出てこられてよかった、そういう安心が少からずあったようです。それほど先生を畏れていた。

その問題は、先生が言われた通りに、その後三十年経過しておりますが、今日において私にわかったかと聞かれるとわからない、わからないかと聞かれるとわかった。つまりわかったようなわからないようなことであります。私に問題は残っておりますが、苦にならなくなっている。やはり信仰生活は長く続けていれば、もっと長く続けて、いつまでも続けていれば、そのうちにもっとはっきりわかるだろう。そういう信頼をもって、私は今なお信仰生活を歩んでいる。あるいはいつまでたっても、はっきりわからないかもしれないけれども、親鸞聖人の言い草ではありませんが、先生にだまされてどこまでも先生に従《つ》いていって、結局わからずじまいになるのであっても、私は悔いるところはありません。何となれば私は、私自身のたましいの救い、永遠の生命なるものを、先生の教えによって知らされた。それははっきりわかっている。それでありますから、それ以外の問題については、わかったかのごとくわからざるがごとくでありましても、つゆ悔ゆるところはありません。それほど私は内村鑑三を私の先生として与えられたことを、神に感謝しておるんです。また先生の御恩を感じておるんです。

それでありますから、もしも内村鑑三記念講演会を、一年三百六十五日、毎日やるから何か話をしろと言われても、私はおことわりする理由がないくらいに先生の恩を感じております。

しかるに本年は先生召されて満十年。満十年というのは区切りのよい年でありまして、十年一昔と言います。時代が変る変り目であります。いろいろ周囲の事情を見ており、また自分でも考えまして、今日までいくたびか「内村鑑三記念講演会」をしてきたけれども、今年がおしまいだ。少くとも私は、本年をもって最後とする。ほかの諸君はいかに考えいかになされるか、それは知りませんけれども私としては今後、たとえば内村鑑三の二十年とか五十年とか百年とか、そういう記念会は別といたしまして、年年繰返す記念講演会は今回をもって最後として、今日皆様に申し上げてみたいと思うことがあるのです。

2

先ほどお話のありましたごとく、今を去る満十年前の三月二十八日に先生は召されました。その前二日、三月二十六日は先生満七十歳の誕生日でありました。先生は御病中でありましたが、講堂に会員の者が集まりまして、先生古稀の祝賀の祈禱会を開いておりました。それを先生がたいへん喜ばれて言葉《メッセージ》を送られました。

万歳、感謝、満足、希望、進歩、正義、凡ての善き事

病気がすでに重いですから、たくさんの口数をおききになれません。そういう単語を集めて、さらにつけ加えて、

聖旨にかなはば生延びて更に働く。然し如何なる時にも悪しき事は吾々及び諸君の上に未来永久に決して来ない。宇宙万物人生悉く可なり。言はんと欲する事尽きず。人類の幸福と日本国の隆盛と宇宙の完成を祈る

そういうことばをお送り下さったのであります。その後二日にして先生は召されたのでありまして、さらに二日後に告別式がありまして、その時藤井武が、この葬式は新日本の定礎式である、内村鑑三の信仰の上に新しい日本の礎が築かれる、その定礎式であるということを述べたのであります。

それから十年たちました。人類の幸福は進歩したでしょうか。日本国の隆盛は加わったでしょうか。宇宙の完成は近づいたでしょうか。人類は幸福に向いませんでした。この十年の間、人類のなしきたったこと、また今日なしておること、その状態はけっして幸福とは言えません。この前の世界大戦後、人類は平和のためにバベルの塔を築いてきましたけれども、いまや惨憺たる崩壊を遂げました。欧州におきましても、東洋におきましても、国と国、民と民とが互いに屠りあっておるのであります。物資は欠乏しました。道徳は頽廃しました。国家は解体したのであります。

日本はこの十年間はたして隆盛に向ったと言えるであろうか。なるほど軍備は拡張したし、政治的支配の地域は拡張したし、予算は尨大な、ほとんど前に五倍する予算となりました。日本の国の国債総額をば五十億円に食止めようというのが、十年前の財政家の目標でありましたが、今日は一ヵ年の国債発行高が五十七億円に上っている。こういう現状を隆盛と言うのであろうか。米がないの、炭がないの、マッチがないの、そういうことは私生れてから初めて経験しておるのであります。

道徳問題でもそうであります。すでに人々が指摘しているように、闇取引というようないまわしいことばが公然用いられている。闇でなければ取引ができない。「こういうことでは子供の教育はできない」と小学校の教師諸君は嘆いているのであります。最近の議会にしきりに述べられたことばの中に、今は挙国一致を必要とする時である。それゆえに、軍部も政府も「抱合って」事変遂行のために邁進しなければならないと。これは議会における答弁のことばであります。何と汚《きたな》いことばでありませんか。主義主張によらずして、抱合って挙国一致を続けると。美しいことばはずいぶんわれわれは聞かされました。王道主義とか、肇国の理想だとか、いろいろ美しいことばも聞かされましたけれども、反対に醜いことばも聞かされている。日本の国の道徳状態が、最近十年間に進歩したとは思えません。

政治の上においてもそうです。五・一五事件、二・二六事件を経まして、今日のごとき政治体制を生みました。いかに頻々と内閣は更迭するではありませんか。国民が内閣に対してもつ信頼、内閣の権威を重んずる観念は地を払っておるのであります。政治は鞏固であるとは言えません。

宇宙は完成に近づいたであろうか。これもわれわれがたびたび経験したように、あるいは烈しい大風、あるいは山津波、あるいは旱魃、あるいは大雪、あるいは大火事。この十年間に起ったところの天変地異を数えあげるならば、実に驚くべき被害であります。十年の間にこんなに自然と人間との間の不調和が起ったことは、内村鑑三先生はその七十年の生涯において、おそらくお知りにならなかったであろうと思います。

信仰および言論に対する圧迫、これもまた内村鑑三の知らなかった圧迫が、最近われわれの国の状態である。で、ある人はひそかに言いました。先生はいい時に召された。今生きておられるならば、ずいぶんお困りだろうと。これは無益な想像でありまして、お困りであるか、お困りでないか、そんなことをわれわれ知らない。先生はきっと困られないでしょう。しかし、内村鑑三はいかにもあれ、これが今日生き残っておるところのわれわれに委ねられている問題なんです。

3

そこで、現代の悩みは、第一は社会と個人との関係であります。第二は国際間の新秩序という問題であります。この二つの点について簡単に述べてみますが、わが国において近来、個人主義・自由主義を批難し、排斥する声がずいぶん高い。これは政府の方針のごとくであります。

個人主義ということばをば、もしも社会を否定し、社会を軽んずるという意味で用いるならば、個人主義は間違いでしょう。しかし「個人」なるものは、人類が長い歴史かかりまして、多くの犠牲を払い、多くの知能を傾けて発見したものであります。人類の歴史の初めのころにおいて、個人なる者はなかったのです。在るものはただ氏族共同体でありました。すなわち団体のみであったのです。

しかるに人間は個人個人が一つの価値をもつ存在であるということは、先ほど言ったように、人類の歴史において発見せられたる真理であります。宗教的のことばで言うならば、啓示せられたる真理であります。たとえばイエスが言われたお話の中に、われは善き牧者《ひつじかい》である。百匹の羊をもっているときに一匹の羊が迷ったならば、九十九匹を置いてでも、迷った一匹を捜しに行く。――これは個人の価値を強調せられたものであります。

いかに小さい人間であっても、いかに罪人であっても、個々の人間は人間としての価値があるんだ。神の子キリストが己の身を十字架にかけて救うだけの価値が、個人にあるんだ。――これは大なる発見です。かくして発見せられたる個人を、われわれは捨てることはできません。「個人主義」は時代とともに衰えるでしょうけれども、「個人」は衰えることはありません。キリストによって個人の価値が発見せられた後の社会観は、それ以前の社会観と全く内容を異にします。

人類の歴史の未発達であった時、団体は個人のない、換言すれば個人の自覚のない団体でありました。しかしそれ以後の団体は、自覚したる個人の団体であります。個人の自覚によってつくっているところの団体であります。

これは人類の思想史上、また社会生活上における大進歩であります。その「個人」の意義と価値を没却することは、歴史の大なる逆転であります。反動であります。誤謬であります。

自由ということも同じであります。歴史の段階としての「自由主義」はすでに時代おくれでありましょう。しかし「自由」はけっして時代おくれにはなりません。

過去の未発達であった段階において、人は自由をもっておりませんでした。あたかも身体の細胞が身体の一部としてのみ価値をもっておるごとく、個人は団体の部分としてのみしか存在の理由を認められず、したがって個人は常に奴隷でありました。

けれども、個人が発見せられました。個人の発見はすなわち自由の発見であります。ここにひとりの人間が立っている。彼の人格は神によって尊い。神が救い給うた個人は、神との縦の関係において宇宙大の価値をもっているんだ。彼のたましいの自由を、彼から奪うものは何もない。貧困であろうが、病気であろうが、社会的弾圧であろうが、自分の妻子も奪《と》らば奪れ、自分の肉体も殺さば殺せ。たましいの自由独立は何物をもっても犯されることのないものである。かくも偉大なる人間の自覚、人間の人格、人間の価値、これが自由であります。この自由を失ってなるものか。

時代の流行に従いまして、個人といい、自由というならば、いかにも国賊ででもあるかのごとくに、人が言ったりなんかする。人は恐れて個人と言わず、自由と言いません。しかし個人なきところ、自由なきところ、どこに全体があるか。そこで全体というのは機械的の全体であって、人類の歴史をば数千年あとに返すものであります。

権威を否定するという意味における自由主義は間違っております。権威は重んじなければならない。しかし権威をわれわれが重んずるときに、奴隷のごとくに服従するか、あるいは自由人として服従するか、そこに根本的の違いがある。

奴隷の服従はほんとうの社会をつくりません。それによって社会が鞏固な基礎の上につくられるものでありません。これはただ威圧せられて、いわば物理的服従でありますから、いつでも崩壊する内部的脆《もろ》さをもっている。自由人の自由意思から出たところの服従にして、初めて動かない権威の尊重である。

個人といい社会といい、ともに神から出でておるのであります。自由といい権威といい、ともに神から出でておるのであります。われわれはけっして個人を重んじて社会を無視するのでもなく、自由を重んじて権威を無視するのでもありません、しかしその反対でもない。

今日の社会思想問題は、あるいは経済上の問題として、あるいは政治上の問題として、そのほか各方面において、社会における個人ならびに自由の意味に対する認識が動揺しておるのです。人々が帰趨に迷う。いかに考えていいかわからない。世の中がたいへん憂欝になっている。これが時代の悩みでありまして、この時代の悩みをわれわれが悩んで、そして正しき進路を拓《ひら》いていくことは、われわれに課せられている任務であります。われわれキリスト信者はその任務を担当しているのであります。

第二の国際的新秩序。これはヨーロッパにおいてはベルサイユ体制を破壊していこうというドイツ、イタリアの要求、それからソビエト連邦の要求。それに対してベルサイユ体制を維持しようというイギリス、フランス側の要求。その対立が今日のような陰惨極まる戦争となっているのであります。東洋においてはわれらの知る通りに、東洋の新秩序ということばがしきりに述べられております。新しい秩序を日本と支那との間に設定しよう。――今までの旧い秩序のままでは国際生活が維持できませんから、新しい秩序の上にこれをつくり直そう、というのが今日の時代の悩みであります。しかるにいかなる内容をこれにもたせていけばよいか、いかなる方法によって実行すればよいか、ということに至っては、何人もほんとうのところ自信がないのであります。何かやってはおりますけれども、それによってはたして不動の新秩序ができるという確信はないのであります。これが時代を不安ならしめている一つの大きな原因です。

われわれの言わんとするところは、こうである。国際間の秩序をば、ただ国と国との間にだけ眺めている間は、解決の途はない。すべての国々は神の支配し給うところである。いずれの国も神の道を畏れ、神の道を貴び、神の道を歩むならば、そこに初めて国と国とが交渉し合う共通の基礎ができる。この共通の基礎なしに新秩序をつくろうといくらもがきましても、いつでも弥縫策、いい加減のことしかできない。激しい戦争をして互いに疲れてしまい、もうこの辺でいい加減に時局を収拾しよう。そして美しいことばでそれを飾ります。そのうちに疲れが直れば、また立ち上って喧嘩をする。これは万国を支配し給う神を信ずる信仰に立たないからであります。

以上のような悩み、すなわち社会と個人との関係、および国際間の新秩序の問題について、いまの時代は実に大きな悩みの中に抛《ほう》り込まれているのでありまして、われわれはこれに対し、隠遁的な生活態度をとることはできない。

4

しからばかかる悩みの中において、われわれは前途に望みをもつことができるであろうか。もし望みをもちうるとすれば、いかなる徴《しるし》があるか。それとも人類の前途には、希望がもてないんだろうか。絶望的な感じしか残らないんであろうか。すなわち辿っていくところは滅びであろうか。これがわれわれを悩ましておる考えであります。

これをわが国の問題で考えてみますと、国民精神総動員運動があります。これは政府の予算を百万円も投じまして、全国的に組織した大事業であります。従来の国民精神総動員運動は失敗であった。今度は組織を改めて、しっかりやるという話でありますが、この運動の失敗は、組織の欠点でありません。精神そのものの欠点です。病弱な精神をば、いかに組織し、いかに動員してみても、国民精神は作興せられない。たとえば興亜奉公日という制度があります。一カ月の間に一日、毎月一日に「一日戦死」の覚悟をもって緊張して生活させる。その趣旨は結構でありますけれども、実際おこなわれている状態はどうであるか。国民の自粛自戒はおこなわれておりません。一日は謹慎したような顔をしておりましても、その前後はよけいに馬鹿騒ぎをする。しからばこれは、浪費・享楽に加うるに偽善の罪を重ねている。国民の精神は弛《ゆる》んでいる。弛んでしまっている。

たとえば禁酒という問題をとってみても、興亜奉公日には禁酒する。それはいいけれども、どうして毎月一日だけ禁酒するのであるか。日本の国が大なる国難に陥っているのであって、物質的には食糧米が足りない、精神的には享楽気分が横溢して国民の精神が弛んでいる時であるならば、酒をやめるくらいのことがどうしてできないか。政府としても、また精神総動員運動としても、一月に一日でなしに、絶対禁酒ということを、国民がそれを守るか守らないかは別として、なぜそれほど真面目に真剣に事柄を考えないのか、私は常に不思議に思っている。旧約聖書のイザヤの預言の中に「彼らは葡萄酒を飲むに丈夫なり」（五の二二）ということばがありますが、大阪は知りませんが、東京の話によりますと、以前は料理屋とか、酒を飲む場所は夜の場所であったそうでありますが、近ごろは昼間でも席がいっぱいであってなかなか借りられないという。

どうしてそういうことになるかといえば、個々の国民に人間としての精神がない。無い精神を動員しようとしてもできるはずがありません。腐った精神をいくら緊張しろと言われましても、言われるだけ弛んでくる。弛みに加うるに偽善がおこなわれてくる。これが最も嘆くべき状態なんです。

どうしてそうなったか。これは個人というものをもたないからです。自由というものをもたないからです。人間としての責任、人間としての価値、人格の気品というものを、日本人が知らないからです。

だから組織、運動によって一月に一日禁酒しろと言われれば、その通りにしますが、多くは世間から悪く言われるからとか、警察から叱られるからとか、それだけのことです。地方に行って飲むとか、翌日飲むとか、前の晩に飲むとか、そういう偽りをする。国民の道徳を頽廃せしめていることは、実に驚くべきものがある。われわれは国民精神総動員運動によって日本の国は救われると思いません。

5

東洋の新秩序の問題はどうであるか。四月二十六日(一九四〇〈昭和十五〉年)の新聞に、支那の汪精衛が国民政府還都の祝典に際して発表した記念論文の要旨が出ました。その論文の表題は、「己を罪する精神」というのであります。すなわち支那事変が起って支那人が今日のように困窮の状態に陥ったことについては、他を責める前に己を責めなければならない。己を罪する精神から出発しなければ新秩序はできない、という論文であるようです。汪精衛という人は私は全く知りませんけれども、この論文の表題を見たときに、「日本側が敗けた」、そう感じました。阿部大使一行が南京に行かれまして、非常に華々しいことでありましたが、汪精衛が「己を罪する精神」ということを言いましたに対し、阿部大使は何と言ったであろうか。このことを私は心にかけておりました。

ところが今朝東京を立つ時に買いました新聞に、支那派遣軍総司令部総参謀長板垣征四郎中将の名で「派遣軍将兵に告ぐ」というパンフレットの要領が載っていた。これは、皇紀二千六百年天長の佳辰に当り隷下各部隊の将兵に配布し、および日本本国の輿論を指導するという抱負をもって、今日発表せられたものであります。私は委細に数種の新聞を汽車の中で読みました。その全体を申し上げるのは長くなりますけれども、おもな点を批評してみたいと考える。

第一、「この支那事件が発生したのは東洋的自覚がないからだ。支那人は欧米を尊敬して日本を尊敬せず、日本も亦東洋を自覚せずして西洋を盲目的に崇拝した。それが事件の根本的原因である。侵略は西洋的である。東洋は之と違ふ。支那に対して侵略を実行したのは欧米の侵略主義である。何となれば侵略は東洋的でないからである」。これが前提であります。

そういうことが学問的に許されますか。また歴史がそれを証明しますか。そして欧米と言って論じている中には、イギリス、フランス、アメリカなどのことが書いてありますが、ドイツ、イタリアについては、一言もない。ドイツは侵略国でありませんか。イタリアはどうですか。

第二には、「支那を半植民地化するのは欧米主義である。日本はそれと考へ方が違ふ。日本の方針は、支那を独立国家に造り上げるにある」。

これもまたわれわれは歴史によって、板垣中将の断定が正確であるか否かを批判することができます。一九二二年のワシントン会議以来の歴史を辿ってみれば、欧米諸国だけが支那を半植民地化する政策をとったというようなことは言えません。

第三には「物質主義は欧米の主義であるからいけない。個人主義も欧米の主義であるからいけない。

日本は東洋を自覚しなければならない」。

こういうこともきわめて大ざっぱな、何等確実なる論拠のない断定でありまして、いかにも東洋人は物質主義でないかのごとく、また個人主義でないかのごとく言われております。

われわれは支那人についての彼らの認識をこれまでたびたび聞かされました。「支那人は国家観念がない。自分の生活さえ立つならば、政府がどうなろうが国家がどうなろうが、一向頓着しない」。そういうことを、日支事変以来聞かされてきた。すなわち支那人は個人主義であるというのです。

しかるにいま、東洋を自覚して欧米の個人主義に対抗しろということは、どこを押せばそういうことが言えるか。東洋的というのはきわめて曖昧な観念であります。

侵略もいけない、支那を半植民地化することもいけない、物質主義もいけない、いわゆる個人主義もよくありません。しかし、東洋がその間違いを犯さずして、西洋だけがその間違いを犯したのであると考えるのは、学問的にも歴史的にも成り立たない勝手な議論であります。

間違いは人間の罪にあります。人というものは西洋人と支那人と日本人とを問わず、他の利益を侵すこと、物質的幸福を求める物質主義、いわゆる個人主義のわがまま勝手、そういう傾きを誰でももっている。

それからさらに板垣中将のパンフレットを続けていきますと、「日本は道義国家である。支那を弱くして分裂せしめ様といふのは間違つてゐる。又支那を何でもかでも日本流にしようといふのも間違つてゐる。支那は支那たることを重んじ、支那民族の統一国家を尊重してゆかなければならない。又支那の風俗習慣とか、支那の思想とか、支那の政治とかを尊重しなければいけない。個人にしても国にしても同じで、頭から日本を信頼しろと言つてもそれは駄目なんだから、信頼されることの出来る様に、彼らの面目を重んじ、彼らの立場を重んじてゆかなければならない。要するに日本人は日本人たれ。弱きを助けて強きを挫くのは日本の武士道である。支那を助け、支那の民族的統一国家たる要求を重んじてゆかなければならない。而してその基礎の上に東亜聯盟を作るべし」。――こういう趣旨です。そういうことをば今日軍部の代表者の口から聞くことは、一面たいへん愉快であるし、また一面くすぐったいことでもあります。

いまより三年前、自分のことを申すのは変でありますけれども、同じことを私が言ったときに、彼らは私に対してどうしたか。これと同じこと――支那は民族統一国家たらんとしている、これを尊重しなければならない。支那人の特殊性を尊重しなければならない。個人に対する道徳は国家に対しても守らなければならない。その主張をなした私の著書論文を、三冊も発売禁止にしたではありませんか。そして今日口を拭ってこういうことを言っている。けれども、それは私の正しいと思う考え方に彼らが帰ったのでありますから、もしも彼らが偽りなくこれを言うのであるならば、これは喜びとしなければなりません。問題は偽りがあるかないかということにあります。

板垣中将の論文を読みまして、真先に感ずることは、汪精衛のいわゆる「己を罪するの精神」が現われておらないことであります。弱きを助けて強きを挫くのは日本の武士道であるとは書いてありますけれども、恥を知って責任をとることが日本の武士道であるということは書いてない。日本の武士道の精神として、どちらが大切であるか。恥を知って責任をとる方が大切であります。それは新しい力、新しい生命を産み出す力でありますから、単に弱きを助け強きを挫くという道徳訓よりも重要である。しかるにそれが現われておらないことを、私は最も遺憾とするんです。

このパンフレットの中には、一般日本人、軍の将兵、ことにその上層部たる司令部とか本部の者は、とくに自粛自戒しなければならないということが書いてあります。それは結構です。自粛自戒して頂かなければならない。しかし自粛自戒と悔改とは違います。自粛自戒は道徳であります。だからこれには偽りに陥る危険が伴っている。いかに自粛自戒しようと思いましても、偽善に陥る危険が事柄の性質上ある。

悔改ということは、罪を知って責任を取るという態度であります。昔の武士で言うならば、恥を知って腹を切ることである。旧き己に死ぬることである。この悔改が新しい生命をつくりだす根本でありますから、もし東洋の新秩序というならば、その組織はいか様になるにしましても、悔改から出発しなければならない。そうでなければ、どんなに組織をつくってみても、また内側から崩れていく。

内村鑑三召されて十年の間、きわめて悩みの多い道をわれわれの国は歩んできました。自分たちもその中にあって、ともに悩みの道を歩んできたのです。

今後の十年はどうだろうか。先ほどのパンフレットには「今後五年も十年も、この事変は続くと思はなければならない。だから一層緊張してやらなければならない」そういう具合に教えられておるのでありますが、その観察において私も同感です。今後の十年、事変はいかに片づくにしましても、経済的不況は必ずわが国を襲うでしょう。道徳的頽廃もわが国を襲うでしょう。政治的変化もわが国を襲うでしょう。軽々しく、安からざるに平安《やすし》平安《やすし》ということはできません。

ただ一つだけ、すなわち悔改ということがあって、己を罪する精神が支那よりも起り、日本よりも起るならば、そこに初めて私どもの前途に光明を見ることができる。

板垣中将の認識によりますと「日支事変は支那が日本を侮り、日本が支那を侮つた結果である。今後は、敬と信と愛を以て両民族を永久に結合せよ」そういう考えであります。私どもはまたもや美しいことばを聞かされている。敬と信と愛、これはキリスト教の講演会で言われるようなことばであります。

私どもの問わんとするところは「汝はその途を知るや」。敬も必要、信も必要、愛も必要です。それでなければ日支両民族は永久に結合されません。それはその通り。われわれが多年主張してきたことを彼らが認めた。けれどもことばだけを言いましても何にもならない、途を知らなければ。

私はあえて板垣中将に教えようと思う、日本人たる途を。「先づ日本人たれ」と言っておられます。

日本人たるの途と、また敬と信と愛との途を教えようと思う。日本人たるの途は、まず自由なる個人の獲得にあります。そこから始めなければならない。自由なる人として人格の価値を知り、真理のためにはいかなることがあっても屈しない、義しい事は義しい、悪しき事は悪しい、できる事はできる、できない事はできないと、これを言いうる者がほんとうの人間だ。ほんとうの人間でなければ、ほんとうの日本人にはなれないのであります。たましいの自由をもった日本人がつくるところの国家にして、初めて輝かしい日本国たりうる。

他人を敬し信じ愛する途は、われわれの人格を重んじて、われわれを救うために十字架にかかって、己の血を流し給うたイエス・キリストにあります。キリストは十字架にかかって、罪人を救うために己を捨て給うた。われらはそれによって愛ということを知ったのです。それによって信ということを知った。それによって他人の人格を敬うことを知ったのです。キリストの十字架が敬、信、愛の根源であります。これなくしてただ敬せよ信ぜよ愛せよと言いましても、ことば倒れにならざるをえない。

預言者エレミヤに神様が言われたことばに「彼らは汝に帰らん、汝は彼らに帰るなかれ」ということばがあります。偽預言者と社会の民衆はエレミヤを迫害したけれども、彼らは結局エレミヤの言うところが義しい、真理はエレミヤとともにあることを認めて、エレミヤに帰ってこざるをえない。いまこそ彼らは彼ら自身の途を我武者《がむしゃ》らに行っているけれども、彼らの途は必ず行きづまる、必ず滅びに至るのだから、今彼らの捨てている汝に彼らが帰ってくる。汝が彼らに帰ってはならない。汝は神の告げ給うことばに立って、一歩もその地位を下ってはならない。——これがエレミヤに言われた神様のことばです。われわれ今日のキリスト者の任務もまた、エレミヤと同じであります。

先ほど述べたところによってもわかるように、日支事変の解決、東洋新秩序の方向について「彼らは汝に帰らん」。彼らは私に帰ってきた。私は彼らに帰るべきでない。彼らこそ私どものことばの権威を尊敬しなければならない。私どもが彼らに帰って、バアルによって預言する偽の預言者になってはいけない。

はたしてしからば、真の日本人をつくる途、東洋の新秩序をつくる途、信と愛と敬をば実現する途はイエス・キリストにあると、私がここに宣べたこのことばの証明についても、彼らはわれらに帰るべきであって、われわれが彼らに帰るべきでありません。彼らがわれらに帰るときに、日本の国と東洋の新秩序、また人類の幸福、宇宙の完成が初めて曙光を見るのであります。彼らがこの真理を認めざる限りは、日本の前途、人類の前途、宇宙の前途もまた悩みと苦しみの中に閉されておる。この真理を私に教えたのは内村鑑三であります。願わくは栄光とこしえに内村鑑三の神にあらんことを、真の救いが内村鑑三の国の上にあらんことを。（速記）

六　内村鑑三論

はしがき

本年は内村鑑三満十年の記念すべき年であった。十年一昔という。先生を個人的に追憶することをもって足れりとせず、公の歴史的人物として研究せねばならぬ時が来たのである。しかしながら憚るところなく先生を研究しうるためには、さらに数十年の歳月の経過を必要とするであろう。ここにはただ研究の発端として、私見の輪郭を描くに止める。

（本稿は歴史的人物としての先生を論ぜんと欲するものであるから、文中敬称敬語を略し、内村鑑三もしくは単に内村と記述する。あたかもイザヤが、パウロが、というがごとし。読者、無礼をもって咎むるなかれ。）

一　内村鑑三の信仰

1

内村鑑三の信仰は、一言にして言えば正統的すなわち聖書的であった。彼はキリストの神性を信じ、処女懐胎を信じ、十字架の贖罪を信じ、奇蹟を信じ、復活を信じ、再臨を信じた。彼は聖書解釈上高等批評の影響を蒙った時代もある。しかしながら彼の信仰の根本は、終始一貫して彼自身のいわゆる「旧い旧い十字架教」であり、聖書のことばに一点を加えず、一画を減ぜざるものであった。しかも彼は使徒信経を暗誦する者のごとくに、彼の信仰をば信仰箇条的に列挙し、平面的に把持したのではない。彼の信仰は彼自身の生活をもってみずから戦いとったものである。否、むしろ彼の血涙の生涯において、歴史的に神より啓示せられたものであった。それゆえにそれは発展的であり、立体的であり、何よりも第一に活きたるものであった。聴く者をして欠伸《あくび》を禁じえざらしめるごとき公式的なる信仰告白は、内村鑑三の口よりは絶対に出でなかったのである。

内村の最初に戦いとった信仰は、十字架による贖罪であった。これは彼の最初の信仰であり、最中の信仰であり、最後の信仰であって、彼の五十年の信仰は、「十字架」の一語に尽くるのである。彼の初期の著作にして、しかも畢生の代表的著作の一と看做すべき『求安録』を開き見よ。その冒頭に曰く、

人は罪を犯すべからざるものにして罪を犯すものなり。……降るは易くして登るは難く、降れば良心の責むるあり、登るに肉慾の妨ぐるあり、我が願ふ所のもの我これを行《な》さず、我が悪《にく》む所のもの我これを行《な》し、我は二個の我より成立するものにして、一個の我は他の我と常に戦ひつつあるものなり、誠《まこと》に実に此一生は戦争の一生《せい》なり。

余の始めて基督教に接するや、余は其道徳の高潔なると威厳あるに服したり、余は余の不潔不完全を悟りたり、余の言行は聖書の理想を以て裁判さるれば実に汚穢言ふに忍びざるものなる事を発見せり、余は泥中に沈み居りしを悟れり、余は故意を以て人を欺きながら余の罪人なるを知らざりし、余は虚言を吐くを以て意に介せざりき、余は他人の失策を見て喜び、他を倒しても自己《おのれ》の成功を願へり。……是を思ひ彼を思へば余は実に自身に恥《はじ》て若し穴

あらば身を隠し神にも人にも見えざらん事を欲せり。

実に自己の罪人なるを知りて罪の赦しを神に求め、キリストの十字架による罪の贖いを信じたことが、内村のキリスト教への入門であり、そして彼は最も正しき門よりキリスト教に入ったのである。何ゆえに彼はかくも早く罪の問題に悩んだか。そうして終生贖罪の十字架を固執したか。彼みずから『余は如何にして基督信徒となりし乎』において記述するごとく、幼少の時よりとくに敬神の念を鼓吹せられ、敬虔の心を養われたことが、彼の罪の意識を鋭敏にしたること少しとしないであろう。義を慕う天賦の性質が彼に強烈であったのであろう。しかしながら、もしも罪の赦しを求むる必要が彼に少くありたらば、彼はかくまで徹底的なる十字架信者とならなかったに違いない。換言すれば彼が円満の君子人たる性格をもたず、圭角あり欠点多き人物でありたればこそ、彼は外、人と戦いながら、内、キリストの十字架の蔭に立たざるをえなかったのである。十字架の救いを獲得したることによりて彼の生涯の隅の首石は据えられ、この首石の上に彼の七十年の生涯は建てられた。それは外的にも内的にもけっして泰平なる年月ではなかったけれども、彼をして不動の磐たらしめたものはこの信仰であった。彼と隙を生じて彼の許を去った優秀なる弟子が少くない。その発端においては理非曲直はたして師弟のいずれに重きや、にわかに判断し難きものありしとしても、師は常に十字架の下に帰りしがゆえに活きた。そうして弟子は同じく十字架の下に立つや否やによって、審かれたのである。

2

内村は贖罪の信仰を自己の罪との苦闘の中より戦いとりしごとく、彼が復活の信仰を確実に把握したるはその愛娘の死によった。その以前彼が復活の信仰をもたなかったというのではない。しかし彼が強力にこの信仰を体得したのは、右の経験によると言うも過言でないと信ずる。ただに愛児との死別という人生の一大悲哀であったのみでなく、彼にとりてそれは信仰の一大試練であったのである。「これほど祈りても、わが祈りは聴かれざるか」ここに彼の信仰と彼の信仰生活、彼の伝道と彼の事業のいっさいの価値が賭けられたのである。彼の敵は嘲って言った、「内村の無教会主義は誤っている。だから彼の祈りは聴かれないのだ」と。しかもついにその娘は死んだ。その時失望悲嘆の中から彼を扶け起したものが、実に復活の信仰であったのである。祈りは聴かれなかったのではない。より善く聴かれたのである。娘は死んだのではない、天国に嫁入ったのである。彼が愛娘ルツ子の墓に刻みし「再会《また》ふ日まで」の一句は、この復活信仰の勝利の記念碑である。

贖罪および復活と並んでキリスト教教義の三大中心に数えられる再臨の信仰を、内村が確実に体得したのはさらに後のことであって、それもまた彼自身の信仰の戦いを経たものである。すなわち彼が前の世界大戦とその平和会議とについて、キリスト教国とその政治家とに対し甚しき失望を感じたるとき、キリスト再臨の信仰が鮮明に彼に啓示せられ、世界平和実現の希望をここに見出したのであった。先に愛娘の死において、人力尽きたるところ神の力による復活の信仰が啓示せられしごとく、いま世界大戦の不始末において、人による希望の竭《つ》きたるところキリスト再臨の信仰が彼に与えられたのである。いかにこの信仰が活きたる力として彼に臨みしかは、彼が長年籠居の柏木を出でて、全国的なる再臨講演の大運動に活動したる一事をもって知ることができる。

かくして贖罪、復活、再臨というキリスト教教義の三つの柱は内村鑑三の信仰となった。彼はこれを教科書的に暗誦し、公式的に盲信したのではなく、彼の生涯の血と涙とをもって学びとったのである。それゆえに一たびこれを把握したる後、彼の信仰は後退せず横転せず、また何らの公式的臭味なくして、あたかもそれ自体が生命ある活物であるかのごとく、永遠の新鮮さをもって輝いたのである。彼が『求安録』を著述したるは一八九三年、齢三十三歳であり、愛娘ルツ子を失いたるは一九一二年、齢五十二歳の時であり、再臨運動に活動したるはそれよりさらに六年後の一九一八年、年齢五十八の時である。初めなるは己自身の罪との戦い、中なるは己が娘の死との戦い、終りなるは平和会議の幻滅との戦いの中から、いずれも彼自身の死闘をもって戦いとりし――否むしろ、死闘せる彼に天より啓示せられし信仰である。しかもその各々の間に数年ないし十数年の年月の経過がある。すなわち彼はその生涯における歴史に伴うてこれらの信仰を学びとったのであって、その間に自然の発展がある。換言すれば彼は平面的・公式的に信仰箇条としてこれを羅列したのではなく、立体的、歴史的に活きたる生活の必要としてこれを食い、かつ飲んだのである。彼の信仰が常に生々活潑であって、宗教家臭を伴わざるはこれがためである。彼の信仰の内容は正統的であり聖書的であった。しかし彼の信仰の態度はさらに聖書的であり啓示的である。彼は「信仰の人」であった。「信仰する人」であった。そのことは彼の信仰の教義的内容と同様に、否それ以上に貴いのである。繰返して言う、彼は右の年代に及んで初めて贖罪もしくは復活・再臨の教義を知りまたは信じたというのではない。ただ彼がこれらを己自身の信仰の中心として、その生涯の支柱として、活きたる把握をなしたことには歴史的展開あることを、私は指摘するものである。

二　内村鑑三の戦闘

1

内村鑑三は戦闘の人であった。彼は政府と戦い国民と戦い、宣教師と戦い教会と戦い、骨肉と戦い弟子と戦った。彼は多くの敵をもち、また多くの敵をつくった。彼の信仰は戦うべき敵を前にもつとき、最も強く、最も精彩を放った。彼の骨肉および弟子との争いについては、まだ評論を試みうべき時期ではない。ここには彼の公の戦いについて一言するに止める。

壮年時代彼が政治評論に筆を執りしころ、彼の最も激烈なる攻撃を蒙りしものは薩長藩閥政府であった。その官僚政治であった。彼の初期の著述『小憤慨録』はその記念である。彼が藩閥政府を攻撃したる理由は何であろうか。彼は上州高崎藩士の子であり、高崎藩は明治維新の時徳川側に立ちしものであって、薩長土肥等有力諸藩の外にあった。この事情にもとづく反撥感が、たとい無意識的にせよ、内村に皆無であったとは言えないであろう（徳川慶喜の葬儀に対し、彼が恭しく敬弔したという逸話を想起せよ）。西洋文明の教育を受けた彼が、自由民権の思想の影響の下に藩閥官僚政治の横暴を糾弾したことも首肯せられる。しかしただこれだけの理由ならば、政治評論家として内村の特殊なる存在理由はないのである。彼が藩閥政府を攻撃したのは、主として政治道徳および社会正義の立場よりしたのである。具体的に言えば、彼らが西洋文明、西洋思想をわが国に輸入しつつ、その道徳的脊椎骨たるキリスト教を無視することを批難したのである。キリスト教の信仰、道徳、および正義観を輸入せずして、西洋の技術と学芸を輸入することの、国家百年の計を謬るゆえんなることを痛論したのである。これが内村の政治評論の根柢たり真髄たるものであった。その意味において彼は実に預言者的愛国者であった。彼の預言を聴かざりしことの結果は、その後の歴史に顕然《あらわ》である。

内村の争ったものは藩閥のみでない。彼は学閥と争った。わが国の官僚および学問の支配的主流を成したものは東京帝国大学である。しかるに彼は札幌農学校出身者として、学閥の外に立ち、学風を異にするものであった。しかし彼は一の学閥に対して他の学閥を擁護し、もしくは自己の地位のために学閥の勢力を争った者ではけっしてない。彼の争ったものは思想である。そしてこの戦いにおいては彼はむしろ受身であり、打たるる者であった。彼を最も強打したる者は、加藤弘之と井上哲次郎とであった。ともに学歴において彼に勝る者であって、加藤はスペンサー的唯物論をもって、井上は程朱学的日本主義をもって、キリスト教をわが国の国体に合せずと断じ、とくに第一高等中学校事件に関連して内村の行動と思想とを排撃したのである。今日より見れば、スペンサーはたして唯物論なりや、程朱はたして日本主義なりやその事に疑問あるのみならず、加藤の唯物論、井上の程朱学がはたして日本の国体観念に一致したるものなりしや、その事自体が問題である。しかしながら当時にありては、かくのごとき議論をもって内村を排撃し脅迫したのであった。内村は忍んだ。そして守った。彼は節を売らず、主張を曲げず、守ることによって勝ったのである。そのこともまたその後の歴史の実証したるところである。

内村はさらに財閥攻撃の運動に加わったことがある。すなわち足尾銅山の鉱毒事件に関し田中正造が奮起したる時、内村もこれに応援して弾劾演説を試み、みずから渡良瀬川の被害地方を視察し、激励するところがあった。ただし内村の立場はキリスト教の社会正義観にもとづく義憤であって、社会主義の思想によるものではなかった。彼は幸徳秋水、堺枯川、西川光次郎、黒岩周六らとともに理想団なるものを組織し、社会解放の思想運動に協同したことがあったが、まもなく袂を別って彼独自のキリスト教信仰の立場に孤立したのである。彼の財閥攻撃は社会組織に対する批判より出でたものでなく、したがって運動としての継続性をもたず、右の一例をもって終ったのであるが、彼が平民の友として社会問題に関心をもち、実際的行動をもってその正義観を主張したことは、われわれの記憶にとどめねばならない。

内村が東京独立雑誌、万朝報などにおける政治および社会評論の筆を断ち『聖書之研究』誌を創刊して聖書の研究およびキリスト教伝道を生涯の仕事《ライフ・ワーク》となすに至ったことは、その当時においてすでに、退却でないかという批評があった。彼はこれに答えて、そのけっして「退却」にあらざるゆえんを弁じた。

しかしながら、少くとも彼の戦闘の方法および部面が変化したことは事実である。いかなる理由によってこの転換があったのであろうか。思うに明治三十年代に入りてよりわが国における社会問題の進展に伴い、社会主義者の言論がようやく盛んとなった。これに対し内村は、単に社会正義のためという一般的目的のみをもってしては、彼ら社会主義者と協同し難き根本的思想の不一致あることを自覚し、己自身の独自の道を歩まんと欲したのであろう。さらに日露開戦に至る前、開戦の可否がなお大いに論ぜられたころ、内村は独自の立場から非戦論を唱えた。しかるに国論彼を容れざるを見て、実際政治に対する立論および批判の効果に対して失望したということもあるであろう。しかしながらこれらの消極的事情は彼の戦線転換に対して時機を準備したというにとどまり、彼自身としての積極的なる意義は別に存しなければならない。彼は思ったであろう、この国に社会的正義のおこなわれざること、国民の政治道徳の低きことは、その信仰が低く、真理に対する感覚の鋭敏ならざるによる。ゆえにこの国民に聖書を教え、聖書にもとづくキリスト教の信仰および道徳を伝えることは、国家社会を救うに対し最も根本的にしてかつ焦眉の急務である。そしてこれは正に内村の果すべき使命であり、内村にあらざれば果しえざる使命である。彼はこのために召されたのであり、彼の生涯はこのためにあるのである。政治的社会的の評論もしくは運動は他の人物に委ぬればよい。われは聖書の研究に専心し、これをば日本国民の書となすためにわが生涯を献ぐべきであると。およそかくのごときが、彼の心事であったのであろう。彼が東京独立雑誌および万朝報の筆陣から退いて聖書之研究誌に移ったのは、けっして難を捨てて易に就いたのではない。彼は東京独立雑誌および万朝報記者として文名を揚げ、きわめて広き感化を知識階級の青年に及ぼしていたのであり、一方聖書研究のごときは、当時にありてはきわめて不人気かつ不安なる、前人未踏の荆棘の道であったのである。彼があえてこの道に専心するに至ったのは、けっして退却ではなくして前進であり、明哲保身ではなくして餓死を覚悟せる冒険であったのである。この信仰的冒険によりて彼は自己の天職を発見し、日本はその最も必要とする霊的指導者を与えられたのである。これが彼の最善の愛国の道であり、日本はこれによりて最大の愛国者を得たのであった。

第一高等中学校における事件と、日露開戦前の議論とについては、論ずべくしてここに論じえざるを遺憾とする。ただしこの両事件について後人の彼を弁護するを聞くに、曰く、内村の態度が不敬であったというは事実の誤伝であると。また曰く、彼は開戦の可否が朝野に論議せられし時、一論を述べたのであって、開戦後は沈黙したのであると。足れり。けれどもいやしくも内村を弁護せんと欲する者は、かく小さく消極的弁護をもって止むべきではあるまい。彼はたしかに問題に触れたのである。そしてその手応えの意外に強く、反噬の激しかりしにより、彼は戦いを再びせず、問題は覆われて今日に及んだのである。われらは彼の触れし問題の意義が那辺に存するやを理解し、それを展開することによって積極的に彼を弁護するを要するのではあるまいか。この問題を突破せずしては、聖書が日本国民の書となり、キリスト教の信仰が日本を救う道であることは確立せられえないのである。内村はこの問題に関し、彼の戦うべき戦いを戦い、彼の払うべき犠牲を払った。後人、彼の戦い及ばざりし点を彼に求むるは不仁である。己自身戦いと犠牲とを回避しつついたずらに彼を弁護するとも、真理の進歩に対して何の加うるところがあるか。

2

藩閥、学閥、財閥に対する内村の戦闘は、彼の前半生に属するものであり、かつ多くは突発的個別的なる戦いであった。これに反し宣教師および教会に対する戦いは彼の生涯にわたるものであり、かつ一貫せる継続的・原則的の戦いであった。キリスト教の信仰および伝道をもってその生涯の仕事となせる彼にありて、けだしこれは当然の区別であった。

内村は宣教師ハリスによりて洗礼を受け、メソジスト教会に属し、後、同志とともに札幌独立教会を創立した。その米国遊学より帰るや、新潟のミッション・スクール、北越学館の招聘に応じて赴任したのである。かく宣教師および教会と浅からぬ関係ある彼が、いかにして彼らとの間に畢生の戦いをもたねばならなかったか。

内村は文久元年に生れた武士の子である。明治初年に学問をした多くの武士出身の青年と同じく、否、多くの同輩に抽んでて彼は強烈なる日本人意識をもった。しかるに外国宣教師の中には日本の国情に通ぜず、日本人をば無道徳無宗教の未開民族視した者さえもないではない。かつ伝道および教育の経営について宣教師が専制を振い、日本人の立場を無視したことも少くなかったであろう。そして宣教師よりの金銭的援助によって存立せる教会および学校が、彼らの鼻息を伺い、その事業の成績を数字に表示して宣教師の本国に報告するため、小細工を弄する弊風がおこなわれた。かくのごとき弊風は畢竟するに、外国の伝道団より金銭を受くることに基因したのである。そしてキリスト教といえば、平気で他人から金をもらう宗教であるかのごとき観念をば、信者自身にさえ抱かしむるに至ったのである。ゆえに日本人をして健全なる信仰を獲得せしむるためには、キリスト教伝道をば外国宣教師の金銭より独立せしむることが急務であった。このことを衆に率先して主張し、かつ実践躬行したる内村の認識は絶対に正しくあったのである。

しかしながらもしも事が金銭に関する問題のみであったならば、彼が宣教師および教会とあのような全面的対立に陥ることはなかったであろう。彼は実に宣教師および教会の信仰に、彼の聖書的立場と根本において相容れざるものあるを発見したのである。たとい信仰箇条的には同一であっても、信仰態度において完く相背馳するもののあるを知ったのである。しかもこれは彼自身宣教師および教会との交渉において、いくたびか苦汁を嘗めさされし経験にもとづいて知ったのである。彼は米国留学中一時神学校に学んだことがあるが、信仰上の不一致を知りて半途退学してしまった。すなわち彼は神学校卒業の資格なく、教会公認の教役者たる資格として必要なる按手礼を受けていない。教会より見たる内村は、一個の平信徒であり、無資格伝道者であるに過ぎない。かかる内村がキリスト教伝道を自己の天職として起ったのであるから、宣教師および教会との間に一問題起らざるをえなかったのはけだし当然のことであった。そして内村の無教会主義はこの戦いの中から生れ出でたのである。教会は内村に対して伝道の権威を認めない。それに対して内村は叫んだ、「我は教会に属せざる者に福音を説く」と。また曰く、「人は教会に属することによりて救わるるにあらず、ただイエス・キリストを信ずる信仰によりて救われるのである」と。彼の無教会主義は窮して通じたる啓示の道であった。彼の敵が彼をばこの窮余の道に追い込んだのである。しかしながらいかに素晴しき真理を、内村鑑三はここに発見したか！　パウロの宗教改革は、「ユダヤ人たらずとも、人はただキリストを信ずる信仰によって救われる」という原理の発見にあった。ルッターの宗教改革は、「人はロマ・カトリック教徒たらずとも、ただ信仰によって救われる」という原則の発見であった。わが内村はさらに一歩を進めて、「人は教会員たらずとも、ただ信仰によって救われる」と主張したのである。これは世界のキリスト教史上特筆せらるべき歴史的発見であって、ここに現代宗教改革の大礎石は据えられたのである。

右のごとく内村の無教会主義の成立はむしろ消極的なる事情によった。彼は教会の弊風を痛撃した。しかしながら教会を破壊することを主張しなかった。ただしルッターの宗教改革によりてカトリック教会内にジェスイット派のごとき改革者が出でたように、内村の無教会主義は教会内の革新を喚起せずしてはやまないであろう。そうしてその革新は教義的たるよりも、むしろ信仰の生活態度に存しなければならない。

しからば内村鑑三の無教会主義はいかなる「生活態度」であったか。

第一に、外国伝道団よりの金銭的独立。今日の時局下において、教会およびミッション・スクールがこの事の実行を当局者より鞭撻せられつつあるを見れば、これを内村の持論と照合してまことに今昔の感に堪えざるものがある。後世あるいは内村の国士たることを認めて、彼のために碑を建つるものあらんことを怖る。

第二に、藩閥、学閥、財閥の保護よりの独立。内村の無教会主義は神のみに依り恃む信仰の独立を生命とする。彼の前半生はこれら支配階級との果敢なる闘争であった。晩年の彼は他人の社会的地位を重んずる人であったが、しかしながら彼自身伝道の便宜を得るため有力者に接近し、もしくは彼の伝道をもって有力者援助の手段たらしむるごとき態度は、彼の絶対にとらざりしところである。ルッターの宗教改革は当時のドイツの排外的国家主義と結合して相互に助け合い、これがためその国民的成功を見たのであるが、しかしまたその弊害もここに醸《かも》された。内村の無教会主義は、思想的には相当濃厚に日本主義を含む。しかしながら実際政治に対しては、彼は常に独立の立場をとった。これによってそれは国民的宗教として公認せられず、国民の間における数的普及も少数の限られたる範囲にとどまった。内村の個人雑誌『聖書之研究』の発行部数が四千五百部に到達したことは、彼の事業の個人的成功と言うことはできるが、国民的成功とは言いえないのである。しかし彼はこれによりて信仰の純潔を維持し、その無教会主義が世俗的宗教に堕することを防止したのである。いまやわが国の教会のみならずいわゆる無教会主義者の団体もまた、政治に結合して伝道の便宜を得るか、あるいは信仰の独立を維持することによりて真理の純潔を図るか、その生活態度の決定を迫られつつあるのである。

第三に、無教会主義の生活態度は、人を救うものは教会にあらずして信仰であるという、信仰本位の生活にある。もしも人を救う者が教会であるならば、教会の維持、合同、存廃、制度および組織の改革は救いのための第一要件たらねばならない。したがって教会もしくは団体等、組織による伝道の維持発展を図ることが根本的に必要となる。しかるに少くとも内村鑑三の無教会主義は、伝道よりも信仰を重んずるものであった。伝道の便宜を得ることによりて信仰を歪曲するは、角を矯めて牛を殺すものである。内村が米国宣教師およびそれに系統を引く教会の伝道を罵って「事業教」と言ったのはこの意味である。これに反し信仰の純潔をさえ維持すれば、伝道の方法は時に適いて神より与えられる。伝道のための方便術策を排し、ただ神に依りたのむ信仰のみをもって生きよ。これが無教会主義の生活態度である。

人もし無教会主義なる語を嫌いて、代りに純福音なる名称を用うるを好むならば、これが純福音の生活態度である。純福音とは信仰箇条の羅列にあるのではない。活きたる信仰の生活態度にあるのである。内村の無教会主義は時代の歴史的所産である。したがって時代の進展とともに、無教会主義の適用もまた進展しなければならない。多くの問題が残されている。国民主義との関係はその一である。エクレシヤ（神の国）の問題はその二である。宗教が国民の歴史より分離して存在しえざる限り、無教会主義と国民の歴史・文化・生活との関係は常に新たに考察せられねばならない。またキリスト教の信仰が個人の救済にとどまらず、神の国としてのエクレシヤをば経綸の目的として信ずる限り、無教会主義とエクレシヤとの関係はさらに有機的、積極的に考究され展開されねばならない。しかしながら内村鑑三の把握し主張したる限りにおいて、無教会主義は真理である。少くとも彼の把握し主張したるだけの真理を確保して、その基礎から出発するにあらざれば、無教会主義の展開を期することは不可能である。彼逝きて十年。早くも無教会主義は岐路に立たしめられている。退却か、展開か。世に頼るか、神に頼るか。各自己が態度の決定を促されている。

独り怪しむ、イエスは狭き道を歩みて十字架につき給い、初代教会の使徒と信者たちは迫害を忍ぶことによってかえって福音伝播の礎石をかたく据え、代々の宗教改革者比々皆然り、内村鑑三また然るにかかわらず、時局少しく重圧すればたちまち尾を振って政治に迎合し、政治に迎合せずんば伝道の道梗塞せんかとおそれ、信仰の独立と正義を叫ぶ声を目して「伝道上迷惑至極」と呟く者ありと聞く。彼らは何のために歴史を学んだのであるか。実に慨嘆の至りである。

七　ハガイ書を読みて内村先生以後の無教会主義に及ぶ

1

紀元前五九七年、バビロン軍がエルサレムを陥れて国民の精華をバビロンに捕え移し、五八六年再び侵入して神殿を破壊し、重ねて国民を捕囚として以来、ユダは全く亡国の悲運を嘗めたが、五三八年ペルシャ王クロスが起りてバビロンを滅し、その翌年勅令を発してイスラエルの帰還と神殿復興を許すに及び、王族ゼルバベル、祭司ヨシュアを指導者として帰住したる者四二、三六〇人、奴隷七、三三七人（エズラ書二の六四、六五）。そして翌五三六年神殿再建の工事に着手したのであるが、約五十年にわたりて亡国であったため国土は荒廃に帰し、加うるに飢饉旱魃がありて物資に窮乏し、かつサマリヤ人の政治的妨害を受くるなどのことありて国民の意気沮喪し、工事は少しく基礎を置きたるままに中止せられた。かの捕囚末期の預言者第二イザヤが叫んだ「慰めよ、汝らわが民を慰めよ」（イザヤ書四〇の一）という輝かしき復興の預言に胸躍らせて帰還した民は、まさに幻滅の悲哀を嘗めつつあったのである。かかる状態の継続すること十六年にして、ひとりの預言者が現われた。それがハガイである。彼の第一声はペルシャ王ダリヨスの二年（紀元前五二〇）六月一日、（注）方伯《つかさ》ゼルバベル、祭司長ヨシュア、ならびにすべての民に向って挙げられた。

万軍のエホバかく言ひ給ふ、この民はエホバの殿を建つべき時期未だ来らずといへり。……此の殿かく破れ居れば、汝ら板をもて張れる家に居るべき時ならんや。されば今万軍のエホバ言ひ給ふ、汝らおのれの行為を省察《かんがふ》べし、汝らは多く播けども収入《とりい》るるところは少く、食へども飽くことを得ず、飲めども満足《たる》ことを得ず、衣《き》れども暖きことを得ず、又工価《あたひ》を得るものは之を破れたる袋に入る。……汝らおのれの行為を省察《かんがふ》べし。山に上り木を携へ来て殿《みや》を建てよ。さすれば我これを悦び、又栄光を受けん。エホバ之を言ふ（一の二、四―八）

汝らは言う、物資缺乏するがゆえに神殿を建つべき時期でないと。しかも汝ら自身は腰板を張って飾った住宅を建てて住んでいる。何ゆえに汝らに物資が缺乏するか、何ゆえに汝らの財布の底に穴があいているかのごとく汝らの貯蓄が残らないか、また何ゆえに飢饉と旱魃とが汝らに臨むか。「これ何故ぞや。こはわが殿破れ居るに、汝らおのおの己の家に走り至ればなり」（一の九）汝ら己の行為を反省してみよ。そうして早速山に上り、木を切り出して神殿を建築せよ。さすれば万軍のエホバはこれを喜び、汝らに祝福を与え給うであろう。――この勧告は幸いに民の容るるところとなり、民みなエホバの前に畏れて勇気を振いおこし、その月二十四日には早くも工事が始められたのである（一の一二―一五）。

注　ペルシャ暦の六月は、われわれの暦の八―九月に当る。

2

神殿の再建工事は始まったけれども、その規模はいたって小であり、前に建っていた宏壮なる神殿の記憶をもつ故老の眼には、「何も無きがごとく見ゆる」ほどの貧弱さであり（二の三）、復興工事の定礎式に当りては、これを喜ぶ民の声と、その規模の小なるを悲しむ者の泣く声とが相混じて、これを聞き分くるをえざるほどであった（エズラ書三の一二、一三参照）。ここにおいて翌七月二十一日、ハガイは再び演説して言った。

エホバ曰ひたまふ、ゼルバベルよ自ら強くせよ、ヨザダクの子祭司の長ヨシュアよ自ら強くせよ、エホバ言ひたまふ、この地の民よ自ら強くして働け、我なんぢらとともに在り、万軍のエホバこれを言ふ。汝らがエジプトよりいでし時わが汝らに約せし言およびわが霊なほ汝らの中に留まれり、懼るる勿れ。……いま一度（注1）しばらくありてわれ天と地と海と陸とを震はん。又われ万国を震はん。また万国の願ふところのもの（注2）来らん。又われ栄光をもてこの殿に充満《みた》さん、……この殿の後の栄光は従前の栄光より大ならんと万軍のエホバいひたまふ（二の四―九）

客観的情勢有利ならず、神殿再建の規模は貧弱であるけれども、汝らこれがため勇気を落してはいけない。エホバの霊なお汝らの中に留っており、エホバ汝らとともにいますがゆえに、懼るることなく、みずから強くして働けよ。いましばらくしてエホバは万国を震い給い、万邦の秘蔵蓄積せる財宝はエルサレムに集まり来りて神殿の用に供せられ、その栄光は以前の神殿に勝るに至るであろう。――けだし当時ペルシャ帝国において隷下諸国民動揺の兆があり、ダリヨス王はこれが鎮定のため東奔西走の態であったがゆえに、ハガイはその事実の中に、万国崩壊、イスラエル復興の伝統的なる預言を読みとったのである。

注(1)「いま一度」という語は、それをもって最後とするの意。すなわち最終的震撼である。

（2）「万国の願ふところのもの」とは、万国の欲する財宝のこと。

3

それより二カ月の後、九月二十四日に至り、三たびハガイの預言があった。彼は人をして祭司に問わしめて曰く、聖肉《きよきにく》を携えた衣の裾にてパンその他の食物を触らばその食物は聖くなるか。祭司は答えて言った、「然らず」（レビ六の二七参照）。さらに問わしめて曰く、屍体に触りて汚れた物にこれらの食物が触れれば、それらの物は汚れるか。祭司は答えて「汚れん」と言った（民数紀略一九の二二参照）。ここにおいてハガイは民に告げて言った。

> エホバ曰ひ給ふ、我が前に此の民もかくの如くまた此の国もかくの如し。又その手のすべての行為《わざ》もかくの如く、彼らがその処にささぐるものも汚れたるものなり。また今われ汝らに乞ふ、此の日より以前、すなはちエホバの殿にて石の上に石の置かれざりし時を憶ふべし　（二の一四、一五）

聖き物はその物の直接に触れた物だけを聖くし、間接に触れる物には効力が及ばない。これに反して、汚れた物は直接間接にこれに触れる物をば汚す。すなわち悪の伝播力は善のそれに勝る。ハガイは律法《トーラー》解釈の専門家たる祭司の口を借りてこの原則を語らしめ、ユダの民の日常生活上の行為が汚れたるがゆえに、その神殿にささぐる物すべてが汚れ、ために神の祝福を受くるをえざりしことを説いたのである。汝らがバビロンから帰還して、神殿復興の礎石を据えてより今日九月二十四日までのことを回顧反省せよ。その間汝らの収穫が乏しくして、倉に種子を残さず葡萄の樹も橄欖の樹もすべて実を結ばなかったのは、汝らの日常生活の行為が汚れていたからである。すなわち汝らが神殿の破壊しおるをそのままにして、己の家に安住することを先としたがゆえである。しかし今日は勇しく復興の工事に従事するに至ったから、この日より後エホバは汝らを恵み給うであろう(二の一八、一九参照)――。かく演説してハガイは民を激励した。さらに同日、彼はまた方伯《つかさ》ゼルバベルに向って、個人的に激励の辞を述ぶるところがあった(二の二〇―二三)。ゼルバベルはシャルテルの子であり、シャルテルはバビロンに捕囚となったユダの王エコニヤ(一名エホヤキン)の子であるから、ゼルバベルは歴としたダビデ王家の正統である。それゆえエホバがゼルバベルを取りて、指環にはめる「印の如くにし」(二の二三)信頼と権威を授与し給うというのは、ダビデ王家復興の預言にほかならないのである。

4

ハガイの預言は上述のごとく、ダリヨス王の二年六月一日、七月二十一日、ならびに九月二十四日における四回の演説より成るが、全体としての印象は霊的高揚と詩的表現とにおいてイザヤ、エレミヤ、第二イザヤなどに及ばず、また彼と時を同じくして預言したゼカリヤの幻影に比すべきものもない。彼の預言の特色は、簡明率直にして実際的なる点にある。

すべて高き霊的高揚の後、反動的に弛緩を覚え、大なる理想に心を躍らせたる後、現実のこれに及ばざるを嘆きて落胆するは、人の常とするところである。かの霊的調子のきわめて高き第二イザヤの預言を聞いた帰還者たちが、現実の窮乏に当面して意気沮喪し、一身一家の苟安《こうあん》を偸《ぬす》む消極的生活態度に耽らんとするとき、これを覚醒して神殿が国民生活の中心であり、神殿復興こそ帰還の目的であることを自覚せしめた者はハガイである。私生活を後にして、神に事うることを先にせよ。神の栄光を揚ぐることをもって、生活の第一目的となせ。汝らの経済的窮乏をもって、神に事えざることの口実となすなかれ。かえって、神に事うることを怠ることこそ、汝らの経済的窮乏の原因である。この神第一の生活をば、ハガイは詩人としてでなく、むしろ実際家的なることばをもって、簡明に、紛れなく述べたのである。

かく国民の生活目的を明かにしたハガイは、これを実行するに当りて必要なる生活態度をば、同じく直截簡明に説いた。汝らの事業の現実が理想に及ばざることを徒らに嘆くな。汝らの建つる神殿の規模と結構とは以前のものに及ばずとも、すべて理想をもってなされたる事業はその現実の成績をもって評価せられずその追及したる理想をもって評価せられる。規模は小なりとも、神殿は神殿である。神を敬い畏《かしこ》む心より出でて神殿を再建するというその事が、貴いのである。事業の成果によりて失望することなく、信仰によりて勇しく生くるならば、神は必ずこれを祝福して完成に至らしめ給うであろう。世界が震われても、震われざる永遠的勝利をもって汝らの事業に冠し給うであろう。——ハガイはこの健全にして率直なる復興の希望をば、飾らぬことばをもって民に告げたのである。そしてこれはすべて理想と現実の不一致に悩む者に対し、慰藉と激励と希望を与うる生活建設の預言であり、またもって新婚の若夫婦に呈すべきことばたるをえよう。

預言者はおおむね国民に容れられず、悲憤の涙を飲むを常とする中にありて、ハガイの勧告は民に受け容れられ、工事開始後四年にして、ダリヨス王の六年（紀元前五一六）アダルの月三日に至り、神殿の落成を見た（エズラ六の一五）。この世的なることばを用うれば、彼は稀なる「成功したる預言者」であった。

しかもハガイが「成功」しえたのは、おそらくそれが物質的なる神殿工事の預言であったからであり、制約もまたその事実の中にあった。それは物質的なる神殿であったがゆえに、物的資材の不足によりておのずから規模貧弱たらざるをえなかったのである。同時に資材さえ豊富に支配しうれば、信仰に由らずとも宏壮なる物質的神殿を建てうる。イエスのころの神殿はヘロデ大王の建てたものであり、工事着手後四十六年を経てなお完成しなかったほどの大規模なものであったが（ヨハネ二の二〇参照）、ヘロデはけっして神を敬い畏れてこれを建築したのではなく、単に自己の政治的野心と虚栄心に出でたのである。それゆえに物質的神殿そのものに重きをおくは、信仰的に誤謬であると言わねばならない。物質的神殿は霊的神殿の象徴としてのみ意味がある。しかも神殿の物的復興と霊的復興とは必ずしも常に相伴わず、またその程度を一にしないのである。ハガイの預言によって建てられた神殿の規模が、物質的に小であったこと自体は必ずしも悲しむに当らない。国民の霊的信仰が高くあったか否か、それが決定的重要さをもつのである。

ひるがえって思うに、バビロン捕囚の数十年間イスラエル国民は神殿なくして生活し、神殿に由らずして神を礼拝してきた。いわば無神殿礼拝の事実が確定したのである。神殿はなくとも信仰は保てることは、捕囚時代の初期において エゼキエル、末期において第二イザヤのごとき勝れたる預言者の現われたことによって明かである。ハガイの預言による神殿復興後も、なお多くの民はバビロンに残りて無神殿の宗教生活を続け、しかも後年彼らの中よりエズラのごとき、またネヘミヤのごとき勝れたる指導者をエルサレムに送ったのであって、(注) 信仰の維持および発揚に対し、無神殿礼拝は神殿礼拝に比して、勝るともけっして劣らざる貢献をなしたのである。

それゆえにもしハガイが物質的神殿の復興を預言する代りに、エレミヤの「新しき契約」、第二イザヤの「僕の歌」のごとき預言の流れを継承して、神殿の霊的意義、霊的復興を強調したりとせば、イスラエルの宗教はいちだんと飛躍したのではあるまいか。――しかしこれは由なき想像であろう。神の経綸において無神殿礼拝の完き真理が顕わるるまでに、時はなお五百年を刻むを要したのである。

注　エズラのエルサレム帰還は四五八年、ネヘミヤの第一回エルサレム訪問は四四五年であった。

5

イエスはユダヤ人に向って、「汝らこの宮をこぼて、われ三日の間に之を起さん」と言い給うた。これは己の体の宮をさして言い給うたのである(ヨハネ二の一九―二一)。神は霊なれば、その住み給う宮は人の心である。したがってまた神を拝すべき場所はエルサレムでもなくサマリヤの山でもなく、霊と真とをもって心に拝すべきである（ヨハネ伝四の二一―二四）。このゆえにパウロもまた、われらの身体の神の殿なることを教えたのであり（コリント前書三の一六）、ヨハネは新しき都の内に神殿を見出さなかったのである（黙示録二一の二二）。そうしてヘブル書記者が、

されど今は誓ひて言ひたまふ「我なほ一たび地のみならず、天をも震はん」と。此の「なほ一度」とは震はぬ物の存《のこ》らんために震はるる物、すなはち造られたる物の取り除かるることを表はすなり。この故に我らは震はれぬ国を受けたれば、感謝して恭敬《うやうやしさ》と畏懼《おそれ》とをもて御心にかなふ奉仕を神になすべし（一二の二六―二八）

と言ったのは、ハガイの預言（二の六）を引用しつつ、震わるることあるべき物質的神殿に由らずして、御心にかなう霊的奉仕を神になすべきことを教えたものであり、無神殿礼拝の真理を明かにしたものにほかならない。

ヘロデ大王の建てた神殿はロマ軍のために破壊され、ユダヤ人は再び全地球の面に散らされた。それ以来今日に至るまで彼らはバビロン捕囚の時代におけると同様、無神殿礼拝を継続している。一方、ユダヤ教より離れて純粋なる霊的信仰を教えられたはずのキリスト教は、エルサレムの神殿をこそ重んじないが、ロマに聖ペテロ寺院を建て、ロンドンに聖パウロ寺院を建て、ベルリンにドームを建て、その他各都市に大小無数の教会堂を建てて、教会礼拝を組織するに至った。大祭司・祭司はいないが、法王・監督・牧師があり、割礼はおこなわないが洗礼があり、犠牲はささげないが聖餐がある。霊と真とをも

って霊なる神を拝すべき霊的信仰は、建物と組織と制度と形式とに膠着することによりて霊と物との本末を顚倒し、信仰の霊的生命を喪失するに至った。かかる状態の下に信仰の化石化しつつある欧米諸国を後にして、キリスト教は福音の処女地ともいうべき日本に入ってきた。この時この国に神は内村鑑三を起して、無教会主義を唱えしめ給うたのである。ユダヤ人はいま無神殿礼拝をおこなっているが、彼らはエルサレムに神殿の建つ日を期待している。これに反し内村鑑三の無教会主義は徹底したる霊的礼拝である。吾人は先生と同時代に生くる者であるから、無教会主義の客観的意義を十分に評価しうるには時期尚早であるかもしれないが、後世のキリスト教史家は必ずやその歴史的意義の重大を認めざるをえないであろう。

6

内村先生没後満十三年の記念日を迎えたる今日、先生以後の無教会主義について二、三の事を言いうると思う。

第一は、無教会主義の真理が事実として確立せられたことである。内村先生が無教会主義を唱えられたのは真にやむをえざるに出でたる信仰の戦いであり、先生の側において時に苦衷を存し、遠慮もあったように察せられるが、しかも先生はひとり能くこの戦いを戦われ、この真理を闡明せられたのである。これに反し、われわれは初めより無教会主義の中に福音を学んできた者であり、したがって「洗礼を受けて教会員となった者でなければ、キリスト者として認めない」などという議論を聞かされても、何等の実感を催さず、何等の痛痒をも脅威をも感じないのである。しかもかくのごとき無教会信者はいまや全国にわたりて広くかつ強く存在し、これらをキリスト者として認めずとせば、日本のキリスト教はいかに影の薄きものとなるか。初代教会のころ、パウロの異邦人伝道に関連し、割礼問題が争われたが、事実において割礼なき異邦人が各地に有力なる教会をつくり、活潑なる信仰生活をなすに至ったがゆえに、パウロの唱えた無割礼主義の福音は議論の問題としてよりも、事実の問題として勝利を得たのであることを、ハルナックのごとき教会史家は認めている。これはまさに移してもって今日の無教会主義に当てはめることができると思う。いまや洗礼を受けず、聖餐を食せず、教会員たらずとも、りっぱにキリスト者たりうるという原則は、事実に由って承認せられてきたのである。

第二は、無教会主義の伝道方法が確立せられたことである。無教会の教師は個人の責任をもって聖書講義の集会をなし、また聖書研究の個人雑誌を出す。この伝道方法もまた内村先生の始められたところであるが、先生の門下より輩出した多くの伝道者がいずれもこの方法によりて伝道していることによって、これが無教会伝道の方法として一般的となったと言えよう。

無教会の伝道は聖書を学ぶことである。聖書の教えを学び、それにもとづいて物事を考えることを教える。これによって真に各人は堅立したる信仰をもつ独立人として、力ある生活をなすことができる。聖書を学ばずして個人の救いを考うるときは、体裁のよき利己主義に終る。教会のためということを考えても同様である。聖書を学ばずして自己の救いを考えるがゆえに、いつまでたっても自己の救いが確立せず、聖書を学ばずして教会の発展を考えるがゆえに、いつまでたってもふらふらした教会であるのだ。聖書を学んで神の御意に従うことを第一とせよ。これが吾人の生活力の振いおこされる原動力である。

無教会の教師は自己単独の責任をもって立つ。世にはこれを独善主義の語をもって評する者がある。しかしながら個人が責任をとらざるところ、真に善き何事ができるか。教会の無力は、他人とともでなければ何事をもなそうとせず、単独に責任をとりて立つ者がないからではないか。われらは神の僕であり、常に神に対して責任をとる。そして神に責任をとる者として、人々に対するのである。われらは神の言を正しく人々に告ぐることをもって、われらの神に対する責任なりと信じ、鞠躬如としてみずからその足らざることをおそるるのみ。われらは神の僕であるが、教会員もしくは集会員の僕ではない。人の気に入るよう彼らの機嫌をとることはできず、またなすべきことでない。神の言に事うる者としてのこの伝道態度もまた、われらは内村先生より伝えられたのである。

無教会の集会について言ったことは、雑誌についても言える。そこに個人の責任があり、聖書の講義があり、また読者との誠実なる友誼がある。ただしそれが雑誌であることより来る一の危険がないではない。雑誌の売行を考慮におくときは、自然に読者の喜ぶ内容の記事を書くこととなり、そして読者の喜ぶものは、多くは「楽に読める面白い記事」である。かくして不知不識の間に読者の第一義的ならざる要求に迎合することが、雑誌にとりての最大誘惑である。これを一言にすれば、ジャーナリズムに陥ることである。しかるに無教会雑誌は個人雑誌であるため、私的興味に堕する危険なしとせず、率直に言って内村先生自身の中にジャーナリズムの危険はあったのである。

先生以後において、無教会主義は盛んになったであろうか否か。いまは多くの無教会伝道者が輩出して、先生の事業を受け継いでいる。ことに聖書原典の言語学的研究、改訳、注解、コンコルダンス、辞典等の仕事が、先生の弟子たる無教会者によって着々成果を挙げつつあることは、わが国キリスト教に対する無教会者の大なる寄与と言わねばならない。これらの仕事もいずれも内村先生にその端緒を見出すのであるけれども、先生自身はこれをなさず、またおそらく先生のなしえざるところであった。それを弟子たちが拡大して成績をあげていることはきわめて注目に値する事実である。

先生以後の無教会主義は、このように知的、学問的方面において充実してきた。しかし霊的信仰方面においてはいかん。内村先生のもたれた、この世に対する戦闘的精神の気魄はいかん。もしも世の虚偽と戦い、真理の敵と戦う戦闘的精神が消耗するならば、いかに多くの本を書き、雑誌を書いても、それは無教会主義の衰微であると考えられても仕方なかろう。何となれば無教会主義の生命は霊的信仰にあるのであるから。われらはその然らざらんがために、戒心努力しなければならない。

先生が召されてから僅か満十三年。先生は召される時に、「日本国の隆盛と万物の復興と宇宙の完成を祈る」と言って、盛大な機運の中に死なれた。個人的に見ても先生の事業は栄え、雑誌は四千数百の読者を得、集会の会員は六百人も八百人もあって、午前・午後と二回に分けて集会するような盛んな状態であり、また世間の気受けもだんだんよくなって、近衛の連隊に招《よ》ばれて講演せられたとか、ある貴いお方の御前で講演するような内命をお受けになったとか、名誉をもって迎えられる晩年を送って天に行かれた。これに比すれば今日われわれの状態はいかん。他の人々のことは言わず、私自身の関する限りにおいては、まことに何もかもみすぼらしい外見となり、ただ内村先生の教えを保っておることを歓ぶ声と、いかに先生の盛んであった時と比べて、今の自分の外見が貧弱であるかを嘆く泣き声とがいっしょに起って、民がこれを聞き分くるを得ずという状態となっておるのである。

しかし内村先生が盛んな晩年の中に眠られたことは、先生の信仰が間違っていたわけでもなく、またわれわれが今日外見貧弱な状態に狭められてしまったことは、私どもの信仰が間違っているからでもない。それは世の中が変ったのである。

時勢の変ったときにわれわれのもつべきものは復興の希望である。そして真理に対する忠実である。真理のための戦闘精神である。これを、時勢がよくても悪くてももち続けることが、われわれの努力でなければならない。物質的な繁栄とか衰微とかは、われわれの心を多く動かすに足りないものである。もちろん集会も雑誌も貴重なる戦闘の武器であって、能う限りその継続を努力しなければならないが、しかしそれはあくまで信仰の純粋を濁さざる努力でなければならない。目に見ゆる物の継続維持に最大の関心を払うことは、神殿礼拝的精神であろう。これに反し、神を信ずる信仰は物によるのではなくして霊によるのであること、自分の生活の維持でなくして、霊的な神の宮を建てることがわれわれの生活の単一なる目標であるべきこと、そして「強かれ、神われと偕に在り」という信仰をもって立つときには、たとい集会がなくなろうが雑誌がなくなろうが、自分たちどんな束縛を受けようが、よろしい。そこに腹を決めておけば、われらに何ができなくても、世の悪と戦う戦闘精神だけは絶やさないでいくことができるだろう。それは霊的な生命であって、これが真に信仰復興の基礎となる。伝道の方法は、神がその時その時に与えて下さる。しかし精神を失ってしまえば、方法がいくらあってもそれは要するにもぬけの殻である。無教会主義が外形的に確立しても、その精神が消えてしまうおそれがあるのではあるまいか。

今年の一月松本講演を聞いた感想として、ある人が私に言ってくれた。神観が将来私についての問題となるだろう、それで内村先生にあったようなことが将来の私に起ってくるのではあるまいか、と。私はそれに対していま御答えする。神観の問題について内村先生の御受けになったことは、私は将来でなくてすでに受けてしまったし、また現に受けておる。ある意味において、先生の御受けになった以上を私は受けてきたし、また受けておる。先生の晩年は幸福であったが、私の晩年はおそらく不幸であろう。

しかし、物質的な境遇、もしくはこの世から受くる待遇などというものは、私どもの問題でない。私を今日励ましている言は、われは福音を恥とせず、といったパウロのことばである。そしてこの福音のために被る患難をわれは誇る、といった彼の言である。

八　内村鑑三の十の戦い

1

一九三〇年三月二十八日に内村鑑三先生は天に召されたのであります。今年で満十六年であります。本来ならば日比谷の公会堂あたりを借受けまして、敵の戦線において鬨の声をあげたく思ったのでありますが、昨年十二月二十三日の飛行会館の講演の後でもありますし、再び大きい講演会を自分たちの手で開くだけの余力が恥ずかしながらありませんでした。それで今日自分の陣営において、目に見えない敵と戦うことになりました。

先生が召されました年の五月二十九日に、青山会館で、東京最初の記念講演会がありました。その時藤井武は「近代の戦士内村先生」という題で講演をいたしました。戦士が戦士を弔うた大講演でありました。その中で敵になぞらえたものはマルクス主義と近代主義でありました。マルクス主義は北から来たところの唯物主義である。近代主義は東から来るところの現世主義である。この二つの穢れし蛙の霊に導かれて、幾多の日本の青年男女の大群がそのあとに従っている。目指す戦場はハルマゲドンである。これに対って戦うものは白き馬に跨り給うたキリストである。そのキリストの手に属《つ》くつわものども幾多ある中に、内村鑑三がチャンピオンであるという趣旨の講演をいたしまして、最後に、この敵の陣営の石垣の下で内村先生は戦死した。斃れたけれども戦いは先生の勝利であった。しかし戦いはまだ続いておるのであって、われわれは先生の剣を取って、先生の屍を越えて進まなければならない。「われらの戦いはこれからであります。すなわちここに先生の記念会に当って、私どもはすべての真理の敵に向って、新たに宣戦を布告します」という厳かなことばで結んだのであります。「私どもは」と彼が言っている中には、その時講壇をともにしたこの私も含まれているのです。

それから十六年の間、われわれの激しい戦いは続いて参りました。今日もまたその戦いの一部であるのであります。

内村鑑三先生の生涯を顧みて二十や三十のめぼしい戦いを拾いあげることはらくであります。今日私が申しまする十の戦いは先生の戦いの全部を網羅するものではありません。しかしこの十の戦いの一つ一つが大きい戦いでありまして、一つの戦いに一つの講演会を当ててもまだ時が足りないことを覚えるでありましょう。いわんや今日十の戦いを一時間そこそこでお話することは無謀なことであります。したがって十の戦いはほとんど列挙的に終るかと思います。

先生がアメリカの留学から帰られまして、最初に日本における仕事に就かれたのは、新潟の北越学館という当時新たに開かれた学校でありました。この学校はキリスト者によって創立せられたものではなかったけれども、キリスト教の教師を聘するという趣旨の下に先生はここに招かれたのであります。先生はアメリカのベルという友人に宛てた手紙の中に、自分は北越学館に来て大きな伝道を考えているが、説教はしない、講義をしている。一週間に五回エレミヤの講義をしている。自分は生徒に対してけっして宗教を強要しない。聖書を持ってくることさえも強要しないけれども、大部分の生徒は自発的に聖書を買って持ってきておる、ということを報告しておられるのであります。

藤井武も言っておりましたが、内村先生の人となりとその宗教の特色は、説教をしないで講義をしたということにあるのです。坊主臭くない宗教が内村先生の宗教でありました。先生自身、自分は宗教家でないということをたびたび言われました。先生は宗教家ならざる宗教家、坊主臭くない伝道者でありました。藤井のことばをもってすれば、先生は預言者タイプの人でありました。預言者であったのです。新島襄が京都の同志社で宗教家の教育をしたに対して、内村鑑三は新潟の北越学館において預言者の教育を建てようとしたのであります。

しかしたちまち衝突が起きました。それはアメリカから来た宣教師たちが内村鑑三のやり方を喜ばなかったのであります。その精神を喜ばなかったのである。先生はよい意味のナショナリストでありまして、日本の国柄と日本の国民を愛し、愛国心を身に体した人でありました。宣教師たちの気に入らなかった点は、第一に先生が説教をしないということであります。彼らは先生を悪評して、ユニテリアンであると申したのであります。

第二には先生が国民主義的であって、日本の国の歴史を重んずる人であった。この二つの点で宣教師との衝突が起ったようであります。先生の生涯における最大の戦いの一つは、宣教師および教会との戦いでありまして、この戦いの中からやむをえず起ってきたものが先生の無教会主義であったのでありま す。

無教会主義は坊主主義に対する戦いであると同時に、愛国心のない信仰に対する戦いでありました。無教会主義を定義して一言に言うことはむずかしいことでありますけれども、しかし忘れてならないことは、無教会主義はその発端において、預言者の精神と愛国心との産物であったということであります。このことから自然に、人は教会員でなくても救われる、教会に入らなくてもキリスト信者でありうるという教えが力強く伝えられたのでありまして、これが先生の最初の戦いであり、また終生の戦いであったのであります。

先生は明治二十一（一八八八）年の九月から十二月まで北越学館におりました。僅かに四カ月でもってただいま申した衝突が起り、この学校を去ったのであります。年二十八歳でありました。

2

その次に起った大事件は、第一高等中学校における不敬事件であります。明治二十三年十月に教育勅語が発布になりました。その翌年一月九日、先生年三十一歳の時に、第一高等中学校において勅語奉戴式なるものがありました。教育勅語に対して教授および講師ならびに生徒が、ひとりひとり教壇の上に上って最敬礼をするというのでありました。

ベルさんに送られた先生の詳細な手紙によりまするとし、職員六十名のうち先生は第三番目に壇に上る順番であったそうであります。かかる式は前代未聞のことであり、かつ咄嗟のことであったからどうすればよいかとしばらく躊躇したけれども、キリスト信者たる良心に従って行動することに決心し、敬礼しなかったと言っておられます。これは全職員ならびに全生徒の見ている前での行動でありましたから、生徒の中のある者がまず批難の声をあげました。職員の中にもこれに和する者がありました。世間でも喧々囂々ということになった。たまたま先生は風邪から重い肺炎に罹って臥床せられたのでありますが、校長は先生を学校から失いたくなかったので、勅語に対する敬礼は尊敬を表わす意味であって、宗教的な礼拝でないということを説明いたし、先生に対って敬礼のやり直しを求めました。先生は学校を思い、校長を思い、ことに生徒を思うて、この提案に同意せられたのであります。その場合に先生は慎重を期し、あらかじめキリスト者である友人四人に意見を求められたところが、いずれも敬礼は差支えないという意見であったので、先生は校長に右の約束をしたまま病床に寝ておられた。重い肺炎もようやくよくなって、先生は家人に求めて病中の新聞を見ると、自分はすでに第一高等中学校講師の職を免ぜられており、世間には先生に対する批難が囂々と起っている。国粋主義者は先生は不敬漢であると言って罵っている。キリスト教会のある者たちは先生は権力に屈したと言って批難している。こういう事件が起ったのであります。

この事件は従来いろいろ誤り伝えられ、先生は御真影に対して敬礼しなかったという誤解が弘まっております。それに対して御真影ではない、勅語に対してであると言って先生を弁護する者があります。あるいは、先生は敬礼を全然しなかったのではない、ただ頭の下げ方が少かっただけであると言って、先生を不敬漢の汚名より救おうとする弁護論もある。またあるいは先生が皇室を尊んだ人であることをいろいろの逸話によって証明しようとする弁護論もあります。先生はたしかに皇室を尊んだ人でありまして、不敬漢と呼ばるべき人ではけっしてありません。それは全くの誹謗であります。しかしながら先生があえて教育勅語に対して最敬礼をしなかったという事実を、われわれは記憶しなければなりません。先生がこの事のために不敬と言われるならば、われわれもまた不敬漢の名に甘んじなければなりません。信仰に由り、勅語に対して最敬礼をしなかったというところに先生の先生たる戦いがあった。先生を弁護する者は、先生の信仰を弁護すべきであります。先生がベルさんに送った手紙の中に、また井上哲次郎博士に対する反駁文の中にもあるように、勅語は守るべく下されたものであって拝むべく下されたものでない。教育勅語に対する先生の態度はこの一言に尽きると言ってよいのです。これは形式的な国粋主義者と教育家に対する先生の戦いでありました。

3

第三の戦いは明治三十四(一九〇一)年でありまして、先生年四十一歳であります。この年栃木県足尾銅山の鉱毒事件が起りました。足尾銅山から流れ出る鉱毒が渡良瀬川の水を汚して附近農村に莫大なる被害を与えるというので、田中正造という代議士が議会で足尾銅山の持ち主古河市兵衛を糾弾する大演説をしました。わが内村鑑三先生も資本家の非人道的な利欲主義に対して熱血の義憤を感じました。四月にはみずから渡良瀬川の鉱毒被害地を視察しております。そして黒岩涙香、幸徳秋水、堺枯川らとともに理想団というものを発起して、政治的啓蒙運動をなされたのであります。この鉱毒事件によって現われた先生の戦いは、資本家の横暴を攻撃する社会正義の戦いでありました。

次に挙げられるのは非戦論であります。これは日露開戦の前一年、すなわち明治三十六年(一九〇三)でありまして、先生四十三歳であります。これは単に戦争その事に対する反対だけでなく、藩閥政治家に対する先生の長年の抗議の累積であり、結晶であると私は解釈いたします。日露戦争に導いた日本の国情、戦争を遂行せんとする政治家の言論・態度・政策などに対して、先生は激烈なる抗議を提出せられてきたのでありまして、それが日露戦争を非とする主張となって現われました。いわばこれは政治的不義に対する先生の戦いでありました。

最近の太平洋戦争に当りまして、もし内村先生がいま生きておられたならば、この戦争に対してどういう態度をとられるだろうと考えた人々があります。こういう問題を考えた人々の中には意識的にか無意識的にか、先生がいま生きていられたならばこの戦争に賛成せられるかもしれないという、一種の期待をもった人もあったと思われるのであります。というのは、先生は日清戦争を義戦であると考えた。

日露戦争の時にはこの旧説を改めて、戦争は絶対に罪悪であって国にも世界にも幸福をもたらすものでないと説かれたのですけれども、一度は日清戦争を義戦であると認めた先生であるから、あるいは今度の戦争においてもこれは正義の戦いであると言われるかもしれないという、好奇心的期待を懐いた人々もあったように思われるのでありますが、そういう空想的なことは問題とすべきでなく、また問題となりうる事柄でもありません。先生は日清戦争義戦説の誤りであったことを告白し、戦争に絶対に反対する立場を明白に述べられたのであります。

第五の戦いとして私の挙げまするものは、だいぶん年代が飛びますが、大正十三年（一九二四）先生齢六十四歳、排日移民法案がアメリカの議会に出ました時、それに対する反対運動をなされたのであります。この時は教会の人々と合同して法案反対の講演会が開かれました。そのおもな理由はそれが国際正義に反するということでありました。

いままで述べた五つのことは外側に現われた先生の大決戦でありますが、このほかにも大小幾多の戦いがあります。いままで述べた五つの社会的な戦いを見ますと、先生は形式的な宗教に反対せられ、形式的な教育に反対せられ、また社会的不義、政治的不義、国際的不義に対して戦われたのであります。先生は戦いの器であり、先生の一生は戦いの一生でありました。しかし先生の戦いはこのような外側の事件のみではありません。社会の目に見えない所で、先生に心の戦いがあったのであります。これを私は五つ挙げてみたいと思うのであります。

4

第一は罪に対する戦いであります。先生は初めてキリストの福音に接せられた十六歳の時から死ぬるまで罪と戦われたのであります。この問題は『求安録』という先生の古い書物によく記されております。内心が二つに分裂して、善を欲すれども善をおこなうことができない。われの内に二つのわれがある。と言って嘆かれたその罪の悩み、その道徳的苦悩をいかにして克服することができるか。先生はこの問題をやや系統立てまして『求安録』に述べております。第一に、脱罪術として五つ挙げておる。

第一はリバイバル。第二は学問。第三は自然研究。第四は慈善事業。第五は神学研究。こういうことで罪を脱れようとするけれども、とうていそれはできない相談だ。その次に忘罪術として、第一はホーム。第二は快楽主義。第三は楽天主義。この三つを挙げております。しかし罪は脱しようとして脱することができない、忘れようとして忘れることができない。ああこの悩める身をいかんせん。その時に喜びの音ずれとして伝えられたものが、十字架の血潮による罪の贖いという真理であった。キリストを信ずることによって、人は功なくしてこの身このままで罪が赦され、救われるのであるという信仰を握られて、そこで初めて平安を得られたという、最も貴ぶべき霊魂の記録が『求安録』であります。ここに先生は一般的な形で問題を論じておられますけれども、これことごとく先生の体験から出たことでありまして、先生の自叙伝がこの中にあるのであります。罪との戦いは先生がキリスト教に入ってからこの世を終るまでの問題でありまして、その都度先生はキリストの十字架に駆け込んで、そこで平安を新たにせられたのであります。晩年にもう肉体が弱られて、集会における講演も十分におできにならなかったその時に、ただ祈りをするためにだけ講壇に上られることもありましたが、七十歳に近い先生が涙を流して、御自分の罪の赦しをイエス・キリストに祈られたことを私は記憶しておるのであります。これが先生の心の戦いの第一であります。

第二は、先生は誤解と迫害に対して戦われたのであります。先生ほど誤解された人も少いだろうと思うのであります。心より国を愛して、国賊よ、非国民よと罵られ、心からキリストを愛して、ユニテリアンよ、サタンの使いよ、外道よと罵られ、人に親切をつくして利己主義よと罵られ、兄弟から罵られ、弟子から罵られ、教会から罵られ、国民から罵られ、ずいぶんの誤解と迫害に曝された七十年の生涯でありました。先生の最初の結婚は最も不幸な結果に終りましたが、それについて全く見当違いの醜劣なる人身攻撃さえも発せられたのを私は聞いております。これらいっさいの誤解と迫害に対して、先生はやはりキリストの十字架に駆け込むことによって勝利を得られたのです。藤井武の内村先生追憶文の中に出ておることでありますが、数寄屋橋の銀座教会の創立四十年のお祝があった時に、先生も招かれていって、講師のひとりとなって祝賀の演説を述べられた。先生の前に何人かの来賓が祝辞を述べたが、その中のひとり、教会の有力な牧師が非常な熱弁を揮って、真理の敵は無教会主義であると叫んで場所柄をも弁えずして攻撃したあとから立たれた内村先生は、大口径の巨砲を放ってこれに盛んなる弁駁を加えられるだろうと固唾を飲んで待っていたところが、先生は無教会主義の「無」の字も言わないで、ただ一つの話をせられた。

池に浮かんでゐる蛙の頭を目がけて子供たちが石を投げつける。子供たちは面白半分で投げてゐるけれども、投げられる蛙の方は生命に関する問題だから一生懸命だ。石を投げられた度毎に蛙は水の下深く潜って、或るものにつかまる。そして心を慰められ傷を癒されて、また水の上に浮び上って来るという話をせられた。これを聴いた者は、先生のたましいの平安、先生の戦いの力がいかに深い所から汲みとられておるかを知った。先生は抵抗せずして完全な勝利を得られたのであると、藤井が論じておりますが、そのように公衆の面前においてひどく攻撃せられたこともあるし、そのほか新聞に、世間に、あらゆる方面からの批難攻撃をいわば完膚なきまでに受けられて、その傷はしばしば先生の心臓を突刺したのであります。

先生の令嬢のルツ子さんが死ぬる病気に罹られた時に、敵は先生を嘲って内村の教えが間違っているからいくら祈っても娘の病気が癒らないんだと、実に残酷無道な批評を加えたのであります。けれども先生はこれに対して黙っておられた。そして娘の病気が癒ることは、ただ病気だけのことでなく、無教会主義の真理に関する問題だから、どうぞ癒して下さいと熱心に祈られたけれども、ついに癒らなかった。しかし先生は敗れたのでなくして、この戦いによって復活の信仰をかたくしっかりとつかまれたのであります。そういう例は実に多いのであります。

第三に先生ほどある意味において不幸な家庭生活を送られた人は少いと思います。先生が家庭生活の温かさを楽しまれたのは晩年の少しの間でありまして、先生の家庭生活は概して涙をもって塩づけられた生活であります。第二に娶られた夫人は、第一高等中学校不敬事件の直後、若くしてこの世を去ったのでありました。華やかな希望を懐いて結婚せられた最初の夫人とは涙を飲んで離婚せられたのでありました。先生は三度も結婚せられた。第一の結婚も第二の結婚も、先生に苦いものと悲しみを供したのであります。家庭らしい家庭を先生がお持ちになる前には、ずいぶんの苦しみを経てこられた。子供さんについても、愛娘ルツ子さんは早く召された。先生が家庭の楽しみを得られたのは、お孫さんの正子さんがお生れになってからのことでありまして、ほんの晩年十年間のことであります。

第一高等中学校不敬事件の時には、先生は小石川の上富坂に住んでおられたが、そのころベルさんに宛てた手紙を見ますと、この狭い家には両親と、妻と、三人の若い弟と、自分とで住んでいる。自分はこれだけの大家族を扶養していると書いておられる。先生にはそのほかにも面倒を見られた親類縁者があられたようでありまして、私自身が学校を出てまもなく、ある時先生をお訪ねして、自分の肩にかかっている少しばかりの家庭の重荷についてお話をしたところが、たまたまそこへお茶を持ってこられた奥さんを顧みて「そのくらいのことはね」と言われた。私は大いに恥じたのでありますけれども、先生には人にしれない家庭生活の涙があられた。先生が世話をせられた三人の令弟の中には、後有名になった人もおられますが、この弟さん方と先生は一生親しい交際はなかったのであります。先生は肉親の兄弟からずいぶん悪罵せられました。死なれた後でさえも、悪口されたのであります。家庭関係の悲哀と苦痛とを、先生は嘗め尽された。しかし黙っておられたのであります。察するにこの時もまた先生はキリストの十字架に向って飛び込んでいかれたのであろう。敵から攻撃せられ、世の中から批難せられた場合と同じように、家庭の不幸に遭うたびごとに先生はその傷を受けたまま、キリストの十字架に走っていかれた。ちょうど怪我をした人がお医者の所へ走っていくように、キリストに走っていかれて、そこで平安を得られたのであろうと思います。

第四は貧困であります。先生は貧困の味わいを知らない人ではありません。晩年には貧困の境遇を脱せられたのでありますけれども、そこに至るまでにどれだけの苦しい長い戦いがあったか。不敬事件の時には、先ほど申したように大家族を維持する責任をもちながら、たちまち職を離れたのであります。日露開戦に反対して万朝報の記者を辞められた時は、月給百円であったそうであります。いまから考えれば大金であります。その百円の月給を抛って浪人になられた直後、お母さんがなくなったが葬式を出す金がないほどの状態でありました。たまたまその時先生の『余は如何にして基督信徒となりし乎』という本のドイツ語訳の印税がドイツの本屋から届いてそれで葬式が出せたという有名な話がある。またある夏のことでありますが、先生は体に腫物ができて痛みのために夜も眠れない。蚊帳には大きな穴ができていて蚊がどんどん侵入してきて、苦痛窮りない。とうとう腹を立てて、こんな蚊帳は捨ててしまえと言って、庭先へ抛り出されたところが、その翌朝東北のある人から小包が来て、あけて見たところが新しい蚊帳が入っていた。そういう話もある。第一高等中学校をお辞めになった後、京都時代の貧困生活は多くの人の知っておるところであります。このように貧困の味わいを知っておる先生が、いかに独立心が強くて、他人の憐憫を乞わなかったか。貧困との戦いもまた、信仰に由りて先生の全き勝利に終ったのであります。それは貧困によって先生が金銭の奴隷にならなかったということであります。

6

第五に先生の病気および死に対する戦いがあります。先生もまた実によく病気をせられた人でありまして、第一高等中学校不敬事件のころでありますが、チフスに罹り、後肺炎に罹って、一年の間に死ぬるほどの大病を二度せられたこともある。そのほか先生の病気の経験は実に多くありました。『求安録』とともに先生の名著と呼ばるべき『基督信徒の慰』という本があります。それには「愛するものの失せし時」、「国人に捨てられし時」、「基督教会に捨てられし時」、「事業に失敗せし時」、「貧に迫りし時」、「不治の病に罹りし時」。この六つを挙げております。その序文に、

此の著は著者の自伝にあらず。著者は苦しめる基督信徒を代表し、身を不幸の極点に置き、基督教の原理を以て自ら慰めん事を勉めたるなり

とありまして、明治二十六年一月二十八日の日附であります。私が生れた翌日であります。しかしこの書物はけっして先生が頭で考えて書かれたものでなくて、先生の自叙伝ではないけれども、先生の自叙伝がこの中に織込まれている。先生の血と涙でもって綴られた書き物であることは明白であります。

最後に先生は死の病の床において死と闘われた。なくなる前日のことでありますが、三月二十七日藤本医学博士が診察せられた時に先生の言われたことばが残っている。

ジーッと堪へて居たら、悪魔が二度通り過ぎた。無抵抗主義で勝った、注射なしでやって見よう

と言われ、また

中々戦がえらい。何とか方法はないか

とも言っておられる。死との戦いを先生は悪魔との戦いとして戦われたのであります。そしてその戦いに勝たれる道は無抵抗である。「ジーッと堪へて居たら、悪魔が二度ばかり通り過ぎた」と言っておられるのであります。

かく考えてみると、先生の心の中の戦いたる罪に対する戦いも、誤解・迫害に対する戦いも、家庭の悩み苦しみに対する戦いも、貧困に対する戦いも、病と死とに対する戦いも、一貫して明かなものは無抵抗、すなわち抵抗しないということであります。抵抗しないで、キリストの十字架に依りすがるということであります。敵の大将は悪魔であります。悪魔はいろいろの手段方法をもって神の民を脅かし悩ますのであります。これは内村鑑三一身の戦いであったのみでなく、先生をもって代表せられるところ

の神の民・神の僕に対する悪魔の挑戦であります。あるときには社会的な外側の敵をもって、あるときには人に知れない心の苦しみをもって、あるいは家庭の中の涙をもって、あるいは労働のための汗を流すその場所に、悪魔は種々の誘惑と脅かしをもってわれわれを滅そうとしておるのであります。

これに対して先生はいかに戦われたか。すべて真理の敵に対しては勇敢無比。すべて自分の敵に対しては無抵抗。これが先生の戦いの原則でありました。神を信じないこの世の人の戦いは全然これと反対です。真理の敵に対しては妥協する、迎合する。自分の敵に対しては腹を立ててあらがう。これが信仰のない人の戦いであるのです、その点先生は全く世と類を異にしたところの、神に事える者の戦いを戦われた。事いやしくも公の真理に関する場合であるならば、全キリスト教会を敵に廻してでも、全国家、全社会を敵に廻してでも、全資本家、全富豪を敵に廻してでも、全官僚と軍部の全体とを敵に廻してでも、否、世界全体を敵に廻してでも、先生は正義と自由のために戦われたのです。勇猛果敢、勇敢無比の戦士でありました。

しかし罪に悩む己、あるいは自分に対する誤解、あるいは家庭の涙、あるいは貧困、あるいは病、あるいは死、すべて自分の利益、自分の名誉に関しては少しもあらがわない、柔和な態度をとられたのであります。先生ほどこの意味において柔和な人はなかった。先生ほど勇しい柔和な人はなかったと思います。先生の矛盾ということは人の語り草でありますが、大きく見て先生はけっして矛盾の人ではなかった。多くの人は、あの勇しく戦った先生が自分のことに関してはあんなに無抵抗である、あんなに柔和であることを見て驚くのであります。先生の戦いは、積極的な戦いも消極的な戦いも、勇しい奮闘も柔和な無抵抗も、ともにキリストの十字架を信ずる信仰より出ておるのであります。キリストの十字架はすべて真理の敵に対して勇しく戦う勇気の根源であるとともに、すべての不幸と艱難に対して柔和なあらがわない態度をとるところの、戦いの力の源であります。キリストの十字架はこの世の不義に対する無限の戦闘力の根源であるとともに、永遠の幸福を望み、来世を信ずる希望の根源であるのです。

7

先生がこの世を去られる時に言い遺されたことばがいくつか残っておりまして、これも人口に膾炙しておることでありますが、三月二十三日先生の召される五日前に、自分の死の近きことを予期せられて、

「君！　いよいよ最後が来た。福音万歳！　日本国万歳！」

こう言われた。なお、

「人類の幸福と、日本国の隆盛と、宇宙の完成を祈る」

そういうことばを述べられたのであります。

先生の召されました時、藤井武の述べた追悼演説の中にあることでありますけれども、ちょうどその時に東京は大正十二年の大震災からの復興を祝うために復興祭ということをいたしていました。東京中、町を挙げて賑ったのであります。その時世界からの華やかな注意を受けることなくして、柏木の里で内

村先生が眠られたことを藤井は対照して、先生が「日本国万歳」とか「日本国の隆盛を祈る」とか言われたのは、震災復興の祝いで馬鹿騒ぎをしている日本国の万歳を言われたのではない。これは永遠の日本の万歳を叫ばれたのであると述べております。先生の晩年は幸福な十年間でありました。日本の国も外側の生活を見れば隆盛に向っていた時であります。だから「日本国万歳」とか「日本国の隆盛」とかいうことを信仰によらずして聞くならば、あるいは浅薄な常識的な信仰によって読むならば、先生は現実の日本の万歳を叫び、現実の日本の隆盛を祈って眠られた、その時の日本がそのまま進んでいって万歳となり、隆盛となると考えられたと、そう思うかもしれませんが、しかしそんな世俗的な、そんな浅薄な内村鑑三であるはずはないのであります。戦士は戦士を知り、預言者は預言者を知ると言いますが、その点において藤井武の見たところはほんとうに正しいと思います。世俗的な日本、そのころの現実の日本は滅亡に向っていたのであります。外観が華やかであり、物資は豊富であり、東京は復興を祝っておればおるほど、内容は空虚でありました。それゆえに先生が「福音万歳！　日本国万歳！」「日本国の隆盛を祈る」と言われたのは、一度毀れて後に起って来べき永遠の日本を見ておられたに違いないのであります。

先生の告別式の時に藤井の述べた告別の演説があります。これも何度も引用せられたことばでありますけれども、藤井の言うには、

然らば今日のこの式は内村鑑三の告別式であるよりも、むしろ新日本の定礎式であります。希望と祝福とに満

されたる国民的大典であります。光は洋々として四方から私どもを囲んでゐます。日本の礎石は据付けられました。永遠の基礎は定められました。先生がこれを定めてくれました。これは我等から奪ふべからざるものであります。この貴き先生の遺産を私どもは確く守りませう。この千歳の磐の上に私どもは丈夫の如くに立って、たとひどんな大浪が押し寄せませうとも一歩もこれを譲りますまい。さうしてこの永遠の礎石の上に、新しき日本を築き上げようではありませんか。万世不易のキリストの十字架の上に我らの愛する国を築き上げて、以て光栄ある宇宙の完成のために私どもも亦参与させて戴からではありませんか

こう言っておるのであります。これに対して私は一言も附加える必要がないと思います。

いまや日本は惨怛たる崩壊であります。藤井が内村先生を弔した時には、東京は震災からの復興を祝って大騒ぎをしていた。いわばこの世を支配するサタンの本営に凱歌が揚っているのを聞きつつ、その石垣の下に内村鑑三は屍を横たえた。しかし勝利は内村鑑三にあって、われわれはその戦いを戦いつぐ、ということを藤井は申しております。いまはどうであるかというと、今は建物が崩れ落ちて、多くの人が焼け死んで、邑全体が焼野原になっておる。関東大震災の何倍もの大きな惨禍が東京に、否日本全国の町々に及んでいる。この時に当り内村鑑三はなお生きている、彼は生き返ったのであります。日本が崩壊した時に、内村鑑三は復興しました。万世不易のキリストの十字架の上にわれらの愛する国を築き上げて、もって光栄ある宇宙完成に参与するために彼はいまもなお生きて働いている。そしてわれわれを率い、われわれを励まして、われわれをもその戦いに参与せしめておるのであります。邑の焼跡の中を探して御覧なさい。家は焼け崩れ邑は荒れ廃れても、その中に万世不易のキリストの十字架、その礎

は焼けず崩れず残っておるのであります。がらくたを取除き土を均して、その礎石の上にわれらの愛する国を築こうではありませんか。その戦いはいまやまさに始まっておるのであります。唯物主義と現世主義の敵は押寄せておるのであります。

日本はいま一大転換期に際会しておる。しかしキリスト教は新しい時勢に向く宗教だから、キリスト教の福音を私どもが宣べるのではありません。そのような打算的な、功利主義的な考えによっておるのではないのです。しばしばキリスト教はいわゆる能率本位の合理化運動に対する反対者でなければならないのです。キリストの十字架の福音は真に万世不易でありまして、その福音の純粋さ、その信仰の純粋さをわれわれは守り通さなければならない。われわれはすべての真理の敵に対して戦わなければならないのです。そしてその戦いの秘訣はどこにあるかというと、さっきも申したように、真理の公敵に対する恐れざる挑戦であります。しかし自分の身に関しては髭を抜く者に頬を任せ、鞭撻つ者に肩を委ねるという、無抵抗の柔和な態度であります。われらの先生内村鑑三はかかる戦いと、かかる戦いの目的と方法とを、彼のことばをもって、また彼の生活をもって、われわれに遺しました。私どもはこの人を日本の国に送り給うた神の恩恵を衷心感謝するとともに、この恩恵を空しくしないように、われわれもまた小さい兵卒のひとりとして十字架の御旗を守りぬいて、この基礎の上にわれわれの愛する国を再建し、よってもって世界の平和と宇宙の完成に少しでも役立たせたいと思います。その心を新たにするものとして、今日の記念講演会をいたしたのであります。

九　無教会早わかり

1

内村鑑三先生が召されましたのは一九三〇年三月二十八日即ち十七年前であります。御承知のように先生は無教会主義というものを唱えられましたので、今日の演題は「無教会早わかり」といたしました。キリスト教のことを学ぼうとする人が教会に行きまして、しばらく行っておりますと、「洗礼をお受けなさい」と言われる。洗礼の意味もよくわからないうちにこう言われて困ることがある。あるいは教会の会員となっておりまして、どうもぴったりしないことがあって教会を出たいと思うが、なかなか許されないで、教会を出ればキリストの救いから離れてしまうかのごとくに言われる。そういう具合に実際問題として教会ということにぶっつかることが多いのであります。

「教会」という語の原語は、ギリシャ語の「エクレシヤ」であります。エクレシヤは元来ギリシャの都市国家の正式に召集せられた市民議会でありました。使徒行伝一九章三九節に「議会」とありますのが、この意味での用例であります。この語を利用しまして、ユダヤ人の会堂すなわちシナゴグと区別するために、キリスト信者の集まりをエクレシヤと呼んだのです。「教会」という訳語は宗教的エクレシヤの意味を現わすものとして良い訳語でありますが、今日の具体的な教会は、聖書に記されているエクレシヤとはだいぶん性質の違ったものになっている。聖書に記されているエクレシヤは、たいていは家のエクレシヤと言い、家庭集会であります。地域的にコリントのエクレシヤとかエペソのエクレシヤとか言いましても、その性質は家庭的集会でありまして、今日あるような教会の制度はまだ初代教会の時にはなかったのです。

聖書にはエクレシヤという語のほかにバシライアという語があります。それは「神の国」の「国」ということばです。キリスト者の集まりと神の国とは共通の内容をもっている。ルカ伝の一七章をあけて見ますと、

神の国の何時きたるべきかをパリサイ人に問はれし時、イエス答へて言ひたまふ「神の国は見ゆべき状にて来らず。また「視よ、此処に在り」「彼処に在り」と人々言はざるべし。「視よ、神の国は汝らの中に在るなり」

こうある。神の国は見える形では来ない。汝らの中にある。「汝らの中に」と言いますのは二様の意味がありまして、汝らの心の中に在るという意味にもとれます。外側の形ではなくて心の中にあるんだ。しかし単にわれわれの考えの中に在る、思想の中に在るという観念的な存在ではなくて汝らお互いの交わりの中にある。汝らお互いの愛の中に有る。汝らお互いの心と心との愛の交わり、それが神の国だ。こういう意味にもとれる。聖書では霊的な交わりをコイノニアという語で表わしておりますが、神の国は信者お互いのコイノニアである。霊的なものである。物的な形のあるものでない。こういう風にイエ

スが言われた。しかしまた聖書を読みますと、神の国は具体的なもの、現実的なもの、歴史的なものとして地上に実現せられる。そういう意味でも述べられております。

そこで神の国というものは、目に見えない霊的な意味と、具体的な歴史的意味と、両方の意味を含んでいる。エクレシヤの性質もそれと同様でありまして、霊的な意味合いと社会的な意味合いとがある。霊的に言えばエクレシヤは愛の交わりである。生活に現われたものとしては兄弟姉妹の一団である。英語でクリスチャン・ブラザーフッドという語がありますが、エクレシヤの本質はキリストを信ずる者の兄弟姉妹の交わりである。すなわちそれは家庭的である。神を父と呼びキリストを長子と称し、キリストを信ずる者を兄弟姉妹と言うのは、皆家庭的なことばであります。

使徒行伝の初めには、イエスが天に昇られた後、弟子たちは二階座敷のついている一つの家に滞在し、ガリラヤからついて来た婦人たちもいっしょになって、心を一つにしてひたすら祈りにつとめていたことが記されています。これが最初のエクレシヤでありました。その後弟子に加わる者の数がふえるに従い、事務の分担が分れてきましたが、それはけっして今日の教会の監督、牧師、長老、執事というような制度化したものではなかったのです。

しかるにエクレシヤも一つの社会生活であり、社会生活というものは人数が増すに従い組織のできてくるのが自然の傾向であります。また同じような生活様式を繰返すうちに、それが形式化し固定化して伝統をつくり、それにもとづいて制度が発生するようになります。そして信仰の解釈や生活の様式の流儀にだんだん差異を生ずるに従って、信仰箇条や伝統や制度やを異にする教派が分れてきます。信者の人数が増して、家庭では収容しきれなくなれば、別に集会の建物を必要とします。そこで教会堂を建てます。建てるとなれば、できるだけりっぱに、壮大に建てようということになる。このようにして、聖書に記されている時代のエクレシヤとは似ても似つかぬ教会を見るようになったのであります。

そこで、教会とは何であるかということの目じるしとして、三つのことがあります。

第一は、教会とは教会堂のことであるか。

第二は、教会とは一定の組織と伝統とをもつ制度のことであるか。

第三は、教会とはキリストを信ずる兄弟姉妹の交わりであるか。

この三つの問題を混同するから、教会論そのものが混線してしまうのです。

教会の本質は建物ではありません。教会堂の壁は信者をつくりません。教会を建物だと思うから、信仰の復興を教会堂の復興と混同し、教会堂の建築と維持とにどれだけ必要以上の労力と費用とを投ずるかわからない。そのため信仰は復興するどころか、かえって世俗的精神にむしばまれてしまうのです。

教会の本質は制度でもありません。これを制度だと思って伝統と組織とにこだわるから、兄弟姉妹たるべきキリスト者が互いに分裂して憎みあったり、また信者のたましいの自由を圧迫して、外側の制度的一致を強要するようになるのです。

教会の本質はあくまでも愛のコイノニアたるにあります。建物も制度もすべて第二義的なものであって、それに拘泥するだけの価値のないものです。兄弟姉妹の愛の交わりがエクレシヤであり、そしてそれだけがエクレシヤであることを主張するものが、無教会主義であるのです。それはすべての宗教改革者と同一の精神に立つものであり、そうしてそれらすべてよりさらに一歩を進めたものであるのです。

そこで、教会論で言われる最もむずかしい問題、すなわち見える教会と見えざる教会という議論が起ってきます。教会は可見であるか不可見であるか。しかし私が考えまするに、この議論はほんとうにやぼな議論であります。

エクレシヤは愛の交わりであるから目に見ることはできません。愛というものは、目に見ることはできないのであります。しかしエクレシヤの交わりは、具体的な生活となって現われなければ意味をなさない。たとえば電気は目に見ることができません。しかしその電気が電燈となってともるとか、あるいは電熱器となって湯を沸すとか、あるいは電気按摩となって体に刺激を与えるとかしなければ、私どもの生活に入ってきません。私どもの生活から見れば、無いも同然なんです。そのように愛というものも、それが具体的に生活化しなければ意味をなさないことであります。ここにたとえばこれだけの、二百人の人がおるとしまして、この二百人の人々の間の愛の交わりは目に見えません。目に見えているのは、人間の顔や形だけです。ところで人間の顔や形を何百人寄せ集めたところがエクレシヤにはなりません。それはただ烏合の衆であるだけです。しかしまた生きた人間の共同生活がなければ、愛の交わりたるエクレシヤが具体化しない。無いも同然なんです。だからして皆が集まっていっしょに讃美歌を歌い、いっしょに祈りをする。いっしょに聖書を学び、いっしょに助け合う。その生活がなければ、エクレシヤは抽象的な、観念的な存在となってしまいます。エクレシヤは群集でもなく、また孤立でもありません。それは一つの集まりであることを要します。ただし集まりと申しましても、必ずしも一定の場所に集合することを必要としません。たといいっしょの場所に集まることができなくても、文通によって愛の交わりをもてば、それによって具体的な、目に見えるエクレシヤに連なっているのです。

エクレシアにおける霊のつながりはできるだけ鞏固であり、制度的つながりはできるだけ緩いことが、エクレシヤの本質に適うものと思います。エクレシヤの本質は家庭的であるから、エクレシヤに存在する秩序の性質も家庭的であるべきです。これを制度でしめつけますと、霊的な交わりの自由を殺し、世俗的な虚偽と傲慢とがはびこるようになるのです。

2

教会で最も重んずる儀式は洗礼と聖餐とであります。洗礼は教会加入の時に用いられる儀式であります。イエスの弟子となってエクレシヤに連なるために、きまった形式の行為を必要とするものかどうか。その形式として洗礼という制度を用うるのはどういうわけか。

すべて儀式は象徴であり、制度は伝統であります。洗礼も一つの象徴でありまして、それが教会の伝統、すなわち仕来りによって、教会加入の際の形式として制度化されたものであります。しからば洗礼という儀式は何を象徴したのでありましょうか。

水につかって体を清めるとか、水で器物を洗って汚れを落すとか、そういう考えはモーセの律法の中にもあります。仏教にも水で汚れを洗うということがあり、ヒンズー教ではインダス河に飛び込んで体を洗うことが重大な儀式となっている。日本の神道でもみそぎということをいたしまして、川に飛び込んで「六根清浄」と言う。水は汚れを洗い落す性質をもっておりまして、水につかり、あるいは水で洗うことが儀式的な潔めとなったのです。

そのことはユダヤでも古くからおこなわれていたのでありますが、洗礼者ヨハネがヨルダン川で施したバプテスマは画期的なものでありました。それはただ体に附着した汚れを洗い落すということでなくて、道徳的な生れ変りという意味をもちました。彼は一度水に没して、再び水から上ることをもって、罪の悔改の象徴としたのであります。すなわち罪の生活から方向転換をして、人生の方向、人生の目的を百八十度転換して、義しく生きていかなければならないことを唱え、その象徴として洗礼をさずけたのです。それはまことに画期的なことであったとみえて、とくにヨハネを「洗礼者」と呼ぶようになりました。洗礼はヨハネによって新しい意味をとったのです。

そのヨハネのバプテスマに対して、イエスのバプテスマということがあります。ヨハネはその特色を説明して、自分のバプテスマは水で施すんだが、イエスは聖霊と火をもってバプテスマをおこない給うと言いました。これによっても洗礼が象徴であることがわかります。水で洗礼を授けるとも言っているし、火で洗礼を授けるとも言っている。水とか火とかそのことに生命があるわけでなくて、水というのも火というのも、ある原理を象徴しているに過ぎないのです。ヨハネ以前の洗礼においては、水で汚れを洗い落すということに、意味があったのです。ヨハネに至ってそれは罪の悔改めという道徳的な意味をもちました。さらに進んでイエスの洗礼は、旧きわれが死んで新しきわれが生れるという信仰的意味を象徴したのであります。

イエスの洗礼は聖霊と火によって授けられる。旧き己を滅すについて、水よりも火のほうが烈しき働きをします。また新たに生れることに関して、水よりも霊の方が有効な働きをすることはいうまでもありません。イエスはニコデモに対って、「人は水と霊とによりて生れずば、神の国に入ること能はず」と言われましたが、水と言っても火と言っても、その物自体に人を新たに生れさせる力はありません。旧き己は火に投げ入れて焼かれる籾殻のようなものであって、審判に耐えざるものである。新たに生きるためには、旧き己は死なねばならぬことを象徴せられたにほかならないのです。

イエス御自身はヨハネから洗礼を受けられたが、御自分では弟子に洗礼を授けられたことはありません。マタイ伝の最後にある有名なことばでありますが、イエスが天に昇られる時に弟子たちに命じて「汝ら往きてもろもろの国人を弟子となし、父と子と聖霊との名によりてバプテスマを施せ」とある。しかしこれは聖書学者の研究によると、イエスのことばではなくて、後の時代の附記であると認めることが今日一般の解釈であります。とにかく地上にい給うた間、イエスが弟子たちを伝道に派遣された時に、洗礼を授けることを命ぜられたことはありません。イエスが天に往かれた後になって、弟子たちは自分たちの仲間入りをする人に対って、洗礼を授けることを始めました。使徒パウロはアナニヤから洗礼を受けましたが、パウロ自身は人に洗礼を授けませんでした。ただ自分の弟子をして洗礼を授けさせたようであります。イエスにしてもパウロにしても、教えを説くことがおもな働きであった。洗礼を否定したわけではないけれども、それを非常に大事なことのように思って、熱心に奨励せられるとか実行せられたということはないようであります。

しかるにその後教会内に制度としての洗礼が成立したことを理解するために、私どもはまず聖書にしばしば出てくる「割礼」という儀式のことを知らねばなりません。

ユダヤ人は男の子が生れて八日目に、割礼という儀式を施すべきことが、厳重な律法の定めでありました。割礼はユダヤ人のみでなく、アラビヤ人その他セム系の諸民族の間に広くおこなわれた慣習でありましたが、これも皮を切るということ自体に意味があるわけでなく、それは一つの象徴的行為であったに相違ありません。ユダヤ人はこの民族的慣習の中に、肉を切りすてて霊に生きる意味を見出し、エホバの選民として、エホバに属する者であることを象徴するために、割礼という制度を守るようになった。すなわち割礼を受けることによって、ユダヤ人たる身分を取得するものとせられました。したがって外国人がユダヤ教徒となるため、すなわちユダヤ教に改宗してシナゴグに属する者となるためには、やはり割礼を受けることが必要とせられたのです。

ところで、イエスが天に昇られた後、弟子たちのエクレシヤができて、外国人の入会が問題となってきました時、保守的な考えをもった人々は、外国人は一度割礼を受けてユダヤ人となってからでなければ、キリスト教会に属することはできないと主張しました。それはイエスもユダヤ人であり、弟子たちもユダヤ人であり、キリスト教はユダヤ人の中から生れてきたものであるから、ユダヤ人でなければイエスの弟子でありえないように考えられたのです。それに対してパウロは「そんなことはない。神は万民の神であるから、ユダヤ人であろうともギリシャ人であろうとも、キリストを信ずる信仰だけで一つエクレシヤに連なることができる。まず割礼を受けてユダヤ人となってからでなければキリストのエクレシヤに属することができないなどというわけのものではない。ユダヤ人はユダヤ人として割礼を受けたままでキリストを信ずればよいし、異邦人は異邦人として割礼を受けないままでキリストを信じておればよいのであって、割礼はエクレシヤに属する要件ではない。ユダヤ人が割礼を止める必要もないが、異邦人がこれを受ける必要もない」というのがパウロの態度でありました。そしてその後のキリスト教会の歴史において、パウロの割礼無用論が勝利を占めたのであります。

イエスを信ずる者のエクレシヤが初めてできたころには、次の二つの事柄がその前にありました。

第一は、ユダヤ人のシナゴグに入会するためには割礼という儀式。

第二に、ヨハネの弟子となるためにはバプテスマという儀式。

そこで、イエスの弟子たちのエクレシヤに新たに入会を認める時には、いかなる儀式を用うるのがよいか。それについて、彼らは割礼という儀式をすてて、ユダヤ教からの分離を公然としたとともに、バプテスマという儀式を利用して、キリスト教が洗礼者ヨハネの後継者であることを示したのです。そしてこの慣習が一般的となり、固定してくるにしたがい、それはキリスト教会の伝統として伝えられるようになったのです。

このようにバプテスマというものは、当時おこなわれていた慣習を利用して、一つの原理を象徴した儀式であります。それはあくまでも象徴であります。だからして洗礼の方式にもいろいろある。水の中にずぶりと頭までつけてしまうのもあり、頭の上にほんの二、三滴水を垂らすのもある。すなわちそれは象徴だからなんです。だからして、キリストを信じてキリストとともに死に、キリストとともに復活するという信仰を象徴するために役立つような形式であるならば、何も水をぶっかけなくても済むかもしれない。他の形式でもよいはずなんです。たとえば沙漠の真中ならば砂をぶっかけてもよいだろうし、密林の中ならば木の葉っぱで頭を撫でてもよいだろうし、新しい方式はその時その場合に応じて発見できるでしょう。もしも洗礼よりももっと現代に適切な方式が考えられて、それが一般におこなわれてくるならば、旧い伝統がすたれて新しい伝統が起るということもありうることなんです。

さらに一歩進んで考えて、エクレシヤに属するためには、何も定まった形式はいらない。自分は神の恩恵によりイエス・キリストをわが救主と信じます。自分はいままでの人生の方向が間違っていたことを認めます。自分はいままで罪に事え、この世に事え、肉の情欲に事えてきた者でありましたが、今日以後はキリストに事え、神に事え、義に事えてまいります、という決心を表白すればいい。決心しなければだめだ。決心しても黙っていてはだめだ。黙っていては客観性をもちません。何も教会に来て言う必要はありませんが、自分以外の誰かに自分の信仰を言い表わせばよいのです。それでエクレシヤに連なることが主観的にも客観的にも成立する。洗礼は信仰により古き己に死んで新しきわれに生きる象徴でありますから、イエスの弟子となってエクレシヤに加入するために、この形式を用いてもよいし、他の象徴たる形式を用いてもよいし、あるいは特別にきまった形式を用いなくてもよい。洗礼を受けたければ受ければよいし、すでに受けた者はそれを取消す必要はない。さりとてまだ洗礼を受けない者がしいてこれを受ける必要もない。洗礼を受けた者は受けたままで、受けない者は受けないままで、イエスの弟子たることができます。洗礼も益なく、無洗礼も益なく、益あるものはただイエスを信ずる信仰だけであります。パウロが割礼問題について言ったことを、私どもは洗礼問題について言うことができると思うのであります。

3

時間がだんだん乏しくなりましたのであとはいっそう簡単に言わなければなりませんが、教会には洗礼のほかに聖餐という儀式があります。これは主のテーブルとも呼ばれ、カトリックでは聖体拝領と言っています。キリストが十字架にかかられる前の晩に、十二人の弟子と最後の晩餐をともにせられた時に、パンをさいて、「取りて食へ、これはわが体なり」と言われ、また葡萄酒の杯を廻して「この酒杯より飲め、これは契約のわが血なり」と言われた。そのことを記念して、教会でパンをさき、葡萄酒を飲んで、キリストの命令せられたことばを守っていく。これが聖餐といわれる儀式であります。

この聖餐ということも、やはり象徴であり、伝統であります。パンそのもの、葡萄酒そのものに意味があるわけではありません。カトリックでは聖餐に用いられるパンはイエスの肉であり、葡萄酒はイエスの血であると言います。ルッターは、これはイエスの肉そのもの、血そのものではないが、聖餐式にて祝された瞬間に、イエスの肉と血とに化体するのだと言います。これに対しツウィングリは、パンと葡萄酒はイエスの肉と血の象徴であると言いました。この見解の相違のためにずいぶん議論をし、憎みあったものであります。私どもから見ますと、つまらないところに力こぶを入れたものだと思いますが、教会の人々から見ますとつまらないどころか、生命のやりとりをするほどの大問題でありました。

ヨハネ伝第六章を見ますと、イエスは「人の子の肉を食はず、その血を飲まずば、汝らに生命なし。わが肉を食ひ、わが血を飲む者は永遠の生命をもつ」と言われた。これを聞いた弟子たちのうち多くの者が「こは甚しき言葉なるかな、誰かよく聴き得べき」と言って呟いたと記されますが、これをことば通りにとれば、誰だって驚く。聞いただけでぞっとする事柄であります。しかしまさかイエスが食人種のように、自分の肉を食い血を飲めということを言われたのでないことは、誰だってわかります。イエスがこのことばを用いられたのは、ある教えを非常に強い象徴的なことばで表現されたのでありまして、その意味するところはイエスを信ずるということである。表面だけでなく、形だけでなく、ほんとうに自分の血となり肉となるようにイエスを信じこみなさい。イエスを食べてしまうほどにイエスを信じなさい。イエスと一つになりなさい、という教えである。イエスを自分の生命としなければならない。イエスを自分の栄養とし、自分の血とするようにイエスを信じろ。このイエスを信ずるということを、強い言で象徴的に教えられたのが、人の子の肉を食い血を飲めということなんです。聖餐ということの意味も全くそこに在るのです。イエスを信ずるということと、同じイエスを信ずることによって汝らは一つの肉に連なる兄弟姉妹であるということと、この二つのことを象徴するものが聖餐という儀式なんです。

これに類似の慣習も昔からいろいろの民族におこなわれたことでありまして、支那の小説に『三国志』というのがありますが、関羽と張飛とが兄弟の誓を立てます時に肱を切って互いに血をすすります。台湾のある蕃社では、兄弟の誓をする時に長い竹の筒に酒を入れ、飲み口を両端につけまして、同時に口をつけて酒を飲む。それによって一つに連なって、兄弟となる。こういう儀式はいろいろの民族にいろいろの形であります。キリストはパンを裂き葡萄酒を飲むということによって、信仰によりてイエスと一つになるということと、イエスを信ずる者は兄弟として一つになることと、その二つのことを示されたのです。だからそれは象徴なんです。そしてそれは非常に深い意味のある象徴ですから、イエスの天に昇られた後弟子たちの間でおこなわれ、それが教会の伝統として伝わってきたのです。けれどももちろん重要なのは意味であって、象徴ではありません。

パンとか葡萄酒とかいうことに何も特別の意味があるわけでない。日本の東京のどこかその辺で買ってきたパンを裂いて、これはイエスの肉なりと言ってみたところで、それはイエスと何の関係もない。またもしパンがなかったらどうするか。聖餐をするために、わざわざ苦労してパンを買ってき、葡萄酒を買ってくる必要があるか。パンや葡萄酒は、日本人はもと知らなかったもので、日本では米の飯と米の酒だけであった。米の飯を食べ、米の酒を飲んだのでは聖餐ができないか。一杯の茶碗の飯を皆でつついて食べ合う。これで聖餐をおこなったと言うことが、なぜできないか。このように考えてみれば、パンと葡萄酒とに意味があるわけでない。すべてそれはシムボリズムであり、トラディショナリズムであるということがわかります。イエスと一つ生命に連なり、それに由ってまた互いに一つに連なることを記念することが本旨なんですから、それを象徴するためには何もパンと葡萄酒でなくてもいい。パンと葡萄酒であってもいいけれども、パンと葡萄酒でなくてもいい。米の飯と米の酒でもいいし、それがなければ他のものでもいいし、あるいは何もなければ何もなくともいい。いっしょに弁当を食ってもいいし、食わなくてもいい。食べるということに拘泥することはないのであって、ともに聖書を学び、ともに祈り、ともに手をとり肩を組んで、イエスわれにおり、われイエスにおり、またイエスにおることによってわれら互いに一つとなるという信仰を新たにすれば、それでりっぱな聖餐であります。パンと葡萄酒がキリスト者をつくるわけではないのです。それは一つの形であり、象徴であるのですから、しいてその形をとらなくてもいい。精神が把握せられ、それがわれわれの生活に実現せられるならば、それでよいのです。

あるいは「取りて食へ」「取りて飲め」と、はっきり命令せられているではないかと言われるかもしれませんが、それならイエスが弟子たちを伝道に派遣せられる時「旅のために何をも持つな、杖も袋も糧も銀も」と命令されておる。しかしいまどき電車賃も持たないで伝道に出かける人はないでしょう。パウロが言ったように「儀文は殺し、霊は活かす」です。神は霊でありますから、霊と真実とをもってこれに事えなければなりません。聖書に記されている事柄も、その時代の社会事情や生活慣習から出たところの象徴的もしくは伝統的な記事は、その精神を守って、そのことばに拘泥しないようにする必要があるのです。

4

無教会主義というものは、エレクシヤをば兄弟姉妹の愛の生活体であると考え、そしてこの生活体に連なるためには洗礼という形式も必要でなく、またその交わりを養っていくために聖餐という形式も必要でない。天の神様を父と仰ぎ、キリストを長子と仰ぎ、キリストに結ばれたものが兄弟姉妹として一つに結ばれる。これがすなわち神の国である。そう信ずるものであるのです。

なぜこれを無教会主義というかと言うと、今日の教会は制度化している。きまった制度をもつ教会に連ならなければキリスト者と認めない。そしてその制度教会に連なるためには、きまった資格のある人、すなわち按手礼を受けた教会の牧師から、洗礼という儀式を授けられねばならない。そして教会に入会した後は、聖餐という儀式を守らなければ信仰を養っていけない。――こう言うのが教会なのです。

これに対して、人がキリスト者となるのは制度のことではなく、信仰のことである。キリストを信ずればそれによって人はキリスト者である。そして互いに信仰を表白して、兄弟姉妹として生活するものがエレクシヤである、と言うのが無教会なんです。無教会にも集まりはある。すなわち兄弟姉妹が集まりまして、ともに讃美し、ともに祈る。無教会の中にも先生もあり生徒もある。兄もあれば弟もある。無教会はけっして孤立主義者ではありません。ただ無教会は固定した制度をもちませんから「無教会という教会」をたてているのではありません。無教会にも慣習的にきまった集会の方式があります。しかしそれは人がキリスト者としてエレクシヤに連なる条件としての制度ではありません。制度教会では伝統的にきまった制度を維持することが大問題なのですが、無教会にはその苦労もその拘束もありません。無教会を支配する生活原理は、霊による信仰の自由であります。

無教会は制度教会そのものを否定するものではありません。善き良心をもって洗礼を受け、教会員となる者はそれでよい。善き心をもって教会にとどまる者はそれでよろしい。しいて教会を出る必要はありません。ただ人は制度教会に連ならなくてもキリスト者でありうる。そのことだけは、はっきりさせておかなくてはなりません。そして論より証拠、無教会でもキリスト者でありうることは、わが国ではすでにたしかな事実によって認められつつあるのであります。

最後に一つだけ申しておきますが、終戦後多くのアメリカ人が来まして、日本の宗教のこともいろいろ調べている。それで私などの書いたものも目に触れると見えまして、いろんな意味で無教会というものが彼らの注意を惹いている様子でありますが、彼らの一様に疑問とするところは、なぜ無教会は組織をつくらないかということであります。戦争中において平和の立場をはっきりとったものは、無教会の人々の中にいちばん多かったようであります。そういう点で彼らは無教会に興味を感じているのでありますが、なぜ無教会は組織をもたないか。組織をもてばもっと有効に活動できるのに、と彼らは言うのであります。これはなかなか大きな問題でありますが、私の意見といたしましては、無教会は組織化せられたならば、それで終る。無教会は生命であるから、制度的に組織さるべきではない。いろいろのことが今後あろうかと思いますけれども、私自身はその点をはっきりと守っていきたい。そうしなければ内村鑑三先生に対して合わす顔がないと、ひそかに自分で決心いたしました。

十人　復活と国の復活

1

社会は大きな波動をもって動いて参ります。それに伴って人間の思想も大きく波打って動いて参っておるようであります。私どもが学生でありましたころ、明治の末期から大正時代にかけまして、文科系統の学生が大学に入学します時には、その圧倒的大部分が法律学を志しまして、ことにドイツ法学の学生がいちばん多かったのであります。しかるに昭和時代に入りましていわゆるファッショの時代になりましてからは、政治の優越ということが唱えられまして、多くの学生が政治学科に入学したのでありま す。法律学科の学生の数と政治学科の学生の数が全く位置を顛倒しました。しかるに敗戦後の今日は、世の中の情勢・日本の国情と照し合せまして、経済学を志望する学生の数が多くなったのであります。私の勤めておりまする東京大学の経済学部の入学試験がこの間ありましたが、昨年までは競争率が一人半について一人でありました。今年は五人に対して一人というように、入学志望者が激増したのでありま す。京都大学の経済学部の話を聞きましても、全く同じ傾向が見られるそうであります。

私は本年、入学試験の作文の答案を調べました。それでこの受験した学生諸君がどういうことを考えているかを観察いたしますと、なかなかおもしろい、と言ってはすまされない重要な問題を含んでいるのです。私は一千人の作文の答案を見ました。その問題は「日本の前途」というのであります。終戦の翌年、すなわち昭和二十一年度の入学試験の作文の答案に窺われました学生の思想傾向には二つの特色がありました。一つは、戦争に敗けたのは当然のことであって、日本の犯した罪悪の報いであるという自覚と、この敗戦からわれわれは立ち上っていかなければならないという気魄と、この二つがきわめて素朴な、幼稚な形でありましたけれども、窺われたのであります。

今年の答案に現われました傾向で、一昨年において全然見られなかったものがあります。それは虚無的な考えであります。すなわち思想がないのです。虚無主義という一つの哲学をもっているわけではありません。疑うという力さえもっておらないのです。「日本の前途」という問題を見て自分は呆然としてしまった。そんなこと、考えたことがない。考えようといま思っても、考えることができない。日本ということを考えたことはないし、前途ということなどなおさら考えることはなかったし、いま考えることもできない。前途なんか考えても馬鹿らしいことで、成るがようにしか成らない。前途がどうなるだろうと考えることや、どうしようと考えることは全く空虚なことだ。——こういう思想であります。

終戦直後において虚脱ということが言われましたけれども、その当時の虚脱はいわば張り切った力が急に抜けてぼんやりしておったのでありまして、新しい力の充実を待つものでありましたが、今日の虚無主義というものは、ただのぼんやりではすまされない、頽廃的な傾向をもっておる。虚無主義の人生観は、刹那的・肉的な享楽主義と通ずるものがあるのであります。

答案に現われました第二のいちじるしい点は、共産主義の思想が甚だ瀰漫しておることであります。その中には二種類ありまして、一つは幼稚な唯物史観的な考えで、すべて社会の制度もしくは思想の下部構造は経済関係である。だから経済がいちばん重要である。人は食わなければならないということから出発して、諸般の問題を考えていくべきであるという、きわめて素朴な理解ではありますが、唯物史観的な思想が非常に多い。

もう一つはすでに確信をもった共産主義者であります。いずれ共産党関係の書物なり話なりを聞いて、その通り憶えておるのでありましょうが、それにしてもちゃんと言い方を心得て、恰好の整った、明確な共産党の態度と主張をもっておる。そういう答案が一昨年に比べて目立って多くありました。

それから科学主義ということを論じておる者が多くありました。これはやはり社会科学の流行に刺激せられたものでありまして、世間の雑誌や評論界にそういう主張が多いと思うのであります。日本の経済問題がいま非常に重要な問題であるが、それを科学的に研究するために経済学を志すのである。そういう答案を書いた者が多かった。

それから、主体性ということを述べた者も多くあります。これも世間の議論を反映しておるのでありましょう。どれほどそれを理解して述べておるかは疑問でありますが、とにかく主体性ということを人人が考えておる。主体性ということは、要するに人格的な個人の自覚、責任をもった個人の行動であると私は思いますけれども、腹のすわった個人の自覚、人間というものを突きつめて考えるという深みをもった思索を、受験生諸君の答案の中に見出すことはできなかった。

主体性に関連して、日本国民あるいは日本民族の自主独立性の維持という一つの思想があります。これは、今日の占領政策下における日本人のものの考え方、あるいは政策は主体性をもたない。すべて指図せられたまゝに動いていく。またそれに甘んずる傾向がある。それに対する批判であります。そしてこの民族の主体性を論ずる声は、共産主義者の陣営からあがっているのであります。共産主義の傾向の者たちが、はたして日本民族としての主体性をもっているか。彼らはソ連の動き、ソ連の思想に依存しておるのではないか。すなわちやはり外部の影響を受けておるのではないか。そういうことは問題に残りますけれども、とにかく日本民族は主体的に国を建てていかなければならないという思想は、今日共産党的な人々によって支持せられておる。これは見のがすことのできない一つの事実であります。

次には、文化国家とか平和国家とかいうことを書き並べた者もありました。これは概して気魄がない、ただことばを並べたに過ぎない者が多くありました。中には断り書きを添えて、文化国家とか平和国家とかいうことを言えば、空虚な観念主義と言われるかもしれないけれども、自分はそうは思わない、といった者もある。しかし、その言うところを読みましても、結局それ自身が空虚なる観念主義にしか過ぎない。これは文化国家とか平和国家とかいうことの意味を深く自分のものとしていない。ただことばだけを並べたものでありまして、借物である感を抱かせられたのであります。

キリスト教的なことを書いた者も少数ありましたが、何と彼らの答案が確信をもっておらないことか。ただことばだけを並べている。日本の前途を考えるときに、いかに歳は若くとも、大学の受験生ともなる年ごろであるならば、もっと腹から出た生きた信仰の声をもって、「日本の前途はイエス・キリストを信ずる信仰による」とはっきり言えそうなものです。内村鑑三先生が札幌農学校を卒業した時の年齢は二十一歳でありましょう。学校を卒業した時に、先生は同窓生とともに日本の前途のために祈って、われわれの身をキリストによって日本の国に献げようじゃないかと、互いに誓われたということであります。

私はこれらの答案を見まして、日本の現実の情勢が私の身に強く押し迫ってくることを感じたのであります。日本の状態は世界と連なっておるから、世界全体の動きの中に日本も動いておるのであります。しかし広く世界の情勢をいま論ぜずして、日本の国だけのことを考えましても、実に大きな激動期である。われわれは歴史の激動の真唯中にある。そして終戦後一年また一年と年を重ねるに従って、日本の困難は増すばかりである。日本の矛盾は増すばかりであります。

この日本の前途にはたして光明があるか、光があるかということは、私どもの重大なる関心事であります。

2

こうした時勢の中に在って、聖書の言がわれわれの耳に響いてくる。「人はパンのみによりて生くるにあらず」あるいは「貧しき者は福である」、そういうことばをイエス・キリストは宣べられた。私どもは何遍このことばを聞かされてきたか。また自分たちもこのことばを口にしてきたか知りません。しかし今日日本的であり、かつ世界的であるところの澎湃として押し寄せる経済の要求、経済の優越、経済の重要性、まず食わなければ、まず着なければという問題が、大きな潮のように押し寄せてくる真唯中に立って、その社会の激動をわれわれの身に受けながら、「人はパンのみによって生くるにあらず」あるいは「貧しき者は福なり」、そんなことが平気で言えるか、ということであります。そして世間はこれに対し、遠い昔ならばいざ知らず、いまのこの時勢にそんな空虚なこと、そんなことばだけの説教を聞く時でない、こう言うのです。

そういう世間の声を聞きながら、習いおぼえたお経の文句はただ一つ、「人はパンのみによって生きるものではありません」ということを、いくら口先で繰返して言いましても、キリスト教は日本に普及いたしません。

この前の内閣で、笹森国務相の首唱によって始めました国民的精神運動があります。その会議の初め、各方面の代表者二百人ほど集まって相談をした時に、共産党代議士が立って、「人はパンを食わなければ生きていけない。パンも食えないのに精神運動などやっても、全くそれは無効であり、無益であり、否、誤謬である」と論じた時に、そこにいたキリスト教の有名な牧師は口を緘して一言も発しなかったという。できなかったのか、しなかったのか知らないけれども、そこでものを言わないならば言う時がない時に、沈黙をしていた。これ　がおそらく今日の日本の社会の縮図でありましょう。

あるいはまた論点を移しまして、今日の時勢において科学主義ということを人々が考えておる。これは戦争中に言われたような、あの「科学する心」とか、ああいうきわめて素朴な、幼稚な、ごまかし的な思想でなくて、今日の科学主義はほんとうに社会の問題を科学的に考えようという、その点においては進歩しておると思いますが、その科学主義の澎湃としておる世の中にあって、イエス・キリストは処女マリヤから生れたとか、キリストが十字架にかかったことによって人類の罪が赦されるとか、キリストは墓から復活して天に昇ったとか、そのキリストがまた天から現われて世界を審いて神の国を建てるとか、そんなことをキリスト教がいまも、この世の中で本気に唱えるのであろうか。それもキリスト教界という一つのでき上った伝統と制度のわくの中で、昔から言い伝えられてきた教義を、鸚鵡返しに言っておるだけのものであるか。もしもそれが、習いおぼえたお経のきまり文句を、言い伝えられた通りに、でき上った仲間の中だけで唱えておるに過ぎないものならば、現実の生きた社会に対して無力でありれます。何の関係もないことである。そして御随意に惰眠を貪りながら、自分らの仲間だけで、いい気になってお題目を唱えていられるでしょう。

けれども、生きた社会の現実の要求をわれわれの身にひしひしと受けながら、キリストは復活したとか、キリストは再臨するとか、そういうことを本気に言おうとするならば、そこに大きな戦いがあります。「人はパンのみによって生きるものでない」とか、「貧しい者は福である」とかいうことばは、経済という大きな勢力、大きな思想、大きな事実に対し、真正面から対抗しておるのであります。近ごろ流行のことばによると、対決しておる。イエス・キリストのことばは今日の経済優越の思想に対し、真正面から向き合っておるのです。またキリスト教の教義、ことにキリストの降誕、その贖罪、その復活、その再臨の信仰は、科学と真正面から向き合っておる、対決しておるのであります。しかもそれぞれの陣営の中で各々勝手なことを言っているわけでなくて、共同のフィールドにおいて相対決しておるのであります。そしてわれわれはそれに対してどう考えればよいか、どう処置すればよいか。これについて一つの考えは、今日の経済優越の思想に対してキリスト教の主張を引込める。「人はパンのみによって生くるにあらず」とか、「貧しき者は福なり」とかいうことはもう言わない。そういう聖書のことばについては黙殺する。そして、キリスト教は社会問題に関心があるとか、労働争議にも関心があるとか、そういう具合に、社会の現実の要求に対して調子を揃えていかなければ、キリスト教は今日の時代的意味がなくなり、無用の長物になる。あるいはまた科学主義の興隆に対して、もうキリストの復活とか再臨とかいうことは言わない。それは科学思想の幼稚であった昔の人々の信仰であって、今日のキリスト教の生命はそういう教義にあるわけでない。キリスト教は民主主義である、民主主義思想の根底であることだけ言っておればよい。贖罪とか復活とか再臨とか、非合理的なこと、非科学的なことは言わない方が、現代に処してキリスト教の生きていく道である。現代においてキリスト教が存在理由を保つためには、科学主義に調子を合せねばならない。こういう風に考える者があるのであります。

こんな問題は事新しい問題でありません。昔から何度も戦われてきた問題でありまして、自然科学とキリスト教は大きな対立の問題でありました。しかしいまの日本、すなわち私がつい一週間前に見ました答案に現われておる学生大衆、ならびにその背後にある日本の社会の思想と生活の大きな波の中で、私どもはこの問題をもう一度考える必要があるのです。

3

敗戦の日本において、キリスト教が人々の心に生命を与え、国の前途に光を与えるということにおいて予想せられたほどの効果を収めておらない。キリスト教に関心をもつ人々はいくらか多くなったようだけれども、人の心に深く根を下しておらないことは何ゆえであるか。

それは、日本のキリスト教が、この時局に当って「人はパンのみによって生きる者ではない」とか「貧しい者は幸いだ」とか、あるいはキリストの処女降誕や贖罪や復活や再臨のことを言うからでしょうか。私は思うのに、そういうことを言うからではない。言わないからだと思います。腹の底からの確信をもってその事を言わないからです。信仰というものは、事実を離れて信仰の生命はありません。生活を離れて信仰はありません。イエス・キリスト御自身が事実の人であり、生活の人でありました。生きるためにパンが必要であることをよく知っていた人であります。このキリストがいまの日本に来ても、彼が千九百何十年前にユダヤにおいて言われたことを、少しも割引なく、同じことを言われると信じます。

彼は聖書によって、いまもそのことを私どもに語っておられるのです。

私どもは経済問題が重要でないとか、科学主義が無用であるとか、そんなことを言うのではけっしてありません。経済問題の重要性を、われわれは十分知っております。内村鑑三先生は種々の学問に興味をもたれましたが、先生の学問的興味の最も薄かったものは経済学でありましょう。しかし経済生活に先生が無関心であったわけではけっしてありません。先生御自身、ほんとうにパンのために涙を流されたことのある人なんです。

それで、経済の重要性、科学の重要性を、われわれは百も二百も承知しておりますが、しかしそれと対立して「人はパンのみによって生きる者ではない。神の口より出ずるすべてのことばによってである」という命題は、その主張は一歩も譲ることはありません。それは厳然として守らなければならない主張であります。それは昔から言い伝えられた伝統だからではありません。それが真理だからです。事実だからであります。「貧しい者は幸いである」ということも同じです。キリストの贖罪と復活と再臨とにしても、科学の重要性をわれわれは百も二百も承知しておりながら、やはりそれに対立して「キリストは墓に葬られたけれども、甦って天に昇り給うた。そして彼を信ずる者にもまた復活を与え給う」ということを、私どもは少しも割引なく、何もおそれるところもなくかく信じ、かく宣べるのであります。

もしもこれをわれわれが、ただ昔から言い伝えられたことであるとして、伝統の中に安住し、習慣的に宣べておるとするならば、禍なるかなであります。それは自己の生命を滅し、社会を滅し、キリストの福音に泥を塗る者であります。けれども、私どもがほんとうに自分自身の生活の中から、もうこれ以上に希望がもてないというところまで押しつめられて、そこでイエス・キリストは墓より甦り給うたという音信を聞いて、それを信ずる時に、これは真理である、力であることがわかる。何となれば、これを信じたことによって、希望のなかった者が現に希望をもってくるのです。すべて真理は事実によって証明せられなければなりません。最も希望のない者は死人であります。死であります。その死をさえ克服して甦らせる信仰は、社会におけるいちばんみじめな者、いちばん弱い者、いちばん望みのない者を生命づける力であるのです。このような人々に希望を与え、生命づけることによって、この教えの真理であることが証明せられるのです。近ごろ「社会大衆」の解放ということが言われておりますが、組織せられた大衆を解放しましても、まだその下に洩れておる者がある。そのいちばんみじめな人間をも引上げてこれに永遠の生命を与える者、そういう者にも希望があることを教える者、これがイエス・キリストの福音であるのです。

「人はパンのみによって生きる者でない」ということを、私どもがただ観念的に、そう言っているわけでありません。これはほんとうに自分たちの実験した結果であります。昔から多くの人がそのことばの真理であることを、実験して知っておるのです。社会における最も悪い罪人、最も弱い病人、最も貧しい人、最もよるべのない者、最も望みのない者、かかる者を絶望から引揚げて希望の人に化するというのがキリストの福音であって、これは万古不易の永遠の真理であります。

社会の波は大きく波打ってきております。そしてその時代々々の必要を私どもは知りましてこれを処理していきます。しかし現代の社会において経済がいかに優越でありましても、私どもは経済の大切であることを十分承認し、そのため努力しながら、しかも経済と真正面から対立してこれを否定する契機があります。私どもは科学の重んずべきことを十分知り、そのために努力し、勉強するとともに、科学と対立するところのものをかたく認めていかなければなりません。経済的なものと非経済的なもの、科学的なものと非科学的なもの、理性的なものと非理性的なもの、この両者の綜合せられたところに神の真理があるのです。経済偏重の社会はけっして幸福な社会でありません。科学偏重の社会も同じでありまして、科学が進歩したにかかわらず、世界戦争が何度も繰返され、そして科学が進歩したことのゆえに、戦争の災禍がいかに大きくなったかは、われわれのよく知ってきたところの事実であるのです。

キリストの復活・贖罪・再臨の信仰は、この社会の現実の苦悩の真唯中に啓示された信仰であります。死ということがなければ、復活の信仰もありません。罪ということがなければ、贖いの信仰も示されません。世界戦争ということがなければ、キリスト再臨の信仰も示されません。かかる信仰が示されましたのは、人類の歴史の苦しみの真唯中に神の光が投ぜられたのです。

4

キリストはいつ来り給うか、またどこに来り給うかということを弟子たちが聞いた時、それに対してイエスの答えられたことばが福音書に記されてあります。キリストが来る時はいつかわからない。昔ノアの時に洪水が来た。その時人々は何の予感もなく、飲み食い、娶り嫁ぎなどしていたが、思わない時に洪水が来た。後ロトの時には、人々が飲み食い、娶り嫁ぎ、売り買いをし、土を耕し、家を建てておった時に、天から突然火と硫黄が降ってソドムの町を滅した。そういう具合に人の子も思わない時に来る。その時、ふたりの男が一つの寝台に寝ておると、ひとりはとられて祝福の天に携えいかれ、ひとりは残されて滅びに赴く。ふたりの女が石臼をひいていると、ひとりはとられて天国に連れていかれるが、ひとりは地に残されて滅ぶ。そういう話をせられたところが、弟子たちが、しからばどこに人の子は来り給うかとお聞きした。それに対して「屍体のある処には鷲も亦あつまらん」という諺をもって答えられたということが、ルカ伝一七章に記されている。

キリストの審判主として来り給うのは、どこにという地理的場所が問題であるのではなくて、人間の生活の状態についての信仰的、道徳的問題であるんだ。神を畏れず、神の道を貴ばず、物欲的な生活に耽っておる者は身体は生きていても、人間として屍である。いわゆる「生ける屍」である。生ける屍のある処に滅亡が来る。これに反し神を畏れ、真理を愛し、神の御ことばによって生きておる者、キリストによって罪を贖われた者、その人のある処には救いが来る。キリストはどこに来るかということは、地理的場所が問題ではないのである。その時人々がいかなる心の状態で生活を送っておるか。それが問題なのである。こう言って教えられたのである。

この「屍体のある処には鷲も亦あつまらん」という諺について、私は思い出す一つの哀話があります。それは旧約聖書サムエル後書第二一章にあるお話であります。

ダビデ王の時代に、三年続いた飢饉があって、皆非常に困った。今日で言えば政治問題化した。それでダビデ王がエホバの神にその原因を聞いたところが、それに対する答えは、ダビデの前のサウルという王がギベオン人との契約を破って、これを虐殺した。そのことがエホバの御意に適わないために、それが原因となってこの三年の飢饉があるということが、預言者の口を通してダビデに告げられたのでありましょう。それでダビデはギベオン人を呼んで、お前たちの望むところは何であるかということを聞いた。ギベオン人の言うのには、私どもはイスラエルの人に対して報復するとか、損害賠償をもらうとか、そういうことは考えておりませんが、ただ私どもをみな殺しにしようと企んだところの責任者、すなわちサウル王の眷属の中から七人を引渡してもらいたい。そうすればこれをエホバの前に、木に懸けて処刑するということを申した。今日のことばで言うと、戦犯の引渡しを要求したわけであります。

それでダビデはサウルの一家眷属の中から七人を取って引渡しました。これをギベオン人は木に懸けました。その引渡された七人の中の二人は、アヤの娘リヅパという女がサウル王に生んだ子供であった。

この七人の死骸の前で、アヤの娘リヅパは岩の上に麻布を拡げて日夜坐っていた。そして昼は空の鳥を追い払い、夜は野の獣を近よらしめず、屍体の食い荒されないように守った。処刑のあったのは麦刈の時であってそれはユダヤでは四月であります。その時から始まって雨の降る時までこれを続けた。初めの雨の降るのが十月でありますから、もしも普通に雨の降るシーズンまでならば、六カ月の間リツパは岩の上に坐って、昼は空の鳥を、夜は野の獣を追うて、自分の生んだ二人の息子と、親類の五人の子供との遺骸を守ったのです。

このリヅパの行動を聞いて、ダビデは憐みました。そしてサウル王の屍と、その長男でありダビデの親友であったヨナタンの屍を集めて、これを叮重に墓に葬り、またダビデの部下がリヅパの息子など七人の屍を集めて墓に葬った。そのことがエホバの御意に適うて、雨が降り、三年の飢饉が終った、という実に哀れな話があります。

「屍体のある処には鷲も亦あつまらん」というイエスのことばからもう一つ連想せられる旧約聖書の記事がある。それはエゼキエル書の第三七章であります。そこには「枯骨の復活」の預言が記されてあります。

預言者エゼキエルがある谷に連れていかれた。見渡すと、たくさんの人の骨が白く枯れて、散乱している。エホバがエゼキエルに対って、「汝これらの骨に預言し、之に言ふべし。枯れたる骨よ、エホバの言を聞け。主エホバこれらの骨にかく言ひ給ふ。見よ我汝らの中に気息を入らしめて、汝らを生かしめん。我れ筋を汝らの上に作り、肉を汝らの上に生ぜしめ、皮をもて汝らを蔽ひ、気息を汝らの中に与へて汝らを生かしめん。汝ら我がエホバなるを知らん」と言われた。そういうエホバの声を聞いて、エゼキエルが預言したところが、骨と骨とが連なり合い、その上に筋肉を生じ、気息がその中に入って皆生きた人になって立ち上り、たくさんの群衆になったという預言があります。

これは紀元前五八六年にユダの都エルサレムがバビロンによって攻め滅されまして、大なる掠奪と殺戮を受け、国民の大多数が捕虜になってバビロンに連れていかれ、亡国の悲運に陥った時の預言でありま す。エゼキエルは見渡したところ、ユダの国には枯れた骨がいっぱいに散乱しておる。国民は滅んでしまっている。しかしエホバを信ずる信仰によれば、エホバはこの枯れた骨をも立ち上らせて、一つの大きな国民となし給う、ということを預言したのであります。

5

今度の戦争によっても、世界到る所において、谷にも平野にも、海の底にも繁華であった町にも、枯れた骨が散乱しました。これらの枯骨が生きた人として生き返るということは、驚くほどの大きなことばであります。科学はもちろんこれを否定しましょう。しかし科学の否定によって否定しきれない魅力が、この思想の中にあります。われわれの愛する者の骨が白く戦場に散乱した時に、われわれを慰めて、力を与え、希望を与えてくれるものは、パンであるか。科学であるか。パンはわれわれにその苦しみを解いてくれません。科学も同じであります。否、科学が彼を白骨と化したでないかとさえも、言えるくらいです。

その時に「枯れた骨が生き返る」という復活の信仰は、他の何ものをもっても癒すことのできない心の傷を癒してくれる唯一の音ずれです。それを信ずるならば私どもに生命があります。

国民についても同じです。日本の国民の状態を見渡しまして、これを生きた人間の集団と言おうか、枯れた骨の集団と言おうか。その中に希望を見出さんと欲しても、希望を見出し兼ねることがある。「飼う者なき羊」ということばがありますが、ほんとうにわれわれの状態は飼う者なき羊であります。否、もっと悪い。われわれの状態は枯れた骨である生ける屍である。とみずから疑うまで、国民の状態を見て感ぜざるをえない悲しい時があります。

そういうときに私どもに希望を与えるものは、自分の力でもなく、他人の援助でもない。政治でも経済でも科学でもありません。アメリカでもなくソ連でもありません。イエス・キリストによる復活の信仰、それだけが私どもに根本的な解決を与えてくれるのです。そんなものは非科学的であるから信じないと言うならば、話はそこまでです。信じない者に希望はありません。希望のない状態のままで、動き、ひしめき、騒ぎ、苦しんで、ちょうど電車の中の混雑のような状態で生活し、それ以外に道がないというならば、また何をか言わんやです。

けれども、私どもが人間として、または国民としての希望をもつと言うならば、その希望の根拠は復活という驚くべき事実、驚くべき啓示、驚くべき預言に懸っておるのです。それ以外の望みは皆一時的な、あるいは相対的な望みであるに過ぎません。人間を最もみじめな状態のどん底から引起すもの、枯れた骨に生命を吹き込むもの、これは死よりの復活の信仰であります。この信仰こそ私どもに永遠の生命を与えます。それは永遠の生命力の表現であります。この信仰をもつ者にして、初めて現世における生活態度を主体的にもつことができるのです。正義のためになぜわれわれは戦わねばならないか。なぜ己の一身を捨てて社会公共のために働かねばならないか。世の中の多くの弱者のために、多くの罪に悩む者、病に苦しむ者、希望のない者、ニヒリスティックな憐むべき者、己を疑うという懐疑の力さえもたない者、そういう者に希望を与え、生命を与えるためには、われわれ自身が絶対的な希望をもつ者でなければならない。誤解を恐れず、迫害に屈せず、ただ正義のゆえに、ただ愛のゆえにわれわれの生涯を送るという、そういうような純粋な生き方、神のために生きる精神と力は、復活の信仰なくしてはもつことができないのです。復活の信仰は人を勇気ある人とします。人を希望ある人とします。人を愛の人とします。人に平和を与えます。

同じことは国の復活についても言うことができます。私は従来何度か、国の復興ということをお話いたしました。しかし今日の演題は「国の復興」ではなくして、「国の復活」であります。

京都の太田十三男氏が近ごろ著述された『預言者としての内村鑑三』という本があります。これは内村鑑三先生のいろんな著作の中からことばを選び出して編纂せられた書物でありまして、私も一読いたしましたがたいへんおもしろかった。その中に「日本は何度も滅ぶであろう」という内村先生のいちじるしいことばを発見しました時に、私は非常に驚きました。

この敗戦で、日本は滅んだも同様であります。ところが日本の亡国はこれでおしまいかというと、そんなことはない。日本は何度も滅ぶであろうという、内村先生のことばを読みました時に、私は涙を禁ずることができませんでした。国民がエホバの神を畏れ、キリストの福音に順うまでは、ほんとうに何度も滅ぶでありましょう。しかし何度滅んでも、神の恩恵によって日本の国民は復活するだろう。

国の復活というのは、滅んだものが生き返ることであります。衰えた者が盛んになることを復興というとするならば、一度滅んだもの、死んだ者が生き返るのが復活です。この信仰を理想化したものが、黙示録二一章、二二章にある新しきエルサレム、聖なる都、神の国の預言であります。これは神を信ずる国民の復活の姿であります。

多くの悲しみに沈んでおる個人、また何度も滅ぶであろうところの国民の復活を信ずる者は、われわれキリストを信ずる者たちであります。私どもはアヤの娘リヅパのごとく麻布を岩の上に敷いてその上に坐りまして、そしてわれわれの愛する者の屍を守って、昼は空の鳥の来り、夜は野の獣の近づくを追い払うて、荒されないようにこれを守らなければなりません。それを守って、その復活を待ち望むのがわれわれの祈りであります。

ダビデ王がリヅパの行動を聞いて憐み、その守った骨を集めて墓に葬ったように、神は私どもの祈りと戦いとを見給うて、死ねる人を生かし、滅んだ国民を復活せしめて下さると信じます。ダビデがリヅパを憐んで処置いたしましたのは、散乱せる骨を墓に蔵めることでありました。キリストがわれらを憐んでなし給うことは、枯れたる骨を墓より復活せしめ給うのであります。

こんな大きい希望を私どもに与えるものが、イエス・キリストの復活であります。この信仰を観念的であると嘲ける者は、おそらく死ねる屍について涙を流したことのない人ではあるまいか。おそらく滅ぶる国民について心を痛めたことのない人ではあるまいか。

少くとも私どもは、この復活の信仰が生命であって、これによって人の望みも国の望みも、否、宇宙全体の望みのあることを、かたく信じておる者であります。この信仰にもとづいて、私どもは現実の世界に目を放つ時に、なすべきこと、戦うべきこと、実にたくさんあることを知るのであります。本日のこの内村鑑三先生記念講演会も、こういう趣旨においてわれわれの祈りであり、戦いであります。祈りと戦いの再確認であり、再出発である。あるいは新しい戦いの進軍ラッパでありたいと存ずるのであります。

十一　キリスト教会と共産党

本日この公会堂に私はちょっと後れて入りましたが、この建物に入りまするちょうどその時に、約百人か二百人ぐらいのデモの一隊が、ちょうどこの建物の前をあちらの方から進行して参りました。数旒の赤い旗を押し立て、たくさんのプラカードを掲げまして、一隊また一隊と肩を組んで、やって参りました。そこに小さい円い広場がありますが、あそこの周囲を廻りまして、そして男も女もおりましたが、スクラムを組んで歌を歌いながら、いかにも愉快そうな顔つきで練り歩いておりました。その様子を私は見ておりまして、日本の神社の祭礼にお神輿《みこし》を担ぎ山車《だし》を出しておるその有様を連想したのでありま す。一種の自己陶酔に陥っている。そのプラカードは、少し距離が離れておりましたためによく読めませんでしたが、四十八時間制反対であるとか、そういうことらしくありました。お神輿を担いだ者が道路を真直に歩かないで、あちらに動きこちらに動きして、世話役の者が行列の先頭を導いていっている。ちょうどそれと同じことをやっている。――四列縦隊でありますが、腕を組みまして真直に行進ができない。こう勢いづいていっておりまう。先頭に立った者がそれを導いていっておる。私の目の前にその神社の祭礼の行列の幻影が浮びましたが、一瞬にしてこれは消えました。

これに次いで、カトリックの聖体行列の幻影が私の目に浮びました。カトリックの信者はいろいろの聖いと称する物を担ぎ出しまして、坊さんが先頭に立ちまして、行列をして行進をいたします。今度日本でもフランシス・ザヴィエルの記念祭がありますので、世界各地からカトリックの巡礼団が訪問して参ります。何月何日ですか、やがてすぐ長崎に入港して、長崎において聖体行列をおこなうということが新聞に出ておりました。これも一種のデモであります。この幻もまた一瞬にして私の目から消えました。

代って目の前に現われたのは、ただひとりのイエス・キリストでありました。彼は厳粛な、悲しみに満ちた顔をして、ただひとりそこに立っておりました。この幻影も一瞬にして消えました。

私はこの会場に入って参りました。そして黒崎先生の話を聴きながら私の目にまた一つの幻影が見えました。それは、講演会を終ったあとで、黒崎先生と私とが先頭に立って、この聴衆の諸君がスクラムを組んで街頭に進出する。「立てよいざ立て、主のつわもの」と歌いながら、行列を組んで街頭行進をする。そして先ほどの赤旗を掲げた一隊と、どこかの橋の袂で合流する。そこで、「四十八時間制反対！行政整理首馘り反対！われわれにパンを与えよ！職を与えよ！」そう叫んだならばどうだろう。その幻影はまた消えまして、再びそこに現われましたのは、イエス・キリストのただひとりの姿であります。そしてそのキリストの姿も消えまして、内村鑑三のただひとりの姿がそこに見えました。厳粛な、悲哀に満ちた顔であります。

この幻影の意味は、イエス・キリストはわれわれの行列の先頭に立って、大阪の市内をデモ行進するだろうか。また内村鑑三はそれをするだろうか、ということであります。われわれの今日集まりましたこの講演会の問題はまさにそこにあるのであります。何のためにわれわれは内村鑑三の十九年の記念日をこの所で記念するか。いかなる縁故で、いかなる理由によって内村鑑三をイエス・キリストに在って記念するか。東京の街とか大阪の街頭をねり歩いているデモ行進、人民大会からとり残されて、たったひとりで内村鑑三は橋の袂に立っておる。ただひとりとり残されている。その状態をわれわれが賛成するのか、賛成しないのか。イエス・キリストは失敗であるか。とり残された内村鑑三はもう時代後れでだめなのであるか。だめならば彼の記念日を記念する意味はない。即座にこの講演会などやめてしまった方がよい。「バスに乗り後れる」という諺がイギリスのチェンバレィンについて言われたことがありますが、バスに乗り後れるとか、あるいは人民運動にとり残されるとか、時代後れ、孤立ということが、宗教家としてあるいは宗教として致命的なものであるならば、イエス・キリストは失敗であります。内村鑑三も失敗であります。われわれも皆失敗であります。これが失敗か失敗でないか。ほんとうに人類を救うもの、日本の国を興すもの、世界を救うその道とその方向とその精神はいったい何であるか。大衆運動、デモ行進に乗り後れるというのではもうだめなのである、というんであるならば、イエス・キリストはとっくに乗り後れているんです。この問題を私は本日考えてみたいと思うのです。

そもそも今日の日本は、民主主義という時代思潮のもとにすべてのことが大衆行動としておこなわれる。大衆行動としておこなわれることが、民主主義的である。こういう風に普通考えられております。

いかにもキリスト教会が時勢の波にとり残された、バスに乗り後れたもののように見えておる。それで、キリスト教会でも何かやらなければなるまい。時代に乗り後れないように一旗挙げて、キリスト教会でも何か新しいものを押し掲げ、鳴り物入りでもって街頭に進出する。そうしなければもうキリスト教会は行きづまりであるまいか。もしもそういう風に心配をするならば、その考え方は、この世を救う力として何かの政治的勢力、たとえば共産党とそしてキリスト教会とを同じ立場の上に並べまして、社会的・政治的勢力として両者を比較しておるのであります。

この比較そのものがすでに問題であります。私はかつて『マルクス主義と基督教』という本を書きまして、御覧下された方もあるかと思いますが、学問もしくは思想としてのキリスト教とマルクス主義との相異を研究したのでありますが、今日お話することは、キリスト教会という一つの社会的な勢力と共産党という社会的な勢力との問題であります。

教会というものは、組織せられた団体として一つの社会的勢力を成しておる。その意味においてこれは地上の世界における一勢力であります。そういう勢力としての教会と、同じように地上の社会的勢力としての政党、そしてその中の共産党とを比較することが正しいかどうか。そのこと自体が一つの先決問題であるのでありますが、とにかくそれは比較のできる点があります。たとえば教会と紡績会社とを比較しますと、両者の目的が非常に異っておる。紡績会社は綿糸布を製造する生産の会社であり、教会は精神を指導する所、あるいは社会的救済をする所でありますから、任務と目的があまりにも異っておるために比較にならない。しかるに政党は政治を目的とした団体でありますが、他の政党たとえば民党だとか民主党だとか社会党と比べまして、共産党は共産党それ自身の世界観をもっておる。善かれ悪しかれ一つのまとまった世界観・人間観というものをもっております。それは共産主義という一つのイデオロギーであります。共産主義は単なる政治上の見解、たとえば自由貿易がいいとか、保護貿易がいいとか、大農制度がいいとか、小農制度がいいとか、そのような政治上の見解だけでなくて、それは一つの世界観であり、一つの人間観であるということにおいて特色があるのです。この共産主義という世界観を基礎とした政党としての共産党でありますから、それは他の政党と違いまして、単なる政治上の意見ではなくて、一つの精神的な指導力をもつわけであります。一つの哲学をもっておるわけです。この点において共産党の活動の領域は、キリスト教会と若干重なり合った点があるのです。

キリスト教会はもちろん一つの世界観をもっておる。一つの人間観をもっております。それはキリスト教という宗教、一つの思想、世界的思想であります。そこで共産党の由ってもって立っておる世界観としての共産主義と、キリスト教会の由ってもって立っておる世界観すなわちキリスト教という思想とが対抗的になる。同じ問題について両者の考え方が一致するかあるいは衝突するか、ともかく同一平面上における交渉がありうるわけであります。

一面政党は政治的目標をもっておる団体でありますが、共産党は最も単純な形で政治上の意見をつくっておるのであります。単純ということは、政治上でも学問上でも芸術でも宗教でも、すべて力であります。単純が力である。単刀直入ということはそれ自身力をもっております。そして共産党は無産階級解放というきわめて明確な具体的な、一本槍の政治上の意見をもっておるのです。民自党であろうが民主党であろうが、社会党であろうが共産党であろうが、どの政党でも、日本の国の復興とか人民の幸福とか世界の平和とか、それは言わない政党はありませんが、他の政党はいろいろの利害関係が複雑であるために、主張が単純率直でない。しかるに共産党はただ一つのことを言うから、それは非常に力強く聞える。欠点を言えば一面的である、一方的である。一方の面しか見ないという点がありますが、少くともその一つの面を強くはっきり言うことが、非常に強い力をもっている。その一つの面というのは、虐げられた階級の解放、弱者の救い、そういうことなんです。それはまさにキリスト教会が自己の任務として考えておるはずのものなのです。キリスト教会がただの哲学とか神学とか思想をやる所でなくて、実際社会に対する関心をもつとするならば、それはまさにこの社会の下層階級の解放、困っておる人々の救済、それこそキリスト教会の任務である。こう考えておるのです。そこに教会と共産党との任務と目的との重なり合いがあるのです。

こうして見ますと、キリスト教会のうち、とくに社会的勢力として共産党と対抗するものがカトリック教会であることは明白であります。共産党は国家的な組織であるとともに、世界的な関連をもった一つの大きな政治団体であります。「日本共産党はソ連の共産党や他の国の共産党と連絡がない」共産党はこう言いますけれども、誰もそれをことば通りに信用する者はありません。共産主義は世界的な主義であり、共産党は世界的な組織である。各国の共産党にそれぞれの特殊事情があるとしても、同一の目的をもつ政治運動として世界的な連関をもつ政治団体であることは明かであります。

カトリック教会もそうです。各国のカトリック教会もその国々の国情に応じて、特殊性をもっている。日本のカトリックは日本流に、イギリスのはイギリス流に。こう言われておりますけれども、しかしそれらはすべてロマ法王のもとに統制せられた世界的な一大組織であります。そしてカトリック教会はちゃんと公式主義的に決まった世界観をもっていて、しかもきわめて政治的であって、政治性をもっております。そのことはカトリック教会の歴史を見ても明かであります。それゆえに共産党とカトリック教会との対抗は非常に明瞭でありまして、カトリックの方でも態度がちゃんときまっておる。カトリック教会は共産主義に対し、それは絶対にカトリシズムと相容れることはできないという態度を、きわめて明白にとっておるのです。その態度に対していかなる攻撃があろうとも批評があろうとも、頑として耳をかさない。カトリックと共産主義とは一致できないんだということを、はっきりと中しておる。そういう態度をとっておりますから、カトリック教会と共産党は喧嘩相手でありまして、お互いに取りつく島がないのです。

プロテスタントの教会こそみじめな状態であります。これは団体としては共産党ほど強い団結をもっておりません。その世界観・人間観においても、多くのプロテスタント教会が分れておりますために、必ずしも微細な点に至るまで一致しておるわけでないのです。多くの問題について解釈上の差があり、少くともニュアンスの差がありまして、プロテスタントの世界観はこうであると、すべての教派を通じてまとまった公式的な一致がない。プロテスタント教会は、この一致団結しておらないという点において共産党よりも微力であります。政治的社会的勢力として弱いんです。組織においても世界観の一致においてもそうであります。もう一つ、プロテスタントの特色は、人の言うことに耳を傾ける。カトリックほど公式主義的に一致した原理をもっておらないために、つまり思想が自由であるために、人の言うことにも耳を傾けるという、自由寛容の精神があるわけです。それだけ共産主義者や共産党の言うことにも心が惹かれる。誘惑を感ずる。あるいは共鳴する。「尤もな点もある」そうさえも思う。キリスト教会の牧師である者が共産党に入党しようと決意する。自分がそう考えるだけでなく、自分の教会員にむかって、共産党への入党を勧める。こういう、カトリック教会では絶対に見ることのできない状態が、プロテスタント教会においては起っておるのです。

それでありますから、このキリスト教会と共産党との対立の問題について、いちばんみじめな状態というか、困った状態におかれておるのはプロテスタントの教会でありまして、どう考えていいのか、どうしていいのかわからない。てんでばらばらに考え、右往左往しておるという状態であるようです。

この問題について内村鑑三先生の教えをわれわれが回顧するならば、内村鑑三の信仰と教えはカトリックでもないし、プロテスタントでもないし、これは一種特別な立場をとっている。広く分類すればプロテスタントであります。信仰の要点においてはプロテスタントでありますけれども、教会の組織という立場から言うと、プロテスタント教会の教派のどれにも属しておりません。カトリックではもちろんありません。すなわち無教会と言われておるものであります。この内村鑑三の信仰、すなわち無教会の信仰の根拠は聖書であります。教会史の上から言うならば、それはロマ・カトリック教会成立以前の原始キリスト教、すなわち原始キリスト教時代の信仰が最も純粋な形で受け嗣がれておるものであると私は信じております。それは別なことばで言えば、イエス・キリストその人の教えと、教え方と、その生き方と、その死に方とを内村鑑三は受け嗣いだ。そして教会という組織をくぐらないで、キリストの信仰の生命を私どもにできるだけ直接な流れとして伝えてくれたと私は信じておるのです。

それゆえに先ほど私の目の前に一瞬にして浮び一瞬にして消えた幻影の中で、デモ行進を見ながらイエス・キリストがただひとり立っておられたところに、内村鑑三が立っている。この運動、まあ一口に言って民衆を解放する運動の目的とするところのもの、社会を改革し民衆を解放し、日本の国を復興し、世界人類に進歩と幸福あらしめる。そういう意味の抽象的一般的な言い方をすれば、彼ら街頭行進者の目的としておることは、イエス・キリストもしくは内村鑑三の目的としたところと同じに見えるかもしれません。ただその活動の形式と方法において、彼らは大衆的に旗を掲げプラカードを掲げ歌を歌って練り歩く。これはただひとり立っている、という差があるのです。そしてそこにはただ形式と方法との差異だけでなく、実はその根柢において世界観の根本的な相異があるのです。先ほど黒崎先生のお話の中にもあったように、キリストは「わが国はこの世の国ではない」と、きわめてはっきりした形で、断言しておられるのであります。キリストは生前僅かに十二弟子、しかもその中のひとりは彼を裏切って敵に付した裏切者である。そういうきわめて少数の弟子を得ただけで、年齢で申しておよそ三十三歳、公の伝道期間は三年足らずという短い生涯を送った。しかも最後には強盗と同列に並べられて、十字架にかけられて殺されてしまった。内村鑑三は七十年の生涯を送りましたけれども、彼の個人雑誌であった『聖書之研究』の読者は、非常な大成功であると言われながら四千人に過ぎなかったのであります。今日の婦人雑誌の二十万三十万の読者をもっているに比べまして、まるっきり桁違いであるのです。そしてほとんど世間から忘れられて、すなわち時代のバスに乗り後れて、東京郊外の柏木で静かに死なれたのであります。

これでわれわれは何を知るかと言えば、この世の勢力としてキリスト者というもの、あるいはキリスト者の団体というものは、永遠の少数党であるということであります。キリストの弟子たる者は、この世にあっては永遠の少数党であります。キリスト信者がこの世的な政治的団体をつくってそれで国会の選挙を争い、多数党となって神の国を建設するというそういう筋合のものではないということを、キリストは彼の教訓の中で明かに教えられ、また自分の生涯で明白に示されたのです。

地上に神の国を建設することはキリスト自身の目的とせられたところであり、またわれわれの努力すべき問題、われわれの念願とすべき問題として示されたところであります。地上に神の国を立てる、地上の社会を神の国と成すということ、それはわれわれの努力すべき問題でありますけれども、その目的を成就する方法は何であるか。それは有力な政治団体をつくって、盛んなるデモをやって、共産党に敗けないような賑かな活動をして、たくさんの代議士を出して、大衆運動に成功して、それで地上に神の国を立てるというのであるか。否、そんな方法では絶対にできないということを、イザヤ、エレミヤそのほか旧約の預言者は皆叫び、その主張のために彼らはことごとく孤独にこの世を去ったのです。キリストもパウロもヨハネもペテロも、その点においては旧約の預言者と同じことを教え、同じ道に立ったのです。われわれの先輩である内村鑑三然り。藤井武また然り。いずれもこの世を神の国と成すということを生涯の念願となしましたが、しかしその目的を達成する道は、大衆の支持を得、大衆の賛成を得て、大衆から王として、リーダーとして崇められて、それでもってこの世を神の国と成すものではない。かえって反対に、この世から罵られ捨てられ嘲けられ十字架につけて殺されて、それによってこの世を神の国とするのである。この事実を、彼らは言をもって、また生涯をもってわれわれに教訓したのです。

この教えを遺されこの模範を遺されて、われわれはいまさら何に血迷うて、大衆運動を賑かにし共産党の向うを張らなければ、キリスト教会の生命がなくなるなどと心配をするのであるか。「汝らは地の塩である、世の光である」とキリストは言われている。キリスト信者あるいはキリスト教会がこの世の光であり、この世の塩であるということは、その信仰の立場の純粋性を保つということに帰着するのであります。塩は塩辛い味を失うならば、もう何の役にも立たない。砂利の代りに往来に捨てられて人に踏みつけられるのである。塩は塩辛くなければならないし、光は曇ってはならない。信仰の純粋ということこそ、キリスト教会の生命であります。信仰の純粋を失ったならば、そこでもうキリスト教は死んでしまうのです。

この世を救う原理と方法についてのキリスト教の教えの特色と、キリスト教以外のこの世の哲学や政治の主張するところをくわしく比較して説明する必要もないと思いますが、一口に言えば、キリスト教は神を信ずる信仰に立っておる。その神というのは何であるかと言えば、それは人間を超越した存在であり、人間と全世界・全宇宙を造った造り主でありまして、死にたる木や石のごとき偶像でもなく、また法則とか観念とかいうようなものでもない。神は生きた造り主であって、正義と愛に満ちた救主である。そしてその造り給うた宇宙と人類を愛し、これを義しく導いてその救いを成就し、神の国を地上に完成するという意思をもってみずから働いておられる。そういう神をわれわれは信ずるのです。

これに対して共産党の立っておる世界観は、いうまでもなく唯物論であります。唯物論は共産党に限りません。この世の哲学や思想や普通の人の考えはすべて唯物論であります。しかし共産党は唯物論を臆面もなく主張するというところにおいて、唯物論は共産党に取られた形になったのです。唯物論というのはどういう哲学であるかと言えば、造り主というものを認めないのです。すべて造られた物、宇宙でも人間でも造られた物の存在そのものが終局的な権威である。造り主を認めませんから、したがって宇宙と人類を指導する超越的な意思を認めません。唯物論のメカニズムを一口でお話することはできませんけれども、要するに、ここに人間が働いておる、人間の意思というものは認めますが、その人間の意思は何によってきまるかと言えば、それは物質的な関係から、すなわち境遇からきまるのである。簡単に言えばそういう説明です。

そこでキリスト教の信仰と唯物論との共通の問題は、霊魂の生命と境遇との関係をどう把握するか、ということにあります。キリスト信者にとってみれば、霊魂の生命が決定的に重要なものであるが、しかし物質的境遇もまた事実として存在していることを認めます。境遇は存在しないとか、物質は存在しないとか、そんなことを言うのではけっしてありません。

そうでありますがしかし、霊魂の自由は境遇によっては束縛せられない。もしも境遇が霊魂の自由の原因であるとするならば、物質的に裕福な境遇にいる人は心が自由であり、貧しい人は心が自由でないということになるだろうが、しかしキリスト教の教えるところも人生の事実も必ずしもそうでないんで、境遇の豊かな人が心が不自由であったり、物質的境遇の乏しい人の心が自由である例が少くありません。健康が申し分のない人の心が非常に臆病であったり、またこれに反して体が非常に弱くて病床に縛られておるような人が、心は非常に自由であったりいたしますから、心の自由は境遇によらないものだということをわれわれは知るのです。

そこで、神を信ずる信仰によって立つか、唯物論によって立つかという問題を、人生に対する応用から考えれば、霊魂の自由を第一義的なものであると考えるか、境遇の自由を第一義的なものと考えるかということに、世界観および人間観の二大対立が現われてき、それにもとづいていろいろの思想がそれそれの系列において起ってくるのであります。われわれの当面の課題としては、一方においてはキリスト教会、他方においては共産党という対立に、それが現われている。キリスト教会は神を信ずる信仰と霊魂の自由を第一義的に考える世界観にもとづいた思想と生活の組織であり、共産党は物質的境遇を第一義とする思想と生活にもとづく運動と組織であるわけです。

この問題については、イエス・キリストがあの五千人のパンの奇蹟の直後、きわめて明瞭なことばで教えております。キリストは五千人の者にパンを食べさせた。そのことから見ると、キリストは群衆にパンを与えなくてもいいなどという思想の持ち主ではないということがよくわかる。民衆にパンは与えなければならない。五千人の者が夕飯を食うことができないでいたから、キリストは彼らにパンを食わせた。パンの問題はどうでもよい問題だなどと、キリストは言われるわけではないけれども、しかしパンの問題に関連してキリストが教えられた根本的な教訓は、朽つるパンのために働くことを第一義的な生活と考えないで、「生命のパン」を第一義的なものと考えるべきである、「我は生命のパンである。凡て我を食う者は死ぬとも生くべし」ということをキリストは教えられた。それを聞いた多くのユダヤ人たちが躓いた。イエスを食うということは、理解ができない。そしてひとり去りふたり去り、多くの群衆がイエスを去って、彼を孤独の状態にそこに置き去りにしたということが、聖書に録されております。

「生命のパン」とキリストの言ったものはいったい何であろう。別のことばで言えば、それは永遠の生命ということであります。昨年の秋私は大阪に参りました時、ある会社で「経済と宗教」という題の話をしました。講演のあとで、会社の若い人々が非常に熱心にいろいろと質問し、意見を交換いたしました。その人々の言ったことを今日思い出してみますと、永遠の生命というその永遠ということが理解できない。こうおっしゃるのです。永遠の生命というものは考えられない。われわれの努力すべき問題は、この肉体の生命についてである。この肉体をもつ地上の生活をできるだけ良くするように、社会の経済問題が合理的に解決せられ、人々の物質的生活が救われるように、そのために努力するということは理解できるが、永遠の生命というものは理解できない、それを説明してくれという質問でありました。

これはことばで説明するに非常に困難なことです。私はともかく説明を試みましてこういうことを言いました。社会運動といい、社会解放というものは、一般的に人民の解放・社会の解放と言われるけれども、その主眼は組織せられた労働者であります。組織のある労働者が無産階級運動の脊椎骨でありまして、それが中心となる。組織せられた労働者が組織の力によって自己の階級的解放を戦いとる。それが社会解放運動の眼目である。組織せられた労働者が、その戦闘力によって自己の社会的解放を獲得すれば、それによって自分ら以外の社会一般にも利益が及ぶ。まず組織せられた労働者の階級的解放、その待遇の改善、その生活の向上、その政治的権力の掌握、これらのことが根本的な第一義的な問題である、と言うんです。

このことは戦後における日本の情況で皆さんがよくお知りのことと思いますが、社会解放とか無産者解放ということが一般的抽象的に叫ばれましても、それは事実として無意味であります。事実としては、社会解放運動を実行する中核たる勢力がなくてはなりません。それは組織せられた労働者であります。社会解放運動は、組織せられた労働者の自己解放の運動であるのです。たとえば交通事業・通信事業・炭坑・電気産業・その他最も組織の進んだ労働者が、自己の階級的解放のための巨大な戦闘力をもつのです。その活動によってこれら従業員の経済的および社会的地位が向上します。政治的勢力を獲得するようになります。しかしこれらの組織労働者の数は幾百万あろうとも、それは国民全体から見ると少数です。組織せられた労働者の地位・待遇が改善せられましても、国民大衆の一般の生活状態は、それに追随して善くなるとは限らない。日本のような財政経済状態においては、かえって逆のことがある。組織せられた労働者が組織の力によって賃銀を引上げ、人員の整理を阻止する結果、運賃や料金が引上げられ、民衆の負担が増すことさえある。だから一口に無産階級の解放といっても、それはいちじるしく重点的でありまして、民衆の生活程度が社会のある部分でぐっと上っても、他の部分では相対的に上らないか、あるいは絶対的に低くなることさえありうるのです。このことはわれわれが生活上の事実として知るところであるのです。

しからばキリスト教もしくはキリスト教会が、虐げられた者、弱き者の解放ということを言いますときに、それはいわゆる社会運動とどこに差異があるかと言えば、キリスト教で言う社会解放の主眼は、組織せられておらない者、組織する力もない者、社会の下層にある者、屑の屑、そういう人間を救うこと、これがキリスト教でいう社会的救済であります。そこにこそキリスト教の信仰による救いの特色があるのです。資本家の運動によっても救済せられないし無産階級の運動によっても救済せられないところの、社会の笊の目から洩れ出たような、そういう弱い者、乏しい者、力のない者、政治の最大公約数からいえばそんなものは死んでしまってもよいような者、体の動けない者、片輪とか跛だとか盲だとか、それから頭の悪い者だとか、精神病者であるとか、そのほか貧しい者であるとか、寡婦であるとか、孤児であるとか、組織から洩れた者、そのいちばん洩れたいちばん端の端、いちばん屑の屑、いちばん末梢的な者をひとりでも見捨てないで、これを温い手をもって支えるのであります。これがキリストの救いです。キリストの教える世の救いは、そういう性質の救いなんです。かかるたぐいの弱者はすべての社会的勢力によって無視せられやすい。社会党も民自党も共産党もそういうものは眼中にないと言ってもいいのです。それを眼中において、否、それにいちばん注意を注ぎ、それを注意の焦点として考えるものはキリスト教の信仰なんです。そんなもの考えたって天下の大勢に関係ないじゃないかとおっしゃるかもしれないけれども、そういう風な端の端の者を救って、人生の希望を与える。失望に瀕して首をくくって死ぬような、そういう者に救いを与えて、人間としての気品をもたせ、自覚をもたせ、希望をもたせて、喜び勇んで生活するような人間につくり直す。そういう力があってこそ、いかなる人間をも、救うことができるのです。組織せられた労働者をも有力なる資本家をも救う力でありうるのです。社会に生きる者のうち、いちばん条件の悪い者を救う力であるということが、すべての階級すべての人を救う力であることの証明である。キリスト教のいう永遠の生命とは、そういう性質の生命である。社会的制約を超えた、そういう意味において永遠的である。これが私の答えた一つの点です。

もう一つの点はこうであります。一生を献げて社会解放の運動のために働く。世の中の多くの貧しい人々、困っている人々の解放のために、自分の身を捨てて努力する。それは非常に美しいことであり、非常にいいことです。けれどもすべての人がそういう活動をなしうる境遇におるわけではありません。またすべての人がそういうことのできる能力をもっているわけでもなく、趣味をもっているわけでもありません。大衆運動は自分の性に合わないとか、また自分はその方面の能力がないとか、自分はむしろ静かに本を読んで学問をするという人、芸術を励むという人もある。そういう人々もけっして人間としての存在の価値がないわけではありません。のみならず、自分こそ社会解放のために挺身して働こうと思っていても、その当人が病気になって動けなくなればどうしますか。自分はせっかく社会のために活動しようとしていたのに、不幸にして病に罹って早く死んでしまう。二十歳三十歳で死んだならば、その人の生涯には何の意味があるか。自分の志を達することができなくて早く死ぬるとか、あるいは病気になるとか、あるいは思う通りに仕事ができないとか、そうしたときに、自分の志は果すことができなかった、自分の生涯は不遇であった、失敗であった、と言って失望の中に死んでいくというのでは、甚だ残念な心もとない覚束ないことでありましょう。しかるにたとい病気になろうとも、思う通り事業ができなくとも、世の中の人に誤解せられようとも、自分の生涯はこれでよかったんだ。否、大なる希望をもってこの世を去るんである。病気のために活動ができなくなっても、少しもひるまない。ますます大きな感謝と喜びをもってこの世に生き、またこの世を去ることができる。そういう生命。これが永遠の生命というものの性質である。来世永遠に生きる希望が、われわれの現世における生活を基礎づけ、意味づける。これが永遠の生命というものの働きであるということを、私、お答えしたのです。

そこで私に質問をした人はしばらく考えておりましたが、自分としては志が成らず、事業を成功することができなくて死んでも、そのために働いたということだけで満足だ、こう言われました。それはりっぱな態度であるけれども、しかし何と言っても一種のあきらめであり、諦観でありまして、自分の働いたその仕事が、自分自身の失敗にかかわらず、必ず成就するという確信はもつことができないのです。それで、社会のいちばんつまらない人間をも救う力をもつ生命、それから、自分たちの境遇がいちばん悪くなった時でもなおかつ希望を失わない力をもつ生命、そういう品質の生命が永遠の生命というものである。そういう永遠の生命をキリストは与える。これが「生命のパン」というものであって、それさえ獲得するならば、今度はどんなことが起ろうとも、われわれは自由活潑にこの世のために働くことができる。この世のために働いてしかも成功せず、この世から迫害せられ軽んぜられて少しも屈しない。神の勝利を確信して、凱歌を奏してこの世を去ることができる。これはキリスト教の信仰というものなのです。

この問題についてはさらにいろいろ述べなければならないことがありますが、旧約の預言者がしきりに当時の貴族階級・支配階級を攻撃したこと、またイエスが当時の指導階級であったパリサイ人・学者・教法師・祭司を口を極めて攻撃せられたことなどを、われわれは十分記憶しております。でありますから、われわれも現代の社会においてすべて権力をもつ者、社会的な勢力をもつ者の奢侈と腐敗と虚偽と堕落とを責めることにおいては、きわめて敏感でなければなりません。キリスト教はブルジョア階級の支持の下に立つから、資本家を攻撃する力をもたない、などという批評があります。もしその批評が当っておる点があるとするならば、それはキリスト教会の信仰が堕落して、キリスト教会が地上の一勢力となったからであります。イエス・キリストの信仰に立つ限りにおいて、キリスト教会がブルジョア階級の支持を受けるものであり、またその階級的利益を支持する役割をもつなどという結論は、少しも出てこない。旧約の預言者たちも、イエスやパウロやヨハネやペテロたちも、皆そのことをわれわれに示しておるのです。

そこでわれわれの考える必要のある一つの事柄があります。われわれはすべて社会的権力をもつ者の真に社会的でない点、すなわち社会を利用し、社会の名を借りて自己の利益と権力を擁護する者を攻撃する。しかしその事においては、その社会的勢力を構成するものがある個人であろうとも、ある少数の貴族階級であろうとも、あるいは人民大衆という名の下に権力を掌握する者であろうとも、すべて権力的な支配者の地位にある者が社会的正義と真実を離れて虚偽と私欲とに事えておるときには、これを責める。エホバの御名において責めるということが、キリスト信者の使命であるはずです。個人であろうとも、団体であろうとも、あるいは人民大衆というものであろうとも、社会的な勢力をもつ者の主張にして神の真理に反した場合に、「ノー！」と言うこと「否！」と言うこと、「それはいけない！」と言う任務を与えられた者、それがキリスト信者であるのです。私どもは身の飾りとして伊達《だて》にキリストの信仰を告白しておるわけではありません。キリスト教の信仰がわれわれに与えられたことには、われわれとして負うべき役目がある、われわれの使命がある。それは先ほど申したように、社会にあって最も弱き者を拾いあげるという温い救いの手と、絶望に瀕した境遇の中で死んでいく者にも希望を与えるという、そういう来世永遠の希望というものと、それから真理のため正義のために「ノー！」と言うことのできるその勇気と信念、これをわれわれは神から委託せられている。キリストから命ぜられておるのであります。

こういう具合にして考えてみますと、キリスト信者がこの世の悪に対する戦いにおいて、社会解放に対してもつ情熱と熱心において、共産党の尖鋭な者にも劣ることはあるべきはずのものではありません。最近に、ある学校の学生から、自分の学校にいる無教会の人々はこういうことを言いますが、そうなのですかという質問を受けました。それは、信仰さえあればそれだけで救われるんだから、たとい世の中の人々が貧乏で困っていても、それを見ていていいんだ。信仰さえもっておればいいんだと、無教会の人々は言いますが、そうなのですかと聞かれた。無教会にもいろいろなエピゴーネンがありますからいろんな話が伝わるんでしょうけれども、私はこう言って答えたんです。それは、われわれの思考がせっぱつまったところまで追いつめられまして、論理的に堅い壁に当ってしまい、どうしてもこれ以上に動かないという二者択一、すなわち二つのうちどちらか一つというところに押しつめられたときに、われわれが喜んで平安に死ぬことができるためには、罪の赦しによる霊魂の救いが必要であるか、あるいは一口のパンが必要であるか。そういう具合に問題を押しつめて考えるならば、死に瀕した人間が一口のパンを食べたところが、「ああおいしかった」それだけで終りです。かかる場合、パンを得られなくても、あるいは人にパンを与えることができなくても、罪の赦しと復活の信仰さえあれば、喜び勇んで生涯を終ることができる、生涯の意味を完了することができる。こういう具合に、どちらか一つというところまで押しつめて考えれば、信仰さえあれば何ができなくても、何をしなくてもいいという論理的結論になる。しかしこの結論まで歩いてきます過程において、貧しい人があれば助けなければならない。助けなければならないという風な理窟でなしに、どうしても助ける、助けずにおれない。これが無教会であろうが教会であろうが区別ないところの、キリスト者の道徳であります。キリスト信者の愛であります。社会における弱者を助けること、社会の不義を責めて義しくすることは、われわれキリスト者の任務とするところであります。その命題と、いま言ったような突きつめた場合における信仰か事業かという論理的な二者択一の問題とを混同して議論することは、観念的な抽象的な議論になってしまう。論理と実践とが切り離されている。すべてそういう物事の考え方は、議論をするための議論となって、空しい抽象的議論になる。

こういうわけでキリスト教会と共産党とはその目的と使命において重なっておる点がある。他の政党や他の思想団体に比してその重なり具合が密接であるためにいろいろ問題となるのですが、日本の現状において非常にいちじるしいことは、近来日本共産党が戦術を変更したことであります。

共産党は一つの政党でありますから、政治上の目的をもっておる。たとえば国会の総選挙あるいは地方の選挙において多数の投票を得まして、政治的勢力を増大しようとする。そういう目的のために取られるいろいろの手段・策略を戦術といいます。日本共産党は近来その戦術を変更した。

そもそも共産党が政治的権力を獲得する戦術として、二つの道がある。一つは国会を舞台として、国会を利用して政治的活動をする。国会において多数の代議士を獲得することを努める。そういう道が一つです。もう一つは国会を否定する道です。いまの資本主義の社会においては、どうせ選挙で選ばれる大多数の者は資本家階級もしくはその支持者であるから、共産党が国会において多数を得ることは不可能でもあり、無意味でもある。共産党は暴力革命の手段によって権力を掌握すべきものである、というのである。

日本共産党は後者の道を捨てた。少くとも表面にこれを標榜しない。前者の道を強調して、意識的に熱心にこの方向に推進しようとしている。これは昨年以来の顕著な情勢であります。そのことは共産党の戦線拡大運動に現われております。一つは知識階級に接近する運動であります。元来共産主義の理論から言いますと、知識階級というものは社会的意味の薄弱な階級であるのです。共産主義の理論から申しますと、現在の社会の基本的な階級は資本家階級と無産階級とである。知識階級は中間的な寄生的階級でありまして、その中のある者は有産階級にある者は無産階級に附属的に存在するものである。知識階級それ自身は自己の経済的基礎をもたない。したがって、概して言えば知識階級の存在は有産階級に対して寄生的であって、有産階級の弁護人であり、番犬であるに過ぎない。こう言って片づけたのです。

しかるに最近日本共産党は、御承知のようにしきりに知識階級に接近しました。そして大学教授何某が共産党に入ったとか、芸術家何某が入党したとか言って、それを宣伝しております。ただいま御承知のように大学法案を繞る運動が全国の学校に起っておりまして、教授・職員組合・学生が一団となって大学法案を阻止しようという運動が全国的に起っております。この大学法案反対運動の推進力となったものは日本共産党であるのです。

近ごろまで学生運動は尖鋭な共産党分子が中心となりまして、推進をして参りました。いま学生政治運動として、大学法案反対ということが叫ばれています。文部省の大学法試案というものに対しては全国の国立大学の総長学長会議においても反対を表明し、俗に東大案とか南原案とか言われているものにもとづいて対案を作成しました。しかるに学生政治運動の推進力たる共産党細胞の学生たちは、文部省試案にはもちろん、いわゆる南原案にも反対し、それをば反動的である、日本の教育を植民地化するものであると罵り、パンフレットまでつくって批難攻撃した。

ところが最近になりまして、急に態度を豹変しまして、これからは大学当局と対立せず、教授と学生と職員組合がいっしょになって文部省の大学法案を阻止しようということを申し出た。このような学生運動の態度の変化にも、知識階級に対する共産党の戦術の変更が現われているのです。私どもの処にも日本共産党の代議士が見えまして、大学法案に対しては学生と共同闘争をやってもらいたいという申入れがあったのです。つまり共産党は大学当局に対し従来のような闘争本位の戦術を変更して、幅の広い包容的な戦術をとるに至ったのであります。これは日本の知識階級を幅広く動員して、共産党の戦線拡大運動の基盤とするという政策であると私は見ておりますが、とにかくそういう具合に日本共産党は従来の戦術を変更して、知識階級に接近を試みている。これが一つです。

次に、これも皆さん御承知のように、日本共産党は近来民族主義に非常な接近を試みております。日本国民の民族的復興、民族的独立を共産党のスローガンとして高調しておるのです。そして驚くべきことには、資本家階級でさえも、民族資本家に対しては共産党はこれを支持することを声明しているのです。このことは、日本共産党はもはや階級的政党でなく、民族的政党であるかの印象をわれわれに与えるのであります。このように日本共産党は民族主義国家主義に接近いたしまして、幅広く自分の味方を獲得しようとしておるのです。

第三に挙げられることは、キリスト教会に対する共産党の接近であります。近ごろの日本共産党は宗教を必ずしも否定しない。精神の働きは尊重する。社会解放という目的において一致するのだから、キリスト教会も共産党と共同戦線を張って、共同闘争をやろうじゃないかと言って、キリスト信者にむかって働きかけてくる。この働きかけはかなり手広くおこなわれており、ある学校のキリスト教青年会やある教会においてはかなり大きなセンセーションを起しておる様子であります。東京では赤岩栄牧師が共産党に入党する決意を声明したというので、全国的に大きな波紋をまき起しておるのです。

日本共産党はこういう具合に戦線拡大をして、知識階級や民族主義者や民族資本家やキリスト教会など、従来は共産党が目の敵としたものに働きかけて、そのある者を党員として捉え、さらに多くの者をシンパとして獲得し、共同闘争の戦線にとり入れようとする努力をしておるのであります。これが今日の日本共産党の姿でありまして、世界の共産党の歴史においてめずらしい型の事件であるのです。

一方においてキリスト教会の情況はどうであるか。キリスト教会の教勢拡張は戦争中あるいは戦争前に比べましてたいへん順調になりまして、キリスト教の伝道は活潑におこなわれるようになった。従来キリスト教会に属した大多数の者は知識階級であった。ことに学生層であった。これは今日でも日本のキリスト教会の特色としてそう言えると思います。しかるにキリスト教会の教勢拡張は従来のように知識階級と学生層だけでは伸びていかない。どうしても労働者・農民層に入っていかなければならない。そういう考えを人々が持ちます。それはきわめて至当なことでありまして、労働者・農民階級にキリスト教が入っていきませんというと、真に日本国民の宗教となることはできないのです。

ところがそこに誘惑がありまして、労働者・農民層にキリスト教が入っていくためには、共産党の組織と運動と実力を利用すると言いますか、それと合流していこうという一つの傾向が認められます。一方では共産党がキリスト教会に接近しようとし、他方ではキリスト教会の中にも共産党を毛嫌いしないで、できる範囲においてこれと手を握って、それによってキリスト教が労働者・農民層の中に入っていく道を得よう。そういう働きがありまして、日本キリスト教会の一部と日本共産党との間に微妙な思想的結びつきができかかっておるのです。これは全般的にそうだと私申すのではありません。カトリック教会は先ほど申したように別でありますが、プロテスタント教会の中においてその結びつきは若干時事問題になっておるのです。その尖端に立つものが、例の赤岩牧師問題であります。

私はある筋から聞いたことであるのですが、赤岩氏が日本共産党の本部に招かれまして、徳田球一氏から膝詰談判で入党を勧められた。それで赤岩氏は自分の書き物を提出してそれを承認せられるならば入党する。そういうことになっているそうですが、話によると赤岩氏は牧師をやめてでも入党するという意思を表明したところが、徳田球一氏は、あなたは教会の牧師をやめてはいけない。教会の牧師をしておりながら入党しなさいと、強く言ったそうです。共産党から見ますと、赤岩氏が教会の牧師をやめてしまったのでは利用価値がないのです。赤岩栄というひとりの党員を増すだけでは、大した問題ではない。キリスト教会の牧師という地位にあってこそ、共産党の戦線拡大のために役立つ存在であるのです。赤岩氏は赤岩氏で、共産党に入党すれば、そのルートによってキリスト教を共産党員の中に、あるいは労働者・農民層の中に注入することができると、考えているそうです。善く言えば互いに理解したと言いますか、悪く言えば互いに利用しようとしている、そういう状態であります。

先ほど申したように、日本のプロテスタント教会こそみじめな存在です。この赤岩さんの事件に対して、日本キリスト教団は「イエス」と言うこともできなければ、「ノー」と言うこともできない。ただ「あれよ、あれよ」と傍観しておるという状態であるのです。

戦争中は軍国主義・国家主義に迎合して、これを支持した牧師たち教会員たちに対し、粛清を加えることができず、教育界であるとか学界であるとか、実業界であるとか官吏の中には追放問題の嵐がたけり狂った中に、ひとりの牧師の追放をも試みることのできなかった日本キリスト教団でありますから、赤岩牧師問題について何の処置もできないということは不思議なことでもないけれども、しかし事柄として考えてみると、実に言語同断、奇怪な事実であります。善いなら善い、悪いなら悪いということを、せっかく教団の組織があるのでありますから、それを声明いたしませんというと、多くの人々が去就に迷うのであります。それで赤岩氏を教団から除名するだけの勇気もないし、そうかといって、プロテスタント教会は共産党と手を握ってよろしいという、声明をするだけの勇気もなく、ただ事柄の赴くままに赴かしめる。これはイエス・キリストの言を託せられた者として、実に任務怠慢であって、責任を弁えないものとして私は糾弾せざるをえない。

ここで問題はほぼ明かになってきました。「すべての善いことは人とともになす」という一つの原則があります。これは寛容の徳でありまして、自分の仲間でなければ人間でないという風な狭い考えでなくて、何でも善いことは他の人とともにする。これはプロテスタントの一つの美徳であります。それで、社会解放ということ、教育の復興ということは善いことだ。ですからそれを他の人といっしょに、たとい相手が唯物論者であろうとも無神論者であろうとも、すべて善いことは手を携えてともにする、という一つの考え方があります。

もう一つの原則がある。それは黒崎先生が言われたように、「キリストとベリアルと何の調和かあらん」(コリント後書六の一五) 神と財に兼ね事えることはできない、という行動原則であります。そこで、すべて善いことは手を携えてともにするという原則と、しかしながら根本的精神において相容れない者は手を携えることができないという原則と、この二つの原則を両立せしめる必要があるのです。

それで、たとえば、共産党は無神論であるから、共産党と手を握ることはできないという意見に対しては、民自党も民主党も社会党もキリスト教の信仰を表明しているのではなく、多くの指導者たちは無神論者である。だから共産党だけを排斥する理由はないと論ずる人もあります。そこになりますと、先ほど申したように、キリスト教会から見て共産党がとくに問題となるのは、それが一定の世界観をもっておるからです。民自党や民主党や社会党が問題にならないというのは、それらは一定の世界観をもっておらないからです。一定の世界観をもつ以上、共産党は単なる政治団体だけでなく、一つの思想団体でさえある。そこに共産党の強味もあるのです。その点に私どもの注意を集中しなければならない。

近ごろの共産党は、共産主義は精神を否定しないとか、宗教を否定しないとか申しております。それは腹の底から言っていることなのか、戦線拡大の戦術として言っておることなのか、その見別けをしなければならないのであります。そもそも共産主義の世界観が唯物論であるとするならば、唯物論に立つ思想的・政治的団体たる共産党が、すべての物の造り主である超越神を信ずるという立場に立つキリスト者を包容することができるかどうか。もしもキリスト教の信仰と相容れると言ったときに、唯物論の哲学は崩壊してしまうのではないか。これが一つの問題です。

次に、実践の問題があります。目的と手段との関連を考える必要があります。共産党が実践の目的とするところは、社会解放・世界平和・日本復興という、抽象的一般的な形ではキリスト教会の掲げる目的と共通でありますが、その目的を実行するためにいかなる手段をとるかという問題であります。

私どもの扱っておる学生政治運動によってつくづく実験しておることでありますが、共産党細胞の行動の中には、目的のために手段を選ばないという嫌いがあるのです。たとえば大学法案反対のために全国の各大学の教授・職員組合・学生が一団となって共同闘争をするという運動がいま盛んにおこなわれております。その肝煎役をしたものは日本共産党であることは前に申しました。この大学法案反対の共同闘争には東大の南原総長も賛成であり、阪大の今村総長もこれを支持するという趣旨の声明書が学校の掲示板にでかでかと掲げられまして、広く全国的に宣伝せられました。

ところがこれは事実に相違いたしまして、南原総長は共産党の代議士に向い、大学当局は大学当局の既定の方針で進む、学生は学生で全国的に運動するのはよいが、大学当局としては共同闘争には合流しないということを、二回にわたり明白に言明したにかかわらず、あのような声明書になって現われた。

そこで南原君は学生の代表を呼びまして、違うじゃないかと詰《なじ》りましたら、学生は申訳ありませんと言ってあやまった。しかしその取消しの声明書を出さないために、他の学校の教員や学生の間にまで、東大の南原総長が共同闘争に賛成したということがひろまって、強い影響力をもったのです。私昨日西宮で今村総長にお会いしました時、伺ってみましたところが、今村総長もやはり大学当局は既定の方針によっていく、学生の運動はそれとして認めるが、大学としては共同闘争に合流しないということを、はっきり言明したと言っておられたのであります。

その他にもいろいろの宣伝があります。大学法案は今度の国会にいまにも上程される形勢であるから、緊急にこれを阻止しないとたいへんなことになると宣伝をいたしております。しかし私の聞いているところによりますると、文部省の大学法試案は腰くだけであって、国会に緊急上程される見込はなく、提出さるべき法案は全然できていないということです。あるいはまた、大学法案は二十八とか三十二とかの小法案に分割されて、小出しに国会に提出される。その着手として大学設置法と大学定員法が上程されるのだ、こう言って宣伝しておるのです。ところがその大学設置法・大学定員法というものはいわゆる大学法案と何の関係もないのでありまして、従来勅令で出ていた大学の官制を法律化するというだけの趣旨のものなのです。しかるにかかわらず大学設置法・大学定員法が、大学法案のなし崩しの実現であるように言いまして、これを傍観しておるならば大学法案が実質上国会を通過してしまい、四月になって学校に来てみれば、研究も何もできなくなっているだろう、そういうことを宣伝しまして、一般学生を大学法案反対運動に駆り立てている。いったいこのように虚構の事実もしくは早耳・早合点の不確定な事実にもとづいて大げさな声明書を発表し、大衆的な運動を起すということが、学生政治運動の正しい行き方とは思えないのであります。しかもそれが現実に日本共産党の息のかかった学生たちがなしておる戦術であります。

それに加えても一つ言うべきことがあります。民主主義の世の中ではすべてのことが会議できめられます。そのため個人としての責任を誰もとらない、というおそれがある。たとえば学生大会で同盟休校の決議をしたとして、それは大会の決議だから個人は責任をとらない、と言って逃げる。大会の決議を導いた主動的役割の者も、大会の決議を実行に移した指導者も、みな大会の決議という煙幕にかくれて、個人としての責任をとらない。これは民主主義の正しい運営と言えないのでありますが、学生たちはこのような詭弁的論理に藉口して、個人としての責任追及から逃げようとする。これは真実を生命とすべき学生として、甚だ卑怯な態度と言わねばなりません。個人の責任のとられないところに、民主主義の健全な運営はありえないのです。このような真実の喪失を、私は近ごろ最も憂えているのであります。大学法案を阻止するということには、私も賛成であります。文部省の大学法案は阻止しなければならない。文教予算も復興しなければなりません。政治について多くの改むべき点があります。それには賛成だけれども、目的は手段を正当化しません。正しい目的を達するためには、正しい手段によらなければならない。

そこで、キリスト教もしくはキリスト教会が共産党と提携できるかどうかというその限界がおのずから浮び上ってくる。共産党がキリスト教を認めるということは、キリスト教会を手段として利用するのであって、腹の底からそう考えているのではない。それから、共産党の戦術には目的のために手段を選ばないという嫌いがある。新聞で見たことですが、ある懇談会で森戸辰男氏が、社会党は共産党に対して一線を画する理由として、共産党は暴力を肯定すると言ったところ、赤岩栄氏が、それは違う、日本共産党は暴力を肯定しない、もし日本共産党が暴力を是認すれば、赤岩は共産党を叩く、と言ったということです。私はこれを新聞で読んだだけでありましてそれ以上のことは知りませんが、しかしそれならば、共産党細胞の学生たちが大学法案について、虚偽の、もしくは不正確の事実にもとづいてセンセーショナルの宣伝をしておることに対して、赤岩牧師は何とおっしゃるか。虚偽の事実にもとづいて過大の宣伝をすることは、暴力の一種ではないですか。人の理性を晦ませ、人の判断を晦ませるような情報を一方的に供給する戦術は、一種の暴力であります。暴力を否定するというならば、虚偽をも否定しなければなりません。逆に言うと、共産党がその実践のやり方を改めない限り、キリスト教会もキリスト教の牧師もキリスト信者も、共産党と手を握って共同闘争の戦線に立つことはできないと、私は考える。抽象的に考えて目的が一つであるからといって、合流することはできません。

一方的宣伝によって大衆が動くということについては、戦争中に国家主義者・軍国主義者たちの一方的宣伝によって、日本の国民、宗教家、新聞雑誌、大学教授や学生たちがいかにいっせいに動いたかという事実を、私どもは記憶するのであります。戦争が終って後に、国民は言いました、「われわれはだまされていたのだ、軍国主義者に騙されていた。日本の国はほんとうに善いことのために戦争していると考えていた。そして戦争に勝ちつつあると信じていた。あとになって、あれは皆だまされていたのだ、ということがわかった。われわれは政府と大本営の発表する情報以外に何も知ることができなかったから、それを信ずるほかに道がなかった」と言います。けれども、だました者に責任はありますが、だまされた者にも責任がある。だまされたという責任があるのです。

今日の社会解放の時代において、キリスト教会だけおいてけぼりになって、孤立になってはだめだ、いまこそキリスト教会は門戸を解放して、共産党員とでも誰とでも手を握って、大衆的に活動しなければならない、そう言って運動しておる人々が、やがて一年たち二年たち五年たち十年たって、「僕たちはだまされていた。僕たちはあの声明書に書かれてあったこと以外には、何も知る道がなかったんだから」と言いましても、それは申訳がたちません。なぜだまされたか。少くともキリスト者としてなぜだまされたか、と言いますと、それは真理に対する感覚が鈍かったからです。何が真理であるか何が虚偽であるかということの判断力が養われていなかったのです。その判断力をもっておれば、だまされることはないはずです。これはおかしいとか、おかしくないとか、ほんとうらしいとか、嘘らしいとかの判断はできるはずであります。どうしてその判断力を養うかといえば、それはわれわれの信仰を純粋にする、純粋な信仰を学ぶということ以外には道はないのです。純粋な信仰をどうして学ぶかといえば、それは聖書を静かに、深く学ぶということであります。

信仰を学ぶについて最も排斥すべきことは、イエスが「パリサイ人のパン種に心せよ」(マルコ伝八の一、五) と言われた通り、不純ということであります。いまの日本の社会は、不純と不純が捏ね合わされ、渦巻いておる情況であります。純粋でない、クリアーでない、はっきりと率直でないということが日本の社会の現在の苦しみであります。いろんな点において不明瞭・不純粋がありますが、キリスト教会と共産党の問題について考えるとき、日本のキリスト教会と日本の共産党とはともに不純であることを感ずるのであります。

先ほど日本共産党の行き方は、世界の共産党の歴史において類例がないと、私申しました。共産党立党の根柢であるマルクス主義の世界観から見ると、社会の基本的な階級は資本家階級と労働者階級であるという認識、共産主義の世界観は唯物論であるという認識、共産党は階級的政党であって民族的政党でないということ、これらは共産党の金科玉条であります。善くも悪しくも、共産党の共産党らしいところ、共産党の力はそこにあるのです。ヨーロッパを御覧なさい。最近新聞にありましたけれども、フランスの共産党やイタリアの共産党は国民の右翼分子に問いつめられ、もしソ連軍がフランスもしくはイタリアに侵入した時に、フランスの共産党もしくはイタリアの共産党はどういう態度をとるかと質問を受けた時に、彼らは答えて、もしソ連軍が敵を追うてフランスに侵入した時には、フランス共産党はソ連軍とともに戦う、イタリア共産党はソ連軍とともに戦う、ということを言明しました。これは実に勇気のある言明で、また筋の通った、いかにも共産党らしい言明である。彼らは犠牲と負担をおそれずして、その信念に忠実であります。しかるに日本共産党はこの問題に対していかなる言明をなしておるか。日本共産党は日本民族を防衛するために、いかなる侵略国とも闘うということでありました。それでは国家主義にほかならないではないか。国家主義・民族主義において極右と極左が一致するということは、共産党としては実に悲惨な道であります。それによって、いわゆる人民に愛せられる共産党となって、多数の代議士を得るかもしれないけれども、共産主義の党としての純粋さを失ってしまう。共産党のキリスト教に対する接近もそうです。知識階級に対する接近もそうです。日本共産党は共産主義の政党として、不純な共産党であります。なぜその不純の道を歩くかと言えば、党勢拡張のための戦術をとっておるからです。

一方日本のキリスト教会ははたしてその信仰が純粋であるか。私は大なる悲しみをもって申しますけれども、日本のキリスト教会の信仰は純粋さを失っている。イザヤ、エレミヤのとった純粋な態度、イエス・キリストのとった純粋な態度、内村鑑三のとった純粋な立場を失っておる。イエスの口を極めて排斥されたものはパリサイ主義であります。旧約の預言者の口を極めて排斥したものは偶像崇拝であります。偶像崇拝ということは神とマモンに兼ね事えることです。神とマモンに兼ね事えることをしながら、しかも自分たちはキリスト信者であると考えているその錯覚、これが腐敗の根源であるんです。

はたして日本のキリスト教会は神にのみ事えているか。キリスト教の伝道をするという目的のために手段の純粋を選ぶことをなさず、意識的にか無意識的にか偶像崇拝の道を歩くならば、すなわちキリストとベリアルに兼ね事えるならば、それは信仰の不純ではあるまいか。もしそれであるならば、頭数で多くの信者を獲得したとしても、キリスト教会の立つところの立場は、白蟻に食われた柱のようになっている。

この不純と不純の狎れ合い、その妥協、その交渉というものは、見るに耐えない事実であります。それゆえにイエス・キリストはただひとり、厳かな悲哀に満ちた顔をして立っております。内村鑑三も然りであります。お互いに日本の国を愛する者、またキリストの真理を愛する者として、私どもの立場を白蟻に食わせてはなりません。これを純粋に保てばこそ、たといそれはいかに世間に不評判であり、世間から取り残されたように見えようとも、それこそ神の国を地上に成らせ、日本の国を復興せしめる道であると信じます。

最近私はエレミヤ記の講義を東京で始めました。エレミヤ記の一章にエレミヤが預言者として召された時の記事を読んでみます。年の若いエレミヤが神に召し出されまして、万国の預言者として立てられました。ちょっと読んでみますと、エレミヤ記の一章の四節以下に、

エホバの言我にのぞみて言ふ、われ汝を腹につくらざりし先に汝をしり、汝が胎をいでざりし先に汝を聖め汝をたてて万国の預言者となせりと。我こたへけるは、噫主エホバよ、視よわれは幼少により語ることを知らず。エホバ我にいひ給ひけるは、汝われは幼少といふ勿れ、すべてわが汝を遣すところにゆき、わが汝に命ずる凡てのこと

を語るべし。なんぢ彼等の面を畏るる勿れ、そはわれ汝と偕にありて汝をすくふべければなり、とエホバいひ給へり

それからまだあります、

エホバ我にいひ給ひけるは災《わざわい》北よりおこりてこの地に住める凡ての者にきたらん。エホバいひ給ひけるはわれ北の国々のすべての族をよばん、彼等きたりてエルサレムの門の入口とその周囲のすべての石垣、およびユダの凡ての邑々に向ひておのおのその座を設けん。われ彼らの凡ての悪事のために我がさばきをかれらにつげん、是はかれら我をすてて別の神に香を焚き、おのれの手にて作りし物を拝するによる。汝腰に帯して起ちわが汝に命ずる凡ての事を彼等につげよ、その面を畏るる勿れしからざれば我かれらの前に汝を辱かしめん。視よ、我今日この全国とユダの王とその牧伯とその祭司と其地の民の前に、汝を堅き城鉄の柱銅の牆となせり。彼等なんぢと戦はんとするも汝に勝たざるべし、そはわれ汝と共にありて汝をすくふべければなりとエホバいひたまへり

われ汝を腹につくらざりし先に汝を知り、汝が胎を出でざりし先に汝を聖め汝をたてて万国の預言者となした。汝は、年が若い、経験が少い、性質が臆病であると言ってしり込みをしてはならない彼らの面を恐れるなかれ、われ汝と偕にあって汝を救うから。繰返して言う、汝彼らの面を恐るるな、われ今日この全国とユダの王とその牧伯とその祭司とその地の民の前に——エレミヤに対して敵となる者をここに列挙しております。エレミヤの立ち向うべき相手方は、この全国民、ユダ国の王と牧伯と祭司と民衆とであります。権力者を恐るるなかれ。民衆を恐るるなかれ。立ちて往《ゆ》いてエホバが汝に命ずる言を純粋に宣べよ。彼らは汝と戦うであろう。しかし汝は敗けないだろう。エホバ汝と偕に在りて汝を救うべければなり。

これがエホバの御言であります。私どもがこの内村鑑三先生の記念日においてみずからの耳に聴く神の御言、また皆さんに私が訴える言もこれに尽きます。世を恐るることなく、純粋に神の言を宣べよ。エホバが皆さんと偕にあって、皆さんを救い給うであろうから。その信仰、その勇気、その信念を、内村鑑三の名において私は皆さんに要求いたします。

（これは速記であって、論文の体をなさぬものであるから、行論の緻密、措辞の周到において欠けるところが少くないであろう。読者の諒恕を乞う次第である。）

十二　自由と寛容

イギリスの詩人ワーズワースの詩に「われらは七人」という有名な詩がある。一人の子供に向って、兄弟姉妹は何人あるかねと聞いた。七人です、と答えた。実際はもうこの世を去った姉と兄があるのですけれども、子供は墓に眠ったものもすべて数えて、われらは七人と言い張ったというおもしろい詩があります。

先ほど金沢常雄君のお話にありましたように、今から二十年前、内村鑑三先生がなくなったその年の五月に、第一回の記念講演会をいたしました。その時講壇をともにした者は七人でありました。うち、藤井(武)、畔上(賢造)、三谷(隆正)の三人は天に召されました。残るものは今日ここに講壇をともにする塚本(虎二)、黒崎(幸吉)、金沢(常雄)および私の四人でありますが「われらは七人である」というワーズワースの詩を私は思い出したのであります。

金沢君はその時にたいへん元気でありまして、興奮のあまり壇上の床を足で蹴られた。その時足もとにありました痰壺を、危く蹴とばすところでありました。しかるに今日は御覧のように、足がたいへん不自由になられまして、人の肩につかまらなければ壇に上ることができず、椅子にかけてでなければ講演ができない状態でありますが、しかも依然としてキリストの福音のためにきわめて熱心であられる。

ヨハネ伝の最後に、復活したキリストがペテロに向って「汝は年若かった時は思い通り歩いたけれども、年老いては他人に帯せられて連れていかれるだろう」と言われたというお話がありますが、私はただいま金沢君のお話を聞き、かつ様子をうしろで見ておりながら、いろいろのことに連想をはせたのであります。

内村鑑三先生がなくなってから二十年たちました。この二十年の間、無教会主義は消えてなくならないどころか、今日では押しも押されもせぬ勢力となったのであります。昨年の暮日本に来られたチューリヒ大学教授エミール・ブルンナー博士が「内村グループ」の存在と、その信仰と、その活動について大きな興味と関心を惹かれたことは、皆さんの知られる通りであります。またアメリカ人の中にも、日本における無教会主義すなわちノン・チャーチ・ムーブメントの存在と活動について、注意を払う者が多くなりました。中には名を聞いただけで、ノン・チャーチなど、無教会などというものはありえないと、噛んで吐き捨てるように言うアメリカ人もありますけれども、彼らがその名を吐き捨てようが捨てまいが、とにかく無教会主義という事実の日本における存在と勢力については、何人も否定ができないようになったのであります。

それと同時に私どもが考えなければならないことは、無教会主義の危機もまたこの中に胚胎するということであります。無教会主義の危機とは何であるか。無教会主義が否定のできない事実となり、勢力を示してきたことに伴いまして、無教会主義に一つの型ができてきました。すべて型ができるということとは、生命が固定化する危険を伴っておるのであります。そこで私どもは今日無教会主義に潜むところの危機とは何であるかについて若干の反省をいたしまして、それによって今後における無教会主義の前進と、その永久に消えない生命力を養っていくことについて、参考にして頂きたいと考えるのでありま す。

無教会という一つの形、一つの型、あるいは無教会という名に安心をしまして、その型の中にあり、またはその名を冠するということに満足し、それに安心いたしまして、無教会主義そのものがつくりつつあるところの型、その名の殻を打破していく生命力が枯渇してはいけないのであります。同時に、自己を高しとして他を審くという、いわゆるパリサイ的な精神がひそみ込みますときに、無教会主義は大きな危機を感ずるのであります。だんだんと無教会主義が整ってき、力を得て参りますと、この殻に閉じ籠るという危険と、己を高しとして他を審くという危険と、この両者を極力警戒いたしまして、無教会主義の精神を常に純粋な生命として維持することに努力しなければならないのであります。

内村先生と弟子との関係についていちじるしいことが二つありました。一つは、内村鑑三先生は弟子の独立を重んぜられた。多くの優秀な弟子を先生はもたれましたが、その弟子たちが先生から分離し、また時には先生の方からその分離を強要し、無理強いに独立させたという事実がございます。このことは、あるいは内村鑑三先生はあまりにも個性が強くて、弟子を包容する包容力がなかった、という批評を招いております。たとえば志賀直哉氏などもその内村鑑三評において、先生は非常に偉い人だったけれども、あまり狭くてわれわれはついていけなかった、と申しております。

内村先生と弟子との間における衝突ということ、先生が弟子を突き離し、もしくは弟子が先生につまずいたということは、いろいろの批評のあるところであり、また誤解のある点でありますが、私の解するところによりますと、先生は何よりも自分自身の自由を尊重せられた。自分の自由独立の立場を何よりも大事に考えられたから、したがって弟子の自由と独立をも重要に考えられた。それで何か重要な問題に関し、弟子の行き方、考え方が、先生の行き方、考え方と違いがあることがわかり、その違いが何らかの程度において各人の人格の自由・独立に関連すると直観せられたときに、先生は弟子の分離独立を強要された。「君は君で独立してやり給え、自分は自分で独立して行く。自分の自由を尊重する如く、君の自由を尊重する」これが先生の考えの根本でありました。その間には人間的な好悪の感情とか、あるいは競争心、嫉妬心とか、そういうものもなかったではありますまい。すべての人間に欠点があります。内村鑑三先生のような天衣無縫な、みずからを飾らない人にありましては、こういう場合に人間的な欠点は露骨に出るものであります。しかしながら根本において先生を支配したものは、各人の自由・独立を尊重するという人格的観念と、それに伴う信仰の寛容であったと思うのです。

もう一つ内村先生と弟子の関係を特色づけましたものは、先生は自分の後継者をつくらなかったということであります。これは先生の生前中から多くの人が問題にしたことでありまして、無教会主義は内村鑑三の生きている間はよいとして、先生の召されたあとは消えてなくなるだろう、内村は後継者をつくっておかなければいけないということを、いろいろの人があるいは親切に、あるいは不親切に、批評し忠告したのであります。しかし先生は自分の後継者をつくらなかった。自分の雑誌の後継ぎもつくらなかったし、自分の集会の後継ぎもつくらなかったし、内村宗というものをあとに遺さなかったのであります。これは弟子の独立を重んじたことと相表裏するのでありまして、内村の後継ぎを立てるのではなくて、弟子は弟子として神様から直接遣わされた自由独立な預言者として、あるいは使徒として独立の伝道をなすべきである、という先生のお考えであったと思われるのであります。

この二十年間を顧みてみますと、内村先生の後継ぎというものは誰もおりません。先生の集会を継ぐとか、先生の雑誌を継ぐとかいう意味の後継者は誰もいませんけれども、先生の教えを受けた多くの独立した伝道者があちらにもこちらにもおりまして、自然に大きな林をなしておる。こういう形で内村先生の教えが伝えられておるのであります。そのために内村先生の弟子は独創性をもちまして、先生の亜流となるにとどまらずして、自分自身の責任と独創を重んじ、それぞれ独立の伝道をしている。これが無教会主義の行き方であり、在り方であります。別なことばで言うならば、内村鑑三はけっしていわゆるボス的存在ではありませんでした。彼は神から遣わされた一個の人間であり、一個の預言者でありました。そのように先生は弟子に対しても、一個の人間として、一個の預言者として、独立の人格として尊重する立場をとられたのであります。すなわち自由を愛せられたがゆえに、寛容であった。すべてのものを自分の配下となし、自分と同じ型にはめ込み、自分に終生結びつけて、自分の勢力の拡張を図る、そういうことはいっさいなかったのであります。自由と寛容がプロテスタント信仰の真髄であり、その真髄を受け継ぐものが無教会主義であるとするならば、先生はよく自由を尊重せられたがゆえに寛容であった。自己の独立を尊重せられたがゆえに、他人の独立を尊重せられた、と言わねばならないのであります。

こういう見地からわれわれは二、三の問題を考えてみますと、無教会主義が危機に陥ることを防ぐためには、この、内村鑑三先生によってわれわれが教えられた自由と独立の相互的尊重、すなわち誰もボスではない、また誰もボスの配下ではない、すべて神から遣わされた独立の人格であるという立場を互いに理解しあい、互いに愛しあわねばなりません。しいて融合し提携するのではないけれども、互いに独立しながら根本において一つの信仰に生き、一つの目的のために事える。こういう立場を維持することが、無教会主義でなければなりません。端的に申しまするど、無教会主義の中における分派心、すなわちセクショナリズムは、極力排斥せられなければならぬと私は思います。

コリント前書においてパウロの言っているように、我はパウロにつく、我はアポロにつく、我はケパにつく、我はキリストにつくと言うものがあった。その問題をパウロが論じておりますけれども、今日無教会にはたくさんの「先生」がいる。そうしてわれは誰先生につく、われは誰先生につくということは自然の事柄でありますけれども、パウロがコリント教会についてそれを問題としたのは、分派的傾向をいましめるにあったように、われわれも、われは誰先生につくということが分派主義に陥り、ボス的な勢力関係に陥る、あるいは自分を高しとして他を審くことになるなれば、それは無教会主義の堕落でありまず。今日すでにそのことが始まっておると私は申しません。けれども無教会主義も、その形ができてき、勢力ができてきますと、とかくこういうことになりがちであるということを申しまして、あらかじめ警戒する必要があるということを申すのであります。

われわれはすべて神から遣わされた独立の人間であり、その立場において自己の自由を尊重するがゆえに他人の自由を尊重し、自己の権威を尊重するがゆえに他人の権威を尊重する。すなわち自由であるがゆえに寛容であるのです。いろいろの人々がそれぞれ独創性を発揮いたしまして、独立の方面に向い、独立の方法をもって、同じ目的すなわちキリストの福音の伝道に励むことが、無教会主義の生きていく道であると信じます。

次に教会対無教会という問題も、私は同じ原理で考えたいと思うのです。無教会と教会が一つになることはできません。それぞれ独立の存在でありまして、独立の歴史と伝統をもち、形をもっておりますので、無教会と教会の差別をなくして一つに融合することは、実際にできないことであり、またそうすることが、福音伝道のために善いと私は思いません。無教会は無教会の道を、教会は教会の道を歩みまして、互いに自己の自由・独立を尊重するがゆえに他の自由と独立をも尊重するものでなければなりません。無教会という殻の中に閉じ籠って、その殻の中で安心をしている。もしくは無教会という名で安心している。あるいは教会という殻、教会という名の中で安心したり誇るということは、ともに間違っております。

しかし無教会は無教会の信仰を純粋に維持し、教会は教会の善いと思う点を純粋に維持しまして、そして互いに自由を尊重することによって互いの立場に対し寛容であることが、できないことはありません。それが無教会主義の生きる生き方であると、私は信じております。無教会も教会も、イエス・キリストの福音という同一の基盤に立っておる。また神の国を地上に建てるという同一の目的のために働いております。その共同の基盤に立ち、共同の目的のために働く最善の方法は何であるかと申しますと、これは各自の自由の尊重と、これにもとづく信仰の寛容である。互いに軽蔑し排斥することでなくて、ほんとうに愛と理解をもって共同の目的のために働くことであります。またそうしなければならない。そうしてその方法は、両者が融合して一つになるという運動ではなくて、自由と寛容の道であると信ずるのであります。

自由と寛容の問題として第三に考えねばならぬことは、今日の国際情勢であります。アメリカとソ連という二つの大きな勢力を問題とするときに、この両国が今日お互いに対してとっている態度を改めなければ、世界の平和は地上に来ないことを私どもは信じます。

新聞によりますと、世界において資本主義と共産主義は並んで存在することが可能であるということを、ソ連のモロトフが演説し、ついでアメリカのアチソンが演説したということであります。資本主義と共産主義の共存可能ということをこれらの政治家たちが申しましたことは、平和運動に対して一つの進歩であります。しかし事柄はもっと深刻でありまして、両者の共存可能というこの演説も、ただ国際政治もしくは国際経済上の利害関係の問題としてだけではなく、もっと深い思想的あるいは信仰的の基礎をもたなければ、これも一つの平和攻勢とか、戦略的なことばに帰してしまうのであります。

率直に申しまして、われわれは米国とソ連に向い、軍国主義と秘密主義を放棄してもらわなければなりません。原子爆弾・水素爆弾の力をもって世界の平和が維持できると思うことは全く間違った考えであります。同じように自国の国境を閉鎖して秘密主義の外交をすることは、世界の平和に寄与するゆえんではありません。

われわれは今日世界において小国であります。無力の国でありますけれども、われわれ自身を投げ出して訴えることは、米国とソ連は軍国主義と秘密主義を廃止して、真に共存しうる根本的立場に立たなければならぬのであります。その根本的立場とは何であるか。キリストの十字架以外にはその道がないのであります。ソ連と米国、あるいはその他の国々にしても、自国の自由と独立を尊重しつつ、他国の自由と独立を尊重すること。自由を尊重するがゆえに、寛容であること。その精神は、キリストの十字架を信ずる信仰以外には養うことができない。世界の国々が共同の基盤に立って、共同の目的のため、すなわち世界平和・人類の進歩のために貢献する道は、自由と寛容以外にはありません。そして自由と寛容を養う道は、キリストを信ずる信仰のほかにないのです。

世界の平和の来らんために、神の国の地上に成らんためにわれわれは生きておるのであります。日本は選ばれてこの祈りを神に献げ、この預言を世界に向ってなすべき立場に置かれたのであります。敗戦後の日本の使命の中心をなすもの、中核をなすものは、イエス・キリストの十字架の信仰であります。キリストの十字架の下に、誰も彼もともに集まり、どの国もこの国もともに集まって、おなじキリストの十字架の贖いのその下で、自己の自由と独立を神に感謝するごとく、他の自由と独立を神の御前に尊重する。ここにほんとうに平和と愛の世界が築かれる根底があることを確信し、そのキリストの十字架の福音のために励むもの、それが無教会主義の生命であり、無教会主義の使命であると私は信じます。かく信ずるがゆえに無教会主義の信仰をもつ者は、春の朝《あさけ》も夏の真昼も（旧讃美歌、五二一）、いそしみ励んでキリストの十字架の福音を宣伝える。今日のこの講演会も、その一つの機会にほかならないと信ずるのであります。

十三　自由と独立

1

内村鑑三先生がお生れになったのは一八六一年の三月二十三日。二十三日という日は一日か二日違うかもわからない。いろいろな説がありましてはっきりわかりませんようですが、二十三日ということが普通にいわれておるようであります。（編者注「教育と宗教」では二十六日説をとっている。）なくなったのは、一九三〇年三月二十八日。数え年七十歳の時になくなりまして、今は御永眠後二十一年たちますので、生きておられるならば満九十歳ですね。

内村先生が札幌農学校時代からの友人であった宮部金吾博士がこの間、三月十六日（一九五一〈昭和二十六〉年）になくなりました。九十一歳であられたのです。宮部先生の方が内村先生よりも数え年一つだけ年上でありました。札幌農学校入学の時には宮部先生が数え年十八歳、内村先生が十七歳、新渡戸稲造先生が十六歳であったのであります。札幌農学校同級生の中にもこの三人がいちばん仲が良かったのであります。ことに内村、宮部両先生は寄宿舎で同じ部屋におられた。札幌農学校の制度はアメリカのカレジそのままでありましたから、寄宿舎もアメリカ流に一部屋に二人ずつ入れたもののようであります。その時からの長い親友であったのです。両先生も新渡戸先生も、その他の同級生すべて世を去られ、時代が大きく過ぎ去った感じであります。

ことに本年は郵便切手に内村鑑三先生の肖像が出まして、そこに掛けてあります肖像画は写真をもとにして石河(光哉)君が描いたものですが、郵便切手は同じ写真をもとにしてつくったものであります。もとの写真は、先生が五十歳の時だと思います、札幌へ伝道に行かれた時に札幌でおとりになった写真であります。これが先生の雑誌の『聖書之研究』誌の巻頭に出ましたときには、写真の下に「我は福音を恥とせず」と印刷してあったことを記憶しております。

こちらにある写真は晩年の写真で、内村鑑三先生の信仰五十年をお祝いした時の写真であります。十七歳の時に信仰に入られて、それから五十年ですから六十七歳、満で言えば六十六歳の時のお写真であります。

近ごろは内村鑑三先生は日本の生んだ偉い人の一人として一般国民が認めておるのでありまして、いわゆる無教会の人々のほかにも内村鑑三先生のことを書いた書き物は非常にたくさん出ておる。多くは先生は偉い人だったということを認めております。ただ一つだけ岡邦雄という唯物論者の評伝によると、福沢諭吉、内村鑑三というのは明治以後の日本の生んだ二大俗物である。そのうちでも内村鑑三の方がもっと俗物だという批評をしております。岡邦雄氏は唯物論者の立場から評伝したのでありますが、その他の人はすべて内村先生の値打を大きく評価している。文学をやる人では正宗白鳥氏、志賀直哉氏、それから思想史を扱う人では東京教育大学の教授の家永三郎という人、それから少し風変りですけれども亀井勝一郎、それから森有正君の内村鑑三伝もある。各方面の人が先生を賞讃して、明治以来の日本の思想と文化の建設のために尽した功労を認めて、とうとう郵便切手にまでおなりになったということであります。

このことは祝福していいことか悲しんでいいことか。預言者が死ぬとあとで像を立てるということをキリストも言っておられる。私どもの友人に江原万里という人がおりまして、やはり独立伝道をしていた人でありますが、病気のために早く世を去りました。内村鑑三先生がなくなった時に江原君は自分の出していた雑誌に、世間というものは神から遣わされた預言者を、その預言者の生きている間はこれを踏み倒し、死んだ後は拝み倒す、ということを書きました。藤井武君がそれを読んで、江原はうまいことを言っていると非常に感心しました。なかなか江原君は警句を吐いた人でありますが、預言者の生きている間にはこれを虐待して踏み倒して、死んでから拝み倒すというのは、この世の常です。郵便切手もそのたぐいにならなければ幸いだと思っているのです。

いったい、内村鑑三という人を神様が日本にお立てになった、お遣わしになったいちばんの意味はどこにあるか。先生の功績というのはどこにあるか。これがいろいろの人の内村鑑三評論あるいは評伝の分れてくるところでありましょう。多くの人は、先生が日露戦争の開戦の時に非戦を唱えた。それは実にえらいこと。実際またそれはえらいに違いありません。それから教育勅語に対して最敬礼しなかった。

これは実にえらい、と言って賞讃する。それも実際普通の人にできないことであります。それから万朝報の記者として侃々諤々の社会評論をなした。それも当時の財閥それから藩閥政府、官僚政治を攻撃したものであります。その点において先生は民主主義の先駆者であった。こう言って賞める。まさに先生の値打はそこにもあった。

それから先生は西洋文学を率先して日本に紹介した人である。中でもアメリカの平民詩人ワルト・ホイットマンを率先して日本に紹介した人は内村鑑三である。さらにノルウェーのイブセンの文学を英語を通じてでありますが、初めて日本人に紹介したのも内村鑑三先生。その他いろいろの西洋の文学を日本に紹介した功績がある。これもたしかに先生の一つの功績であります。

明治の初め以来立てた日本は今度の戦争でみじめに崩壊しましたけれども、全部が崩れてしまったわけではない。崩るべきものは崩れたのであって、そして後に遺るものはこれは遺るのであります。どういうものが崩れたかといえば、日本の官僚とか財閥とか腐敗した政党政治とかの日本は崩れてしまって、内村先生とか新渡戸先生とか宮部先生たちの築いた日本はこれはあとに残っていくのであります。その上に戦後の日本を建てなければならない。そういう意味で日本の建設の功労者であったと言って認めることは正当な評価であると思います。

ところが、内村鑑三先生の生涯というものが大きな才名を現わしたのは日露戦争の前でありまして、日露開戦に、万朝報主筆の黒岩四方之進が開戦に賛成する態度をきめましたので、その時先生は万朝報を退いたのであります。それが分水嶺となって、それから先生は社会から引込んでしまわれたのでありま す。そして『聖書之研究』という雑誌を、これは明治三十三年に創刊せられたのでありますけれども、もっぱらそれによってキリスト教の伝道と聖書の研究とに力を注がれた。門を閉して人と会わないといえば極端でありますが、それに近い生活をせられました。郵便切手に認めている内村鑑三というのは実は日露戦争までの内村鑑三であります。これは日本の一般の人の評価です。それからあとの内村鑑三は日本の人の知らない、また知っても値打を認めない、ある人はこれをもって先生の退却であるとさえも批評しておるんです。ところが、もしも人間の生涯が七十年生きるとして、その中で子供の時から学校で勉強している間は準備時代でありますから、学校を出て社会に出てから死ぬまでの間、内村先生で言えば後半分が値打がないとするならば、それはつまらない生涯です。早く死んだ方がよかった。長生きしただけむだであったということになります。

ところが私どもは、内村鑑三先生の最大の功績、先生でなければできなかった値打というものはどこにあるかといえば、それは後半分、先生の中年から晩年に至るまでの生涯、これに先生の最も大きなエネルギー、生命が注がれて、それが日本に対する貢献であり、また世界人類に対してなした貢献であることをかたく信じている者なのです。その点で世間の内村鑑三の評価とわれわれの評価と重きを置くところが違っている。極端なことを言いますと、教育勅語に最敬礼しないということは、他の人でもできます。たとえば共産党員でもできます。日本の共産党員は意気地ないですけれども、外国の共産党が王室を拒否する仕方というものは非常に強いものでありますから、共産党員であるならば教育勅語にお辞儀しないなどということは何でもないこと。それから開戦に反対するということでも、これは他の人でもできないことはありません。けれども三十年にわたって聖書の研究をしてキリスト教の福音を、しかも最も純粋な福音を説いた。しかもいわば近代的な科学《サイエンス》を学んだ人で、しかも社会的関心の強い人、教養の深い人、そういう人が、最も単純な十字架の信仰を身にもって、これを脇目もふらず、世間の名誉や評判やそういうことをすべて求めないで、地道に地味に教えられたということは、他の人ではできないこと。これは世間の学者にも、哲学者にも文学者にもできないことだし、それから共産党員にも社会主義者にもできないこと、誰にもできないことであります。その誰にもできないことをしたところが、内村先生の本来の面目であり、特色でなければなりません。それで私どもが内村先生を記念することも、その線に沿うた、先生がいちばん大切と思われたことをわれわれも大切と思ってそれを進めていくということでなければならないと思うんです。

2

ヨハネ伝の八章三一節から八章の終りまで読んで頂きたい。これは不思議な記事であります。少し読んでみますと、三一節の初めに

爰にイエス己を信じたるユダヤ人に言ひたまふ

とありまして、この人々はイエスを信じた人々と書いてある。そしてその章の最後、五九節を読んでみますと、

爰に彼ら石をとりてイエスに擲たんとしたるに、

石をなげうつというのは、子供が犬ころに石を拋るようなのとは違いまして、打ち殺すのです。ユダヤ人は人を殺すのに石で叩き殺したのです。この間の新聞を見ますと、韓国人がアメリカの兵隊を殺した事件がありました。石やコンクリートの塊などを投入れて殺したとありますが、ああいうことなのですね。

爰に彼ら石をとりてイエスに擲たんとしたるに、イエス隠れて宮を出で給へり（八の五九）

とありまして、初めには「己を信じたるユダヤ人」であった。後にはそのユダヤ人がイエスを殺そうとするようになった。これはわれわれに妙な感じを与えさせる記事であります。

それで私は少し大胆すぎるかもしれませんけれども、内村鑑三先生のことを考えながら、このお話をしてみようと思うのです。最初の「己を信じたる」というのは、後に、いま言ったように、すぐにイエスを殺そうとするようになったのですから、大した根底のあるものでなかったということがわかる。そこで、ここにある「ユダヤ人」をば内村鑑三先生を褒めちぎる人々であるとする。そして「イエス」とあるのを内村鑑三先生だと、こうする。そうして、内村鑑三先生の評判が高くなってそして先生を賞讃して、偉い人だ、こう言う人々と内村鑑三自身との問答として考える。

「汝等もし常に我が言に居らば、真にわが弟子なり。また真理を知らん、而して真理は汝らに自由を得さすべし」（三一b、三二）

キリストの弟子はキリストの言《ことば》におる。言におるということはイエスの独特の言い方でありますが、ただ言を守るというだけではないのですね。言を守ることももちろんですけれども、いわば言を呼吸しておる。魚が水の中におるならば生命があるように、弟子たちもイエスの言の中におるならば生命がある。まことにわが弟子である。言を守ると言えばおこなうことですね、おこなうことになります。ところがイエスの言というのは、イエスの言を聞いておこなうこともありますが、行動に出ないこともある。たとえば、心配しなくてもいい。安心しておれ。こうイエスが言われたならば、その言の中におる者は心配しない、安心しておればいいんです。何もむずかしいことをする必要ない。言におるということは、言を水に例えれば、魚が水の中を泳いでいるようなもので、イエスの言を自分の生命として、その中に生きておる。それから飛び出してはいかん、ということでありますが「言に居らば」ということは、魚が水から飛出せば死ぬ、水から飛出さないで水の中におりなさいというように、イエスの言から出ない、言の中におれば真にわが弟子である。

「また真理を知らん、而して真理は汝らに自由を得さすべし」かれら答ふ「われらはアブラハムの裔にして未だ人の奴隷となりし事なし。如何なれば『なんぢら自由を得べし』と言ふか」（三三、三三）

ユダヤ人たちは自主の人間であって、身分は奴隷でない。われわれは自由である。現在自由である。しかるに「自由を得べし」とおっしゃるのはどういう意味ですか、といって聞いた。

イエス答へ給ふ「まことに誠に汝らに告ぐ、すべて罪を犯す者は罪の奴隷なり。奴隷はとこしへに家に居らず、子は永遠に居るなり。この故に子もし汝らに自由を得させば、汝ら実に自由となならん（三四――三六）

ここでは「子は自由を得させる」とある。前には「真理は自由を得させる」とありますから、だから子というものは真理というものとイークォル、同じであることがわかりますね。それで真理という抽象的な、いわば今日のことばで言えば観念的なものが自由を得させるものではなくて、子という人格的なもの、生きている者が自由を与えるのである。真理はすなわち子であり、子はすなわち真理である。

「すべて罪を犯す者は罪の奴隷である」これは後だんだんと読んでみるとわかりますが、ユダヤ人たちは自由を得なければなりません。だから「汝らに自由を得さすべし」とこう言われたのですが、それからみるとユダヤ人は奴隷なんです。ユダヤ人たちは奴隷であるということが、イエスの言の裏に含まれているわけですね。何の奴隷であるかというと罪の奴隷である。それはユダヤ人たちは罪を犯すものだから、ということです。自分は奴隷ではないとユダヤ人たちは言ったが、イエスはそれに対して、汝らは罪の奴隷である。どうしてそれがわかるかといえば、汝らは罪を犯すからである。その汝らを奴隷の境遇から解放する者は誰であるかというと、それは子である。なぜというと「子は永遠に居るなり」で、子はその家にとこしえにいて、本来自由の者であり、奴隷を解放する権利をもっているものである。ところが「奴隷はとこしへに家に居らず」で、奴隷は買われてくるものであります。家つきの子としての本来の自由をもっておらない。だから奴隷が奴隷を自由にすることはできない。奴隷が奴隷を解放することはできない。奴隷を解放する者は子だけである。だからして汝らを罪の奴隷から解放する者は子だけである。ほかのいろいろのものは汝らを解放することはできない。というのは、他の者たち自身が奴隷だから、罪のもとにあるからである。

それから三七節に、

我は汝らがアブラハムの裔なるを知る、されど我が言なんぢらの衷に留らぬ故に、我を殺さんと謀る（三七）

「殺さんと謀る」というのは、ユダヤ人たちはキリストを信じておる、キリストを慕い求めているんだけれども、しかしキリストを殺すという非常に危険な思想が心の底に巣食っている、ということですね。

三八節に、

我はわが父の許にて見しことを語り（三八a）

イエスの「父」というのは神様です。

汝らは又なんぢらの父より聞きしことを行ふ」（三八b）

ここで「汝らの父」とイエスの言われたのは、人殺しの、人を殺すという考えをもっている者の父ですから、その父自身が人殺しなんです。人殺しは悪魔である。だからこれは、汝らは悪魔の子である。汝らは罪の子である。こういうことなんです。けれどもこれを聞く者はそれがわかりませんので、三九節に、

かれら答へて言ふ「われらの父はアブラハムなり」（三九a）

先祖のアブラハムである。

イエス言ひ給ふ「もしアブラハムの子ならば、アブラハムの業をなさん（三九b）

アブラハムは神を信じた人でありますから、アブラハムの子であるならばアブラハムの業をなして、神を信じキリストを信ずるだろう。

然るに汝らは今、神より聴きたる真理を汝らに告ぐる者なる我を殺さんと謀る（四〇a）

それが自分であるが、それを汝らは殺そうと謀っている。

アブラハムは斯ることを為さざりき。汝らは汝らの父の業を為すなり」（四〇b、四一a）

汝らの父はアブラハムではなくて、悪魔である。

かれら言ふ「われら淫行によりて生れず、我らの父はただ一人、即ち神なり」（四一b）

ますます彼らは理解ができなくなりまして、アブラハムでないとするならば、われわれの父は神である、と言った。

イエス言ひたまふ「神もし汝らの父ならば、汝ら我を愛せん、われ神より出でて来ればなり。我は己より来れるにあらず、神われを遣し給へり。何故わが語ることを悟らぬか、是わが言をきくこと能はぬに因る。汝らは己が父、悪魔より出でて（四二―四四a）

今後、はっきり汝らの父は悪魔であるということを言われた。

己が父の慾を行はんことを望む（四四b）

「父の慾を行ふ」ことは罪ですね。

　彼は最初より人殺なり（四四ｅ）

悪魔は始めより人殺である。

　また真その中になき故に真に立たず（四四ｄ）

真理がないから真理に立脚しない。

　彼は虚偽をかたる毎に己より語る、それは虚偽者にして虚偽の父なればなり（四四ｅ）

悪魔はそうだ。

　然るに我は真を告ぐるによりて、汝ら我を信ぜず。汝等のうち誰か我を罪ありとして責め得る。われ真を告ぐるに、我を信ぜぬは何故ぞ。神より出づる者は神の言をきく、汝らの聴かぬは神より出でぬに因る」ユダヤ人こたへて言ふ「なんぢはサマリヤ人にて悪鬼に憑《つ》かれたる者なりと、我らが言へるは宜ならずや」（四五――四八）

今度はそのことを聞いてユダヤ人たちが反対に、キリストは、あなたこそ悪魔につかれた者である、あなたこそ悪魔のともがらである、こう言いました。

　イエス答へ給ふ「われは悪鬼に憑かれず、反つて我が父を敬ふ、なんぢらは我を軽んず。我はおのれの栄光を求めず、之を求め、かつ審判し給ふ者あり。誠にまことに汝らに告ぐ、人もし我が言を守らば、永遠に死を見ざるべし」ユダヤ人いふ「今ぞ、なんぢが悪鬼に憑かれたるを知る。アブラハムも預言者たちも死にたり。然るに汝は『人もし我が言を守らば、永遠に死を味はざるべし』と言ふ（四九――五二）

永遠に死なないなどとおっしゃることをみれば、あなたこそ悪鬼につかれたことがはっきりした。

汝われらの父アブラハムよりも大なるか、彼は死に、預言者たちも死にたり、汝はおのれを誰とするか」イエス答へたまふ「我もし己に栄光を帰せば、我が栄光は空し。我に栄光を帰する者は我が父なり、即ち汝らが己の神と称ふる者なり。然るに汝らは彼を知らず、我は彼を知る。もし彼を知らずと言はば、汝らの如く偽者たるべし。然れど我は彼を知り、且その御言を守る。汝らの父アブラハムは、我が日を見んとて楽しみ且これを見て喜べり」ユダヤ人いふ「なんぢ未だ五十歳にもならぬにアブラハムを見しか」イエス言ひ給ふ「まことに誠に汝らに告ぐ、アブラハムの生れいでぬ前より我は在るなり」爰に彼ら石をとりてイエスに擲たんと為たるに、イエス隠れて宮を出で給へり（五三――五九）

始めは実にイエスを崇拝し尊敬する人々が集まって、話していたのですけれども、イエスは彼らの心の偽りをすぐ見破られて、それでこういう問答が続いていったのです。

話が少し筋道を辿るのに骨が折れるかもしれませんけれども、一つは、人間の自由というものはどういう状態であるかという問題ですね。それでユダヤ人は、自分たちはアブラバムの子孫であって人の奴隷であったことはない、と言った。すなわちその身分を民族的、ユダヤ民族という民族的、あるいは社会的、借金したことがないという風な意味で社会的・経済的に自由ということを考えたのであります。たとえば私どもがアメリカ人に向って、あなた方は自由をもたなければならない、こう言うと、アメリカの人が、われわれは自由国民だ、未だかつて他国民の奴隷になったことはない、われわれの先祖はピューリタンだ。こういうことを言うとすれば、それに対して、すべて罪を犯すものは罪の奴隷である。あなた方は奴隷だ。こういうことですね。日本人に対してもそうです。日本人に対しても、あなた方は自由をもたなければならないと言えば、われわれは憲法によって自由を保障せられている。われわれは自由だ。それに対してあなた方は自由でない、奴隷だ。ほんとうに自由をもとうと思うならばキリストの言におらなければならん、こう言う。あるいは学者に対して、あなた方は自由をもたなければならないと言うと、学者の人は、われわれは学問をして法則を知っている。すべて法則を知っている者こそ自由であると言う。それに対して、いやあなた方は奴隷だ。罪の奴隷である。こう言う。そういう風な問答なのです。

自由ということを民族的あるいは社会的、あるいは経済的あるいは政治的・法律的、そういう風に考えないで、罪の問題として考えるべきである。罪からの自由ということでなければならない。ここが一つの問題であります。罪からの自由、罪から解放せられたというものは永遠の死を見ない。永遠の死を見ないものが初めて自由を得たということができるのだ。その方法はどうすればいいかといえば、子を信ずる、キリストを信じてキリストの言の中におる。言の中におるということは、キリストが「汝の罪、赦した、汝の罪、赦された。心配しないでよろしい」こう言って下さったその言の中におること、これがとこしえの生命を得る道であり、それによって罪から解放せられるのであります。

われわれが自由ということを考えるときには、いろんな意味の自由が考えられます。しかし、普通は自分たちが気儘放題にしておることを自由だと考えます。その気儘放題ということは政治上の意味もあります。たとえば言論・集会・結社・職業等々の自由を有する。宗教、信教の自由を有する。これもある意味において、したいようにするということであります。もっと卑近なことで言えば、人の言うことをきかないで自分で我儘をする。そういうことも自由である。一口に言って人間対人間の関係で自分の思うようにするということが、自由の内容であります。

ところが、イエスの言われた自由というものは、そういう自由よりももっと根本的なものであって、何によっても心の束縛を受けないという心の自由である。行動が自由であり生活が自由であることでなくて、心が自由であり、たましいが自由であるということ。心の自由、たましいの自由ということは、われわれが生命をもっている、永遠の生命をもっているということである。すなわちどういう場合にでも死を考えない。考えないという意味は、どういう場合にももうだめだという考えをもたない。いつでも生きている、いつでも生命をもち生命に溢れておる。生命に溢れるその現われは、その徴候は、われわれが喜んでおる、そして心が紊れない、いつでも勇気をもっている、希望をもっているということである。それから人を愛する、人を悪く思わないという、そういう心の状態をもてばわれわれは生きている。そしてそれが自由であり、そういう生命をもっている者が自由であります。これに反していつでも心配してくよくよくよくよしている。それからいつでも不満足でいらいらいらいらしている。いつでも悲観的でもうだめだ、だめだ、こう言っている。いつでも人が憎くて人を憎み人を羨み人を嫉んでいる。こういう心の状態は不自由な、非常に不自由な束縛せられた状態であります。

そこで、俗にいうように、泣いても笑っても五十年とか七十年とかで、人間の世の生涯は終るわけですが、その間自分のしたい放題をするといってもしれたものですし、それからしたい放題をしようと思ってもできないことがたくさんある。これはほんとうにしばらくの生涯に過ぎないのでありまして、永遠の生命の喜びというものは、心の自由、たましいにおける自由でなければならない。

ところがどうしてその魂における自由をわれわれはもたないかといえば——私どもの心がどうして束縛せられた状態であるか、自由な状態でないかといえば、それは罪の奴隷であるからだ。罪というものの奴隷になっているからだ。そしてその罪というものの奴隷になっているということは、われわれが罪を犯すということ、罪をおこなうということだけでなくて、罪の全体的な支配のもとにある、罪の中におることでありますから、罪を呼吸しておることなのです。キリストの言《ことば》の中にいる者が生命を得るように、罪の中におるものは死をみる、死ぬのであります。真理はキリストであるとするならば、虚偽は真理の反対で、虚偽、偽りは悪魔である。キリストは子であって自由を与えるものであり、悪魔というものはそれ自身が奴隷であるから、悪魔に事えるものを解放することはできない。

そうしてみると、自分たちのしたい放題をしたい、我儘放題の生活をしたいと考え、人の言うことも聞かないし、人を押し除け人を愛するということもしないで自分の気儘な生活をすること自体が、非常に大きな不自由である。かれらは自由な人でなくて、不自由な人である。何となればそういう生活において常に奴隷であり、いらだっており、心が満されておりません。だから気儘放題をしたいという、あるいは気儘放題をしているという、そういう自由こそ最も不自由である。それは罪の奴隷になっておるものである。それから解放されることこそ、ほんとうの自由である。これが罪からの解放ということなんです。

ですから、まことの自由は永遠の生命である。永遠に死を味わわないということが、自由な人間の状態であります。そしてそのとこしえの生命、すなわちまことの自由をわれわれに与えるものは何であるかといえば、それは真理である。真理というのは哲学的な思想ではなくて、キリストという人である。このキリストを認めない者、それは悪魔から出でた者であります。

3

この聖書の問答を、先ほど申したように、内村鑑三先生と先生を崇拝する者との問答として考えてみましょう。内村先生こそ日本を築いた人である。こう言って皆先生の周囲に寄集まって先生を賞讃したとする。そうすると先生はそれに対して、あなた方は常にわが言におればまことにわが弟子である。あるいはまことに私を賞讃してくれる仲間である。「また真理を知らん、而して真理は汝らに自由を得さすべし」こう言ったとします。それから問答が始まって、われわれは今日、自由国民、すなわち憲法によって民主的な自由国民となったのである。それから、われわれは真理を探求しているのである、などと言って、先生の自由を与えるという意味を理解することができない。その問答が進んで、もしも内村先生が、次のように言ったとします。あなた方は悪魔の子である、何となればあなた方はまことの自由を愛するという心がない。あなた方は罪の奴隷であって、罪を慕っているのだ。何となればあなた方の自由というのは、自分のしたい放題、気儘な生活をするということであって、それはとこしえの生命に至る自由ではない、かえってとこしえの死に至る自由であり、とこしえの死そのものである。罪から解放せられなければ自由はないが、あなた方は毎日罪を愛し罪を犯しているから、罪の奴隷であって、まことの自由をもたない。あなた方は私が説いた言《ことば》におらない。自分が生涯のいちばん善い部分を、そしていちばん長い部分を心魂を傾けて説いたわが言を守らない、わが言におらない。それゆえに戦後の日本国民は罪の奴隷として罪の中に生きているのであって、まことの自由をもつものでない。あなた方の先祖は悪魔である。あなた方は悪魔から出てきたんだ。こう先生が言ったとするならば、郵便切手はもう発行されない。のみならず彼らは、内村先生の墓を発《あば》いてその死屍を焼くでしょう。

内村先生が日本人に教えようとしたものまた日本を救おうとしたものと、日本人が内村先生を尊敬し崇拝しているものとは、こんなに違っているのです。その食違いはイエスとイエスを信じ、イエスを慕って集まったユダヤ人との間の問答の食違いと、程度は違うにしても性質は同じである。

私どもは自由を愛する。その自由は神から出でた自由であって、すなわちとこしえの生命であります。すべて自由は慕わしいものでありますが、しかし私どもの慕う自由、最も慕う自由すなわちキリストによって与えられる自由は、生命、永遠の生命であって、いかなる場合にも死を知らないのであります。イエスを信じてイエスの周囲にたかってきたたくさんのユダヤ人がおります。彼らはどうしてイエスの周囲に集まったかと言いますと、その多くのものはイエスが多くの病を癒し、中風の者を立たせたとか、そういうことがあったので、イエスの所にたかってきたのです。それに対してイエスは、汝らは悪魔の子である、汝らは真の自由をもたない罪の奴隷である、体の病気の治癒は汝らを救うものではない。罪の赦しこそ永遠の生命の喜び、すなわち真の自由を与えるものだと言われた。そういうことが、この記事の背景にあるのであります。だからしてイエスの周囲に群れ集まった者がイエスを殺す者とすぐにひっくりかえってしまったのである。われわれが内村鑑三先生から教えられた自由というものは、こういう性質の永遠の生命に至る自由でありまして、これは「窮すれども倒れず、せん方尽くれども望を失わず」天国に連なるところの永遠の自由、永遠の生命であります。こういう自由こそ独立の根底でもあります。

4

内村先生が私どもに書き残されたもの、またお話になったことの中で最も貴ばれたことは、自由と独立ということでありまして、そして自由と独立はいつでも結びつけて言われておるのです。最も根源的な意味においては、神によって立つということが独立精神の根本です。独《ひと》りで立つと言うけれども、それはもちろん信仰的に見れば、神とともに立つということです。神とだけともに立つということ。これが独立精神でありまして、神様もなくてもいい、誰もなくてもいい、何もなくてもいい、人間の力に頼んで人間が自立する、独りで立つんだというのは、神を信じない人々の言う勇しい、非常に勇しくはあるけれども、また悲惨ならぬぼれにすぎない。近世になりまして自然科学が発達し、また同時にそれがいわゆる民主主義的な人間観となりますと、人間の思想の中から神を追放する。それが人間の独立である。――こういう風に人々が考えました。今でもそういう主張があります。しかしこれは非常な間違いであって、神から独立する、神を追放する、神から離れた人間というものは、これは立つことができない。キリストから離れた自由が自由でなく、最も不自由な状態であるように、神から離れた人間の独立というものは、独立でなくて、最も奴隷的な状態であります。なぜかというと人間は自分の力で自分で立っていくという考えでいきますと、何一つ自分で解決することはできなくなり、大きい矛盾の泥沼の中に陥ってしまって浮かび上ることができない。世界の現在の状態をみても、日本の現在の状態をみても、神を信じない、神から離れた人間の力で自立することは絶対にできないということがわかるのであります。神の前に謙遜になって神の前に己を投げ捨てて己の罪を神から赦して頂いた、その結果として与えられる神とともなる独立でなければ、ほんとうの独立などはとうていできるものではありません。神とともの独立である。神様が助けて下さる、神様は自分を認めて下さる、神様は自分を抱き寄せていっしょに立って下さるということであればこそ、神以外の何者に対しても恐れないほんとうの独立精神ができる。神様に守られる、神に依頼むという精神がなければ、人間というものはいくら勇み立って、おれはおれでやっていくと言っても、すぐに行きづまってしまって、そして懐疑的、デカダン的になりまして、自分の空虚というものを感ぜざるをえなくなる。その空虚を感じたときに、強い人間は人を押除けて、何が何でもその空虚を満していこうとするし、弱いものは人に屈服して人の奴隷になっていきます。キリストのことばによるとどちらも悪魔の奴隷である。

私、意外に思うほど近ごろの学生諸君から聞くのですが、学生諸君は大学に入ってきた時には、学問は学校で学ぶけれども、信念というもの、自分の立場というものは自分でやっていけると思っていたところが、それが非常に頼りないものである、それがわかってきて、やっぱし何か寄り所がなければなりませんと感じたということを言っている。戦後の日本の青年たちに、人間は自分で自分を処置していくことができる、自分でやっていくことができるなどと思わせたとするならば、これは世の中の教育なり思想なりが全然無責任であって、なってないということがわかります。戦後の民主主義などと言いましたところが、全くまことのものでない。人は民主主義になったから、自分は自由で、そして自分で自分のことはやっていけるとか、やっていかなければならないとか、やっていくとか、そんな浅薄なことを戦後の日本の小学校や中学校や高等学校や大学で言うならば、戦後の教育は根本的に失敗している、間違っている。

まことの独立というものは神に依頼む、しかし神だけに依頼む、神以外のものに依頼まない。神以外のものはいかに自分に対して反対しても、世界こぞって自分に反対しても、神が自分を守って下さるから自分は倒れない。これがまことの独立です。まことの自由はすなわちまことの独立であります。いまはその独立精神が多くの人にありませんから、皆がきめたならば自分も従っていくというような、きわめて意気地ない大勢順応的なことになってしまって、自分の立場というものを保つことがない。

内村先生がわれわれに教えてくれたような意味の自由と独立は、ほんとうの意味において民主的な人間観の根底であることは、たしかです。これを確実にもてば、ほんとうに民主的な人間をつくるゆえんであります。だからそういう意味において、内村先生が日本建設の基礎となるということは言えますけれども、それはただ先生が教育勅語にお辞儀しなかったとか、非戦論を説いたからだとか、そういうことでなくて、もっと深い信仰の基礎づけがあるわけです。その基礎づけを見なければ、先生をいくら褒めても、これは全く拝み倒しになってしまう。しかるに日本人の多くの認識がキリストの所にたかってきたユダヤ人の崇拝と大差ないのではあるまいかと思う。それゆえに、われわれが内村先生を記念するということは、先生を遣わし給うた、そして先生を救い、先生にこの信仰を与え給うたキリストの名において先生を記念するのでありまして、内村先生がほんとうに心血を注いだもの、また先生の教えた真理を日本の人々がいかに理解しないかということを考えれば、私どもが先生を記念するゆえん、どうすればいちばん先生を記念することができるか、その道はおのずから明かです。そして生きている間は内村先生がこの世から踏み倒されたように、われわれも踏み倒されていく。それはキリストがこの世に踏み倒されたのですから、それと違う生き方がありえようはずがないのです。われわれは世の中にどうぞ死んだ後に郵便切手にしてくれるな、ということをお願いしておきたいと思うんです。

5

昨年内村先生の記念講演会がございまして、その時に私は「自由と寛容」という題でお話をいたしました。それについていささか感想をつけ加えておきたいと思うのですが、昨年記念日のころ、私どもの仲間と言いますか、内村先生の教えを受けた者たち、一口に無教会と言いますが、その中に一つの新しい動きが見えてきました。その最も顕著な動きは神学を主張するというか、神学に力を入れなければならないという人々が現われてきたことであります。それを繞ってとかくにいろいろの陰口があったり、あるいは公の意見があったりしました。そのときに私の感じたことは自由と寛容ということでありまして、自由であるものは同時に寛容でなければならない。自由ということは寛容を含んでいるのです。自分と同じような顔つきをしていないからといって他の人が人間でないわけではありません。むしろ顔が百人百色で違っていることこそ美しいのでありますが、それが自由であります。だからそれぞれ自由に信仰の根本さえ間違わなければ各方面に伸びていくのが至当であると思います。同時にその神学問題に限らず、諸般の情勢を考えて、内村鑑三先生の記念講演会として、いわゆる無教会といわれているものが一致した形で記念会をするのは、これが最後だろう、昨年が最後だろう、と私は思いました。それゆえに少し強硬に私が主張いたしましていろいろな人の大講演会を開いたのであります。

それから一年たちまして、私自身の心境はむしろ大いなる寂寞を感じておるのです。無教会神学というものは、自分一流に期待したことであるからといえばその通りでありますけれども、私が期待したようなものとは非常に違ったものであったのです。無教会の最近一年の間における顕著な現象は、異言を語り神癒を実行する人が起りまして、これがかなりのセンセーションを与え、そして、これに対しても私は寛容であることがいいと思うのであります。しかし、神学を主張した人がこの異言および神癒という最も理性的でない、霊的なと言いますか、そういう活動に近い位置におられるということでありまして、私にはよくわからない。その他いろいろなことがこの一年間に起って参りまして、とうてい無教会は一筋縄ではいかないと思いました。そこで本年私の感ずることは独立ということであります。あるいはもっと強いことばで言えば孤立と言ってもよろしい。「自分は自分」ということでありまして、これは寛容ということとやはり裏表になることであります。人は人で正しいと思うようにすればいいのですが、自分は自分であって、自分は人に対して遠慮することもなければ妥協することもない。この独立もしくは孤立ということは、真理を守っていくための一つの大切な態度であります。これは人を批判するとか人をどうするということではありません。自分は自分という、自分の与えられた途というものがあります。自分の与えられた特色というものもありますから、それを歩いていくということであります。

内村鑑三先生を記念するにつきまして世間の人の記念の仕方とわれわれの記念の仕方とは截然たる差があるということを申しましたが、われわれの仲間の間でもまたそれぞれ特色がありまして、ある人はこれこそ内村先生の教えだ、教えの中心はここであるとお考えになるでしょうし、ある人は別のものがそうだと思うでしょう。ある人はこれが内村先生によって教えられた信仰の展開であると言うだろうし、ある人は別のものをそうだと言うだろう。いろいろの分れが出てくる。これは宗教というものについてはいつでもあることなのです。これについては後世が正しく批判するでしょう。しかし私自身が内村先生から学んだこと、また先生がほんとうに教えたのであると思うことは、罪の奴隷たる境遇からわれわれを解放して永遠の生命を与えるという、福音です。そしてそれを最もわかりやすいことばで、最も平民的に話をせられた、説かれたということであります。

私はそういう意味で、現在のキリスト教会ならびに無教会全体を見渡して、それについての観察をお話する考えはいまありません。われわれが内村先生を記念するとすれば、いかなる意味において、どういう点で先生を記念するかということは、初め申した通りに、ただ昔を回顧するということでなくて、先生自身の生活と戦いを継続するということでありますから、私は本年は自由と独立という意味において先生を記念したいと思った。

6

内村先生と宮部先生のクリスチャン・フレンドシップは、キリスト信者の友情の大きなお手本であります。そのことは私どもに実にたくさんのことを教えます。人間として考えてこのふたりほど対照的なものはないのです。内村先生というのは背の高い人であった。宮部先生は背が低く、ずんぐり肥っている。内村先生は顔の長い人、宮部先生は顔の円い人。学生時代についた宮部先生のあだ名は、金吾という名前から、かぼ金とか、かぶ金とか、まるちゃとか、山本泰次郎君の本に書いてあります。かぼてん、でこまる、まる金、でこ金。それから内村先生は長髄彦《ながすねひこ》の命《みこと》。これは背が高かったからです。あるいはロング・シャンク（Long Shank）、これは長髄彦の命の「長髄」に当る。それを略してロングになり、ロンと言ったりしたのです。私が宮部金吾先生にロング・シャンク、あるいはロングというのはどういう意味ですかと質問したら、長いすねという意味だと答えられました。ところが山本泰次郎君の解釈は「痩せて色黒く」からロング・シャンと言われた。「せい高のシャム人の意」とあります。背の高いことをロングとは言わない、トール。シャム人のことをシャンなどと言いません。あれはサイアミーズと言っています。

ついでですが山本泰次郎君のつくりました『宮部博士あての書簡による内村鑑三』という本がありまして、これは内村先生が宮部先生に宛てた手紙二百何通を材料にして、それにいろんなものを書き添えて編集した二人の間の友交録でもあるし、また内村鑑三先生のある形における伝記であります。たいへんおもしろい本です。所々こういう「せい高のシャム人の意」という風な間違いがあるが、全体として非常に骨折ったよくできた本です。余談でありますけれども、これを出した本屋からこの本の広告を小包でたくさん私の所に送って参りました。何の挨拶もなし依頼状も説明書も何もなくて送ってきましたから、実に無礼なやり方であると思って紙屑籠に入れてしまいました。今井館の皆さんに渡してくれということだと思ったのでありますが、取次ぎいたしません。この本も自分で買ったのでして、もらったのではない。本屋はそういう無礼なやり方でありますから、本の発行を汚したものと思っています。内村鑑三先生でも宮部先生でもそういうやり方は極端に嫌ったのであります。その時わざと私、怒りましたから紹介しなかったのでありますけれども、まあ発行書店に行って買わなくても、その辺の小売店に行って買ってやりなさい。

そういう風に体格が違っているだけでなくて、性質が全くまたその反対で、宮部先生というのは変らない人ですね。十八歳の時に札幌に行ってから死ぬまで札幌にいた。これは札幌でもめずらしい人ですね。たいてい年とりまして仕事がなくなって——宮部先生は北大の教授でありましたけれども、名誉教授、停年になってお引きになって後は自由ですから、たいてい仕事が終るというと、北海道は寒いものですからこちらの方に引揚げてこられるにかかわらず、宮部先生は死ぬまで札幌におられた。専門は植物学で、学生時代から植物が好きで死ぬまで植物をやった。植物学だけと言ってもよいのです。それから教会関係では学生時代に札幌独立教会というのをつくって、死ぬまで札幌独立教会の会員で教会を守ってきた人、それからけっして怒らない、腹を立てない人であります。

内村先生はそういう点について非常に対称的でありまして、住まいを何度変えたかわからない。職業も何度変えたかわからない、そしてたびたび怒った、気性の荒い人であります。すべてそういう具合に性格的にも反対であり、また信仰のたちも必ずしも同じではなかったのでありますが、友情が長く続いて互いに信頼して一生を終られたということは、実に美しいと思うんです。自由と寛容、自由と独立ということが、ふたりの友人の間にほとんど理想的と言ってもいいくらいに現われていたように思うのです。

札幌独立教会という教会問題についての宮部先生と内村先生との交渉もいろいろありまして、無教会主義の内村先生が札幌独立教会という教会の顧問になったというので、いろいろ批評があって、内村先生はやがてその顧問を、なくなる前の年ですか、辞せられるのでありますが、こういうことが内村先生の矛盾といえば矛盾ですけれども、これは愛の矛盾であって、宮部先生とのフレンドシップということを考慮に入れなくては解釈のつかない事柄があるのです。しかしそれでも内村先生は、札幌独立教会が非常に困っていたある期間、顧問でありましたけれども、その危機が過ぎ去ればすぐにこれを辞職した。そういう内村鑑三先生の出処進退が実に美しいと思うんです。

いつのことでありましたか、北海道大学の五十年の記念の時でありましたか、クラーク先生の胸像《バスト》を、札幌農学校の後身である北大の構内に建てまして、それの除幕式をしてお祝いしたことがあります。その時に宮部先生から――宮部先生が世話をしたんでしょうが、北海道大学から内村先生に対して鄭重な招待状が来ました。内村先生は第二回卒業生、大先輩でありますから、そのクラーク先生の式に来るように、という招待状が参りました。これは札幌農学校の記念であること、クラーク先生の記念であるということ、それから親友の宮部先生からの依頼もあるということで、どうしても普通の人情から考えれば喜んで行かなければならない、行きたいところでしょう。それを内村先生はことわった。ことわった理由は、クラーク先生を崇める、クラーク先生を持上げてクラーク先生を崇めるということはよくない。クラーク先生が伝えた教え、すなわちキリストの福音を貴ぶということでなければならない。しかるに北海道大学は、キリストの福音を貴ばずしてクラーク先生を崇めようとしていることは間違いだから、わしは君に対してはたいへんすまないけれども、行かない、と言ってことわった手紙を出している。そういうことがあってもふたりのフレンドシップが少しもひびがいらないで終りまで続いた。これは信仰による自由と寛容と独立ということが、非常に美しく友情に現われていると思うのです。

いろいろお話したいことがありますけれども、時間もたちましたし、また午後は政池(仁)さんの講演会がございます。今日はそれだけ。

十四　日本のゆくえ

1　日本敗戦の信仰的意義

私は今日けっしてめずらしいことを言うのでありません。いままでいろいろの機会に何度もお話をしてきたことを、もう一度言うだけのことであります。

六年半の連合軍による占領の状態が近く終るであろうと予想されております。それにつきまして、過去を回顧し将来について考えてみたいと思うのでありますが、昭和二十年八月十五日、あのポツダム宣言を受諾するという天皇陛下の御言葉の放送を聞きました瞬間に、私に一つの考えが電光のように閃いた。それは、「平和のために尽さなければならない」ということでありました。

もう一つ、その時私の心に閃いた思想があります。それは、終戦をもって日本に善き時代はすぐには来ない。数年であるか数十年であるか、相当長い期間の苦難と屈辱の時がなお続く、ということでありました。

それから今日まで六年半の間、私の思想と行動を導いてきたものは、やはりその二つの考えであります。

第一次大戦は大きな戦争でありましたが、それでもドイツが降伏して、休戦条約を結んでからベルサイユの平和条約までの間は半年であります。しかるに今度は、戦争は実質的に終ったにかかわらず、平和条約を結ぶまでに六年半もかかって、その間占領状態が継続した。こういうことは、近世の戦争の歴史には例のないことであります。加うるに、近くサンフランシスコ講和条約の効力が発生するといたしまして、日本が曲りなりにも自主独立の国となるとはいいながら、引きつづき外国軍隊が日本に駐屯して、その兵力がいくらになるか、その期限はいつまでであるかわからない。すなわち無期限に、兵力数の定められていない軍隊が日本に駐屯する。それは日本国民の希望によって、日本の国を守ってくれるために駐屯する、という建前になっておるが、とにかく日本の独立が甚だゆがめられたものであることは明瞭であります。かかる状態が今後何年続くか何十年続くか、それはわれわれ知りませんが、けっして短期間に終了するとは思われません。

太平洋戦争における日本の敗北とその後の被占領状態は、バビロン捕囚に比すべきものであります。神はアメリカを用いて日本を打ち破り、日本を占領状態におき給うた、それが神の御こころであるということを、私はいろいろの点で見ております。第一に、日本の国民は明治以来キリストの福音を足蹴にして、これを素直に受入れようとしなかった。すなわちキリストを信ずる者は国賊である、国体と一致しないものであるという思想を国民の間にゆきわたらせた政治家・教育家たち、そしてその誘導のもとにキリスト教を受入れようともしなかった日本国民の罪を罰するために、神はアメリカを用いて日本を破り、その占領下においてキリスト教伝道ならびに信仰の自由を国民に与え給うた。かく私は信じておるのであります。

第二に、アメリカの占領、統治が日本に与えた新憲法が、絶対平和の憲法であるという点であります。このような絶対平和の憲法は、古今無比のものであり、いままでかつて人類の歴史でどこの国ももったことのない憲法であります。内村鑑三先生が絶対非戦・軍備全廃ということを、信仰として論じ、主張されていたことが、現実に一国の憲法となった。これは驚くべき歴史上の事実であります。これは神がアメリカをして日本にかかる憲法をもたしめたのであります。

次に、日本の憲法は基本的人権を中心とした民主主義の憲法となり、言論思想の自由・宗教・学問の自由がはっきりときめられまして、キリスト教の伝道および信仰が自由になった。これは驚くべき事実であります。戦争前ならびに戦争中と戦争後において、これほど大きな変化を私どもは体験したことはないのです。キリストを信ずることが日本の国体にそわないということが、過去数十年の間日本のキリストの重荷となっておりまして、内村鑑三先生、その他キリスト教の先輩たちがこれに抵抗してこられたけれども、てこでも動かなかった日本の政治。それがわれわれの力によらずして、根柢から崩れて、キリストを信ずること、またこれを弘めることが、日本国民としてちょっともおかしいことでない、悪いことでもないという時勢が来たということは、ほんとうにわれわれは夢見るような感じであります。天皇陛下とイエス・キリストとどちらが偉いかとか、教育勅語と聖書とどちらを重んずるかとか、そんなことを小学校や中学の生徒に質問していた視学官がついこの間まであったことを思いますと、戦後の自由は画期的であります。アメリカがこの自由を日本に与えたのである。すなわち神はアメリカをして、日本にかかる自由を与えしめ給うたのであります。

それゆえに日本国民が過去の罪を悔改めて、イエス・キリストの福音をすなおに、率直に受入れ、平和と自由の国を目ざしていくならば、日本をこの長い間占領状態におき給うた神の目的が達せられるのであります。はたして日本国民は神のその意思をさとり、その線に従うてこれまで忠実に歩んできたか、またこれから歩んでいこうとしておるかということが問題なのであります。

2　講和後の日本

サンフランシスコ講和条約の国際政治的意味は、世界における二大強国の対立におきまして、日本が決定的にアメリカ陣営に入ったということであります。そのことだけでは、そう大した問題であると私は思いません。国際政治の歴史を見ますと、ある国とある国とが味方になり、また敵になるという、離合集散はたびたびございます。日米間の外交関係もこれまで幾度か変遷いたしました。友好関係から戦争へ、終戦からアメリカ陣営の一翼としての加入。これは国際政治上の変遷でありまして、やがてまた国際情勢の変化に応じて変化すべき関係でありましょう。

しかし、日本がアメリカ陣営に入ったということは、必ずしも日本をアメリカの属国化するものではない。そうであってはならないのであります。日本の国民の立場から考えて、アメリカ陣営との政治的ならびに軍事的結合をどういう具合に運んでいくか。これが自主独立の国民として、考えなければならない点であるのです。

さらに、アメリカからの精神的・文化的影響ということを、よく考えなければなりません。内村鑑三先生はアメリカ的キリスト教が浅薄であることを指摘され、その計数的な世俗的精神を痛撃されたのであります。藤井武の書いたものにも「聖霊米国を去る」という文章があります。ところで、戦後多くのアメリカ人に接してみると、アメリカにも正しい人があり、善い思想もあるということが、認められました。しかしながら何といっても、アメリカ的な思想の特色はプラグマティズム（実用主義）でありまして、その思想が、従来よりももっと広く、かつ長く日本国民の間にしみ込んでくることが予想される。これは日本の精神史においてきわめて重要な問題であります。アメリカの学者は日本の学問を批評して、観念的であって実際的でないと申します。その他、物の見方考え方について、概して同じような批評が加えられるのであります。これはある意味においてわれわれに有益な批評であり、私どもが反省して、学ばねばならない点がありますが、しかし同時にこの実用主義的な、物質主義的なものの考え方が、気をつけないというと、白蟻が柱を食い荒すように日本民族の精神を害する危険は、ないとはいえないのであります。

講和後の日本にとって最も重大なのは再軍備の問題であります。その名が何であるにしろ、相当の軍隊あるいは軍隊に近いもの、それを戦力と言おうが言うまいが、軍備もしくはそれに近いものをもつことは、多くの場合敵を仮想しているのであります。共産党の暴動に備えて、国内の治安を維持するために防衛隊を増強する、というのが、政府の説明でございます。しかし現実的にそれほどの危険が日本国内にあるか。軍隊をもって鎮圧しなければならないほどの内乱が日本に近く起るものか。あるいはそもそも起りうるものか。こういうことは十分研究すべき問題でありますが、普通の場合においては、どこか敵国を仮想して初めて軍隊というものが意味をもつ。アメリカは明白に敵国を仮想しております。アメリカの仮想敵はソ連陣営である。実際に戦争を始めるか、あるいは軍備の威力を示すことによって戦争を防止しようとしておるかそれは別として、とにかくハッキリした相手方を予想してアメリカは自己の軍備を拡張し、またアメリカ陣営の諸国の軍備充実に援助しておるのであります。

仮想敵国をもつということは、国民にとって非常に不幸なことであります。平和憲法の力強さは、日本国民は世界のどの国民をも敵と思わないという信念にあります。その心が平和憲法の楽しさであり、力強さであります。しかるにどこかの国を日本の敵として仮想することは、国際平和の精神に反する。はたしてこれを敵と見なければならないか、実際にそれが日本を侵略する危険があるか、そのことを実際に究めもしないで、感情的にある敵国の姿を国民の前につくりあげて、国民の恐怖心もしくは敵愾心を煽動し、それによって軍備を拡張する。こういうことは、従来どの国でも皆、軍国主義者のやってきた手であります。かつての日本帝国がそうでありました。敵国を仮想しては日本の軍備を拡張し、そしてその拡張した軍備をじっとしておかないために、国民を煽動して戦争を実行させたのであります。そのような誤謬を、われわれは再び繰返してはなりません。

次に講和後の日本に予想されますのは、いわゆる右旋回の傾向、ことに特高警察の復活であります。戦争前および戦争中において、われわれを最もおびやかしたものは、特高警察の活動でありました。しかるに近来東大事件などに関連して、特高警察的活動復活の兆がうかがわれ、「キリスト者平和の会」までも内偵の対象となった疑いがある。一般にいって、日本国民の民主化はまだ皮相浅薄の程度に止まっていますから、占領政策の圧力がとり去られるとともに「アメリカの占領政策の行き過ぎを是正する」という口実の下に、戦前の保守思想に逆戻りする危険は、多分に予想される事柄であります。われわれは、第一次大戦後一時は民主化の程度の進んだように見えたドイツ国民の間に、やがてヒットラーの反動が起り、ナチスの国家となって、そのため第二次大戦をまき起し、結局前にまさる戦敗と、民族国家分割の悲劇を見るにいたった事実をば歴史の教訓として心に銘記し、講和後の日本におけるファシズムを防止し、これと戦っていかねばなりません。

一方ではまた、進駐軍の圧力のなくなる結果、従来これを笠に着ていた政府の威力が減じ、共産党の活動が活潑化するということも、予想される事柄の一つであります。左右の争闘が激化し、国内情勢が騒がしくなるおそれがないではありません。それは平和な日本の建設のため最も憂慮すべき問題であるのです。

こういう具合に、日本が現在置かれている国際情勢と、現在ならびに近き将来において予想される国内情況とを考えてみますと、そこにはわれわれが十分覚悟して、耐えていかなければならない多くの困難があること、またわれわれの警戒すべき重大な危機のきざしていることを、知らねばなりません。

3　種々の平和論

私はアメリカの日本占領が神のみこころであるということを申しましたが、しかしそれは必ずしもアメリカが神の忠実な僕であることを意味するのではありません。神の器であることと、神の僕であることとは、別の意味でありまして、アメリカが神の僕であるか否かは、実際についてこれを見なければなりません。神がアメリカを器として日本国民の傲慢をくじき給うたことは、われわれはこれを謙遜に、従順に、また感謝をもって受入れなければなりませんが、しかしアメリカの要求と模範が、すべて神の意思に適うものであると思うことはできない。われわれは神から直接に、神の真理を学ばなければならないのであります。

この時勢転換のしるしとして、平和憲法の修正が論ぜられていることは、最も重大な問題であります。平和時代における平和論は、唱えて悪いことはない、唱えた方がよいのでありますけれども、しかしそれだけのことであります。真に平和論が平和論であるのは、平和が失われた時代、あるいは失われようとする時代においてであります。最近数年間、日本で平和論がずいぶん唱えられ、平和署名運動も多くおこなわれました。しかし私は考えるところがありまして、これらの平和署名運動に参加しませんでした。

日本において平和論を唱えた人々の間にも、いろいろの部類があります。その一つはインテリゲンチャ、すなわち知識階級の平和論であります。知識階級は熱心に平和を主張し、論じ、決議し、署名運動をいたしました。しかし如何なる思想的根拠をもってこの人々は平和論を主張したのであるか。それは、実際の事実の経過がテストするでありましょう。世の情勢が変ったから平和論は唱えない、そういう平和論であるならば、唱えるだけの価値なき平和論であります。第一、署名運動とか決議とか、そういうことでもって平和が維持できると思うような甘い考えで平和運動をするということそれ自体が、この平和論の性格をよく示しておるのです。

多少歴史を学んだ者は、大きな戦争の終ったあとには必ず平和論が出るが、何年か経過するうちに国際情勢が変って、国民はまた軍備をし、そして戦争することを知っている。これは何度も人類がこれまでに繰返してきたことなのです。しかるに第二次大戦が終ってそのあとで、知識階級の平和論や平和署名運動でもって国際情勢の変化を食い止め、再び戦争のない世界をつくりあげると考えることは、歴史を知らない考え方であります。戦争がもう一度起ったらたいへんだ。それは当然。誰でもそう思う。これを止めなければならない。しかし戦争は、議論や運動で止まるものではないのです。戦争には深い根拠があるのであって、すなわち罪が人間に宿ることによって戦争はおこなわれる。ただ戦争が嫌いだとか、損だとかいう感情論や打算論でもって、戦争は止まるものでありません。なぜ人類は戦争するか。戦争はいけないものであるということは誰でも皆承知しておる。知っているにかかわらず、戦争をなぜするか。それは人の心に罪が宿るからである。署名運動などで食い止められるものではない。戦争の原因の根強さをよく知り相手を知っての上での平和論ならば、これは時代が変っても消え失せない平和論であります。

戦後日本で唱えられた平和論の第二の部類は、共産党の平和論であります。平和憲法を国会で審議した当時、これに反対した唯一の政党は共産党でありました。軍隊をもたない国は独立国家でない、こういう理由で反対したのであります。その共産党が、後には最も声高く平和擁護を主張するのであります。このこと一つ考えても、共産党の平和論は戦術としての平和論であることがわかる。平和は絶対的に望ましいという考えから出発しているのではない。軍備を主張することが共産党の目的のために好都合の場合には軍備を主張し、平和を主張することが好都合の場合には平和を主張する。今日日本共産党が平和を主張することの意味は、アメリカに反対するためであります。だから所を変えて、たとえば中共を見るならば、そこでは平和論は唱えられません。中共においては軍備が充実せられ、学生は軍事教育を施され、戦線に送り出される。それが愛国者であるとして鼓舞激励されておるのであります。ソ連でも、革命当時においては学生は革命勢力の一翼として活動しましたが、共産主義の国として安定した今日においては、ソ連の学生は勉学にいそしみ、政治運動に従事することはないということであります。だからして共産党の平和論は戦術の建前から出たものであって、平和のゆえに平和を主張するものではありません。これは、平和論のためには共産党と共同戦線に立つことを辞さないという人々の、知っておくべき事柄であります。

そこでキリスト教の平和論はどうであるか。一般的にいってキリスト教と平和主義は同義語であるくらいに思われているのでありますが、しかし悲しいことには、キリスト教の名において戦争を弁護した人も少くないのです。内村鑑三先生は日露戦争の始まる前に非戦論を主張して、そのため万朝報を退社されたが、開戦後は強く非戦論を主張することをなさらなかった。その問題について当時書かれた、「戦時における非戦主義者の態度」という非常に興味のある一文があります。その中でこういうことを言っておられる。

平和主義者は戦時に在ては多くを為し得ません、然かし唯一つの事は決して之を為しません、即ち平和の主なるイエス・キリストの言を引き来って戦争を弁護するが如きことは決して為しません、……国家の要求しない唯一種の人物があります、是れ即ち不実の人であります、爾うして基督教の教師にして聖書の言を引いて戦争を奨励する者の如きは斯の如きものであります（『聖書之研究』一九〇四年四月二十一日）

積極的に非戦論を主張しないにしても、豹変して戦争の弁護者にはならない。時勢がどう移り変ろうとも、時を得るも得ざるも、平和の信念を変えない。その誠実さを、キリスト信者はもたなければならない。こう先生は書かれたのであります。

4　日本の将来に希望があるか

そこで、われわれキリスト信者の立場から考えて、はたして日本に平和の国としての神の国が形成せられるだろうか。憲法改正にわれわれが反対しましても、国際情勢および国内政治の大きな力を食止めることは容易でありませんから、あるいは平和憲法は改正せられて、日本は再び軍備をもつようになるかもしれません。それは欲しないところでありますけれども、そうなるかもしれない。それほどにこの世の勢力は大きい。そういうことを念頭に置いて、神の国は日本に成りつつあるか、否か。われわれキリスト信者が絶対平和を主張し、神の国の成就を望んでおることは、むだな努力であるだろうか。それはわれわれがまじめに考えてみなければならない問題であるのです。このことに関連して、まず二、三の事柄を注意しておきたいと思う。

第一に、共産主義とキリスト教とが両立するという議論をしたキリスト教の教師は、いまどこに行っているか。真に両立すると思うたのであるならば、世論が共産党を支持しなくなったいまこそ、それを言うべきではないか。共産党の平和論とキリスト教の平和論とが最大公約数において一致すると考えて、平和のために提携するということは、実に愚かな、間違ったことであります。共産党の平和論とキリスト教の平和論とは、根拠が違う。根拠の違うものが表面の現象において手を握るということは、それが善意であるならば愚かであり、悪意であるならば互いに他を利用するものであります。そういう不純な精神をもって、平和というごとき貴重な道が成立つはずがない。真理に忠実なものは、その教えの純粋さを保たなければならない。水を割り、ほかのものを混ぜれば、キリストの福音は生命を失ってしまう。すなわち偶像崇拝の罪に陥るのであります。

第二に、キリスト教と再軍備とが両立するということを公言した、キリスト教の学者がおります。キリスト教は即平和であると、われも思いひとも思っていたのに、キリストの福音は再軍備と矛盾しないという説が、有力な神学界の指導者によってすでに提起されたということも、われわれは一つの事実として考慮に入れなければならない。

それから第三には、神癒異言を唱える人々がわれわれの間から出まして、相当のショックとセンセーションを起したという事実であります。しかし、この神癒とか異言ということは、いかにも神秘的な霊的信仰であるように見えますけれども、その実質は現世主義である。罪の赦しと復活の希望に生きる来世的信仰の立場からいうならば、神癒とか異言とかは信仰の主要問題でもなく、主要な現われでもありません。この一見神秘的な霊的世界に属するように見える教えと実行が、実は現世主義であることを、われわれは見分けなければならない。

第四は、アメリカ式の伝道ということであります。ことにあのトラックに拡声器をのせて、街頭で叫ぶ伝道のやり方であります。ああいうやり方でキリストの福音が弘まると思っておるとすれば、それはたいへんな誤解であります。「ちまたに声をあぐることなく」というのは、イザヤ書第四二章の預言でありまして、これはとりも直さずイエス御自身の伝道の仕方であり、その御姿でありました。

こういう風に考えてみると、キリスト教徒の間でも、福音の純粋性を保つことは容易でないことがわかります。昨日の新聞に出ましたが、警察が共産党の手入れをしまして、押収した共産党機関紙の題は「平和と独立」というのであります。これはわれわれキリスト信者が、講演や論文につける題目と同じでありまして、名前だけでは実体がわからないということの、一つの実例であります。世の中全体が平和憲法を踏みにじる方向に変りつつあり、キリスト教徒の中にもまた信仰に純粋でないと思われる分子があることを考えれば、日本に神の国が成りつつあるかという質問に対しては、簡単に、「然り」と答えることはできない。

戦後キリスト教の布教と信仰が自由になったことは、大きな利益であり、大きな進歩でありますが、その間、そういうよい境遇、よい条件の下において、日本における神の国はどれだけ進歩したか。これはわれわれが反省して、ある点は喜び、多くの点において悲しまなければならないと思うのであります。たしかにこの数年間に日本における福音の伝道は前進したと思います。キリストを信ずる者は、のびのびと自由に信仰を養うことができるようになりましたし、その人数も増しましたし、いままでキリスト教の伝えられなかった地方にも伝道が及んだし、また研究業績も上りました。私どもの友人の間でも、塚本虎二君の『福音書異同一覧』というりっぱな研究が出版され、黒崎幸吉君の『新約聖書語句索引』も最近和希の部が出版されて、完成しました。こういうことは実に喜ぶべきことでありまして、日本における福音はたしかに進歩したと、私は信じております。

しかしそれにしても、国民全体における比率から見れば、これは大きな流れの中の小さな勢力であります。しかし量的に小さい勢力であるということは、けっして質的にも無力であるということではありません。私、つくづく思うのですが、神の国が地上に成るところの形成過程は、この世の国がそのまま全体として平和の国、自由の国、神のみこころのおこなわれる国になるという、そういう風な形ではないのです。国民の全部あるいは過半数が純粋なキリスト信者になるというような形で、神の国が日本に成るのではない。これはどの国についても同様である。人類全体が平和を愛するようになって、それで地上に神の国が成るのであるとは、聖書に教えてありません。聖書が神の国の成就について私どもに教えるところは、原理的であるとともに、一方においてはきわめてリアリスティック（現実的）であります。この世というものは悪いものだ、善くならないものだ、ということを考えている。しかしながらこの世に播かれた福音の種はしっかりと育っている。この福音の種こそ、神の国が地上に形成される基盤であり、母胎である。外側のこの世の国、この世のさまは亡び去って、そのあとに萌出るものは、キリストを信ずる人々のエクレシヤである。それが神の国である。

たとえて言えば、ここに一つの草山が、――奈良の三笠山、山中の大出山のような芝山がある。それが全部すみれ咲く園、わらび萌出る山であるのではない。そこには雑草が生茂り、冬には雪が深く埋める。しかしながらその土の中にすみれの根、あるいはわらびの根がしっかり入っているならば、雑草が枯れ、雪が消えたあとに、確実にすみれは咲き、わらびは萌出でる。すべての草がすみれになるのではなく、わらびになるわけではない。すみれもわらびも雑草の中に生えているけれども、雑草に押しつぶされないで、雑草が亡んでしまったあとに萌出るものは、このすみれ、このわらびである。そこに美しい春の山・春の野が現われる。こういうのが神の国の地上における形成過程の方式であります。

この世はこの世として終りの時まで続いていく。人間はこの世で愚かにも戦争を繰返し、神に背く者、平和を蹂躙する者、自由を破る者は、世の終りまで活動を続けていく。悪の勢力は世の終りまで続く。その中にあって神を信ずる者、キリストの福音を信ずる者は、たといその人数において少数であり、勢力において微小であろうとも、彼らの心の中にキリストの福音がしっかりと植えられたならば、いかに雑草が被いかぶさっても、亡んではしまわない。終りまで忍耐し、終りまで希望し、キリストの再び来り給う時を待つ。その時、キリスト再臨の審きを経由して、亡ぶべきものは亡び、萌出るものは萌出る。これが神の国の形成過程であります。聖書はそう教えていると私は信じます。

とするならば日本の将来もけっして絶望ではない。日本の国のこの世の有様は、われわれの反対と努力にもかかわらず、変っていくでしょう。世の中には、わけのわからずやがまたもたくさん出まして、キリストを信ずる者を苦しめるようになるかもしれません。だからといって、日本に希望がないとか、日本の将来に神の国は成らないとかそう言うことはけっしてできない。キリスト信者の平和、それはキリストの福音の上に立つ平和であり、キリスト信者の自由、これはキリストの福音に立つ自由である。

キリスト信者の希望、これもキリストの福音に立つ希望でありまして、この世の政治や、この世の学問や、この世の運動に立っている平和でもなく、自由でもなく、希望でもありません。この世の論者の平和は消え去ります。この世の政治家のつくる自由も消え去ります。この世の人々の唱える楽観的希望は消滅します。しかしキリスト信者の平和、キリスト信者の希望、キリスト信者の自由は、永遠の神にある。イエス・キリストの福音が動かないごとくに動かない。国際情勢・国内情勢はいかようにも変らば変れ、このキリストに在りての平和と自由と喜びは動かない。これがわれわれの信念であります。

5　ああ日本よ日本よ

キリスト信者の敵は何であるか。アメリカでもありません。ソ連でもありません。国際的・国内的いかなる勢力でもなく、キリスト信者の敵は空中に権を執る悪魔の勢力であります。これがわれわれの敵である。悪魔の勢力はいかなる武器を持ち、いかなる力をもってわれわれを脅かすか。一言に言えば、それは不信仰・不従順ということであります。神を信ぜず、キリストを信じないという精神を人の心に注入する者、これを悪魔というのです。悪魔の働きに各方面がありまして、おどかしたり、誘惑したり、いろいろしますけれども、根柢をいえば、人の心からキリストを信ずる信仰を抜き取ろう、神に対する不従順を人の心に注ぎ込もうというのが、悪魔の策略であります。それに関連して、パウロがエペソ書第六章でいっている有名な言を皆さんお知りでありましょう。

終に言はん、汝ら主にありて其の大能の勢威に頼《よ》りて強かれ。悪魔の術に向いて立ち得んために、神の武具をもて鎧ふべし。我らは血肉と戦ふにあらず、政治・権威、この世の暗黒を掌どるもの、天の処にある悪の霊と戦ふなり。云々（エペソ書六の一〇以下）

世界情勢の変遷と国内事情の変化を思い、またわれわれの敵たる悪魔の勢力を考えまして――パウロは「汝ら、わがために祈れ」といっております――私のたましいは寂寞であります。自分の半生を考え、ことに戦争中の八年と戦後の六年半を考えまして、「われはいたずらに働き、益なく空しく力を費した」という、感想をしないではありません。イエスが最後のみやこのぼりをせられた時、橄欖山に腰掛けて眼下にエルサレムを眺め、「ああエルサレムよエルサレムよ、牝鶏が雛をその羽の下に集める如く我は汝を集めようと思ったが、汝はわが言を聞かなかった」と泣かれた。ある意味において私も「ああ日本よ日本よ、汝にキリストの福音を受入れるよう勧めてきたけれども、汝はこれを受けなかった」あるいはさらにわれわれの目を世界に放って、「ああ世界よ世界よ。アメリカよ、ソ連よ、アジア諸国よ。汝らキリストの福音を信じて、互いに憎しみと嫉妬と猜疑を捨て、仮想敵国とか何とか、そういう悪魔的な考えを捨てて、率直に平和の手を握りなさい」と訴えますが、世界はわが声を聞かない。所詮、孤独というものは真理に忠実な者のこの世で生きる姿でありましょう。キリストがいかに世を愛し、世に向って愛と平和の教えを説かれたか。しかも結局彼が世を救い給うたのは、十字架にのぼって自己の血を流し給うたという道でありました。キリストが十字架の道を歩み十字架にかかり給うたゆえに、われわれはその道を歩かないですむということはありません。そして、キリストでさえその道によらなければ世を救うことができなかったのに、われわれはそれ以外の道で世を救うことはできません。キリストの十字架のあがないを信じ、復活の力を希望といたしまして、たとい世はいかように移り変ろうとも、われわれはイエス・キリストの福音の上に平和と、自由と、希望をもち続けていきたい。たとえ見ばえなきすみれの花一茎であろうとも、世の終りの時に神の御国の一もととして、咲き出でたいと希う。これが神の国を地上に立てようとして努力をする者の人生である、と信ずるのであります。

十五　新日本の定礎

1

内村鑑三先生の記念のために、今日のお話を献げたいと思います。

内村鑑三先生が天に召されたのは、昭和五（一九三〇）年三月二十八日でありまして、越えて三十日に柏木の今井館で葬儀がありました。本年も東京で先生の記念講演会をするならば、と言って会場を世話して下さった方がありましたのですが、私自身はとくに公に向って語るだけの御言を賜わらなかったから、お断りいたしました。しかし今日午後二時から神田の駿河台のＹＷＣＡで石原兵永君と藤本正高君の記念講演会がございます。大阪では黒崎幸吉君と政池仁君の講演会があります。

今日は、内輪でありますから、多少公開講演会と違うお話をすると思います。

近ごろ、内村先生の伝記が続々と出ます。ごく最近には政池君の『内村鑑三伝』という本が出ました。それから少し前にはベル氏へ宛てての先生の書翰を山本泰次郎君が編集した形の伝記が出ました。さらに同じ山本君が、宮部博士に送った内村先生の手紙を編纂して、そういう形で内村鑑三伝が出ました。また少し前には石原兵永君の書かれたものも集められて、一種の内村鑑三伝が出ました。その他先生の直系の弟子でない人の筆になる内村先生の伝記や評論なども、だんだん出るようになりました。

こういう具合に内村先生が世間に知られてくることは、喜ぶべきことであるか、悲しむべきことであるか、それは結果を見なければ、わからないのです。

また先生の書かれたものも、岩波書店から出ました『内村鑑三全集』はとっくに品切になっております。それでその後いろんな本屋から内村先生の本のある部分が発行されました、少し商売人がすなわち出版業者が自分の食い物にしているんじゃないだろうか、内村先生の著述と営利事業、営利ということが、何か結びついてきたのじゃないかと思われる。同じ本がいくつかの本屋から出される。そういうことは、先生の思想なり信仰が日本国民の間に普及する道として喜ぶべきことであるか、それとも内村先生の精神から見て憂うべきことであるか。これもにわかに判断できない。内村鑑三全集は絶版であると申しましたが、今度十二、三巻ですか、十七巻ですか『内村鑑三著作集』という選集（セレクション）が岩波書店から出ます。（編者注、当初は全十七巻の予定であったが、実際には全二十一巻で完了した）そういう風に続々内村先生の著作が、いろんな形でいろんな本屋から出るようになっております。

内村研究というか、内村先生の研究ということは、今の一つの時の勢いといいますか、あるいは流行（はやり）というか、そういう風になってきている。そういう情況を見ると、私などはもう引込んでおりたい感じがするんです。私が述べなくても人が述べてくれるようになりましたから、私は他のことを述べることがよかろうかと思う気になりました。

二つの問題がありまして、内村先生はどういう人であったか。どういうことを説かれたかということを、日本国民がだんだん注意をしてくるということは、喜ばしいことであるけれども、その知り方にまた問題があると思う。

内村先生は、ある意味において、面の広い人で矛盾の多い方であったということは、皆が認めているところであります。内村先生は矛盾のある偉大なるエックスである。こういう風に言われている。矛盾というのは英語でパラドクスと言いますが、パラドエックスとでもいうような人でありました。だから先生の逸話は非常にたくさんある。そしてまた先生の心の動きというのが微妙ですから、なかなか人によって、いろいろにそれを解釈するわけです。だから内村先生を褒めるつもりで先生の逸話を編纂すれば、それはずいぶんおもしろい本ができる。けれども先生を批難するつもりで逸話を集めればずいぶん批難できる。内村先生の伝記というのは、なかなか書きにくい。人となりを知ることは、むつかしい。

しかし信仰、内村先生の信仰を知ることは実に簡単。それは間違いない。非常に単純で非常に簡単、非常にストレート（真直ぐ）でありまして、それを一言で言うならば、キリストの十字架のあがないを信ずるという信仰である。ですから安全なこと、そしていちばん善いことは内村先生の信仰を正しく伝える、正しく信じ正しく伝えるということが、弟子たちとしていちばんなすべきことであります。

その他のことについては非常に注意をしてやりませんと、むつかしい。私、学生時代に、まだ内村先生の門に入るか入らないかのころに一つの本を本屋で買いました。内村先生を尊敬していましたから、本に内村鑑三という名があったので買いました。その著者の名前を私、正確に憶えておりません。久津見蕨村という人であったと思います。（編者注、久津見蕨村「真人偽人――伊藤博文と内村鑑三」明治四十五年丙午出版社刊）内容を見てみると徹頭徹尾、内村鑑三先生の攻撃をしている。人身攻撃でありますが、それに載せられていた不愉快な事実やことばを、私いまでも、不幸にして憶えている。しかし私はそれによって先生につまずくことは一つもなかったのですけれども、おそらくそれは私この世にいる間絶対誰にも言わないことでありましょう。とにかく悪く言おうと思えばいくらでもケチをつけられる人であった。善く言えばおもしろい逸話が非常にたくさんあった人なんですが。

それで、内村先生自身が言われたこと、書かれたことは、おれを見るな、おれを見らゃいかん、キリストを見ろ、ということであったのです。人を見てはいけない。一般化すれば「人を見てはいけない、イエスをみろ」でありました。この世におられたときに、内村先生は『聖書之研究』という雑誌を出しておられましたが、地方の読者が先生を慕って、雑誌で先生の書かれたことを読むだけで満足しない、ちょっとでも、一目でもいいから先生のお顔を見たい、というので、わざわざ上京をしてくる。あるいは上京したついでに先生を訪問したりする者がたくさんあったとみえます。あるとき先生は雑誌に書かれて、内村のいちばん善いところは雑誌に出るんだから、自分を知る者、知ろうとする者あるいは自分によって学ぼうとする者は雑誌だけ読んでいるのがいちばんいいんだ、訪ねてきて顔なんか見ればつまずく、本人は見ない方がいいんだ。こう言っておられる。それは私、ほんとうのことだと思うのです。

内村先生は、日曜日の講壇に立たれるときは、常にフロックコートをつけて、頭をきれいにせられて、整頓した服装・容姿をもって立たれました。お宅においてはどうかと言えば、和服を召しておられましたが、全くどうも、帯を結んでいるのか結んでいないのか、わからない。着物の下からズボン下がまる見えになっているような服装であった。だから先生は几帳面な人かといえば、いやだらしのない所もある。だらしのない人かといえば几帳面な所もある。先生の伝記を書くことのむつかしさは、そういう所にある。

私も先生の伝記を書き始めました。私は逸話を集めるような書き方でなしに『現代日本小史』の序説にはめ込むように『現代日本小史』の執筆よりずっと前の構想でありますが、明治維新から現代に至るまでの日本の文化史・思想史の発達の流れの中に先生をおいて、第一章だけできて、あと書かないで、そのままになっている。

そこで、私どもは、内村鑑三という人は、フロックコートをきちんと着た人でもあり、また和服をだらりと着た人でもある、という風に言うことが、どれほどの意味があるか。どれほど必要か、ということなのです。内では和服を着て帯をきちんと結んでなかったということはおもしろい、それはおもしろい話にはなるかもしれないけれども、信仰の益には何もならないのです。しかし日曜日に厳粛に、厳かに神の言を尊んで教えられたということは、これは信仰の益になる。すべてこの、信仰の益になるという点から見なければならないと思うんです。今日は多少逸話的なことを申すかもしれませんが、逸話として申すのではないということをあらかじめ断っておきます。

内村先生の伝記の中でこれがいちばん善いと思うのです。宮部博士は内村鑑三先生の札幌農学校の同窓生でありまして、一昨年だか九十歳の高齢で召された北海道大学の教授でありますが、博士の『内村鑑三君小伝』。これは全く小伝でありますが、親友の、親しい友だちの書いたものとして実によくできている。繰返し読むに値する本です。私の内村鑑三の小伝は『続余の尊敬する人物』という岩波新書の青本の中にあります。

2

さて「新日本の定礎」というのは、一九三〇年三月三十日、今申した内村鑑三先生の葬式の時に藤井武が述べた言なのです。藤井武は先生の召されたと同じ年の七月に天に召されました。彼は長く胃潰瘍のために寝込んでおりました。内村先生の病気が悪くなったころ、藤井自身も胃潰瘍が重くて、絶対安静といいますか、家で寝ていた時ですから、もう御無沙汰していたわけですが、内村先生が召されて、葬式をするについて、誰をそのおもな演説者にするか、ということを相談せられた。私はその相談に与ったわけじゃありませんが、遺族の方やその他の方で相談をせられ、結局、藤井に頼もうということになりまして、引籠っておりました藤井に依頼しました。藤井は寝ていたのですが、青い顔をして、棺桶の中から出てきたような顔をしてやって来まして、葬式の演説をいたしました。私は心配して、大丈夫ですかと聞いたところが、「大丈夫ですよ、餅、食って来たから」。胃潰瘍なんですけれども、餅は受けつけたんですね。その演説が『藤井武全集』に出ているんです。それをお持ちの方はお知りと思うことですが、この藤井の演説は徹頭徹尾十字架演説であります。それで、便宜のために、一部読んでみます。これは藤井の言です。

考へて見ますと、私どもは最初から十字架の木の下に先生を発見したのでありました。先生はその信仰生活の首途からして、しっかりとこの木を握って ゐました。さうして爾来五十年間一日もこれを放すことをしませんでした。先生は十字架をかざして現はれ、十字架にたよって戦ひ、十字架にすがって去りました。十字架を離れて内村先生なしであります。先生を十字架から引離して考へるほど無意義な事はありません。先生に不満をもつ兄弟たちよ、どうかもう一度十字架の下にある先生を見直してください。先生に躓く友よ、先生みづからイエス様の十字架の故にその臨終の床に手を差し伸べて「赦す、赦してくれ」と言はれたといふではないか。この上何が残るのか。一切を忘れて恩師の手を受けようではないか。先生は今や地上を去りました。さうして十字架の主御自身の許に往きました。その釘の痕ある聖手の下に、先生の満足は大でありませう。今より後永遠まで先生は彼と共にあるでありませう。天国に往ってのちも、私どもはやはり十字架の下に立つ先生を見出すでありませう。重ねて私は申上げます。十字架を離れて内村先生なしと(『藤井武全集』第十二巻再版一二〇頁)

これがこの講演の中心部でありまして、こういうことを後さきで言っているのです。ここで「先生に不満をもつ兄弟たちよ、どうかもう一度十字架の下にある先生を見直してください。先生に躓く友よ、先生みづからイエス様の十字架の故にその臨終の床に手を差し伸べて『赦す、赦してくれ』と言はれたといふではないか」これは非常に具体的なことが、この背後にあるのです。

当時の人は、藤井がこう言ったことは何を言ったかということは、わかり過ぎるほどわかりまして、満堂の会衆は全く稲光りに撃たれたような感じをいたしました。いま、事情を知らない人がこれを読めば一般的なこととして読む。そして先ほど言ったように、この具体的な事情を知る必要は後世の人にとってはないのです。ただ先生は十字架の人であるということだけを知ればいい。私ども聖書を読みますと、こういうことはたくさんありますね。どういう事情のもとにイエスがこういうことを言われたか。あるいはパウロがこういうことを書いたかということ、わからないことがたくさんある。けれども、わからないでもいい。むしろ、わからないことの方が応用がきくとでも言いますか、いろいろの場合に応用せられやすいのです。

ですから、逸話というもの、あるいは背後のエピソードというものは、そう重要でないどころか、時に有害な働きをなす。話がおもしろいものだから、それに引かれて教訓の重要性を考えないということが多い。先ほど申しました、先生の伝記がいろいろ出るということの危険がそこにある。今日、逸話だけが伝わって、先生の信仰そのものが薄くなる、影が薄くなる。先生の逸話をわれわれが知り、またそれを学ぶ。しかし、これは、知ることが先生の教えを理解することに役に立つならば、それもまた有益である、そういう意味です。

内村先生に不満をもった弟子たちは非常にたくさんありました。先生と衝突して先生から離れていった人、また先生が突っ放した人は非常にたくさんありました。内村先生という人はいまのことばで言えば「ワンマン」でして、自分の主義や感情や信仰の違う人といっしょになれない人でありました。それを世間では、内村先生は非常に狭量の、度量の狭い人であった、孤立主義者であった、という風に言いました。いまでも志賀直哉さんとか、ああいう人々はそういう批評を内村先生にしているのです。しかし内村先生自身に言わせるならば、自分は自分の独立を重んずる。同様に人の独立をも重んずる。だから自分と異る者となれば、その人は独立して、その人の道を往けばいい。しかし自分は自分の道を往く。独立主義から出ている。そして信仰という点からみれば、内村先生のその態度が根本的に正しい。その上に人と和睦するとか平和的関係をもつということができるが、とりあえずは、神様と自分だけの世界というものがなければならないという立場において、人と妥協することは、それはできないことである。自分が独立に神に属するように、神だけに属するように、他人も独立に神だけに属せしめる。これは先生の人生観というか、人間観・信仰観の根本でありまして、それは私、正しいと思う。先生の親しい弟子のうちで先生を離れて往った人、いろいろ先生の人間的な矛盾であるとか、いろんなことでつまずいた人が非常にたくさんある。そしてそれは、どちらがいいとか、先生が善くて弟子が悪いとか、先生が悪くて弟子が善いとかいう問題でなくて、つきつめてみるというと、人間はそれぞれ皆違う。それで弟子がもはや先生に従っていかない、無条件に従っていかない、弟子として独立の見解をもち、一戸をなすだけの見識をもつならば弟子は独立すればいいだろう。何人をも、弟子を先生は自分の奴隷としようと思わない、ということです。最高裁判所の長官の田中耕太郎君が先生を離れていったのも、ほんとうのところは、そういうところにある。ある人の結婚問題で田中君と先生との間に意見が衝突しました。それはたしかにそのことが動機なんですけれども、意見の衝突だけで別れたのでなくて、また田中君が先生を諌めたというか、その諌め方が、内村先生から見るならば、もう彼は自分の弟子ではない。自分の弟子の、弟子としての立場におらない。自分を教えるものとしての立場におる。それならば自分の所へ教えを学びに来る必要はないだろう、と言って、田中君を独立させた。その他、不満をもつ兄弟姉妹が非常にたくさんあった。その友だちよ、いま、この先生の葬式においてもう一度十字架の下にある先生を見直して下さい――こう藤井は訴えた。藤井自身が先生につまずいて離れたことのある人、けれども十字架によって先生との間の愛を回復した人でありますから、いまなお「先生に不満をもつ兄弟たちよ」こう言った。

その次の「先生に躓く友よ、先生みづからイエス様の十字架の故にその臨終の床に手を差し伸べて『赦す、赦してくれ』と言はれたといふではないか」この「先生に躓く友よ」と言われたのは、塚本虎二君であった。塚本虎二君は、先生の真の愛弟子でありまして、そしてことに先生晩年の伝道を助けた人でありました。先生の補助者として働いた人が続々と独立していきまして、先生の晩年がいろんな意味において寂寞であった。塚本氏は情の細やかな人でありますから、自分は先生のところを離れない、先生がどんなに辛く当ることがあっても、どんなに矛盾したことを言われても、我慢して自分は先生に最後までお事《つか》えするということを、塚本さんは心に期しておられた。それで一生懸命よく尽しておられた。

ところが、内村先生の晩年は、外で、つまり神宮外苑の日本青年館という所で日曜日の講義をしておられましたが、それをやめて柏木の今井館に戻られた。そうすると、青年館時代の会員は六百何十人、七百人ほどの大会員でありまして、柏木の今井館ではいっしょに収容できなかったのです。それで午前と午後と二度に分けて集会をした。塚本先生や畔上先生が内村先生の集会を助けて、いわゆるわれわれ「前座」といっていましたが、前座を勤めた。午後の集会は内村先生も出られましたが、主として塚本君の責任に任せられたんです。それほど塚本さんを先生は信頼しておられた。塚本さんもいま申したような気持で先生にお事えしていた。

ところが先生、すでに七十歳に近い晩年のこと、塚本先生はまだ壮年でありました。学生たち、ことに女子学生たちの中で、先生の話よりも塚本先生の話の方がおもしろいといいだす者がたくさん出てくる結果になった。それで、塚本さん自身は何ら先生に盾突くとか、先生よりも自分の勢力を張るとか、そんな考えは毛頭なかったのですが、老いたる内村先生には何かこう心配な点もあったらしい。

ある年、つまり先生のなくなる少し前のことでありますが、内村先生の健康がだいぶん衰えて、夏、軽井沢の方に休養されまして、一つその秋からは大いに自分も働こうと思って帰ってこられた。そのときに山田という人から先生に手紙が来ました。「先生は隠退なすって塚本さんにあとをお譲りになってはどうですか。それが一番善くはないですか」これもけっして悪い積りでなくて、先生の健康を労わるためにそう言った。ところがこれが内村先生の癇にさわって、自分が軽井沢に往っている留守中に謀反をして、塚本が自分のあとを取ってしまうという風に思われたらしい。まあいろんなことがあったのでしょうけれども、この山田という人と塚本さんを勘当した。それで塚本さんはびっくりしてしまって、自分は先生にあれだけ忠実に、先生の死水をとろう、すべてのことを忍耐して先生の晩年を慰めようと思っていたにかかわらず、頭から反逆者のように言われたものですから、非常に不満をもたれた。何のことかわからなくなった。内村鑑三先生という人がどういう人だかわからなくなった。塚本さんがつまずいたわけですね。そのうちに内村鑑三先生は召された。召される前、臨終において先生は臨終の世話をした人々に、「山田も赦す、塚本も赦す、自分にも悪いところがあったら赦してもらいたい」ということを言われた。

それが伝えられまして、藤井なども心配をして、塚本と先生との間の和睦ということを勧めた。しかし塚本さんはまだその時傷が非常に深く、受けた傷がまだ生傷であったものですから、先生が、塚本も赦す、自分にも悪いところがあったら赦してくれ、という、悪いところがあったらということがいけない。自分も悪かった、だから赦してくれ、と先生がおっしゃるならば、塚本はそれは満足するというか、和睦しますけれども、塚本の悪いところは絶対であって、先生の悪いところは条件つきであるというところは合点ができないというので、塚本さんはまだ先生のところへ和睦に来ないうちに、先生は召された。これは当時藤井などは非常に心配をした事件でありました。

本来ならば内村先生の葬式は塚本さんがなすべき当然の地位にあったにもかかわらず、そういう事件がありましたために藤井がしたのですが、塚本さんはその時会衆の一人としてうしろの方に立っておられた。塚本さんがそこに来ているということは、藤井は知っていた。で、藤井は壇の上から「先生に躓く友よ」と言ったのではないのです。「塚本虎二よ」こう言った。「塚本虎二よ、ここにいるなら、ここに出て来てくれ、葬式の講壇の前に、ここに出て来い、出て来てくれ。それで、先生が――私、ジェスチュアを憶えているんですが――先生の手を出して、自分も悪かった、赦してくれ、と言っているのだから、先生の手をとれ」こう叫んだ。私など非常に驚いたんですが、それで式が終りました。

私あとで、もう死んだように横になっている藤井に、ああいうこと言われたので驚いた、ということを申しましたら、ああ言えば塚本が出て来ると、出て来てくれると、僕はほんとうに思ったんだ、ということを言っておりました。そういう風な思い方をし、言い方をするところが、これがまた藤井の藤井らしい特色です。そんなこと言ったって、なかなか前に、会衆を掻きわけて塚本先生が出てこられるはずはないと、普通はそう思うんですが、十字架のもとにおいてはいっさい解決されるということが、藤井の信仰であったのです。

その後、これは藤井が死ぬ七月までの間において、この問題はずいぶん、先輩たち、私から見て先輩たちの祈りの種であり、苦しんだ問題でありましたが、ついに塚本先生自身が非常によく解決されまして、十字架のもとに罪の赦しを乞われて、もういまは天に往かれた内村先生との間にほんとうにりっぱな美しい和睦ができ、解決ができた。

そういうことが、その時の、この藤井の演説の背景にあった具体的な事実なのです。しかしこれはいま申した通りに、塚本さんがどうの、誰がどうのという、そういう逸話的なことは、これは忘れてしまっていい。どうでもいいことで、十字架のもとにあるならば、誤解であるとか、ことばが足りないとか、そういうことはいっさい大したことじゃない。内村先生が、十字架のもとに、先生自身が十字架のもとに立って、和らぐということに心が動いているんだから、自分の方も往って、すぐにその手をとることが、十字架による和らぎという――十字架は平和をなすということの生きた実例であるわけなんです。

そして藤井はこの講演で十字架のことを述べまして、最後にこういうことを言っている。最後を読んでみます。

新しき時代がまさに臨まうとしてゐます。どんな時代ですか。キリストの十字架を土台として、その上に立つ時代であります。すべてのものを十字架の上に築き上げる時代であります。新日本は斯して築き上げられなければなりません。生命の泉なるキリストの十字架を除いて、新日本の拠って立つべき基礎が何処にあります乎。さうして日本のためにこの大きな礎石を据ゑつけてくれた者こそ、実に先生でありました。七十年の先生の生涯はその為に用ひ尽されました。十字架を日本人のものたらしめんが為に、先生は労苦を重ねました。キリストの上に立つ新日本を産まんが為に、先生は産みの苦しみを続けました。さうして今やその時が満ちたのであります。十字架の信仰は漸く日本人のハートに根を下したのであります。大なる礎石は据付けられたのであります。新しき日本はまさに出現せんとしてゐます。先生は使命を果しました。故に召されて天上の休みに入りました。栄光の冠冕がやがて先生に被せられるでありませう。

然らば今日のこの式は内村鑑三の告別式であるよりも、むしろ新日本の定礎式であります。希望と祝福とに満たされたる国民的大典であります。光は洋々として四方から私どもを囲んでゐます。日本の礎石は据付けられました。永遠の基礎は定められました。先生がこれを定めてくれました。これは我等から奪ふべからざるものであります。この貴き先生の遺産を私どもは確く守りませう。この千歳の磐の上に私どもは丈夫《ますらを》の如くに立って、たとひどんな大浪が押し寄せませうとも一歩もこれを譲りますまい。さうしてこの永遠の礎石の上に、新しき日本を築き上げようではありませんか(『藤井武全集』同巻一二二頁以下)

あとちょっと略しますが、このように藤井は、内村鑑三の告別式は新日本の定礎式である、ということを言いました。それ以来「新日本の定礎式」ということは、私どもの間では知られたことばになっているのです。

3

このことについて、もう少し、当時のこれもエピソードでありますが、お話ししたいと思うのです。内村鑑三先生の葬式が今井館でおこなわれた。いまのこの建物の前身です。柏木にありました。その時にはもう身動きもできないほどのたくさんの会衆でありましたが、それでも五百人を収容することはできなかったのです。四百五、六十人ですか、人が入った。全く立ったまま重なりあった状態で、椅子に坐った人はほんの少しでありました。

それで、先生の葬式をするのには、もっと広い所でやろうじゃないか。たとえば青山斎場ですか、ああいう所を借りて、何千人も入れるような場所で葬式をすべきだという希望や考えの人もありました。

内村鑑三は日本的人物、いな世界的人物であるから、こんな柏木のような町はずれの辺鄙な所、小さい所、そうきれいでない所よりも、国民的な場所で広く葬儀をした方がいい、という考えもありました。それで、もう一つは、内村鑑三先生は柏木のこの少数のグループ、聖書研究会員だけの内村鑑三ではない。日本の内村鑑三であるから、いろんな方面の人も来れるように告別式をした方がいい。結局この二つの考えは一つでありまして、広い所でやろうということ。そして内村先生の最も関係の深い人々と言えば、古くから札幌農学校、いなその前の東京における英語学校の時からの同級生である宮部金吾博士、新渡戸稲造博士などが当時まだ存命であられました。そしてこの先生方は、自分たちの五十年間の親友の葬式であるから、広い所でやりたいという気持を持たれたことも、当然です。それから内村先生の友だちで小野塚喜平次という当時東京大学の総長がありました。小野塚博士は信者ではありませんけれども、軽井沢で夏を過された関係上、内村先生の軽井沢での知り合であった。小野塚先生は無神論者でありますす。内村先生は御承知のような方でありますが、その問題には触れないで、互いに紳士として、また学者として尊敬しあった。それで、内村先生の葬式の時に小野塚博士も来ておられた。小野塚先生などの立場から見れば、やはり内村聖書研究会という若干の、少数の者の内村鑑三ではない、というお感じをもっていたでしょう。

そこで、葬式はどの場所でするかということが問題になった。私はそういう御相談に与ったわけでありません。けれども御遺族の方の決定によって、柏木でやる。そして藤井武に講演――おもな演説をやらせるということを遺族がきめた。葬式の順序については、たぶん石原兵永君が司会と、開会の祈祷をいたしました。畔上賢三君が話をし、藤本武平二君が医者として話をしたかと思います。それから藤井がいまの演説をした。最後に宮部先生が友人として挨拶されました。

新渡戸稲造先生が、その柏木の今井館でなくて、もっと広い所で葬式をした方が望ましかったということを、誰かに洩された。そして藤井がおもな演説者であったということについて、どういう具合に言われたのか、あるいは言われなかったのが伝わったのか知りませんが、今井館の内村先生の葬式についで新渡戸先生が不満をもたれたということが藤井の耳に入りました。藤井はまあ神経質といえば神経質ですが、ああいう性質の人ですから、それが気になって仕方がない。で、とうとう小石川の新渡戸先生の家まで押しかけていった。先生は内村鑑三先生の葬式について御不満だったということを伺いますが、どういう点で御不満だったのですか、と聞きにいった。新渡戸先生が、話の中では藤井の話がいちばん善かったと、こう言われた。藤井はますます不満でもって、自分の質問に対して真正面に答えてくれない、と言って大いに怒って帰ったことがある。

それで、そういうことを背景において、内村鑑三ともある人の、つまり今日の日本の郵便切手になり、本屋が争って本を出して商売をしようとし、本が出るような内村鑑三の葬式を、今井館でごく小規模にやって、そしてそのおもな演説が十字架演説であるということを見ると、それを不満に思うというか、奇異に感ずる人もあるかもしれない。しかし藤井の言ったことは、これは青山斎場でやろうが、どこでやろうが、広い場所でもって、名士扱いにして、たくさんの名士が参列して、名士の葬式のように功績を称えるということよりも、ここのこの葬式の方が、ほんとうに新日本の定礎式であり、国民的大典であると、藤井が言ったのです。

それで、このことを考えると、新日本の礎というのがこの内村鑑三先生の葬式によって据えられた、こう言ってるそのことの意味が、まただんだん、わかってくるように思われますですね。

この礎は、キリストの十字架そのものだ、そして十字架だけだ。純粋に十字架オンリイ。他のものは礎ではないと言う。極端に言えばちょっとした突っかえ棒があったり、飾りがあったり、あしらいの小石があるかもしれないが、礎というものは、キリストの十字架だけだ。他のものはあっても良く、なくてもいい。使い方一つで、礎に役に立つように配列されるならば他のものは役に立つ。そうでなければ役に立たない。礎がなければ、いくら飾りがあっても家は立たない。その礎というものは、十字架の石だ、この十字架の礎だ、ということですね。

これを藤井は藤井式に、はっきりと限定して、ここに述べたわけです。十字架の礎も必要だが他のことも必要だ、というような言い方は、内村先生もしなかったが、藤井もしなかった。それで、キリストの十字架こそ新しい日本の礎である、ということを申しました。

第二には、その十字架というものの内容は、和らぎということだ。罪の赦しの福音ということである、ということですね。十字架ということ。その罪の赦し、互いに罪を赦しあう、そして和らぐということを、藤井は非常に具体的に、ある個人、ある人々、ある個人を名指してまではっきりと、それを言ったのです。

それで、十字架の福音というものの効果は、友だちと友だちとの間、人と人との間の憎しみとか嫉妬とか誤解とかいうことを、すべて除き、また神と人との間の疎遠、疎隔ということをすべて除いて、イエスが教えたもうた祈りのように、

我らに負債ある者を我らの免したる如く、我らの負債をも免し給へ（マタイ伝六の一二）

こういう祈り、すなわち神と人との間の平和、人と人との間のキリストによる平和、それがキリストの福音ということなのです。これを和らぎとも言い、平和とも言います。私、たびたび引用しましたエペソ書の二章の、キリストは十字架にあって平和をなし、遠き者にも近き者にも、異る民族の間に平和をなした。怨みなる隔ての中籬を取除いて二つのものを一つにした。つまりパウロがエペソ書二章で言っていることが、十字架の福音なのです。新日本の基礎を、その罪の赦し、その罪の赦しの福音の上に、――神から罪を赦されたものとして互いに罪を赦すというところに、新しい日本は築かれなければならない。これが藤井の述べたことであります。

それから、なお感ぜられますことが二つほどありますが、一つはこの「新日本の定礎」ということは、死によって内村鑑三の死によって築かれたということです。「棺を蓋いて人の値打がきまる」死んでか

ら人の値打がきまるということを言いますが、あれはつまらない、まあ常識的なことです。しかしその人間が一生の間いろいろのことを経まして、そして、たくさんの間違いをし、たくさんの欠点があり、そしてまた、信仰によって神のため国のためにこの世と戦うという、戦いをもなし、そして内村鑑三先生でも、あれだけの働きを日本になしたにかかわらず、報いられるところ甚だ少くして、この世を去っていかれる。生涯が十字架の生涯である、そしてその十字架の生涯の最後が十字架だ。「一粒の麦、地に落ちて死なずば、唯一つにて在らん」（ヨハネ伝一二章二四節）という、あの有名な言がありますように——あれもずいぶん常識的に、信仰的でなく近ごろ使われておりますけれども、十字架によって罪を赦された者が人のために十字架を負って死ぬるということ、これがキリスト信者の生涯なのです。そして内村鑑三はキリストの十字架によって、己の罪を赦されて、そして己自身人のために十字架を負って死んだ。十字架の死の上に新しい日本の礎が立てられる。これもわれわれが十字架のことから学ぶところであるのですね。だから葬式が定礎式であるというのは、そういう意味です。

それから、その次には、前に言ったことに関連するのですが、新日本を築く礎は、質的に、クオリティから言えば非常に大きなものですが、分量から見ると、人の見るところは非常に小さいものだ、ということですね。これは、内村鑑三の葬式が、二千人、三千人を集めた、いわゆる盛大なる葬儀でなくて、僅か四、五百人、五百人足らずの人でおこなわれたということがまた、新日本の象徴です。新しい日本というものは大きな建築ではなくて、小さな人の目につかないものである。少数の人が純粋に十字架の信仰を堅持するということが、新日本の建設の道なのです。

藤井はどれだけのことを、昭和五年の三月に豫想してこの預言をしたのか、それはわからないが、おそらく藤井自身が意識していた、自覚していた以上の意味を、神様は藤井の言の中に含ませたのでしょう。

先生が召され、藤井が召された直後から日本の情勢が変りました。それは満州事変とか、二・二六事件とかということで、急転直下、日本に移り変りがありました。新日本は礎が築かれただけで、たちまち雑草に被われてしまった。どこにその礎があるか、わからない。皆が「新日本、新日本」と叫んだ、叫んだものは、似ても似つかぬ偽せ物であって、内村鑑三の告別式をもって定礎された新日本の姿ではなかった。

それならば、礎はどうなったかと言えば、草に埋もれたけれども、礎はしっかりと据えつけられてあって、そしていまや人々が草を払いのけて、内村鑑三の名をほじくり出しておりますけれども、しかし、先ほどから申したように、いま建てられつつある戦後の新日本は、これまた内村鑑三の礎の上に建てられつつある新日本であるとは思えない。やはり雑草が生い茂ってたちまち礎を隠すでしょう。

政池君が近ごろ出された『内村鑑三伝』というのはおもしろい本で、政池君が批評してくれと言いますから、「おもしろい本だ、おもしろいというところが問題だ、おもしろいということがおもしろくない」と私は言いました。『内村鑑三伝』のなかに内村鑑三先生の信仰を受けた、教えを受けた者が、いまや日本の指導者である、その名前はこれこれである、東大前総長南原繁、現総長矢内原忠雄――ちゃんと書いてある。ここにはいろいろ問題がありますね。

いったい私どもは日本の指導者であるか。指導者でも何でもないですね。日本の指導者は国会におるし、それから資本家・実業家である、労働組合の幹部であるとか、こういうのが――それから新聞記者、こういうものが日本を指導している。内村鑑三の弟子たちはけっして日本を指導しておりません。指導的地位にいるわけじゃないのです。

内村鑑三の礎石の上に、新日本が建てられつつあると私は思えない。しかし礎が据えられたことはたしかですね。

いつも申すことですが、古きものと新しきもの、この世の国と神の国というものはパラレルに(平行して)成長しているのです。この世の終りにおいて、麦と毒麦とは判別される。それまではっきりとわからないのですが、しかしだいたいにおいて神の国たる新日本――藤井が「新日本」と言ったのは神の国たる日本でありますが――、神の国たる新日本は概して言えば目に見えない、微弱な、目に見えないもの、そしてこの世の国は目に見えるものです。

内村先生の本がたくさん出版されるとか、先生の教えを受けた者が、これこれの社会的地位にいるとか、そういうことでもって、新日本ができつつあると考えれば、それはとんでもない誤解ですね。そうではなくて、新日本というのは、われわれの十字架を信ずる信仰の中にある。そしてこの十字架を信ずる信仰によって、神から、キリストに在りて、われわれの罪を赦され、われわれまたキリストに在りて、互いに罪を赦すという、この信仰と信仰の交わり、これが新日本の姿です。

戦後のいま、平和ということがしきりに言われ、日本は平和国家とか平和とかいうことがしきりに言われておりますが、キリストの十字架による平和以外にほんとうの平和というのはない。ここにこそほんとうの和らぎとレコンシリエイション（仲直り）とがある。戦後の、戦争に破れたあとの日本の生きていく道というのは、全く和らぎ、そういう意味の和らぎ以外になく、——罪を赦されたものとして人の罪をも赦し、赦すから赦してくれ。こういう和らぎの上にだけ、日本の、新日本の姿もあり、また世界の平和もある。それを内村鑑三はわれわれに教えた、われわれに遺した。その礎をしっかり据えていった。これは日本人のハートに、日本人の心にしっかりと据えつけられて、どんなに雑草が生い茂っても礎は朽ちることはない。どんなに地震があろうとも津浪があろうとも、この礎は崩れない。われわれはいまでもその礎を堅持している。われわれ自身の生涯、われわれの死そのものも、またこの内村鑑三の据えた礎石のまわりに据えていくものであるのです。

内村鑑三先生を記念することは、この十字架信仰が新日本の礎石であるということを何度でも何度でも繰返して記憶し、それを信じ、その上にわれわれの生涯を置いていくということ以外にはないと思う。

4

今井館で先生の葬式がおこなわれたということを申しましたので、今井館そのものについて説明しておこうと思う。

内村先生が、明治二十四年、いわゆる第一高等中学校における不敬事件がありまして、広く世間から批難攻撃され、逆境に立たれた。そのときに大阪の商人で香料商、香《におい》のものを扱っている商人で今井樟太郎というのがあって、大阪の天満教会――組合教会でありますが、天満教会の教会員で、信者でありました。その人が内村先生に対して慰めの手紙をよこした。それがこの今井氏と内村先生との交際の初めでありまして、それで、その後先生は東京から流浪して大阪にいたこともあり、京都にいたこともありました。その当時先生を助けた人のひとりです。後、東京の柏木に内村先生が来られた後に、建物を一棟寄附されました。私もくわしいことは憶えておらず、知りもしないんですが、私自身が初めて内村先生の聖書講義に列することを許して頂きましたのは、明治四十四年(一九一一)十月一日であって、その時は二階建ての家でありまして、その下の八畳の座敷の中で日曜日の集会があったのです。その建物を今井館と呼んでいたように思うんです。後に別の棟として、百人ぐらい入るような講堂が立ったと思います。そこで新しい講堂の方を今井館と呼んで、もとの二階建ての方を預言寺と呼んでいたのであります。それで今井館の講堂の方が、初めは百人ぐらい入ったと思いますが、だんだん狭くなりまして非常に無理な建増をせられて、実に使いにくい部屋になりました。そこは普通の集会で二百何十人、二、三百人、無理をすれば四百人、五百人、これは非常に無理、ぐらいの大きさで、現在のこの建物よりも少し広かったと思います。

それで、内村鑑三先生という人がいかに人をつまずかせたかというか、人がつまずいたかということについて、非常におもしろい話があります。それはいつの年か忘れましたが、先生の晩年に近いころであったと思います。関西に青木庄蔵という禁酒運動をされた実業家がありました。その人が先生の弟子というか友だちというかになられました。あるときその青木氏が大阪から先生を訪ねた。ところが内村先生が弟子たちに対する不満を洩らされた。弟子たちは何にもその集会のために努力しようとしない、何でもかでも、おれ一人にやらせる。教会では教会員が一生懸命、教会の維持について努力する。——青木庄蔵という人は教会の人です——うちの奴は何もしない。何もしやがらない、と不満を洩らされた。それがどれほどの根のある不満だったかどうか知らないけれども、青木氏がそれを聞いて、先生の弟子たちに訴えた。それで塚本さんとか畔上さんとか、ああいうおもな人が発起しまして、私など末輩でありましたが、相談があるから来いというので、行きました。それで二十人ぐらいでしたか、十五人ぐらいでしたか、何の相談かと思って行きましたら、こういうことなのです。「内村先生が講堂のために今井館を建増をしたり、つぎ足しをしたり、ずいぶん苦労していられる。先生がもう何十年も伝道して来られたが、ろくな会堂一つ、講堂一つないということは、ほんとうにお気の毒である、弟子として申訳ない。皆が講堂を建てて先生にさしあげようじゃないか。先生の御労苦に報い、これからもう建物のことで、先生自身が心を労せられることのないようにして、十分伝道して頂こうじゃないか」という相談であった。

それで、まあ、賛成、それは善かろう、という人が数名ありました。

私は末輩でありましたけれども、どうもおかしいと思って、「私は反対です。いままで内村先生から教わった無教会主義というものは、教会堂という建物などは必要でない、松の木の下でも草の上でも、いたる所にわれわれの会堂がある。建物を建てれば建物を維持するということで、ずいぶんまた苦労をする。それで教会はいつも皆困っている、ということを自分たちは先生から聞いている。内村先生に報いる、ほんとうに長年の労苦に報い、また先生を慰める方法は別にあると思う。それはわれわれ自分たちが、先生の教えを受けて、しっかりやっていくことだ、十字架の福音を弘めていくことじゃないか」などと私、生意気なことを言いました。一人私の意見に同感した人がありました。けれども大多数は、まあ先生に家を建ててあげようという意見でした。私、今朝そのことを考えて初めて気がついたんですけれども、あれはもう案がきまっていて、寄附金を集める相談会であった。ところが、まあその時すぐにどうということはなくて、またあとでしよう、ということで散会した。

ところが内村先生がそのうちに弟子たちのあるおもな人を呼ばれて――そうでなかった、誰かからまた話が伝わってきたのですか、誰かが先生を訪問して、それで、先生が、どうもけしからんことを弟子たちが企んでいる。会堂、建てようと考えている、ということを言われたという話が伝わった。ところがそれでもう会堂を建てようという話がやまってしまった。先生が家が欲しいように言われたものだから、皆何もしないように言われたから、それじゃ建ててあげよう、家を建ててあげようと思っていたが、先生が「けしからんこと、無教会主義には会堂は要らない」と言われた。先生御自身がお要りにならない。それじゃやめましょう、と言って、皆やめてしまった。内村先生はそういう人、そういうところのあった人ですから、それでつまずく人がたくさんあった。あるときは先生は、こうしようと思われたが、しかしそれが具体化するまでには、必ず神の御霊、聖霊の干渉が先生にありました。そこでこれはいかん、という風なことで、おやめになってしまった。ですから先生がなされたこと、先生の生涯の要所要所、区切り区切りについて言えば少しも間違っていない。信仰の道で一貫されている。その要所々々が間違わずして、信仰の道が一貫したということは、聖霊の導きが先生の上にあったわけで、その聖霊の導きをいつでも受けておられた。祈りによって受けておられたというところに、内村先生の値打があると、私などはそういう風に解釈している。

このようにこの今井館という建物には先生が苦労された。次第に会員がふえましたから、そういうことになったんですが。

さて、先生召されたあと、今井館はどうするかということになりました。で、無教会主義は一代限りである、雑誌も廃刊になり、集会も解散になるという場合に、建物というのは、やっぱし邪魔になるのです。

それで、柏木にあった今井館をどうするかということになって、先輩たちの間でいろいろ心配されました。結局そこで集まりがしばらく続いておりました。その集まりの初めは石原兵永君がそこを借りて集まりをしておられました。後には石原君もそこを出て、自分の家で集まりをするようになった。教友会の人々がそこで集まりをしておられたと思います。

ところがこの柏木が、道路の市区改正でもって、環状線が通る所になりました。内村先生の住宅も預言寺も今井館講堂も、全部取払われてしまった。道路になってしまつた。これもまた、神がなし給うところといいますか、先生の弟子たちが、ああの、こうの、と言って苦労したり議論をしたりしたことを、一挙にして神様は解決してしまう。あの柏木の九一九という番地でありますが、そこには大きな道路が通っています。ちょっと片隅に三角形の、正三角形ではないのですが、細長い三角形の地面が畳半畳を斜《はす》に切ったくらい残っている。そこに「今井館聖書講堂跡」という小さい石の碑が立っている。それっきりになってしまっている。先生の住宅は山桝氏が買取って葉山に建てました。今井館は取払って（ほとんど使える材木はなかったそうですが）、その使えるだけの材木を使い、この場所にこの講堂を建てた。遺品などは、教友会という会がありまして、その教友会がもらったのか買ったのか、それは知りません、とにかく教友会の財産になりました。

したがってこの講堂は、柏木にあった今井館の講堂と同じではありません。設計も違います。新しく建てて名前が「今井館聖書講堂」となっているだけです。会堂というものはあれば便利ですけれども、無教会はあることを必要としない。いま、塚本先生なども会場を借りてやっておられる。大阪の黒崎さんもまあだいたいそうですね。会場そのものの維持ということに苦労しないということが特色なんですが。

この今井館の講堂ができましていろいろに使われ、山本泰次郎君が集会をしたこともある。また教友会で集会のためにお使いになったこともありますが、終戦後、私が貸して頂いて使っています。しかしこの会堂が今井館の名を継いだが今井館そのものでないと同じように、私も今井館の相続人でもなし、番人でもなし、貸して頂いているだけの関係である。内村先生の相続人というのはないのです。そういうことは誤解する人もないと思いますが、ときどき、私に、私が今井館の講堂を使っている。だから今井館の講堂の番人であるように言う人もありますが、そういうわけではけっしてない。

物によって、品物、遺品などによって懐しがるということは、われわれの間では禁物であり、絶対そういうことはないのですけれども、あなた方が腰掛けている腰掛というのは柏木の今井館から運ばれたものであります。この机も先生がお使いになった机だと思う。私のこの掛けている椅子も――これは非常に腰掛けにくい椅子です。誰かが先生に寄附してあげたものでしょうが、よくこんな掛けにくい椅子に先生が長くがまんしていたものですね。

先生の時の講壇、柏木にあった時の今井館の講堂はこれよりも非常に狭うございまして、箱の中に入ったように先生がお坐りになった。空気の流通の非常に悪い所にお坐りになった。あんな講堂を先生にいつまでも使わしているのは弟子として相すまないという感じが残るのも、尤もと思うような不便な講堂でありました。天井が低くて、いつでも先生は通風のことに、注意しておられたのです。

この部屋にいまかかっております額がございましょう。これも説明する必要もないが、このうしろにあるのが、ホフマンという画家の描いたところの十二歳の時のキリストの肖像画、これの大きなものがそちらの壁にありますが、その中の真中のイエスだけをとってここに描いたんだと思います。これが内村先生の時からあったのです。

それで、内村先生の評論なんかに、先生は十字架の信仰を教えてくれた人であるという本筋のことのほかに、ちょっちょっと弟子たちのつまずいた点、わからないという点がありました。そのちょっとわからない点、弟子がつまずいた点を理解するには、先生は武士の家に生れた、士の家に生れた、士ということを非常に大事に思っておられた、武士道ということを非常に大事に思っておられた、武士道ということを非常に尊重されたということを記憶しておく必要がある。十字架の信仰だけで説明ができないことが場合によっては武士道で説明できる。なるほど先生はこの場合武士道によって解決せられたのであるということがわかる。私どもは平民の子で、士などと言ったっておかしいくらいに思っている。偉いとも何とも思っていないんですが、内村先生は平民より士の方が偉いと思っている。

いま一つは先生は教会で洗礼を受けた、宣教師から洗礼を受けた、御自分たちも教会をお建てになった人なんです。私ども先生から教えを受けた者は最初から無教会主義者で、教会ということを全然知っておらない。先生は教会ということを知っておられ、教会を重んぜられた。

それを考慮に入れて、内村先生を見るというと、なるほどとわかる点もある。こういう所にイエスの像を掛けるのは教会なんです、と私は思う。祭壇のうしろはカトリックのいろいろの教会では、キリストの十字架をおいたり、蠟燭を立てたりする場所ですね。プロテスタントなんかでも輝かしい所なんです。無教会にはそういうことがないから、イエスの肖像を講壇のうしろに掛けるということは、まあ必要ないことですね。けれども掛けたって悪いことはない。掛ける必要はないが掛けたって悪いことはない。先生がこの場所にこの像をお掛けになったということは――私なら掛けませんが、しかしお掛けになったというところが、まあ、弟子のつまずくところなんですね。

それからこちらにありますこの絵はダビンチの描いた「最後の晩餐」の画で、誰ですか忘れましたが、吉本督《ただし》君だったか、洋行から帰ったときにお土産に先生にさしあげた。こんなにりっぱなダビンチのコピーを持っているものは日本中におれひとりだろうと先生はたいへん喜ばれた。日本中におれひとりであるかどうかはわからないが、いいコピーです。ダビンチの「最後の晩餐」というのはイタリアのミラノの小さい寺の壁画でありましたが、その寺を修繕するときに、その画の上に壁をまた上塗りをしましてね、後の時代になってまた修繕をするときに壁をはがしたら下から画が出てきて、これは大したものだ、ダビンチのものだという風にして騒がれるようになりました。いまそこに残っておるのですが、一度壁を上に塗られてしまったものですから、はっきりしないのです。あとで画家がそれを復元するということは非常にむつかしいのですが、最後の晩餐の画というのは後に幾通りも流布されている。たいていは偽物です。これはその本物の絵だ。こう言われておるのです。私はちょっともくわしくないんですが、美術評論家がそういうことはくわしい。暇があったら近くに行って御覧になるといいと思いますが、偽物と本物との違いは足があるとないとの違いで、これは足が見えません。イエスの坐っておる足が見えないように、テーブルの下につい立てでもないが、隠すものができておる。ダビンチはこの絵を描くときにモデルを探して、イエスのモデル、それから十二使徒のモデルを探しまして、イスカリオテのユダのモデルがいちばん早く簡単にみつかった。他の弟子たちのモデルはなかなかみつからないで、いちばん最後までみつからなかったのが、イエスのモデルだったそうです。それでダビンチは困りまして、イエスには顔を描かない。目鼻がない、輪郭だけ。それはモデルがなかったからという、そういう伝説になっている。ほんとうのオリジナルな晩餐の画はイエスの顔は描いてない。輪郭だけで中が描いてないということと、それから足が、イエスの足がどうしても描けない。足が描けないというのはちょっとわからないのですが、そんなに足が描きにくかったんですかな。宗教的な意味もあったのかもしれない。イエスが神の子であって天に昇った方であったから。——日本の幽霊に足がないのとは違うんですが、足が書いてないということがこの画の特色だそうです。

私の記憶しておるところによると、当時今井館にあった額というのは、「少年イエス」と「最後の晩餐」の二つだけであったと思う。

いまここにあるその他の額はここに来てから後にかかった額です。この先生の肖像は信仰満五十年、先生が六十八歳の時の写真です。札幌で洗礼をお受けになってから満五十年たって、その時に内村鑑三先生の弟子のある者たちが、内村鑑三先生の信仰五十年論文集というのをつくって先生にさしあげた。先生は非常にお喜びになった。その時に写された記念の写真です。いまは、肖像写真もたいへん上手になっておりますが、その当時はあまり上手でなかった。これは森川という写真館の主人――内村先生を尊敬していた人であります――が非常に骨折って何枚も何枚も写した写真の一つです。少し先生のあごの下が出ておりましょう。あれは入歯のためなんです。先生は晩年はほんとうに入歯で苦労された。

こっちの油絵は石河光哉君が、先生の五十歳の時に札幌の札幌独立教会に先生が伝道に行かれた時の写真をもとにして、油絵にした。だいぶん年をとってこちらは柔和になっていられる。

それから、そのおじいさんは、大島正健先生という人で、札幌農学校の第一期の生徒。内村先生は札幌農学校の第二期生。第一期生はウィリアム・クラークの教えを受けて早く信者になりました。第二期生が来たらばこれを改宗させようというので、手ぐすね引いているところに内村先生たちの一行が東京から到着したのです。大島さんはこの近所に住んでいる大島正満という動物学者のお父さんでありまして、札幌農学校を出て、いろいろの経歴を経られた方ですが、中学の校長なども長くせられた。それから日本語の発音の研究をされて、それは古い支那語の発音から影響されているということから支那の音韻、支那語の古いところの発音の研究をされた。その支那音韻学の研究で、もう七十歳以上になってから文学博士の位を授与された人です。札幌農学校の卒業生の中から国語の研究者が出たということはおもしろいことです。

この大島先生が晩年東京に来られて、柏木の内村先生の講堂にいつも出席されました。内村先生よりも年も上だしクラスも上でありましたが、いつもにこにこして出席しておられる。それで内村先生が日曜の講演が終って壇を下りると、大島先生がのこのこ内村先生の前に来て、そして、今日の話、善かったとか、何とか言って、先生をエンカレジされた、奨励された。非常に友情のあった先生です。この大島正健先生の話をもとにして、子息の正満君が――いままだそこに存命でありますが、書かれた本が、『クラーク先生とその弟子たち』という非常に有益な本です。

その向うにある頭の禿げた西洋人は、アメリカのペンシルバニヤ州のエルウィンという所にあった州立の白痴院の院長のケルヴィン博士。内村先生がアメリカに勉強に行かれた時最初一年ばかし白痴院におられまして、ケルヴィン先生にたいへん世話になった。内村先生の苦学を助けられた人です。その当時のことは『余は如何にして基督信徒となりし乎』という本にあります。それから『求安録』という先生の初期の作品の中に、慈善事業によって心の平安を得ることができるか、という問題を書いておられる。その慈善事業ということは、あの一年間の苦しい奮闘、労働の体験から出ていることで、つまりいかに一生懸命、慈善事業をしても、それで罪の赦し、平安というものは心に与えられない。罪の赦し、平安というものは、キリストの十字架を信ずる信仰、キリストの十字架の血潮によって与えられるということを述べられたのが『求安録』という先生の名著であります。

その横にこちらから見ると正面に見えますのは、今井楠太郎という今井館の名の起った人。この人は若くして世を去られました。

それからこちらにあるのは、ジョン・ノックスの肖像、スコットランドの宗教改革者。

ここから見えませんけれども、そこの部屋の隅にかけられている若い婦人の肖像、油絵の肖像がそこにあるはずです。あれは内村先生の令嬢のルツ子さんの肖像。そのルツ子さんは明治四十五年一月、年十九で召されました。内村先生の一人娘です。

こういう額は内村先生の所蔵せられていたものもありますし、そうでないものもありますが、この建物ができてからここに掛けられているのです。

われわれは、使わして頂いている今井館の講堂の歴史を溯ってみると、この建物そのものは違いましたけれども、内村鑑三先生の生涯を、ことに伝道生涯の歴史を、われわれが背後にもっている。これは私だけが、この建物だけが背後にもっているということでない。むしろ、そういうことでなくて、誰でも内村先生の弟子は、内村先生の信仰生涯を背後にもっているわけであります。私どもはそのひとりである。

こういうお話をする機会はあまりありませんから、今日は今井館の歴史をお話したのであります。話の要点は、こういうところにあるわけでなくて「新日本の定礎式」と言われたそのことは、キリストの十字架の福音にある。それが大切であって、他のことは皆忘れてしまってよい。ところが他のことは、われわれの耳におもしろいものですから、おもしろいことだけ憶えて、十字架の福音ということは、もう何度も聞いたことだから憶えてしまっているなどと言って、横着な考えを起している。その十字架の信仰の、切れば血の出るような十字架の信仰ということが、われわれ自身の生命でもあり、またわれわれの集会の生命でもあり、また新日本の礎でもあるということを、そこを十分理解しなければならないと思うのです。

(編者注　ダビンチの「最後の晩餐」の絵が上塗りされたということと、幾通りも流布されているということは史実になく、著者の思いちがいである。足についての伝説もあまり確かでない。)

十六　時勢の動きと預言者の声

1

だいぶん時刻も移りましたし、政池君と石原君の十分の御馳走を皆さんはお食べになったので、定めし御満腹と思う。私はお茶漬を一杯さし上げるという程度でございます。

私の気持は詩篇のある詩にあるように、

わが心はうるはしき事にてあふる。我は王のために詠みたるものを言ひ出でん、わが舌はすみやけくもの書く人の筆なり（詩篇四五の一）

「すみやけくもの書く人」は速記者のことでありまして、速記者のペンのように速いというのであります。

私は私の先生内村鑑三のことを思い、また内村鑑三をわれわれに与えたまうた神の恵みを思いまして、心は喜びに満ち溢れておる。楽しくてうれしくてしようがないという次第であります。

ことに私どもの学生のときから内村先生にともに学んだ方々の多くの顔を、皆さんの中に見ることができる。いまもお互いに元気で、健在で、先生の記念会に集まって、先生の愛されたイエスと日本のために志をともにしておる。われわれのうち多くの人々はすでに天に昇りました。けれども長年の間の世の風波にもまれながらも信仰を保って、あるいは保っていただいて、今日ここに互いに相まみえるということは、言いようのない喜びであります。また私どもよりも年の若い諸君がたくさんここに集まってこられまして、私どもの志をたぶん受けついでいってくれるのだろう。私どももやがて数年のうちにはこの世を去って天に召されると思いますけれども、このあと何年も何年も日本の国に福音の播かれた種が育って、いつまでもいつまでも、イエスの福音が語りつがれ、聞きつがれていくだろうと思いまして、私はたいへんうれしいんです。

内村鑑三先生は昭和五年の今月今日に召されたのでありますが、先生の伝道の歴史をごく簡単に言いますと、明治三十年代の初めから大正六、七年のころ、第一次大戦の終りまでは、先生はきわめて閉鎖的な形で集会をもたれ、多くの人を集めないで、ごく少数の人にだけ聖書を説いておられました。ところが第一次世界大戦によって先生は大きな刺激をお受けになりました。それで初めは神田の美土代町のYMCAの講堂において、これが一年ばかり、次いで大手町の私立衛生会の講堂において聖書講義をせられるようになりまして、全国から数百の聴衆が集まったのです。

その衛生会の講堂が大正十二年の震災で破壊されまして、先生は柏木の今井館にお帰りになって、再び二百人か三百人かの限られた者に講義をせられましたが、やがてまた市中に出られまして、神宮外苑の日本青年館で大きな集会をされました。それもしばらくでまた柏木に帰られて、ついに眠られたのでありますが、その日本青年館の講義の題目がイザヤ書でありました。私はいまでもその当時のことをはっきりと思い出し、また印象が深いのであります。

イザヤ書の講義の最初に、第一章二節の、「天よきけ地よ耳をかたぶけよ、エホバの語りたまふ言あり」というところを、内村先生は、天と地を陪審員に呼出して神の法廷が開かれておる、預言者イザヤは天に訴え、地に訴え、天地を陪審としてイスラエルの罪を告発している。

　われ子をやしなひ育てしに、
　彼らは我にそむいた

こう言って獅子吼されたのであります。

内村先生の講演のジェスチュアはたいへん大きく、こういうジェスチュアをして、意気軒昂で、あるときには足で床をお蹴りになる。

　牛はその主をしり、
　驢馬はそのあるじの厩をしる、
　されどイスラエルは知らず、わが民はさとらず！

こう言って床をお蹴りになった。その音がいまでも私の耳に残っている。

　善きおとづれを伝へ、救を告ぐる者の足は、
　山の上にありていかに美しきかな

ということばがあるが(イザヤ書五二の七)、善きことばをお告げになった先生が床をお蹴りになった音も、またいかにこころよきかな、であります。

先生、内村鑑三先生を日本に遣し給うた神の御意、神の恩恵は、ほんとうに汲めどもつきないものがありまして、先生の講演のあるものの内容は実に厳しいものでありましたけれども、いまになって私どもはその厳しいおことばさえも、愛の甘露に潤うていることを知るのであります。すなわち神の真理に潤うていることを知るのであります。

2

日本のキリスト教の歴史における内村鑑三の地位については、多くの人がたびたびその問題について研究もし、説明もいたしておりますから、今日それを繰返す必要はありませんが、三つの特色が先生の活動にあったと思う。

第一は預言者としての内村鑑三。預言者というのは、いまのイザヤでもわかりますが、時勢の動きを見てそれに対する神の審きを告げる者であります。神の審きは、高ぶる者を挫ぎ、神に依頼む者を助ける。そういうことが神の審きの内容でありまして、これをただ観念的に考えるのでなくて、実際に生きた時勢の動きを見まして、神の御意に反する点を指摘し、神の御こころに従わなければ必ず破滅が来る。しかしながら神に依頼むならばその滅亡をまぬかれて救われる、ということを告げる。これが預言者というものでありまして、内村鑑三はその役目をりっぱに、十分にお果しになりました。

内村鑑三の生涯の初期の活動、『東京独立雑誌』の時代から晩年に至るまで、内村先生は世の中の実際の動きを鋭く見抜いて、神の言を恐れるところなく述べたのであります。たとえばイザヤ書第一章の御講義でも、われわれは、それからあとの日本の国の進んだ実際の道行き、ついに第二次大戦における日本の国の行動、それから来った破滅を内村鑑三はすでに見抜いておられた。エホバに逆らうならば必ずそうなるということを、鋭く指摘しておられたことを知るのであります。

第二に、内村先生のお仕事は、聖書研究者としての活動であります。先生が『聖書の研究』という雑誌をお出しになったときには、聖書は信ずべきものであって研究すべきものではない、聖書の研究ということばそれ自身が不信仰であり、冒瀆的であるという批評があったそうです。そういう中にあって、内村鑑三先生は早くから聖書の研究の重要であることを知られて、御自分の雑誌の名前までもそれをお附けになった。これはわれわれにとって全く画期的な道を開かれたのでありまして、いわゆる善男善女的に、「ただ有難い、有難い」という教えでは、とうていキリストの真理を知ることはできない。聖書を学ばず、聖書を抜きにして、ただ牧師の話を聞いて信ずるということは、私どもをほんとうに神の子として救う道でない。しかも聖書を学んでみようと思いますと、なかなかむつかしいのでありまして、あちらこちらにわからないことばや記事があり、思想についての矛盾さえも感ぜられる。

でありますから、聖書を学問的にしかも信仰的に研究するということは、非常に大切なことでありますす。単に聖書を鵜呑みに信ずるという態度は、聖書の真理を知るゆえんでもないし、そうかといって信仰を抜きにして批判的に聖書を分析するということも、真理を知る道でありません。内村鑑三先生はそのかたい信仰をもってしかも研究的に聖書を学ぶ態度と方法を私どもに教えて下さった。聖書の研究ということを日本に紹介し、その正しい道を開かれた功績は、実に大きいものがあるのであります。

第三には、福音の使徒。先生はキリストの救いの福音をかたく信じ、また私どもに伝えられたのであります。内村鑑三先生の信じたキリストの福音の中心は、十字架による罪のあがないであります。もちろんそれだけでありませんけれども、私の見るところによりますと、内村鑑三の心臓にいちばん強く流れていた血潮は、十字架の上でキリストが流されたその血潮であったと思うんです。私どもと同じく内村先生の講筵に列した者、たとえば石原君でも政池君でもたしかに記憶しておられると思いますが、先生はお召されになる一年前ぐらいから病気がお悪くなって、講義をみずからすることがおできにならないようなとき、壇に上って初めの祈りだけをされたことがあります。その祈りは、あの体の大きな、かつたましいの偉大な先生が、全く手放しで泣くような、否、実際に泣いて、己の罪の赦しをキリストの御名によって神に祈り求められたのであります。内村鑑三七十年の生涯を貫いて彼を支えたものは、十字架による罪のあがないの信仰であった。それを先生は私どもに教えて下さった。いかに弱き者でも、いかにみじめな者でも、キリストを信ずるその信仰だけで救われる。何の功績をも必要としないということを、かたくかたく教えていってくれたのです。預言者として、また聖書の研究者として、福音の使徒としての内村鑑三先生を、私は限りなき感謝と尊敬と懐しさで思い出すのであります。

3

イエスがあるとき群衆に向かって、

偽善者よ、汝ら天地の気色《けはひ》を弁ふることを知りて、今の時を弁ふること能はぬは何ぞや（ルカ伝一二の五六）

気象通報、天気予報はできるが、時の徴を弁えることができないのは何ぞや、と誡められたのであります。

私どもは今日の日本の「時の徴」を、どのように見わけることができるだろうか。戦後あたかも神の霊感のごとくに日本に示された平和主義の影がいまや薄れていきつつある。人間の自由を貴ぶ観念が揺ぎつつある。キリスト教はだんだん評判が悪くなるだろう。そういう徴をわれわれは今日の日本の空に見るのです。

日本におけるキリスト教の歴史を別の意味から見ますと、内村鑑三があの明治二十四年一月、第一高等中学校の不敬事件があって以来、昭和二十年の八月十五日まで、日本におけるキリスト教の信仰は国家主義の大きな弾圧の下にさらされ、キリスト教の伝道は伸び悩んでおりました。ほんとうにキリスト教を信ずる者は警察から尾行されたり、取調べられたり、特高警察の視察の対象になっていたのであります。それが戦争の終った時に急に解放されまして、非常にわれわれは伸び伸びと明く感じたのでありました。キリスト教はその伝道をするについても、信仰するについても、いままでにかつてわれわれの先輩が経験しなかったような自由さを楽しみました。世間から、キリスト教は悪いものでない、否、善いものだと言われるような風潮になったのです。

その時に私は思いました、この機会を逸せずわれわれは日本国民の間にイエス・キリストの福音を、できるだけ広くまた深く教え込まなければならない。世の中の有様は、国際的にも国内的にも、政治情勢あるいは経済情勢は移り変っていくものでありまして、歴史というものを見れば誰でも知ることでありますが、国際関係でもけっして同じ状態が永久的に続くものでない。日米関係でもそうです。日英の関係でもそうです。日露あるいは日ソの関係もそうでして、昨日の味方は今日の敵、今日の敵は明日の仲間。移り変っていくものは国際情勢す。国内情勢でも同様です。

そういう中にあって私どもは、永遠に変らないところのキリストの真理を、時を得るも得ざるも、国民の間にみずからかたく保ちまた宣伝えていかなければならない。ことに時を得たときには、すなわちキリスト教の伝道と信仰が自由になったときには、それは貴重な機会でありますから、われわれはこの機会を逸せずできるだけ努力して、日本国民の間にキリスト教の信仰をかたく植えつけ、広く弘めなければならない。私自身心に期するところがあって、及ばずながらそのために努力してきました。

けれども、そういう自由な空気の時代はもはや過ぎ去りつつあるようだ。もしもキリスト教ということと平和ということが同じことであるならば、日本におけるキリスト教の評判はこれから悪くなるはずであります。キリスト教自身がこの世の勢いに迎合し、追随して、長いものにまかれていくのであるならば話は別ですけれども、正義と平和がキリストの福音の本質であるとするならば、今日以後、日本においてキリスト教を信じあるいは伝道する者にとっては、再び迫害に耐える覚悟を必要としてくるに違いありません。

その二、三の「時の徴」を列挙するならば、第一には日本再軍備の問題。MSA協定の成立を見まして、日本の再軍備はもはや否定することのできない国の方向となったのであります。最も心外に思うことは鹿を馬と言ったり、白馬は馬でないと言ったりした昔の中国の詭弁を思い出すように、戦力はいけないけれども軍力はいいだとか、軍と言っても救世軍は戦力を持たないとか、軍と言わないで隊と言えばいいだろう。保安軍はいけないが保安隊ならいいだろうなどという詭弁を弄している。そんな、誰でも嘘がわかるようなことが政治家たちによって公然唱えられておることは、これは世の中が移っていきつつあることの明白な時の徴です。

それから近ごろ毎日のように新聞雑誌に出る汚職事件もまた、明白な時の徴の一つでありまして、デモクラシーの、民主主義のと言っておりますけれども、真にキリストを信ずる信仰によって養われた個人の尊厳、すなわち個人の人格の重さとそれに伴う責任をわきまえずして、形の上だけ、制度の上だけで作り上げた民主主義は、汚職になるにきまっている。それは、国会議員は選挙によって当選するからでありまして、投票を自分に集める必要があります。それにはお金が必要だというので、政治家が金銭を欲することになる。一方において実業家は自分たちの事業に利益を得ようとして政治を利用する。そのためには政治資金を出す。キリスト教の信仰によって補強された人間の権利とそして責任がほんとうにわからないで、形の上だけで民主主義を唱えれば、汚職事件が起るのは、当然起るような組織と制度になっている。戦後十年間、日本国民にこの民主主義のほんとうの精神がわからないままに、早くもデモクラシーは破綻を来しつつあるのです。これも現代の「時の徴」の一つです。

教育二法案というものがある。教育二法案の内容をここで説明する必要はないけれども、あれだけ日本の教育者と学者が一致して反対したことを国会議員が法律にしてつくりあげるということは、実に奇怪々なる、わからない事柄なのです。もしも経済界のことを、実業家や商人の経験や知識や要求を無視して、その要求に反する経済の法律をつくるとするならば、いかにそれが無謀な、乱暴な立法であるかが誰にもわかりましょう。教育のことにおいても同じです。真理の声、正しい声を重んじなくなり、権力者の意思を強行しようとすること、これも一つの「時の徴」です。

その他、われわれはいろいろのところに現代の「時の徴」を見ることができる。西の方が夕焼すればあした天気になるだろう、北の方に雲があればあしたは北風が吹くだろう、ということが判断できますように、いま申したような二、三の時の徴を見まして、日本国民の民主主義と平和主義は影が薄れつつあることをわれわれは知るのです。見抜くのです。

たとえばイザヤとかエレミヤとかアモスとかのごとき預言者、あるいは預言者としての内村鑑三がかかる状態を見られるならば、「天よ聞け地よ耳をかたぶけよ、語り伝えられたキリストの言があるに拘らず、わが国民は重ね重ねもとりて、なお打たれようとするのであるか。頭の頂から足の裏まで、悉く汚れと腐敗と腫物のみである。汝ら悔い改めてエホバを信ずるのでなければ、再び滅亡は汝らに避け難い」と叫ぶでしょう。

4

こういう風に思えば、日本の国を救う道、ひいては世界人類を救う道、真理を保ちこれを維持する道は狭い道である、細い道であり、苦しみと悲しみの道であることを知るのです。結局キリスト教の本質がまたそこにあることを、われわれは再確認する。

戦後もう十年近くなりますが、その間われわれは訴えましたけれども、天皇もキリストを信ぜず、政治家もキリストを信ぜず、青年学生もキリストを信ぜず、国民もキリストを信じません。真に日本を愛した内村鑑三の道はやはり細い道であり、苦難と迫害を避けられない道であることを知るのです。しかしこれは聖書によく教えられておる事柄であります。エリヤが神に訴えて、国民はエホバの預言者を殺して私一人残っておりますが、その私をさえも殺そうとしております、と言って嘆いた。ところがエホバは、否、バアルのために膝を屈しない者七千人が遺されておると答えられた、という記事があります。真にキリストを信ずる者は常に少数であります。それは多数であることはできないし、また多数の必要もないと思いますが、しかしバアルに膝を屈しない者七千人が遺されておるということが、私どもの希望のつながるところであります（列王紀略上一九の一八、ロマ書一一の四参照）。

この七千人は団結の力でもって一つの政党もしくは団体をつくるということではなく、七千人のおのおのがただひとりで十字架の上に死ぬる。真理のため、正義のため、平和のために節操を屈せずして、一人ずつが十字架の上に死ぬる。そういう者が七千人遺されておる。そういうことであります。

われわれは無力であり愚かであり罪と過ちの多い者でありますが、キリストが己のものとして要求したまう者は、けっして有力な人、有徳な人ではありません。ただ、自分の罪と弱きを知りまして、キリストに依頼んで、神の恩恵によって救われることを信ずる者、すなわちキリストの十字架を信ずる者、その結果キリストに属する者としてキリストの名を恥としない人間、それがキリストの信者でありまして、有難いことには内村鑑三の時以来今日まで、かかる人々が絶えず、とぎれることなくして今日まで至っておることであります。そうして今日以後も諸君自身が次から次へとキリストの十字架の御旗を掲げて、この真理の戦闘を受けついでいって下さるだろうと私は信じ、また期待しておるのであります。それが、私が自分の恩師内村鑑三先生を記念する日を迎えまして、皆さまに訴えて、先生を記念することばとしたい内容でございます。

十七　無教会主義の中心問題

1

内村鑑三が召されたのは昭和五年（一九三〇）の三月二十八日でありました。それから二カ月後早くも青山会館において、五月二十八、九両日にわたり、最初の内村鑑三記念講演が開かれまして、藤井武、畔上賢三、三谷隆正、金沢常雄、塚本虎二、黒崎幸吉および私が講演をいたしました。この講演会を率先提唱し、最も熱心であったのは藤井でありますが、彼は第二日の最後を承って、「近代の戦士内村先生」と題する、忘れられぬ獅子吼をいたしました。藤井の講演の要旨は、まず一方において、当時関東大震災後の帝都復興祭が三日間にわたっておこなわれたその華かな行事と対照しつつ、ちょうどその時、一人の預言者が国民に顧みられることなくしてその苦難の七十年の生涯を閉じようとしていたことを劇的に述べ、福音万歳と叫んで天に昇った内村鑑三の死を語りました。

それから当時日本において暴れ狂っておりましたところの二つの思想。一つはマルキシズム、一つはモダニズム、あるいはアメリカニズム。ともに唯物的な現世主義であります。藤井はそれらの危険を説いて、

ああマルクシズムとアメリカニズム、二つの霊は今や全世界に跳梁しながら、共にその勢力を日東帝国に向って集

中するものの如くあります。大なる戦が何処かで始まって居るに相違ありません

この日本を救う戦士がどこかにおらなければならない。それが内村鑑三であった、ということを述べまして、最後にこう言っている。

先生は斃れました。その戦は勝利でありました。併しながら現代のハルマゲドンの大戦争は未だ終ったのではありません。穢れた霊は致命の傷を受けながらも、今なほ活躍を続けてゐます。マルクスは叫びます。アメリカは動きます。学者は囚はれ、青年は迷はされ、教会は堕落します。私どもは起たざるを得ません。私どもも亦真理のために、十字架の義のために、先生の遺しました劒を取上げ、先生の屍を乗り超えて、更に前進を続けなければなりません。我らの戦は是からであります。すなはちここに先生の記念会に当って、私どもはすべての真理の敵に向かって、新に宣戦を布告します（『藤井武全集』一二巻、同『選集』九巻所収）

諸君！　藤井武はこの叫びを遺して僅か一月半の後に、彼自身この地を蹴って天翔りました。続いて畔上去り、三谷逝き、生き残った四人のうち一人、金沢常雄は昨年の七月以来病床に倒れていまなお療養所のベッドにおります。

今日の講演会につきまして、三、四日前に私は彼に手紙を書きまして、今度は君と二人分戦うから祈ってくれ、ということを申しました。それに対して返事が昨夜私の所に来ました。曰く、

感謝の涙が湧き溢れました。また読み終ると、忽ち胸が熱し全身が燃ゆるが如き状態となりました。貴兄が私の分まで戦ってくれることを知らされ、祖国への私の愛、やむに止まれぬ衷情が起ったためでした。御講演会の上に御霊の能力豊かに臨みますやう切に祈り続けます。感激の余り一筆。今日から一日一回、床の上に坐して食事をとることを許されました

こういう状態の彼が病院の一室において、本日の講演会のために祈っておるのであります。残る塚本と黒崎と私とが今日ここに立つのであります。天に召された者も病院にいる者も、健康を恵まれている者も、心を一つにしてわれらの恩師内村鑑三の仕えた神のために、神の栄光のためにここに在るのであります。

2

内村鑑三が召されましてから二十五年たちました。この間における世界と日本の変化をくわしく述べる暇はありません。ただ内村鑑三に即して二つのことを申しますと、第一に、日本における彼の名声は確立したことであります。彼の肖像は文化郵便切手に描かれました。いまや明治思想史を研究する者は彼の名を逸することはできません。

一つの例を申しますと、東京教育大学の家永三郎教授、この人は内村鑑三の弟子ではありません。クリスチャンでもありませんが、この人の研究を収めた『近代精神とその限界』(角川新書)という著書があります。それは北村透谷、福沢諭吉、田口卯吉、内村鑑三を評伝したのでありますが、そのページの半分以上は内村のために割かれたのであります。家永教授の内村観を、教授自身のことばで読むことを許して頂きますが、

大正昭和と近代的なものが逐次その地歩を獲得して行った後にも、依然として確固たる個人的自覚があらはれる

ことなく、左顧右眄の雷同附和のみが蔓こってゐる日本の現状と対照するならば、内村の孤高の個人主義の思想史的意義は日本人として比類稀な高さを示してゐるといはねばならないであらう（前掲書一一四頁）

真に近代精神の根柢をきはめ、その内に立ってその限界を突き破らうとした思想家を明治以来の日本の思想界にさがし求めるとき、我々は内村以外に果して幾人を発見し得るであらうか（同書一三六頁）

明治以後の近代思想家の大部分、バックル・ベンタム・スペンサー等の祖述を事とした多くの啓蒙思想家は勿論のこと、ドイツ観念論の継承者も、史的唯物論の信仰者も、誰あってその役割を果さうとしなかった中で、夙に深く近代化の真髄を体得し、日本の近代化のために全力を傾注しつつ、なほ近代文明の限界を明に摘抉してそれへの盲従を肯じなかった内村は、日本近代思想史の上に肩比するもの稀なる、燦然たる光芒を放って高く聳えてゐる、といふも必ずしも溢美の評ではないと信ずる次第である（同書同頁）

これが内村鑑三の弟子でないところの、全く第三者の立場にある学者の評論であるのです。このように内村鑑三の思想史的位置はいまや認められてきました。しかしこの近代の中に生きながらみずから近代主義を批判し、攻撃したところの内村鑑三、すなわち近代の中におりながら近代精神の限界を摘抉して、これを突き破ろうとした内村鑑三の根本の精神はどこにあるか。どうして彼は近代精神を体得したか、どうしてその限界を摘抉してこれを突き破ろうとしたか。内村鑑三を内から動した原動力については、多くの学者・評論家の知らざるところであります。

家永教授は慧敏にも、内村鑑三の無教会主義と来世復活の信仰を除いては内村の思想はわからない、ということを述べております。しかしながら十字架による救いとキリスト再臨の信仰が、いかに内村鑑三の思想と生涯に重要な意義をもったかという点については、さすがの家永教授も目が及んでおりません。多くの評論家は『東京独立雑誌』時代、『万朝報』時代の内村鑑三、すなわち文明批評家・社会改良家としての彼に注目いたしますけれども、その後の長き『聖書之研究』の執筆と伝道の生涯は無視されておるのであります。日本は内村鑑三を認めてきましたけれども、ほんとうに認めておらないということがわかります。（矢内原忠雄著『銀杏のおちば』二三二―二四五頁参照）

第二に注目すべき事実は、この二十五年間に無教会主義が日本において確立したということでありま す。いまや無教会を除いては、日本のキリスト教を語ることができません。かつては、無教会主義者は洗礼を受けない、したがって教会員として教会に登録されておらないから、そういう者はキリスト教徒と認めることはできないと、そういう風に言われておりましたが、今日ではこのようなことはもはや問題でなくなりました。

初代教会のころ、割礼を受けた者でなければキリスト教徒のエクレシアに属しないと主張したユダヤ主義者と、キリストの救いを信じてエクレシアに連なるためには割礼を受ける必要がないと主張したパウロとの間に、激しい論争があったことは御承知の通りであります。しかしダイスマン教授が指摘したように、その論争は事実をもって解決された。十年、二十年、三十年とたつ間に、無割礼者であるキリスト教徒の活動を無視してはキリスト教伝道はないということが、事実によって確立したと申しておりますが、無教会対教会の問題についても同じことが言えると思います。この二十五年間の無教会の伝道の事実によりまして、いまや無教会者もまたクリスチャンである、無教会は日本のキリスト教の重要なる一部であるということは、誰一人文句の言いようがないものとなったのであります。

3

それならば無教会信仰の中心問題は何であるかと申しますと、消極的な面においては、人は救われるために洗礼を受ける必要はない。従来は教会の制度と礼典とにあずかることがキリスト教徒であることの必要条件であるとされ、洗礼を受けなければ教会員になれない、教会員にならなければキリスト教徒とは認められない、と言われておりましたが、それに対して内村鑑三は大なる「ノー!」を叫んだのであります。人はキリストを信ずることによって、その信仰だけで義とされる。それ以外に、救いのためいかなる制度をも必要としない。教会に属する必要もない、洗礼を受ける必要もないということが無教会信仰の主張であります。

しかしこれは消極的・否定的の面でありまして、もしも他に積極的・肯定的主張がないとするならば、それはけっして長く続く生命をもつことはできないでありましょう。

しからば無教会信仰の積極的な主張は何であるかといえば、実に何の新奇もないことでありまして、旧くから言い古されてき、信ぜられてきたところの、聖書の信仰にほかならない。すなわちキリストの十字架による罪の贖いを信じます。身体の復活を信じます。キリストの再臨を信じます。この信仰、いわゆる正統的な聖書の信仰が、無教会信仰の内容であります。

その中でもとくに重要な位置を占めておるものは、十字架による罪のあがないの信仰であります。家永教授は内村を批評して「徹底したる個人主義者」と申しました。この個人主義者という意味は、もちろん利己主義者の意味ではありません。人は神に創造られた一個の人間として、誰でも直接神に結びつく。われの存在は神によるのである。われの救いも神によるのである。神とわれとの間の直接の関係、他の何者もこれにくちばしを容れることを許さない各個人の独立自由なる神との交わり、これが無教会信仰の根本であります。その意味においてまことに徹底した個人主義であります。

しかしこの個人主義と申しますことは、正しくそれを理解するならば、一方においてはパリサイ的な分派主義を否定いたします。個人主義が間違いをきたしますと、自分だけが良くて他人を悪く見るところのパリサイ主義のセクショナリズムに陥ります。しかし正しい個人主義であるならば、自分と神との直接の交わり、神聖な神秘的な交わりを重んずるごとく、他人と神との同じような直接の交わりを尊重いたします。それゆえに個人主義がキリストに在りて徹底した場合には、寛容の徳と一致するのであります。個人が神に結ばれ、そして他の個人に対して寛容を持するとき、われわれはキリストを幹とし、お互いに枝であるところの一つの木になる。あのヨハネ伝でイエスが教えておられるエクレシアを形成するのであります。エクレシア、すなわちまことの意味の教会を形成するためには、われわれは徹底した個人主義の立場に立って神と直接に交わるという関係が確立されなければなりません。そしてそのことが他に対する寛容を伴うことによって、――それは当然に寛容を伴い得ることでありまして、――それによってエクレシアは成立するのであります。

個人主義をセクショナリズムのパリサイ主義から救うものは、十字架のあがないの信仰であります。われわれの義とされることは、律法の行いによるのではない、信仰によって神から賜わる義であるという立場に立つとき、そこに自分の個の生きる場を確立すると同時に、他人の個を尊重し、他人に対して愛をもつことができる。

それゆえに、無教会主義は無教会という教派をつくるのではありません。また無教会内において分派主義をつくるべきでありません。各個人が個々的に自由であり、神と直接に結びますが、それゆえにこそ他に対して寛容であり、愛をもつのであります。

4

第二に問題になりますのは、無教会信仰と社会的実践の問題であります。内村鑑三が『万朝報』時代に幸徳秋水、西川光次郎、堺枯川など、社会主義の諸君と筆陣をともにし、また「理想団」なる一つの団体をつくりまして、社会改良・社会教化のために努力した時代がありました。その後先生は社会主義者と袂を別ちまして、聖書の研究と福音の伝道に没入されたのであります。そういう歴史的事情を背景として考えるとき、人の救いは信仰によるのであって行為によるのではない。同様に社会の救いも社会運動や社会改良の事業によって得られるのではなく、個人個人がキリストを信ずることによって社会もまた救われるということを、内村が強く主張した理由がいっそうよくわかるのであります。

そのことから、社会運動や社会的実践は意味がない、そういうことよりも、聖書を研究して自己の救いを確立し、かつ人に福音を語るのが正しい生き方だ。平和運動・労働運動・社会運動などでは社会は救われない。こういう考え方が相当強く無教会の間にしみ込んでおるのであります。

この問題については、時間が乏しいからくわしいことは申されませんけれども、キリストの十字架によってのみ人は救われるという信仰は、当然に、なし得る限りをつとめてすべての善を実行するところの実践となるのであります。自分は何もできない者、無価値な者、能力のない者である。この罪人である自分をキリストは十字架の血によって赦してくれた。それゆえに自分はすべての人と和らぎ、すべての善に対して尊敬と同情をもちます。平和運動・社会運動に従事する人をわれわれは尊敬いたします。けっして軽蔑いたしません。またわれわれ自身も、自分のなし得る限り力を尽して、自分の手の届くところの善をなします。社会的実践を信仰から離れて見るときに、運動によって社会は救われない。それは窮極的・根本的にキリストの十字架の救いと再臨の恩恵によって救われるというのは真でありますが、しかしながら、だからといって社会的実践をわれわれが冷たい目で見るとか、無価値であると言うとかは、けっしていたさない。キリストの十字架の信仰に徹すれば、われわれはすべての人に対して寛容であることができると同じように、すべての善に対して好意をもつことができる。

たとえばアルベルト・シュワィツァーとインドのガンジーは、現代における二大偉人と呼ばれます。

そう呼ばれるには、いくらかの道理があります。しかしながら、シュワィツァーはキリストの十字架のあがないを力説する人ではありません。ガンジーはなおさらのこと、彼はヒンズー教徒であってクリスチャンではありません。しかしシュワィツァーのアフリカ伝道とガンジーの無抵抗主義は、非常に大きな思想的影響をわれわれに与えたのであります。そのシュワィツァーを日本において真先に認め、アフリカにおける彼の事業に賛成して醵金を送り、彼の仕事を助けた者は、教会でもなく、社会事業家でもなくて、実に無教会の内村鑑三であったのです。最近はるばるアフリカのランバレーネに行ってシュワィツァーを助けた野村実君は、ほかならぬ内村鑑三の弟子であり、無教会のわれわれの兄弟であります。ガンジーの価値を日本において真先に認め、これを日本に紹介した者は誰か。私はよく研究したのではありませんが、少くとも非常に早い時期において内村鑑三はガンジーの無抵抗主義の意義を認めて、推賞しております。罪人であり、ゼロである自分自身がキリストの十字架を信ずることによって、ただそれだけで義とされたのでありますから、すべての人に対して寛容であり、すべての人の善を認めることは当然です。それができない者は、間違った分派主義であり、パリサイ的な誤った個人主義であります。こうして考えてみますと、無教会信仰の根本問題、無教会主義の中心問題は十字架の信仰にある、と断言してよかろうと思います。

無教会主義は現代においていかなる意味をもっているか。藤井武の演説を今日になぞらえて言うならば、戦災で崩れた東京はいまや復興しつつあります。しかしそれは外形的の復興でありまして、精神的にはソ連の唯物無神論の影響と、アメリカの現世的・世俗的な享楽主義と、この両者は武器による日本征服ということを契機といたしまして、二十五年前の当時よりもいっそう露骨に、いっそう根強くわれわれ国民の間に入り込んでおります。唯物無神論から出るところの現世主義！　われわれが知る通りに、アメリカのデモクラシーもけっして完全ではない。完全でないどころか、多くの弊害をもっております。アメリカ文化の中に実に大きな堕落と腐敗があります。ソ連の共産主義の中にもまた、多くの誤謬と腐敗があります。かかる中に在って藤井の後をつぎ、内村鑑三の遺した剣を取上げて、彼の屍を乗り越え、ハルマゲドンの戦いを戦う者は誰であるか。無教会主義にこの戦闘の精神が失せるならば、それは味を失った塩にほかならない。

いかなる意味において無教会主義は近代精神の精髄をつかむか。それは、人は制度の奴隷でもなく、何者の奴隷でもない。人は直接キリストの十字架の救いによって神に結ばれ、神の子とされる。これが真正の意味の個人主義の内容であります。個人の自覚、個人の権威、これが近代精神の精髄であります。それからデモクラシーも生じます。またエクレシアも生じます。しかしながら個人の尊厳を知ることは、他人に対する寛容と他人との清き交わり、すなわちエクレシアと両立しなければならないし、また両立し得るものである。

近代精神の精華の一つというべきデモクラシーも、民衆の権威を最高の権威とするときに、救うことのできない堕落と腐敗が起ります。いかに選挙のために民衆におもねり、民衆の投票を得るためにどんな腐敗がおこなわれておるかは、諸君の知るところであります。デモクラシーは神の権威を畏れ、神の権威に従うという精神が伴わなければ、人類を救うものではなくて、人類を毒するものとなります。

近代精神のもう一つの特色は、科学的な合理主義に伴う批判の精神であります。そして内村鑑三は科学による批評的精神について無縁の人ではなかったのであります。しかしながらこの科学の合理主義が今日大なる行きづまりに来ておることは、原爆・水爆を持てあましておるところの、科学文明の成れの果てでよくわかるじゃないか。科学尊重の近代合理主義精神が人の霊的な要求を無視せず、人間の霊魂の尊厳を知り、霊魂の救いを伴うのでなければ、それは人類の友ではなくてかえって人類の敵となるのであります。

このように近代精神の精髄を知り、しかもその限界を乗越えて近代精神を救うもの、人類の文明を一歩前進せしめ、人類を破滅から救うものは、純粋にして単純なキリスト教の信仰である。その純潔にして単純なキリスト教の信仰は十字架の福音に凝結するのでありまして、それをわれわれに教え、それをわれわれに遺したのが内村鑑三であります。内村鑑三の無教会主義であります。内村鑑三の無教会主義は単に教会相手の争いというような、ちっぽけなケチな宗派的な存在ではありません。これは近代精神の行きづまりを打破して、人類の文明を一歩前進せしめていく精神であります。これが日本国民をも全世界をも救う力であるのでありまして、私どもは内村鑑三天に召され、藤井武天に召され、その他多くの先輩が天に召された後を守って、この戦いを推し進めていくのであります。どうぞ諸君もこの戦いに参加されまして、日本を神の国となし、世界を滅亡より救う戦士となって頂きたいと思うのであります。

十八　無教会主義とは何か

一　宗教改革史的に見た無教会主義

1　エレミヤ

今日は内村先生を記念して、「無教会主義とは何か」というお話をしようと思います。これはいままで何度もお話したことですけれども、私ども信仰的立場をいつも思い返しておることが有益でありますから、そのお話をしようと思う。

一つは、歴史的といいますか、宗教改革の歴史として無教会主義を見ることができると思います。宗教改革のことはあまり遠くまで遡らなくてもいいと思いますが、旧約聖書のエレミヤはどうしても逸することができない人物です。エレミヤの青年時代にヨシヤという王がユダにおりまして、ヨシヤ王が宗教改革を志した。その時代に申命記という律法の書物が発見され、ヨシヤ王はこれにもとづいて宗教改革をしようとしたわけです。

申命記には新しい信仰と思想が盛られておりました。新しいというのは、形式的な宗教に対して霊的宗教を重んずることです。そういう見地から、在来のユダヤ人の律法を見直し、これに新解釈を施したのが申命記であります。それにもとづいて、それまでのユダヤ人の宗教を改革しようというのがヨシヤ王の企てた事業でありました。

レビ記とか出エジプト記などを見ますと、礼拝の儀式制度や社会生活上の法律・規則に関する規定があります。これらの律法の解釈および履行が形式的となり、生命を失ってきました。一方、エホバの神を拝む場所が一カ所でなく、国内方々にあった。そのためエホバ礼拝と地方の偶像神の礼拝が混同されることになり、ユダヤ人の宗教は生命と純潔を失ってきました。このような状態を粛清して、地方的な偶像礼拝の風習を除くために礼拝の場所をエルサレムの神殿に限ることとし、地方にある壇を除くことをヨシヤ王は命令したのであります。

ヨシヤ王の改革事業にエレミヤも賛成をして、改革の趣旨を国民の間に普及させる役目を引受けまして、各地を廻って話をしたのですけれども、その活動の結果は失敗であった。ヨシヤ王の宗教改革の事業は中途半端で終り、国民の牢として抜くことのできない因習と偶像崇拝的要素を除くことができなかった。

エレミヤは失望しているうちに、彼の心に新しい霊的信仰の啓示がますます強くなりまして、たとえばエレミヤ記四章一節から、

エホバいひ給ふ、イスラエルよ汝もし帰らば我に帰れ、汝もし憎むべき者をわが前より除かばさまよはじ。かつ汝は真実と正直と公義とをもてエホバは活くと誓はん、さらば万国の民は彼によりて福祉をうけ、彼によりて誇る

べし。エホバ、ユダとエルサレムの人々にかくいひ給ふ、汝等の新田を耕せ、荊棘の中に播くなかれ（エレミヤ記四の一—三）

法律や伝統の形式的な解釈と、偶像礼拝の雑然としておる荊棘の中に信仰の種を播いても生えることができないから、新しい土地を耕せということです。

ユダの人々とエルサレムに住める者よ、汝等みづから割礼を行ひてエホバにつき、己の心の前の皮を去れ。然らざれば汝等の悪行のためわが怒、火の如くに発して燃えん、之を消すものなかるべし（同四の四）

割礼をおこなうことはエホバに属する民となるために必要とされた儀式ですが、エレミヤの言うには、心に割礼を施すべし。肉体の割礼に恃んでそれを誇るのは無益なことである。それよりも己の心の前の皮を去ることが大切だ。すなわち、心の改革を主張したのです。

「真実と正直と公義とをもてエホバは活くと誓はん」（四の二）とありますが、真実と正直と公義から出た誓いでなくして、ただ習慣的に「エホバは活く」というのではだめだ。後にイエスがヨハネ伝の四章で説かれたように、「霊と真をもって神を拝すべし」ということが、やはりエレミヤの信仰態度の根本にあったのです。心の前の皮を去り、新田を耕し、心の真実をもってエホバは活くと誓わなければならない。形と習慣に対して、霊と真実を出したのです。

それからもう一つ、エレミヤ記の三一章の三一節から。これも有名なところですが、

エホバいひ給ふ視よ我がイスラエルの家とユダの家とに新しき契約を立つる日きたらん。この契約は、わが彼らの先祖の手をとりてエジプトの地よりこれを導き出せし日に立てしところの如きにあらず、我かれらを娶りたれど

も彼らはその我が契約を破れり、とエホバいひたまふ。然れどかの日の後にわがイスラエルの家に立てんところの契約はこれなり。即ちわれわが律法を彼等の衷におき、その心の上に録さん。我は彼らの神となり、彼らはわが民となるべし、とエホバいひ給ふ。人おのおの其隣とその兄弟に教へて、汝エホバを知れとまた言はじ、そは小より大にいたるまで悉く我を知るべければなり、とエホバいひ給ふ。我彼らの不義を赦し、その罪をまた思はざるべし

（エレミヤ記三一の三一―三四）

これは実に激しい革命的なことばであって、「先祖の手をとりてエジプトの地よりこれを導き出せし」というのは、モーセに導かれてエジプトを出た時でありまして、イスラエル民族にとってはこれ以上の国民的大事件はない。その日に立てた契約ですから、これはイスラエル建国の根本になっている非常に大切な神聖な律法です。しかるにエレミヤの言う新しい契約は、「モーセによって立てられた律法のごときものでない」というのでありますから、保守的な人が聞けば、「実にけしからんことをエレミヤは言う。モーセの律法よりも新しい契約を立てるなどということは、律法をけがす大胆なことばである」と言ったに違いありません。実際彼らはそう思ってエレミヤを憎み、彼を迫害して、彼の生命を何度も危険に陥れた。それほどでないときでも、平生の交際においてエレミヤを相手にせず、仲間はずれにしてしまった。

過去の伝統の権威を否定して、新しい契約によらなければ国民は救われない。その新しい契約というのは、心の上に記されるものであって、石の上に記されるものでない。これはパウロが、文字は人を活かさない、霊でなければ人を活かす生命はない。「儀文にあらず、霊なり」（ロマ書二の二九）と言ったと

同一の信仰であり、同質の宣言です「心の前の皮を去る」もしくは「新田を耕す」と言うと同じく、革命的な宗教の真理を教えたものです。

もう一つ、エレミヤ記二二章を開いてみると、

エホバかくいひ給へり、汝ユダの王の室にくだり彼処にこの言をのべていへ。ダビデの位に坐するユダの王よ、汝と汝の臣および此の門より入る汝の民、エホバの言をきけ。エホバかくいふ、汝ら公道と公義を行ひ、物を奪はるる人をその暴虐者の手より救ひ、異邦人と孤子と寡婦をなやまし虐ぐるなかれ。又此処に無辜の血を流すなかれ。汝らもし此の言を真に行はば、ダビデの位に坐する王とその臣および其民は車と馬に乗りてこの室の門に入ることをえん。然れど汝らもし此の言を聞かずば、われ己れを指して誓ふ、此の室は荒地となるべし、とエホバいひ給ふ（エレミヤ記二二の一―五）

これはエレミヤの預言の重要な中心問題の一つです。政治とか社会生活とか、実際に人間の生きている関係において正義公道をおこなわなければならない。正義公道をおこなうということは、異邦人と孤児、寡婦、その他社会的に権利の軽んぜられる弱者と「無辜の者」、すなわち無実の罪に泣く者たちの権利を尊重せよ。そうすればユダの王位は保たれる。そうでなければこれは荒地となって亡んでしまうという、滅亡の預言であります。

エレミヤの預言の特色は、いま申したように、心にエホバの律法を記すこと、心の前の皮をとることであり、それは神に向ってはは真実の態度をもってエホバに誓い、人に向っては公義公道をおこなって弱者の権利を保護することでありまして、いずれも時の支配階級、権力階級との衝突をはらむものであり

まして、その衝突が思想的な方面、宗教的な礼拝のやり方、ならびに政治と社会生活の面に現われた。それゆえにエレミヤは世から迫害を受けましたが、彼は迫害の中にあって信仰の純な真理を明かにしました。そのことによってエレミヤは宗教改革者となり、新しい真理を後世に伝えたのであります。

エレミヤが偉大な預言者であったこと、すなわち預言者としての彼の真価は、長い間十分に認識されなかった。彼の預言の真価が認められたのは、キリスト教の時代になってからも比較的新しく、近代になってからのことでありまして、つまり宗教改革の精神によらなければエレミヤ記はわからない、と言えるのであります。

エレミヤはモーセの律法を否定する者となったが、それを否定することによってかえって法律の道を完成した。

律法を完成する道は、イエスが教えられたように、愛することである。混りなき心をもって、心を尽し、思いを尽し、精神を尽して一つの神を愛すること、および隣人を愛することに尽きる（マタイ伝二二の三七、三九）。そのような純な愛を、新婦が新郎に対して与えるような愛をエホバに対してささげ、また弱者である隣人に与える。そのことによって律法は完うされる。律法をば伝えられた文字として、形の上で守っていかうとする者は、律法の精神を殺してしまう。そのような律法の形式的な守り方を破壊することによって、初めて律法の正しい価値が認められ、またこれを正しくおこなうことができる。形でなくて、心である、言伝えではなくて新しい契約である。形式的な礼拝ではなくて、心の真実をもってする礼拝である。そして社会の悪に対しては、この世の状態の現状を維持することが神の秩序であるという保守的・逃避的・傍観者的な態度でなく、社会の悪と不義を指摘し、これを憤り、社会に公道と正義をおこなわしめなければならないという革新的・現実的であり、したがって世との衝突を自分の一身上に招くことになるような性質の社会批判。これらがエレミヤの宗教改革の精神であったのです。

2　イエス

エレミヤの精神を最もよく受けついだものはイエスでありまして、エレミヤとイエスの間に六百年ほどの経過がありますが、エレミヤの宗教改革の精神が地下水となって、イエスの所でまた噴出したわけです。

宗教改革者としてのイエスを見ることは、四福音書を学ぶ上に非常に役立つことであります。イエスの敵となり、イエスを捕えて殺そうと企んだ者は、学者、パリサイ人、祭司長ら、すなわち当時における代表的教育家でありました。これらはモーセ以来の律法の伝統を保ち、礼拝の儀式を維持し、ユダヤ人の宗教生活を支配してきた人々です。それに対し真正面から宗教改革者として立ち向っていかれたのがイエスでありました。

イエスの先駆者がありまして、それはバプテスマのヨハネでありました。バプテスマのヨハネのイエスに対する位置は、エレミヤに対するヨシア王の申命記改革のごとき位置にあります。バプテスマのヨハネは、彼自身はキリストではなくてキリストの先駆者であることをみずからも認め、イエスもヨハネをそのように評価しておられる。バプテスマのヨハネの使命は、ユダヤ人の伝統を形式的に維持するパリサイ的な律法主義を批判いたしまして、人は己の罪の悔改から出発しなければならない。罪の悔改を象徴するために彼はヨルダン川で水の洗礼を施しまして、バプテスマをもって罪を悔改めて新たに生れることの象徴といたしました。彼は現実の社会に鋭い批判の目を注ぎ、国王ヘロデ・アンチパスの権威を恐れずしてその悪行を指摘しましたために、ついに殉教の死を遂げ、首を切られてしまった。

イエスと洗礼者ヨハネとの相違はどこにあるか。どういう意味でヨハネが先駆者であり、イエスがあとから現われる真のキリストであったか。これは要するに、洗礼のヨハネは罪の悔改めの必要を説いた人であり、イエスは罪の赦しを実行した人であります。ヨハネはヘロデ・アンチパスの悪行を指摘して首をはねられましたが、イエスは世の罪を負うて十字架にかかられた。罪の赦しの必要を説いた人と罪を赦す人との差が、両者の間にあったのです。

ヨハネ伝三章三節から読んでみますと、

イエス答へて言ひ給ふ、「まことに誠に、汝に告ぐ、人あらたに生れずば、神の国を見ること能はず」ニコデモ言ふ、「人はや老いぬれば、いかで生るる事を得んや、再び母の胎に入りて生るることを得んや」イエス答へ給ふ、「まことに誠に汝に告ぐ、人は水と霊とによりて生れずば、神の国に入ること能はず。肉によりて生るる者は肉なり。霊によりて生るる者は霊なり。なんぢら新に生るべしと我が汝に言ひしを怪しむな。風は己が好むところに吹く、汝その声を聞けども、何処より来り何処へ往くを知らず。すべて霊によりて生るる者もかくのごとし」（ヨハ

ネ伝三の三―八）

また一五節に、

すべて信ずる者の彼（すなわちイエス）によりて永遠の生命を得ん為なり（同三の一五）

そのためにイエスが十字架にかけられたのです。イエスがニコデモに向い「新たに生るべし」と教えられたのは、新たなる契約がエホバから与えられると預言したエレミヤの言と同じ真理を言われたのです。「霊によりて生れる」ということをイエスが言われるのは、エレミヤが「心に律法を記す」とか、「新しい田を耕す」とか、「心の前の皮を切り去る」とか言ったに当るものです。「風は己が好むところに吹く」と言われたのは、霊のはたらきが自由であることを言われたのであって、制度とか規則とかは固定的なものであるが、霊は形をとって固定することはなく、自由に活動する。つまり律法の形式的な束縛に対して、霊の自由の活動を説かれたのであります。

それからヨハネ伝の四章二一節から見ると、

イエス言ひ給ふ、「女よ、我が言ふことを信ぜよ、此の山にもエルサレムにもあらで、汝ら父を拝する時きたるなり。汝らは知らぬ者を拝し、我らは知る者を拝す、救はユダヤ人より出づればなり。されど真の礼拝者の、霊と真とをもて父を拝する時きたらん、今すでに来れり。父はかくのごとく拝する者を求めたまふ。神は霊なれば、拝する者も霊と真とをもて拝すべきなり」（ヨハネ伝四の二一―二四）

エレミヤの信仰の流れがここに噴出している。こういうわけですから、イエスは当然律法の伝統を破壊する者としてパリサイ人や学者に憎まれました。ある場合には、イエスは安息日に人をいやすなど、故意に律法に抵触するような行為をして、パリサイ人たちの憎悪を買われたのです。

けれどもイエスはまた別の所で、我は律法を毀ちに来たわけではない。律法の一点一画を完うするために来たのであると、こうも言われている。つまり、律法を破壊することによって律法を成就することが、イエスの改革であったのです。破壊される律法は、形式的な律法でありまして、完うされる律法は、律法の霊的な意味でありました。簡単にそれは「愛」であると言っていい。イエスは愛の律法を完うする者でありました。その場合とくにイエスの愛の対象となったものは、罪人、盲者、足なえ、病める者、孤児、寡婦等でありまして、これらがイエスのとくに心を寄せた人々であります。これらの人々を愛するあまり、イエスは形式的に律法の破壊者となることをも辞せず、そのためこの世の学者・富者・権力者たちからは、モーセの律法を破壊する者であるとして批難されたのであります。

それゆえ、「イエスは律法を破壊することによって律法を完成した」と言われるとき、そこには律法が二つの視角から見られているのです。律法を破壊するというのは、律法の殻を破壊することであり、完成するというのは、律法の真の精神を完成することをいうのです。殻が中の生命を窒息せしめてしまおうとしているその時に、殻を破壊することによって中の生命が救われる、イエスはそういう意味において偉大な宗教改革を成しとげられたのです。これは、エレミヤがさきに預言した改革の展望を、イエスが成しとげ給うたのです。エレミヤのみならず、旧約の預言者に現われた宗教改革の精神と事業の流れは、イエスにおいてピーク（頂点）に達した。またイエスの後、新約時代に次々と現われた宗教改革者の精神と事業は、すべてさかのぼってイエスから出たのであります。旧約の宗教改革はイエスを目指したもの、新約の宗教改革はイエスから出たものでありまして、イエスが宗教改革史の頂点に立っている。それはなぜかといえば、イエスは罪の赦しの必要を宣べただけの人でなくて、罪の赦しを宣言した人であった。イエスは復活の幸福を宣べただけの人でなくて、みずから復活し、またそれによって人に復活の生命を与え給うからであります。そういう意味で、イエスがキリストすなわち救主であり、したがってまたすべての時代の宗教改革の中心点であり、根源であるのです。

3 パウロ

イエスの次に使徒の時代になりましては、いうまでもなくパウロが最大な宗教改革者でありました。ロマ書の三章二八節に、

我らは思ふ、人の義とせらるるは、律法の行為によらず、信仰に由るなり

これがパウロの宗教改革の根本精神です。パウロが説いていることも、エレミヤが預言したところ、またイエスが教えた線にほかならないのであって、律法の伝統が固定した形式の殻となり、その殻の中で霊的な生命を窒息させておる。イエスの時代のパリサイ人がそうであったし、イエスの昇天の後、初代教会内部のユダヤ主義者がそうであった。

宗教改革者としてのイエスの戦いは、具体的には主として安息日の律法に関してパリサイ人との衝突

から起ったように、パウロは主として割礼の問題に関して教会内部のユダヤ主義者と衝突したのであります。ユダヤ主義者は申しました、異邦人はまず律法上ユダヤ人として認められるために必要な割礼を受けるのでなければ、教会につらなることはできない、キリストの救いを受けることはできないと。こういう割礼主義者なる者が初代教会の中に有力であったのです。割礼はモーセの定めた神聖な律法であって、ユダヤ人であると異邦人であるとを問わず、割礼を受けることによって初めて人はエホバの民となることができ、エホバの前に出て礼拝につらなることができる。だからキリストを信ずる異邦人でも、割礼を受けてエホバに属する民としての資格を公認されなければ、エホバの前に立つことができない。すなわちエクレシヤの一員となることが許されない。割礼が人を救うわけではないが、割礼は人が救われるための予備的な必要条件である。――これがユダヤ主義者といわれるところの、初代教会内の保守的な人々の主張であった。

問題は割礼だけにあるのではなく、一般的にすべての律法に関する事柄でありまして、パウロは、人は律法の行為によって神に義とされることはできない、ただキリストを信ずる信仰によって義とされるのである。救われるためには、割礼を受ける必要はない、律法を守る必要もない。キリストを信ずる信仰だけでいいんだということを、ハッキリと強く言ったんです。だからしてユダヤ主義者が怒ったのも、まあ理解できるですね。彼らは、パウロは道徳も守らなくてもよい、昔からの言伝えも守らなくてもよいなどと、無律法・無道徳を唱えていると批難した。またパウロ主義の亜流の中には、「善を来らせんために悪をなすはよからずや」という者が出た。そして、ユダヤ主義者たちは、パウロがそういうことを教えているのであると言って、パウロを批難した。このような誤解と迫害の中にありながら、パウロは、「人の義とせらるるは律法の行為によらず、信仰に由るなり」ということを強く主張したのです。パウロの書簡を読めばよくわかりますけれども、救いは霊的なものであり、それに対して必要な心の態度は真実である。霊と真実が救いの根本であって、形式的な制度や習慣に固執することは、すべて霊の自由を窒息させるところの束縛である。内村鑑三先生はロマ書三章の二八節をたいへん重んぜられまして、これが宗教改革の根本の原則であると、何度も繰返して力説されたのであります。

パウロが右の原則の応用として、とくに力を入れて宣べたことは異邦人の救いであります。エレミヤの預言やイエスの教えにも、異邦人の救いということはありましたが、とくにパウロは異邦人の救いという問題に力点をおいたのです。異邦人をキリスト教会の中に受け入れるために割礼を施す必要があるかないかということは、当時における大問題でありまして、そこで議論が分れてしまった。割礼を授ける必要がないと言うのがパウロ。必要があると言うのがユダヤ主義者でありました。パウロのずいぶん苦労した問題であります。

割礼を受ける必要はないというパウロの主張によって、福音の宣伝えられる範囲は非常に広く、世界的になったわけです。まず割礼を受けて、制度的にユダヤ人にならなければ教会に入れないということであるならば、そのこと自体がつまずきになって、福音が異邦人の世界に弘まることは困難であったでしょう。しかるに人種民族の区別は救いには無関係だという原則を明かにパウロが維持したために、福音の弘まる範囲が世界的に広く、イエス・キリストの信仰が世界中に伝わるようになりました。

パウロは律法破壊者のように言われましたけれども、彼はけっして無道徳主義、無律法主義を唱えたわけではなく、一度律法を否定することによって、かえって律法を完成することができる。それはすべての律法を「愛」という一点に要約し、還元することによってであります。ロマ書一三章八節以下に説かれてあることですね。愛は心の問題ですから、真実な心でなければ愛することはできません。形式や惰性では、真の愛はできるものではない。ほんとうの愛をなすためには心が自由でなければならない。すなわち霊的な自由をもたなければならない。その自由は律法によっては与えられない。信仰によってでなければ与えられない。真の愛は霊の救いによって与えられるのであって、規則や制度や申合せによってはけっして与えられるものではない。だからパウロは、「人の義とせらるるは律法の行為によらず、信仰に由るなり」と言って、律法を否定した。しかしその否定の基礎の上に、彼はまた「愛は律法の完全なり」と言って、律法を完成する道を開くことができたのです。パウロの書簡を見れば、どの書簡にも最初の部分は律法を否定した部分があり、信仰による自由ということを述べているが、後半にはその自由によって人を愛するという道徳の教えを説いています。

建設の前に破壊が必要であります。しかしその破壊は破壊のためでなく、真に新しいものを建設するがためであります。これがすべての偉大なる改革者の仕事であります。パウロは偉大なる宗教改革者でありました。彼によってキリストの福音の弘まる範囲は、画期的に広くかつ深くなったのです。

4　ルッター

宗教改革の歴史では、近世になりましてルッターを思い出す。第十五、六世紀にかけて、ルッター、カルビン、ツウィングリーという三人の偉大な宗教改革者が同時に出ましたが、いわばルッターが代表格です。

ルッターの宗改教革も、パウロの宗教改革と同じ精神が、時代を異にして噴出したものですね。ルッターの宗教改革はロマ書三章二八節を根拠としたのでありまして、人の義とせられるのは律法の行為によらず、信仰「のみ」によって与えられる義であることを主張したのであります。すなわち救いは霊真実によるのであって、制度的礼拝や律法的行為を人に押しつけるのは、救いのために必要なことではなく、かえって人を真の救いから遠ざけるサタンの業であるとしてロマ法王と激突し、これによって、カトリックの教会と分離したのです。

ルッターの宗教改革の特色をなすものは、万人祭司論といわれるものです。神を礼拝するために特別の僧職を必要としない、すべての人が祭司であるという思想です。パウロは救いの門を異邦人に向って大きく開いたが、ルッターは祭司という役目をすべての人に解放した。カトリック教会には、いちばん上に法王がいて、それから大司教があり、その下に司教があり、神父があり、それから一般信徒があり、その下に求道者（カテキューメン）がありまして、こういう階級制度によって礼拝がおこなわれる。ルッターはそれに対して、どんな田舎の百姓であろうが、病人であろうが、信者は誰でも神との間に直接の関係があるのであって、神を礼拝し神に祈るために取次の必要はない。信仰によるならば、誰でも無条件に救われる。救われるために、法王の許可も認可も賛成も同意も必要でない。たとい法王が破門状を出して、お前は救われないぞと宣言しても、霊と真実をもってキリストを信ずるならば、その信仰だけで救われる。キリストが救って下さるのであって、法王が救ってくれるのではない。それであるからしてまた、誰でも福音を宣伝える資格がある。責任さえもある。福音を宣伝えることは、職業宗教家だけの仕事でない。僧職に就くことのできる資格試験に合格した者だけが、礼拝を司り、説教をする資格があるものではない。誰でもできることである。万人が祭司たる資格があり、また責務もある。そういう万人祭司の思想をルッターが宣べましたことは、非常に大きな改革的事業でありました。信仰だけで義とされるという主張は、ルッターにおいては、相手がカトリック教会という階級制度の厳重な宗教であったために、万人祭司という革命的思想となって現われたのであります。

ルッターの宗教改革事業の特色をなす他の一点は、民族主義すなわちナショナリズムの主張でありました。これも当時の国際情勢から来たことでありまして、ドイツを統治する最高の君主は神聖ロマ皇帝でありましたが、当時スペインの国王が神聖ロマ皇帝を兼ねていたため、ドイツ民族は外国人である元首の支配下にあったのです。神聖ロマ皇帝とロマ法王とが提携しまして、政治的および宗教的権力によってドイツ国民を経済的に搾取していた。それから起った現実的な政治的・社会的腐敗の事実に対して、ルッターは信仰の見地から鋭い批判の声を挙げました。それが当時勃興の機運にあったドイツ民族のナショナリズム、すなわち国民主義の有力な刺激となり、精神的推進力となったのであります。その最も顕著なものとして、教育上の改革があります。

当時ドイツには甚だ多数の修道院があり、国民はそれを維持するための金銭上の負担を負うていました。国民の教育はもっぱら修道院でおこないましたが、その内容はドイツ人の生活のためには不適当なものであった。そこでルッターは、多くの修道院を閉鎖して、むしろ町とか村とかの公費をもって国民の学校をつくる方がよいと主張しました。また修道院の学校ではラテン語しか用いなかったのですが、国民学校ではドイツ語を教育用語として用い、教科目もドイツ国民の実際生活に役立つものを選んで、教育の国民化と普及を図った。これがドイツにおける国民学校の起源であります。このようにルッターの宗教改革の特色の一つは、ナショナリズム（民族主義）でありました。これはパウロがとくに異邦人の救いを力説した主張の応用として、当然の帰結であります。異邦人は異邦人であるままで救われるとすれば、異邦人の生活をユダヤ化する必要がないと同様、カトリック教会化する必要もない。外国の風を強要せられることなく、各民族の自由と自主を尊重するという原則を生んだのは当然です。これがルッターのナショナリズムとなったのです。

ルッターの宗教改革の中心は、次の三つの点にありました。第一に、人が神に義とせられるのは信仰に由るのであって、律法の行為によるものでないということ。第二に、そのことにもとづいて、僧職にあると平信徒であるとを問わず、すべての信者に伝道の資格と責任があるという万人祭司論。第三に、ドイツ民族はドイツ民族として神の選びを受けた民族であり、自由にしてかつ自主的な民族生活と政治的地位を確立すべきであるという民族主義。この三つがルッターの宗教改革のおもな点でありました。

ルッターの事業は宗教改革史上の大事実を成しとげたのであります。しかしそれも不徹底な点が残りました。彼はカトリック教会と分離し、また万人祭司の原則を唱えましたけれども、教会という制度を否定するまでのことはせず、ドイツ民族の教会としてランデス・キルヘすなわち国立教会の制度をつくり、僧職の制度を残し、僧職によってのみおこなわれるところの礼典すなわちサクラメントをも維持しました。ただカトリック教会では、僧職の段階制の最高の地位にロマ法王が坐り、法王は教権の首長、国王は世俗的権力の首長という建前であったに対し、ルッターの建てた教会では、国王が教権の首長を任命するという制度にしただけであって、監督・牧師という僧職の段階制を残したのであります。カトリック教会の伝統であるサクラメントも、そのあるものはやめましたけれども、あるものは受けついだ。カトリック教会のサクラメント（礼典）は九つありますが、ルッターはそのうち洗礼と聖餐の二つだけを残して、あとの七つをやめました。しかしやはりサクラメントというものを残したのであります。

このように僧職およびサクラメントの制度を伴う教会という団体組織を残した点において、ルッターの宗教改革は徹底的にイエス及びパウロに帰ったものではなくて、カトリック教会の制度と伝統をある程度保存したものでありました。すなわち霊的な宗教改革としては、不徹底に終ったのであります。

5　内村鑑三

ルッターから約四百年後に内村鑑三が現われた。内村鑑三の無教会主義は宗教改革の事業であります。宗教改革の歴史の流れをわれわれが見るならば、エレミヤ―イエス―パウロ―ルッター―内村鑑三と、こう続くのです。救いに関する神の真理が清冽な地下水の水脈のように流れて、時代を隔てて異る国に湧き出るのです。一つの宗教改革の事業がなされたのは、その時代的必要があったのですが、時の経過とともにその事業が形式化して生命を失ってきますと、神はまた時機と国民を選んで、古い、否永遠的な真理の新しい噴出をなさしめます。

神は二十世紀の初めにおいて日本を選び、その中から内村鑑三という人物を捉えて、新しい宗教改革の事業をなさしめ、救いの真理を世界に向って新たなる力と生命をもって宣伝えさせ給うた。それが無教会主義である。私はそういう風に見たいと思う。

内村鑑三の宗教改革の特色は、第一に、「人の義とせらるるは律法の行為によるにあらず、信仰によるなり」というロマ書三章二八節の原理を強く、はっきりと、明かにされた点にあります。内村鑑三は自己の個人的な信仰の体験を通してこの罪の赦しの福音を知らされたのであり、この福音を証するものとして聖書の研究をされて、この真理を人々に伝えられたのです。内村鑑三先生自身の罪の意識の実体は何であったか。何で先生はあんなに強く罪の意識をもたれ、それからの救いを熱く求められたのか、それは私知りません。知る必要もないし、知ることもできない。とにかく深い罪の自覚をもたれて、罪から来る心の不安に苦しみ、たましいの平安を求めてアメリカに行かれた。そしていろいろ苦しんでおるうちに、アーモスト大学のシーリー学長が言ったちょっとしたことば、すなわち、「内村君、君の中からは救いは出ないよ」と言われたことばによって、おのずから鱗が落ちたように思って、人の義とされるのは律法の行為によるにあらず、信仰によるのである。慈善事業も学問も社会的事業もすべて人の心に平安を与えることはできない。罪を赦すことはできない。ただキリストがわが罪を負い、わが罪のあがないをなすために十字架に死なれたということを信ずることによって、初めて心に平安を得られた。これが内村鑑三の宗教改革事業の根本になった信仰でありまして、先生の名著『求安録』に記されているところであります。

これも有名な話ですけれども、藤井武が内村先生の所で伝道のスタートを切ったとき、ロマ書の連続研究を『聖書之研究』誌に発表することになった。その最初の回に、キリストの十字架は死に至るまで人を愛した神の愛の現われであって、罪に対する神の罰としての身代りの死と解するのは旧式な考えであるという趣旨の文章を、藤井が書いた。ところが内村先生は約束通り、その文章はそのまま雑誌に掲載しましたけれども、しかしそれに先生の附言をつけまして、「藤井君の言う神の愛ということは自分も賛成であるが、罪のあがないという代罰の思想を旧式であるとする点は同意出来ない。自分が自分の罪を罰せられなければならない。しかるにその自分の身代りとしてキリストが十字架の死を受けられたという信仰は福音の根本であるから、これは譲れない」と言われた。

後に藤井も自分の誤りを認めたのでありますが、この問題は皆さんおわかりになるかどうか。どうしてこれが問題になったのか、おわかりにならない方もあるかと思いますけれども、自分が犠牲となり、死ぬるまで苦労して愛するということと、受くべき罪の罰を代って受け、自分が身代りになって罰せられて死ぬということは、事柄が違うのです。死の犠牲を払うてまで愛するというキリストの愛を内村先生も認めたけれども、それだけではない。神は罪を罰せずには止み給わないという正義の要求がある。その神の正義の要求に照し、自分が自分の罪のゆえに神から罰せられて殺されなければならぬ場合に、神は御独子イエス・キリストを私の身代りとして十字架の上に罰したもうた。その十字架によるキリストのあがないを信ずる者は、その信仰を義とされ、神によって罪を赦される。そう信ずる以外に、私の良心は平安を得る道がない。しかしこの信仰さえあれば、それだけで神に義とされるのであって、他に何の条件も必要ではないというのが内村先生の立場であり、その純福音の根本から出発して無教会主義が唱えられたのであります。

内村鑑三が無教会主義を唱えるようになったには、このほかに副次的に二、三の実際的理由がありました。それは教育問題に関して宣教師との間に意見の衝突が起ったことです。

内村鑑三先生がアメリカから帰って最初に就職されたのは、新潟の北越学館という宣教師学校でありました。そこで先生のとられた教育のやり方に特色が二つあって、一つは教室で聖書ことにエレミヤ記を講義された。これが宣教師の喜ばなかったところでありました。もう一つは武士道であるとか儒教であるとか、日本在来の道徳や歴史を教えられた。これも宣教師の気に入らなかった。

内村鑑三はクリスチャンであるけれども、牧師の資格をとっておらない。牧師の資格をもたない者が聖書の講義をすることはよろしくない。それから、キリスト教の精神をひろめるべき学校において、日本在来の思想や歴史を教えるのは異教徒的である。このように宣教師たちは言って、内村鑑三のやり方を批難した。そのため先生は在任僅か四カ月で北越学館を辞職して、東京に帰ってこられた。この事件でもわかるように、「日本的キリスト教」とか、「日本人のキリスト教」とかいうことが先生の強調される一つの点でありました。

これはルッターの民族主義の思想と共通点をもっておる。日本民族は日本民族の歴史と文学と道徳思想をもっておるのであって、この民族的基盤にキリストの福音を接木することによって、キリスト教はほんとうに日本国民の信仰となることができる。またキリスト教の教えによって、日本の民族性の短所を改め、長所を発揮していくことができる。アメリカやイギリスやその他外国化されたキリスト教でなく、聖書に啓示されている神の真理を直接日本人の心において受けいれなければならぬというのが、内村鑑三の日本的キリスト教の主張でありました。これはナショナリズムによる内村鑑三の独立性です。

それからも一つの点は、教会で認めた牧師の資格をもつ者でなければ聖書が教えられないとか、洗礼を授けられないとか、またその有資格者たる牧師から洗礼を受けた者でなければ教会員となることはできず、教会員として公に認められたものでなければキリスト信者として公認されないとか、すべて教会の制度と伝統に対して批判的であることが無教会主義の主張であります。

内村鑑三はもともとアメリカの宣教師ハリスから洗礼を受けてメソジスト教会に属した人です。後に札幌独立教会をつくりましたが、やはり教会の関係者であった。その先生が無教会主義を唱えられたのは、けっして教会否定の破壊者として現われたわけではなく、人の義とされるのは律法の行為によるにあらず、信仰のみによるなり、という純福音の立場に徹底しないところの宣教師や教会側のやり方を批評されることから始まったのです。人は洗礼を受けて教会員とならなくても、信仰さえもてばクリスチャンであり得る。日本には教会に行くことのできない者、また教会に行きたくない者が多くある。家のない子はあわれではないか。自分は教会という家のない哀れな子供たちに福音を伝える。そういう宣言の下に、内村先生は無教会主義の伝道を始められたのです。教会側はそれを冷笑して、内村の無教会主義は孤児のキリスト教である。ルンペンのキリスト教であると冷笑した。そういう冷笑を受ければ受けるほど、内村鑑三の無教会信仰は強くかつ積極的になりました。その先生の立場は、ルッターの万人祭司説と同じであって、キリストを信ずる者は誰でも皆神によって直接に救われ、キリストによって直接神に結びつき、同時に神の言を宣伝える責任と義務を与えられる。教会のきめた資格が何だ。内村は教会の認めた伝道者の資格がないということを宣教師や教会側から言われましたが、それに対し先生は逆に、「われは Rev.（レベレンド）にあらず」と言って威張られた。牧師の資格をもつ人は、普通の人と区別して、ミスター（Mr.）と呼ばないで、レベレンド（Rev.）という特別の肩書をもって呼ばれる。それによって僧職にある人であることを示す慣例であります。宣教師や教会側は内村はレベレンドでないと言ってケチをつけたが、先生はむしろ平信徒であることに誇をもたれたのです。

内村鑑三の無教会主義の要点を列挙的に挙げてみれば、第一に異邦人の救いという点を強調しました。何人もクリスチャンになるために、アメリカ人やイギリス人その他外国人の生活や思想に倣う必要はない。日本人の心をもってキリストを信ずればよいのである。

第二に、人の救われるのは律法や制度や伝統によるのでなく、イエスを信ずる信仰によって新たに生れることにあり、制度や伝統によらず、霊と真実をもって神を拝すべきであるという点。したがって人はキリストの救いにあずかるためには、洗礼を受けて教会員となる必要はなく、また聖餐式に列する必要もない。洗礼を授けあるいは聖餐を実行するにしても、教会で按手礼を受けた有資格者による必要はなく、誰がこれを授けてもよい。

——この点で内村先生の無教会主義は制度と伝統を重んずる教会主義とはげしく対立し、イエスがパリサイ人を攻撃し、パウロがユダヤ主義者を攻撃し、ルッターがカトリックを攻撃したような激しさをもって、内村鑑三は教会の腐敗を攻撃しました。

第三に内村先生は政治と社会の腐敗堕落を、信仰の立場から論難攻撃しました。すなわちエレミヤやイエスやパウロやルッターなどと同じタイプの信仰をもって現実の社会を批判し、それによって社会からの嘲りと迫害を受けたのであります。信仰が観念的な、抽象的な、教会の中で楽しむという閉鎖的なものでなくて、世を救い人を救うという活きた精神が溢れますと、どうしても社会の現実を批判して、正義公道をおこなわしめなければ国は亡ぶという、憂国慨世の預言となって現われるのは当然です。

内村鑑三の生涯と事業には、そういう風に、宗教改革者としての性格と要素が多分に含まれておりました。彼は日本の宗教改革者であっただけでなく、世界的な宗教改革史の系列において重要な歴史的地位を占める者であると考えなければならない。そのように考えることによって、最もよく内村鑑三の事業を理解することができるでありましょう。

二　無教会主義と教会との論争点

1　教会と救い

さらに進んで無教会主義と教会側との相違点もしくは論争点はどこにあるか。信仰によって義とされるという救いの原理は教会側も認めておりますから、両者の間には根本的な差異はないでないか。こういう批評が多いのですが、実際に論争となった点を挙げますと、おもなものが二つあります。

一つは教会の立場は、「教会のほかに救いなし」という主張です。これはカトリック教会が厳重に主張するところですが、プロテスタントの諸教会もその立場に立っている。これに対し、無教会主義は教会のほかに救いがあることを主張します。これは、教会というものの理解の仕方が異るからです。

皆さんはすでに御承知と思いますが、新約聖書に「教会」と翻訳されている原語はギリシャ語の「エクレシア」でありますが、この「エクレシア」ということばは元来宗教上の用語ではなく、ギリシャの都市の民会でありまして、その都市の自由民が全部集まって政治上の問題を議した市民集会であります。

ユダヤ人には「シナゴグ」という制度がありまして、聖書に「会堂」と訳されております。これはユダヤ人が集まって律法を読んだ宗教上の集会であり、また宗教上の問題についての裁判権をもっていました。しかるにイエスの昇天後クリスチャンが集会をするようになってから、ユダヤ人のシナゴグと区別するために、ギリシャ人の民会を意味したエクレシアという語を借りまして、自分たちの集まりを呼ぶ語とした。これが新約聖書で用いられている「教会」という語の起源です。

ですから、聖書に記されておる時代の「エクレシア」は、クリスチャンの集会というだけの意味であって、格別の制度・組織があったわけではありません。「監督」とか「長老」とか、「執事」とか訳されている語もありますけれども、これらはいずれも後世の教会できめたような役職ではなく、単に世話係というほどのものであったのです。このような自由なエクレシアをしておるうちに、制度を立て、組織化するようになりまして、今日のような「教会」ができた。教会という制度、もしくは制度としての教会といってもよいが、これは聖書から出たものではなく、伝統によってつくりあげられたものであります。このようにして、制度としての教会ができたのは紀元三世紀から四世紀にかけてのことであるといわれます。

聖書にいわれているエクレシアは、信者の自由な集会ですが、その本質を説明するためにいろいろの譬が用いられている。あるいは「キリストの新婦」と呼ばれている。これはキリストとの間の深い、そして永久に新鮮な愛の関係を言ったものでありまして、制度的な意味は一つもありません。エクレシアはキリストに属するものであり、キリストを愛するものであり、キリスト以外の何者にも心を寄せない者です。ヨハネ伝一五章でイエスが、「我は葡萄の木、汝らは枝なり。人もし我に居り、我また彼に居らば、多くの果を結ぶべし。汝ら我を離るれば、何事をも為し能はず」と言われたのも、キリストとエクレシアの関係を説かれたのであり、またパウロが、キリストを信ずる者はキリストを首とする身体の肢であるといって、有機体の譬を引いてキリストと信者との関係、信者各自の間の関係、ならびに全体としての信者の生命を説いたのも、エクレシアの本質をばキリストに連なる者の生命共同体として見たものであります。そういう意味で、霊的信仰をもってキリストに連なっている者の全体をエクレシアと言うとき、それから離れた者は生命の幹から落された枝のように、枯れ死ぬるのは当然であります。そのような意味では、「エクレシアの外には救いはない」と言われることは正しいのです。

しかるに聖書のエクレシアでなく、伝統によってつくられた制度としての「教会」については話が違う。神は霊であるから、拝する者も霊と真実をもって拝すべきであり、人のつくった制度組織そのものに、人を救う力のないことは明白です。もしも教会を一つの制度として考え、制度的に教会員たる者でなければ救われないと言うならば、無教会主義はそれに対して大きな声で「ノー！ そんなことはない」と叫びます。内村鑑三だけでなく、ルッターもパウロもキリスト御自身もエレミヤも、それに対して「ノー！」と言ってきたのです。それが宗教改革であったのです。人は、教会という制度・組織の中にいることに由って救われるのではない。信仰に由って救われるのである。そういう意味で、「教会の外に救いがある」という無教会主義の主張があるのです。その場合「教会」といわれているものは、キリストの肢たる霊的生命の共同体としてのエクレシアではなく、伝統によってできた制度としての教会です。教会という制度のことです。制度によって救われるのではない。信仰によって救われるのである。これは、「律法の行為によって義とされるのではない、信仰によるのである」というのと同じことであって、教会の会員たることによっては義とされない。救われる救われないの区別は、教会という制度に属するか否かにあるのではない。律法の行為に誇る者が心の平安をもたないと同じように、教会という制度の中にいなければ救いがないという思想は、自由を窒息させるものであって、生命を奪うものです。そういう意味で、無教会主義者は、「教会の外に救いがある」というのです。

それゆえ、無教会主義者でも、「無教会」ということ自体に救いがあるのではありません。無教会主義者も集会をします。もしも自分たちの集会に来る者――それを会員制度にしようが、会員制度でなかろうが――自分の集会の仲間でなければ救われないというように、「仲間」ということを大事に考えるようになれば、これは教会主義にほかならない。これに反し、制度的な教会に属する人でも、教会員であることは救いについて別段の意味があるのではなく、ただ便宜の問題であり、救いはもっぱら信仰によることをよくわきまえているならば、その人はキリストの肢である。救いは教会員であるとか無教会員であるとか、制度もしくは伝統によって区別される便宜の問題ではなく、常に、そして絶対的に信仰に由るのであることを主張するのが、無教会主義であります。

2　サクラメント

第二の論争点は、サクラメントすなわち礼典の問題です。カトリック教会には結婚をも含めて九つの礼典がある。プロテスタント教会にはその中の洗礼と聖餐式という二つの礼典を残してあります。無教会には礼典がない。礼典の行為を重くみて、信者であることの必要条件と見るか否かが、教会と無教会との論争点になっている。

マタイ伝の最後に、「汝ら往きて、もろもろの国人を弟子となし、バプテスマを施せ」とイエスが言われたこと、あるいは最後の晩餐の席上、「取りて食へ、これはわが体なり。この酒杯より飲め、これはわが契約の血なり」と言われたことが、教会の実行しているような形の礼典をおこなえという一般的な命令であるか否かは、それ自体聖書学者の間に疑問のある事柄でありますが、その解釈論は別としまして、イエスの命令を守ることの中で何が最も大切であるか。それはイエスの教えの全体を考えてみてわかることは、心を尽して神を愛し、また隣人を愛すべしということであります。それがイエスの命令中の命令です。そのほかにたとえばバプテスマを施せとか、あるいはパンを割き葡萄酒を飲めと言われたことがあるにしても、それらは愛すべしという命令からみれば附随的なことである。イエス御自身が人に洗礼を授けられたことはありません。また弟子たちとともにパンを割き葡萄酒を飲まれたことも、生涯にただ一度だけ記されていることです。もしもそれが非常に大事なことであるならば、イエス御自身が多くの人に洗礼を授けられたでしょう。またいわゆる聖餐を守られた記事も多くあるはずでしょう。バプテスマや聖餐の式典をば、イエスの弟子たる者の生活における最大行事として重んじ、これをおこなうことが信者である者と信者でない者とを区別する標準のように考えることを、イエスははたして喜び給うだろうか、怒り給うだろうか。もちろん怒り給う。形に捉われて、たましいの自由を窒息させてはいけない。安息日のために人はあるのでなくて、安息日は人のためにある。人を救うために、あるときには故意に安息日の律法をおかされたイエスが、教会の伝統からつくりあげられた「式典」を重んじ給うはずがないのです。

バプテスマや聖餐をしてはいけない、というのではありません。してもよいけれども、その場合でも、教会のきめた按手礼を受けた有資格者が授けるのでなければ有効なバプテスマもしくは聖餐と認められないというのが、教会の主張です。カトリック教会においては、葬式や結婚式も礼典でありますから、教会の有資格者がおこなうのでなければ、有効な式とは認められません。これに反し無教会主義では、洗礼もしくは聖餐をおこないたいと思えばおこなってもよいが、その際資格を問いません。信仰に由ってなうならば、誰が施してもいい。結婚式でも葬式でも、友だちが信仰と愛によっておこなえばよいのです。按手礼を受けて牧師の資格をとる必要はない。人間のきめた伝統的な制度によって神のことを横取りしてはならない、というのが無教会の主張なのです。

三　無教会主義の原理と実際

1

だから無教会の原理というものは、人の義とされるのは律法の行為によるのでない。制度を守ることによるのでない。信仰に由るのである。真の礼拝は霊と真実によるのであって、礼拝の場所と方式にあるのではない。この原理を主張することにおいて、無教会主義の本質は純福音主義であると言われます。人の義と認められるのは信仰に由ると言いながら、教会に属することが必要だ、礼典を守ることが必要だ、というのは、「純」な福音ではない。いっさいそのような制度が救いには必要でないというのが、純福音です。無教会の原理は純福音であります。

その原理から起った、無教会の実際のやり方がある。無教会の非常に大きな歴史的功績は、福音を教会というわくの外に解放したということです。パウロがキリストの福音をユダヤ主義の制限から解放して広く異邦人に及ぼしたように、無教会主義は福音を教会という制度から解放して、教会員にならなくてもクリスチャンであることができるということを明かにした。これは実に大きな解放です。それまでは、救いは教会の中に閉じ込められておりまして、洗礼を受けて教会員にならなければエクレシアの一員でないように言われた。しかるに、神のエクレシアに連なるためには、制度的な教会員になる必要がないというのですから、これはパウロがユダヤ主義者と戦って、キリストのエクレシアに連なるためには割礼を受けてユダヤ人にならなくてもよい、と主張したことに匹敵する大改革でありまして、福音の及ぶ範囲を実に広い世界に向って解放したのであります。

2

こうしてキリストを信じて救われる者の範囲が教会外に拡大されたとともに、神の言を宣伝える伝道の仕事も、教会のきめた資格の制限を離れて、すべての信者に対して拡張されました。われわれは万人祭司ということばを好みませんが、無教会では万人が福音の伝道者である。万人伝道者である。すなわち徹底した平信徒伝道であります。

無教会も実際問題としては、日曜日ごとにともに集まって神を拝し、祈り、御言を学ぶのですが、その集会にはきまった制度や、永続的な組織があるのではなく、集会としてはいつでも解散できる態勢にあります。伝道の場所や時間にも制限がなく、各自の家庭において、職場において、各人の周囲において福音を語る機会があれば、福音を語る。家庭伝道、職場伝道は、無教会における最も貴重な伝道です。無教会はいわゆる大衆伝道的な方法をとりません。かえって三人あるいは五人、家庭において、あるいは職場においてともに聖書を学ぶ仲間ができ、それが細胞のように社会にいきわたり、こういう方法によって福音が社会の中に浸透していく。それが無教会による福音伝播の方法であります。

無教会には監督や牧師はいませんが、「先生」がいます。無教会は先生中心であるという批評があります。すなわち先生の位置が重すぎる、というのであります。この批評はたしかに考えなければならない問題を含みますが、ともかく「先生」というものが集会の中心に立っていることが、無教会の一つの特色であります。無教会の実践では先生に対する人格的真実を重んずる。これは、教会における牧師の地位と比較してみればよくわかるでしょう。教会の牧師は、月給で雇われているのです。教会の都合で、牧師の免職もあり、転任もあり、牧師の能力や勤惰に対する批評と監督が教会の中にある。牧師もそのことを心得て、教会員の喜ぶようにいろいろ気を配る。そこには神の言を語る者の権威に対する人格的尊敬と真実を欠くことが少くないのです。

ところで、人格的真実すなわち人間対人間の真実な関係は、キリストの教えを学ぶ者として根本的に必要な態度です。「霊と真実をもって拝すべし」とイエスが教えられた。霊だけでなく真実をとくに加えられたのは、人格的な真実の態度を重要とされたからです。神は活きた人格ですから、神に近づき神を拝する者は、神に対して人格的に真実な態度をとらなければなりません。神に対し真実な態度をとる者は、他の人間、ことに神の言を伝える先生に対して人格的に真実な態度をとらなければなりません。神の言を伝えてくれる先生に対して人格的に真実な態度をとらない者が、どうして活ける神に対して人格的に真実な態度をとることができるか。神の言を伝える先生を腹の中では軽蔑し、あるいは批判しながら集会に来るということでは、無教会の集会は成立たない。もちろん先生は神でないから、先生の考えが絶対に正しいということはなく、また先生の人物が完全であるということもありません。先生が自分に適しなければ、他の先生に変ってもよい。しかし神に対して真実である者は、人に対する真実を重んじます。無教会で先生に対する真実を強調するのは、御言を説く人を重んずるからであります。御言を重んずることと、御言を説く人に対して真実であることとは、人格的には区別できません。先生がキリストによって神の言を伝えてくれる限り、その先生に対し心の真実をもって対することが必要であるのです。

無教会主義のやり方が先生中心であることは、教会が制度中心であるのといちじるしい対照をなします。しかし先生は一代限りであって、後継者をつくりません。無教会の集まりは団体でありませんから、先生の後をついで団体を維持する問題も起りません。先生が天に召されるならば、それとともに先生の集会は解散され、雑誌は廃刊される。先生の教えを受けた者のうち、神の選びを受けた者がまた自分の集まりを起す。

内村鑑三先生の在命中から、宣教師や教会側の人々は、後継者をどうされるかということを、何度も先生に質問した。先生が言われるのに、無教会主義が真理であるならば神は必ず後継者を起し給うであろう。自分は後継者をつくらない、と言われて、目に見える先生の事業は、聖書研究会も『聖書之研究誌』も、すべて先生一代限りで打ち切られた。これが内村鑑三先生の実に優れた点であります。先生の弟子たちも、この点においては絶対に間違いをしてはならない。自分の集会のあとをこの弟子にとらせるとか、自分の雑誌は誰にあとをやらせるとか、そういうことは絶対すべきでない。それをはっきりしないと団体ができてくる。団体ができれば、もはや無教会主義ではありません。無教会主義の堕落がそこから起ってくるのです。

3

無教会主義は宗教的勢力ではありません。団体でもなければ、勢力でもない。したがって人数でもありません。よく人から聞かれるのですが、無教会の人数は何千人だか何万人だか、わかる方法もないし、知る必要もありません。無教会の財産もありません。建物もなく、基金もありません。所属の会員というものもない。在るものはただ信仰による友人関係だけであります。したがって経済的な問題について無教会の信者に金銭的負担をかけることもない。教会が堕落したのは、それが財産をもち、勢力をもつ団体であったからです。どうして教会の財産を維持するか、勢力を拡大するか、会員の人数を増加するか、そういうこの世的な、事業家的な考慮が入ってくるから、福音の純粋さを失ってくる。預言者的な精神を失って、この世の勢力者たる支配階級に迎合することになる。ですから宗教的団体をつくらないということが、無教会主義の実際のやり方、すなわちプラクティスとして重要なことです。

ですから無教会の伝道者はたいてい自分の生活を立てるために仕事をしております。書物を書き、雑誌を発行し、定価をつけて売ります。すなわち著述業によって生計を立てております。会員の寄附金とか、会費とか、そういうものに依頼しておりません。先生の生活の維持を会員の負担に依存することにすれば、その間経済的関係ができまして、無教会の生命が失われてくるおそれがあるのです。

4

それから無教会主義には、社会の実際問題に対する敏感な批判があります。エレミヤとかイザヤとかイエスとかがしたような預言者的な社会批判の精神が、無教会にあっては常に新鮮であります。もっともこのことについては異る考え方がありまして、無教会は純粋に福音だけを説くべきであって、この世の問題については超然的立場をとるという考えの人もあります。それも非常に大切なポイントです。無教会の純福音はこの世的な宗教でない、社会的宗教ではない、それは霊的宗教であるということは、ほんとうのことですが、しかし霊的な信仰をもてばこそ、神の言に照して社会の現実を見ることができるのです。預言者的精神、すなわち信仰にもとづいた社会批判の目がありませんと、信仰の生命そのものが稀薄になって、改革者でなくなり、保守的な現状是認論者になってしまう。無教会主義は神の国を霊的に待ち望む者であるから、社会の問題について常に革新的改革的の側に立つのであります。そうでなければ、信仰のゆえにこの世から迫害を受けるということもない。迫害のないところに、真の信仰は育たない。逆に言うと、真の信仰であれば必ず迫害がある。社会の現実の状態に対して超越的態度をとっておれば、知らず知らずの間に保守的な思想傾向をもちまして、社会から迫害を受けることもない。無教会主義が生命をもつことは、戦時中戦争政策と天皇崇拝の国家主義に対して最大の抵抗を示し、そのため迫害を受けた者が、無教会の中から何人も出たことでわかります。それは当然のことでありまして、無教会の信仰態度がそこに現われた。それがなければ、無教会も塩気を失った塩のように生命を失ってしまうのであります。

5

最後に申しておきたいと思うことは、エミール・ブルンナー博士が日本に来て、無教会のことをよく観察されまして、世界のキリスト教の将来は無教会の行き方にかかっているということを強く言われた。日本からアメリカに講演に行かれた時も、日本の無教会主義を紹介され、ヨーロッパに帰られて後も、専門雑誌に日本の無教会を紹介されました。ブルンナー博士の紹介によって無教会が世界的な興味と注意を惹くようになりましたので、無教会の世界的使命という問題を考えなければなりません。

ブルンナー博士の注意を惹いた点の一つは、無教会の伝道の仕方にありました。すなわち教会的方法によらないで、平信徒が三三五五小さいグループをつくって職場伝道をするという行き方であります。教会の壁に閉じ込められた中では、もはやキリスト教の伝道は行きづまりである。平信徒によって実際社会の生活の中に入っていくという方法によらなければ、その行きづまりを打開することはできないというのが、ブルンナー博士の見解であります。

私どもとしては、伝道の方法ということよりももっと大切な点がある。無教会主義の特色としていままで述べたことを結論的に列挙して言うならば、第一に、人の義とされるのは信仰に由るのであって、律法の行為や制度によるのではないという、純福音の立場であります。人は無教会主義という主義によって救われるのではけっしてない。無教会主義という主義で救われるというのであるならば、教会主義によって救われるというのと五十歩百歩の議論です。そうでなくて、霊と真実をもって信ずる信仰だけによって救われる。その原理が、福音伝道のために特別の聖職を必要とせず、平信徒の活動で十分であるという実践的行動に現われる。

第二に、良い意味の民族主義、すなわちナショナリズムが、無教会主義の中にある。それがあらゆる民族の独立の精神となって現われ、民族勃興の力となるのです。

第三に、しかしながら無教会主義は、ある国民だけの宗教ではない。内村先生は「日本的キリスト教」と言われましたが、それはけっして日本だけに通用するキリスト教の意味ではなく、世界のどの民族にも自主独立性を与える福音であり、民族のいかんを問わずして神の救いを知らしめる力ですから、その意味においては普遍的・人類的・世界的な教えです。

第四に、無教会主義には預言者的精神がある。神の審きを通して見た世界人類の運命と国民の将来についての預言と警告が、霊的信仰と不可分のものとして、無教会の中にあります。社会の実際問題に対して宙に浮いてしまうことなく、地の塩、世の光として輝くならば、無教会の宗教改革的意義は実に大きなものでありましょう。ただに日本の無教会であるに止らず、世界の平和のため、世界に神の正義と公道をおこなわしめるため、また世界のすべての国民、すべての民族に救いの希望を与えるものとして、世界的使命をもつのであります。教会という組織によって限られる狭い考えにならないで、清新活潑なイエスの生命そのものの発露する福音が、無教会によって世界的に弘まっていくだろう。無教会の歴史的意義はそこにあると思うんです。またぜひともそうでなければならない。無教会の将来が一種の教会主義として形式的に固定してしまうか、あるいは無教会は永遠に若き生命をもつ信仰の力であるか、現在われわれはその危機に立っていると考えてよい。われわれ無教会が保守的に小さく固まってしまわないで、大きくのびのびと、世界的に、世界の救いのために、活動する霊的な力でありたいと思う。このことを諸君の中のとくに若い人たちによく考えてもらいたい。

（附記）米国の有力な週刊雑誌『タイム』の記者が私を訪問して、無教会のことを聞いた後、今井館でしている私の日曜集会に来てもよいかということであった。私は時間に遅れずに来て終始敬意をもって傾聴するなら、出席してもよいという許可を与えた。彼は三月二十五日の日曜集会に今井館に来た。その日、私は彼を啓蒙し、かつ彼を通して世界に無教会を宣伝えるつもりで、とくにここに掲げた「無教会主義とは何か」という講演をしたのである。その時の記者の筆になる「無教会」という記事が、『タイム』誌四月二十三日号に掲載され、外国からも相当の反響があった。

十九　教育と宗教

1

内村鑑三先生は一八六一年の三月二十六日のお生れです。先生の誕生日については三つの説がありまして、三月二十三日という説と二十四日という説と二十六日という説と、三つあるんだそうです。二十六日がほんとうだろうという話であります。一九三〇年三月二十八日に天に召されました。本年が二十六周年でありまして、三月の二十五日東京では内村先生の記念講演会がありました。大阪では黒崎幸吉先生が主催されまして、本年は私を加えて下さいまして三月の終り、先生の記念日の近くに講演会をしようというお誘いを頂いたのでありますが、私のいろいろの仕事の都合でどうしても三月の末に参れません、本日にして頂くようにお願いをした次第であります。講演の題を言ってよこすようにという黒崎先生からのおことばによりまして「教育と宗教」という題を差上げたところが、三年ほど前に同じ題で大阪で講演したことがあった、それでもいいか、ということであります。忘れておりましたけれども仕方がないから同じ題にさせて頂きました。

内村鑑三先生が召されてから二十六年の間に日本は非常に大きな変化を遂げましたが、変らないものは先生の伝えた教えであります。戦争が終ってから十年たちまして、その十年の間でも日本もずいぶん変りました。これからも変ろうとしております。しかし、どのように世の中が変っても変らないものは内村先生の伝えたキリストの教えであります。イエス・キリストは昨日も今日もいつまでも変らない、世の中がどんなに変ってもイエスの教え、イエスの生命は変らない。そして内村鑑三先生がそのイエスの生命を受けて福音をわれわれに伝えられた、これは変らない。私どもの立場もそこにあるのでありま す。毎年内村鑑三記念講演会を私どもが繰返していくこともまた、世の中の情況が変ってもキリストの福音は変らないという立場に立っているからであります。単なる年中行事をわれわれがいたしているのであ りません。かかる世の中にあって変らない真理の立場というものを証明するためであるのです。

2

戦争が終りましたときに私が感じたことがいくつかありましたが、その中の一つは、これからは日本は平和の国になる。平和の日本となすべきだ、ということであります。それからもう一つは、これから日本は民主的な国になるということです。平和な国となすべきであり、民主的な国となすべきである。その根本は、イエス・キリストの福音によらなければならない。戦争の終るまで日本においては、キリスト教の福音を語ることは世間からの非常な嘲りと冷笑と迫害を蒙ったことであり、困難でありましたが、これからは世の中が変ったからキリストの福音を説くことが自由になった、キリストを信ずることも自由になった。それまでは、イエス・キリストを信ずることが日本人として適わしくないようにさえ、多くの人が言っておりましたが、そういうことがなくなったから、これからは自由に福音を説かれる。それまでは天皇が神であって、天皇とイエス・キリストとどちらが偉いか、などという愚問を人々が提出していた時であったけれども、そういうことがなくなったからキリストを信ずることも自由、説くことも自由になった。そこで、大いに福音を説かなければならない。しかし、世の中というものは変るものだから十年もたてばまた変るだろう、いまの働きの自由な時期というのは、いつまでもあるわけではないから、俗なことばで言えば足もとの明い間に、一生懸命福音のために働いて、日本国民の間に福音をできるだけ広く弘め、また深くほんとうの福音を伝えるようにしなければならない。――こういう風に思いました。

終戦当時、世界三大国という風な勢力のある国であった日本が、戦争に敗れたために急転直下して四等国とか六等国とかになったと言って、国民が国力を失ったことを嘆いておりました。私どもは、そんなことは問題でない、国際情勢も変ってくる、国内情勢も変ってくるので、いまでこそ日本はこうして蔑《さげす》まれているけれども、やがてまたちやほや言われることになる。国力などというものは時を待てば恢復する。国際情勢・国内情勢が変ればまた日本の国際的位置も変ってくるから、そんなことは心配しなくてもいい。むしろ、キリストの福音が自由に説かれる間にこれをできるだけ説いて、日本国民が偏見なく自由に受入れ得る時期の間にこれを深く蔵《おさ》めておく、国民の心に蔵めておくことに努力しなければならない、こういう風に思いました。

十年たって見ますと、日本はもはや世界においていちばん弱い国ではなくなった。いろんな国が、日本は偉い、日本に期待する所がある、と言うようになってきている。それから平和日本ということ、平和国家としての日本ということは、次第に影が薄くなって、もう平和論とかいうことを説くことが、少し肩身が狭いとまでは言わなくても、あまり元気よく平和論を唱える人も少くなったし、またかえって反対に再軍備の必要を説く人の方が元気が出てきている。そういう風に変ってきている。

民主主義の方もそうです。いままでは猫も杓子も、民主主義、日本の民主化ということを言ってきておりましたが、いまでは政府の大臣をはじめ、民主主義だけが能じゃない、民主主義もいいものだけれども民主主義だけではいけない、という風なことを公然言われるようになってきている。世の移り変りというものはほんとうに激しいものであります。

それゆえに、キリストの福音を伝える人も信ずる人もいまや心をしっかりと締めて、これまでの敗戦後の十年間のように自由に、あるいはらくに、これからはキリスト教を宣伝えることもできない、信ずることもできない、抵抗が起ってくるだろう。戦争中のようなことはないにいたしましてもいままでのように、らくなことはないだろう、世の中は変る時期に来ている。これを私どもは「平和の危機」であるとか「民主主義の危機」であるとか申しておりますが、危機が来る徴候がいろいろの所にあります。

つまらないことをちょっと申し述べることをお許し願うのですけれども、この十日ばかしと言うか二週間ばかし、どうも私の体が変調でありまして、頭が痛くて腹がちくちくして下痢を催します。こういうことは近来なかったことで、私の健康状態は良かったのであります。それで、気候が不順であって、非常に暖い日があったり寒い日があったりしたので、自分の健康に支障とまではいかなくても変調を生じたんだろうと思っておりました。ところがどうもそういう簡単なことではないのであるまいかという風に思いました。思ったのは実は先ほど黒崎先生の話を聞いておりながら思った。戦争中には皆さんも御同様でありますが、皆生活に困りました。私自身は自覚はしなかったのですけれども、私の友人の三谷隆正君が、終戦になる前年の二月に召されました。その時に「矢内原君が心配だ、自分よりも先に矢内原君が天に召されたら自分の葬式を頼もうと思っているので困る」ということを言っておられた。その話をあとで聞きまして、私はその時はそれほどには思わなかったのですけれども、月日がたって考えてみると、あの戦争がもう半年も続いていれば私もこの世にいなかったかもしれません。戦争で戦死した人はもちろんですけれども、そうでなくても栄養失調でこの世を早く去った人はたくさんある。戦争の間に私は激しい下痢をいたしまして、二十四時間に二十六回ぐらい下痢をしておりました。それが二年ほど続いた。それで当時私は、日本は中国からフィリッピン、南方へどんどん領土を拡張していくけれども、しまいにはいっぺんに下痢をしてしまうという預言をしたことがありました。不幸にしてその預言通りに日本は占領した所はもちろん、もとからの日本の領土の一部までも下痢してしまった。

私の体力が衰えまして三度私は外で倒れました。倒れるのは、ひょろひょろして倒れるのでなしに、きれいに倒れた。一度は地下鉄乗場でもって人に突かれまして、頭をうしろにほんとうにきれいに相撲で足をとられたように倒れました。頭を打つとか人に踏まれるという危険はたくさんあったのですけれども、まあ何ともなかった。背中が痛い、腰が痛いくらいで起きあがった。二度はうつ伏せに倒れました。そのうち一度は本郷通りで帽子を風に飛ばされまして、帽子が惜しいものですから走ったところが足が脆くて、誰に押されることなしに、うつ向けに倒れた。もう一度は両方の手に荷物を持って停車場の、低い階段なのですけれども、階段を上って電車に乗ろうと思ってちょっと急いだものですから、それだけの階段に足が上らなくて躓いてうつ向きに倒れた。倒れても眼鏡の玉を割るぐらいのことでもって命には別状なかったのですけれども、まあ無事に命を守られまして戦後十年間たちました。いま少し頭が痛い、おなかがちくちくしてなかなか直らない。これによって世の中の変調を知るに至る。やはり神様が私の体においてある預言をなさしめつつあるのではないだろうか。そういうことを感じました。

3

平和の問題については先ほどくわしくお話がありました。私は民主主義というか、日本の民主化という問題から話を始めようと思うのです。民主主義は政治のいちばんいいやり方であるとも、完全無欠の方法、政治体制であるとも言えません。民主主義にもたくさんの欠点があります。しかし戦争後日本が民主化される、民主主義日本となるように、それ以外の道がないようにされた。これも先ほどのお話にありましたように、どこの国がした、誰がしたということでなく、必然的にそういう風にされたということは、神様がある歴史的な意味をもって、日本に民主化ということを教えよう、教え込もう、こうされたからであると私どもは信じます。

明治以来、日本が近代国家として発達してきましたが、その間のファッショ的な軍部政府による戦争の実行とその結果たる敗戦を顧みてみると、日本の国民の最ももたなかったもの、欠乏していたものが民主主義というものであった。いろんなことで、国は強大になり、軍事も経済も学術も教育も、世界においても、そう引けをとらないような強い国となったけれども、戦争に入り、敗れてみて、なるほどここが足りなかった、これが乏しかったと思われるものは、民主主義の精神でありました。だからして、それを日本国民に持たせよう、把持させよう、捉えさせようという神の御意であったと信ずる。

民主主義は何であるかということをくわしく申し上げることは必要もなく、時間もありませんが、民主主義という思想——政治体制としての民主主義の根本に民主主義の思想があるわけですが、民主主義思想の根本は何であるかというと、人間の自由というものだろうと思うんです。人間の自由、人の自由というのは我儘勝手放題ということではなくて責任を伴っておる、そういう意味の自由です。人間の自由と責任というのが民主主義の思想の根本であって、そういう思想にもとづいて民主主義の政治体制がある。だから人間の自由と責任の観念が板についていない、身についていない社会に形だけ民主主義の制度をあてがいましても、それは順当に発達しないのは当然ですね。民主主義という政治の外形を問題とするわけでなくて、その根本にある人間、人間というものについての考え方、これを日本国民はあまりにも学んでいなかった。国家に忠実な臣民、親に孝行な子供、そういう道徳は教えられてきましたけれども、人間が人間としてもつ人格の尊さ、それから出る人間の自由ということは教えられていなかった。清瀬文部大臣が、私どものことを、子供のときに習い覚えた民主主義をいつまでも繰返していると新聞記者に話をしたということが新聞に出ましたですね。ほんとうは子供のときにそれを習っていなかった。子供のときに習っていればもっと良かったと思うんですけれども、おとなになってからやっと習い始めた。そこで日本国民に欠乏していた民主的な人間観、すなわち人間の自由と責任はどうすればこれをもつことができるか、あるいはもたせることができるか。

4

多くの人の言うように、民主主義の思想というものは二つの母胎というか、親があって、一つはギリシャの社会から出てきたものである。一つはキリスト教である。

ギリシャの社会の民主主義の特色は簡単に言うことはむつかしいし、私も知っていると申すことはできませんが、人の言うことを聞きますと、一つは政治的自由ということが中心である。聖書の「教会」ということば——日本語で「教会」と訳されていることば——は御承知のようにギリシャ語のエクレシアという語で、ギリシャの都市国家において民会（人民の会合）のことをエクレシアと言ったのです。まあ地方議会ですね。そこに市民権をもつ人が皆集まって政治の問題を協議したわけであります。

初代教会、キリスト教の歴史の初期において、従来ユダヤ人の使っていたシナゴグということばを避けまして、何かクリスチャンの集まりを呼ぶのに適当なことばはないだろうか、と考えて、ギリシャ人の使っていたギリシャ人の民会、市民の会合として使われていたエクレシアということばを借用いたしまして、クリスチャンの集会を呼ぶ名としたのです。ですからギリシャの民主主義の政治組織であるエクレシアというものが、キリスト教の集会を――いま「教会」と言っている集会を――呼ぶ名とされたということも一つの暗示の多い事柄であります。そのギリシャ人のエクレシアとキリスト教のエクレシアとは名前は同じだけれども、そして若干の類似点はあるけれども、また違う点もあるわけですね。

類似点というのは、ともに自由である、自由人の集会である。エクレシアはギリシャの都市国家の市民権をもっておる市民の総集会であります。ギリシャの当時の国は御承知のように奴隷をたくさんもっている。奴隷は市民権がないからエクレシアには来ることができなかった。市民権をもったものすなわち自由市民の全体の集会をエクレシアと言った。

キリスト教のエクレシアも自由なる人々、キリストによって自由を与えられた人々の全体の会合あるいは集会であります。ただキリスト教においては、社会的の身分、奴隷は市民権がないとか外国人は市民権がないとか、そういうことは言いません。奴隷でも外国人でもユダヤ人でも、それから奴隷の持ち主でも誰でも、キリストを信ずる者は等しく自由であって、その自由民の総集会がキリスト教のエクレシアであります。自由人の集会、総集会ということにおいては同じだが、自由人というものの内容というか、性質はまるっきり違っている。

ギリシャ人の言う自由人というものは生れながらのギリシャ人、血統的にギリシャ人の子供がギリシャ人としての市民権をもったわけですね。中にはお金を出して人の市民権を買いとった人もいるのです。また貧乏になって市民権を喪失して奴隷になった人もあるようだが、だいたいにおいてギリシャ人の市民権というのは血統から来て、ある社会的位置を示したものである。したがって人間というもの、裸のままの人間というものの自由はギリシャ社会においては十分発達していなかった。ある血統の民族の一部であるとか、あるいはある社会階級とか、それらと切離しての人間の自由という観念はギリシャ社会においては発達しなかった。

ところがキリスト教の自由人というのは、民族とか人種とか血統とか、そういうものから生じているわけでもなく、またある社会的地位、社会的階級から生じているものでもない。人種いかんを問わず、民族いかんを問わず、社会的階級いかんを問わず、男女のいかんを問わず。男女のいかんというのは、ギリシャ市民のエクレシアにおいては女子は選挙権・被選挙権をもちません。アリストファネスというギリシャの喜劇作家の作品の中に、女が男に化けてエクレシア（民会）に出まして男の横暴を取締る法律をつくったおかしな話があります。ほんとうは女子には市民権がなかった。キリスト教のエクレシアにおいてはそんなことはない。女子も重要な人間としてエクレシアに連なることができたわけです。これが一つの違いです。

も一つの違いは、そのことに関係のあることですけれども、ギリシャ人の自由あるいは自由市民、社会の自由というものは人間というもの、人間の自由でありますが、それが人間から出た人間の自由とでも言いますか、人間的な、あまりにも人間的な自由でありました。ギリシャの哲学や文学などを読めばそういうことがわかるそうですけれども、ギリシャの神々、オリンポスの神々とか、いろいろの神々がありますが、ギリシャにおける神々は人間と区別がない。人間の偉い人々が神々であり、また神々がくだって人間となる。神と人間とが交渉して子供を生むということもある。ギリシャ社会には神々がたくさんありましたけれども、いずれも人間的であり、人間の偉いものあるいは高いものに過ぎない。人間の快楽、人間の悟り、すべて人間から出た人間的なものがギリシャ社会の自由の特色である。

キリスト教においてはそうでなくて、人の自由は人からは出ない、これは神から出る、神様があっての人間の自由である。人間が自分で生れながらにもっている自由というものは、キリスト教でいうところの自由とは違います。いかに政治が自由であり法律が自由であって、今日のことばで言うならば言論・思想・学問・教育・集会・結社等々が自由でありましても、そういう自由はほんとうの自由ではない。ほんとうの自由ではないということは、そういう社会的な制度的な自由は人間を真に自由にしない。人間を真に自由にするものは、一つは人を束縛している最大の敵である罪というものから人を釈放して、良心の咎めなく神の前に立つことができるようにする。そこで初めて人は自由であり得る。そうでなければいかに自由社会に住んでおりましても、心に平安がなく良心が苛責をもっている。道徳的な良心の苛責をもっておりますときには、人は自由に考え自由に行動することはできない。何かを恐れている。社会の批難を恐れている。何か常に恐れているものはほんとうの自由とは言えない。

も一つは死からの自由。生れた人は死ぬるのが当然であって、生命というものは裏返しにしてみれば死である。死を伴わない生命はない。ところがその当然である死ということが、どれほど人を不自由にしているか。「これ、悟りなさい、花は匂い柳は緑。生者必滅、会者定離、当り前のことだ、会った者は離れる、生れた者は死ぬ、当然のことであるからそうだと悟ってしまいなさい」「自然法則に従うことが人間の自由である」と唯物論の哲学者はそういう風に言っている。悟りなさいと言って悟れるものならば、世の中は非常に明く簡単になります。

ところが実際においては、死ぬということが人をいろんな形で束縛しております。病気を嫌う、貧困を嫌う、それから迫害を嫌う、あるいは自分が死ぬことだけでなくて自分の身内のもの、親とか兄弟とか子供とか妻とか夫が死ぬとたいへんなことになる。死ということがどれほど人の生活と心を不自由にしているかわからない。社会制度がどれほど自由の社会になりましても、死というものからの不自由を除くことはできません。

ところがキリスト教においては、キリストが死より復活した、キリストを信ずる者はそのキリストの復活によってわれわれ自身も、人間もまた復活する生命を与えられる。これがキリスト教において、神がキリストによって与える人間の自由なんです。

罪からの自由と死からの自由、それを与えるものは人でなくて神である。人間はそれを与えることはできない。神しかそれを与えるものはない。神は、イエス・キリストが十字架にかかって人の罪の身代りになって死なれたということによって、キリストを信ずるものを罪の咎めから解放される。キリストが墓にあること三日にして、神はキリストを甦えらせて復活させて天に引上げ給うた。キリストを信ずるものは死をもって生涯を終らずして、復活の希望を与えられて永遠に生きる。われわれの愛するものも永遠に生き、われわれも永遠に生きる。こうなると恐しいものは世の中になくなる。パウロが言ったように、死も生命も迫害も飢も天の使も人間も、造られたもの、すべてのものはわれわれを、自分をキリスト・イエスにある神の愛から引離すことはできない。ほんとうに強い人間というのがそこにできてくる。ほんとうに自由な人間、ほんとうに強い、何をもっても脅すこともできない、誘《さそ》うこともできない、自由に考え自由に判断し、自由に生き自由に死ぬ——死ぬ時に自由な心をもって死ぬ、こういうのがキリストの与える自由なんです。これは神から与えられる。

そこで、民主主義の根本になっている自由な人間、あるいは人間の自由と責任というものは、ギリシャの市民社会の自由、いわゆる文明史家の言うヘレニズム（ギリシャ主義）から出ておる人間性を貴ぶということと、それからキリスト教から出ているところの、神は人間を造って人間を自由にする、そこには人種・民族・社会階級・男女の区別もない、そういう自由と、二つがずっと流れているわけであります。両方から培われ養われてヨーロッパにおける民主主義の思想と、その思想にもとづく政治体制というのが発達してきたように見える。

繰返して言いますと、ギリシャ思想は人間性というものを重んじている。ヒューマニティ、人間というものを重んじているわけですね。キリスト教は人間というものを重んじていないかというとけっしてそうでない。人間を重んじている。ただその人間が人間である道は、ギリシャ思想によればますます人間らしくあることが、その道であるという。キリスト教にあっては、神を信じ神に従うことが人間の自由である。両者の着眼点は違うわけです。

私どもは、ほんとうに人間を自由にするものはギリシャ主義ではない、キリストの福音であるということをかたく信じております。人間解放ということを言います。人間の自由、人間の解放ということは、ギリシャ的思想です。唯物論などに非常に強力に流れている。「人間解放ということは、人間を束縛するあらゆる社会の制度・律法等々から解放するとともに神様からも解放する」こうギリシャ主義者が言うその神様も詮索してみなければなりません。いろいろ世の中には迷信というのがあります。たとえば方角が悪いとか日取りが悪いとか相性が悪い、などと言われている。その他もろもろの偶像や偶像的な迷信がたくさんあります。それから解放されることはもちろん人間の解放であり、人間の自由のために必要です。けれどもキリスト教のいう神、すなわち天地万物を造り、人間を造り、人間を罪の束縛と死の束縛から救うというその神様から人を解放するということは、人間に自由を与える道ではない。非常に勇しく人間を神から解放するなどということを申しますけれども、それによって得る人間というものは傲慢の固まりであって、頼るべきほんとうの値打のない自分に頼るということになってしまうのですね。

二、三日前に、親戚の子供から間接に聞いたのですけれども、「いちばん好きな人は誰ですか」よく小学校でそういう質問を生徒にする。彼が答えたのに、私です。自分です。自分がいちばん好きだ。なかなか正直な答です。その他「誰がいちばん偉いですか」と言えば、ある人はお父さん。ある人はリンカーンだと言う。ところがある子供は、いちばん偉いのは自分だ。こう言う。これがいま言った人間解放、人間性獲得、人間の自覚というヘレニズムの思想の流れです。いかにも人間の自由であり、自由人の言いそうなことですけれども、いかにそれが哀れなものであるかということは少しく人生にぶつかってみれば誰でもわかる。自分というのがわからなくなる。おれというのはいったい何だろう。すなわち人間は何だろうという疑問が起ってくる。そうなると、人間信頼、人間性獲得などということは全く空虚な空威張りになってしまいまして、もうどうしていいか、わからなくなってしまう。

ですから、人間性を回復するもの、人間の自由を与えるものは人間でなくて神である。真の神である。迷信的な神でもなく偶像の神でもなく、これは人間を造り人間を導き、人間の罪を赦し人間に復活の希望を与えるキリストの示した神、天地万物の造り主であってわれわれの父なる、お父さまである神様、この神を信ずるということが、われわれをほんとうの意味で自由にするものです。

5

日本において民主主義の思想が国民の間に養われなかったということは、日本にギリシャ哲学やギリシャ文学の影響がなかったという意味ではない。日本には明治以来、西洋文学や思想や学問が入りまして、ギリシャ的な思想は日本の中に入ってきました。日本にはただ市民社会というのがなかったから、ギリシャ的な思想が栄えることはなかった。

日本に欠乏したものはキリストの福音だったのです。これは歴史的に証拠のあることでありまして、明治の政治家のうちの元勲と呼ばれる人々は、西洋の政治の仕方や技術や学問や教育体制などは輸入したけれども、キリスト教はこれを拒む。拒むと言えば、信教の自由、宗教の自由を重んずる近代国家の自由と抵触するから諸外国の批難を蒙りますために、拒むとは言わなかったけれども歓迎しなかった。日本は西洋の技術・学問・政治のやり方・制度などを輸入するが、精神は日本精神。日本精神というのは何であるかと言えば八百万の神々を信じ、天皇を神として信ずという精神ですね。それに仏教や儒教や武士道というのがあり、造り上げられた日本精神というものがありました。日本精神には人格の観念・人間の自由の観念が欠乏しておったので、造りあげられた明治以来の近代国家としての日本は、制度・技術は西洋のものを採用しましたが、心、精神は、いわゆる日本精神でありまして、これはキリスト教の感化を受け、キリスト教の訓練を受けた人間性というものを無視して知らない、取入れておらないところの精神であったのです。

こういう畸型な、片輪な発達をいたしまして、太平洋戦争の前からのファッショ国家、それから戦争中のああいう状態となっていったわけであります。ですから戦後の日本がほんとうの意味において近代国家となるためには、人間性というものを十分に認め、したがって人間の自由と責任を認めなければならない。一人《いちにん》立ってよく国家に対抗する、国家すなわち権力をもっておる政府に対抗してでも真理を、真理のためにその立場は譲れないという人間、モーラル・バックボーン（道徳的背骨）の通った人間はどうしてつくるのか。神を信ぜず、神によって支えられないで、どうして道徳的背骨の通った人間ができますか。こちらから突かれれば向うによろけ、あちらから突かれればそちらによろけ、若干抵抗いたしましても結局屈服するということになってしまう。モーラル・バックボーンを備えた人間が自由な人間であり、その自由な人間は神を信ぜずしては生れることはない。だから戦後の日本を平和国家あるいは民主国家として新たにつくりあげるためには、どうしてもキリストの福音が必要であるのです。キリスト教の勢力を弘めるとか信者の数を多くするとかいう、そんなちっぽけな問題でありません。キリスト教界が栄えようが栄えまいが、信者の統計が殖えようが殖えまいが、そういうことではない。日本国民の中にキリストの唱えた福音の力を宿し、復活の希望をもった精神が養われ、道徳的な背骨の通った人間ができ、真に自由に、つまり賄賂とか情実とか圧迫とか模倣、人真似とか、そんなことでもってうろうろしないで、自分が考え、自分はかく行動する、自分が生き、自分はかく死ぬという自由な人間ができてこそ初めて、民主主義という社会体制、政治体制が堅実に発達することができる。

民主主義などというものはいくらでも骨抜きになります。共産党にスターリンの独裁という体制があるわけではない。体制から言えば、ソ連の小さな下部組織からだんだんと代表者が出まして、ソ連の代議員大会でもってスターリンを選んで頭とした。ヒトラーのナチスでもそうです。けっしてヒトラーが独裁者という形ではなくて、ドイツ国民が選挙によって国会代議員を選びまして、ヒトラーを選んだ。形は民主主義なんです。民主主義であり社会主義であります。選挙をもって選んで政治をする、そういう形をつくっておりますけれども、実際は独裁者である。だから民主主義などというものも政治の形だけでけっして安心も信用もできるものでない。民主主義という形でもってどんな圧政でも暴政でも独裁でもなし得る。それが真の民主主義であるためには人間が自由でなければならない。その人間の自由というのはキリストの福音によって説かれた意味の自由でなければならない。神を畏れ、神を信じ、神に対して責任をもつ。その代り、神が自由にし給うたのであるから神以外の何者も自分の自由を奪うことはできない。それで初めて自由な人間となり、民主主義の社会の基礎となるわけです。

6

さてそのような意味の人間観、あるいは人間の自由と責任の思想を国民の間に弘めるのには、いったいどういう方法があるだろうか。第一に教育です。教育には技術を授ける職業教育・技術教育も必要であります。それによっていろいろの生活の便宜を立てていきます。しかし今日のお話にとくに関係があるのは職業教育・技術教育でなくて、思想の伝達であり、人間の心をつくっていく、養っていくという問題であります。

教育の手段方法として言われるものが、大ざっぱに言って二つある。一つは教えるということ、あるいは説得する、話をする。理性に訴えて「なるほど、もっとも」こう思わせていく、説くことですね。あるいは教訓、教え。

もう一つはお手本を示してその手本に従わせる。模範ということですね。模範を示そう。模範を示せば人はやってみて自分もそういう風にしよう、こう考える。この説得と模範ということが教育の大きな方法のように思われます。

それで、教育者が、先ほど申したような意味における人間観というものを目標といたしまして、人間の自由の貴さ・人間の責任、こういうことを国民の間に普及させようとすれば、その教えを説く、説得ということと、それから手本を示す。自分自身が手本であればいちばんいいですけれども、そうでなくても他の人の手本を示す。たとえばリンカーンの伝記を読みなさい。誰のことを見なさい。内村鑑三の伝記や生涯のことを学びなさい、というように、すべて模範によって教育することですね。

それから、も一つは宗教という道がある。宗教は神を説くことですね。神を説き神を信ずることを教えることによって、人間の人間性を回復しあるいは人間の自由を学んでいく。人は神以外の何ものの奴隷でもない、また何ものをも奴隷とすべきでない、こういう自由な思想は宗教を信ずる信仰によって与えるということです。

宗教の教えを伝達する、人に弘める方法として、これも大ざっぱに言って二つある。一つは教えを伝える。これは伝道ということですね。ミッションの仕事です。もう一つは礼拝ということ。これは宗教の集会をいたしまして多くの人とともに神を拝む。伝道と礼拝ということによって宗教の真理、宗教的真理は人に伝えられる。

も一つ、教育と宗教に並べるのは適当であるかどうか、わからないけれども、ジャーナリズムというものがある。これは著述とか新聞・雑誌の類ですね。ジャーナリズムというものの任務は二つありまして、一つは報道ということ、知らせるということですね。多数の人に同時に知らせる。マス・コミュニケーションと言っております。新聞、雑誌からラジオ、テレビ等々ですね。たくさんの人に事実を知らせる。マス・コミュニケーションというのは翻訳がむつかしいとみえまして、学者が英語のまま使っております。大衆に伝達するということですね。この報道ということがジャーナリズムの大きな任務であり、また方法です。

も一つは批判ということですね。ジャーナリズムはただ事実を報道するだけでなくて、その事実に対してある判断を加えて世の中の傾向を指摘する。世の中の傾向というのはなかなか見出すことがむつかしいものですけれども、いくつか個々の事実を集めてだいたいの傾向を察知しまして、世の中はこういう具合に動いている、世界の情勢はこういう風になっている、日本の国はこういう風になっている、このままでいいとか、悪いとか、批判をすることがジャーナリズムの使命です。話は多少脱線しますけれども、日本の昔の新聞というものは社会の木鐸であると言われた。「木鐸」というのはむつかしい字ですが、社会に警告した警鐘です。半鐘を鳴らして火事だ火事だと警告するように、新聞は社会に警告する批判である、導きであると言われておった。ところがだんだんと批判でなくて、事実を報道するということに主眼をおくように移り変ってきておる。とにかく報道と批判ということがジャーナリズムの使命であり、また採用する方法でもあります。

この教育と、宗教の伝道とジャーナリズムというものが、思想を人々に伝える方法であります。民主主義の思想を国民の間に普及徹底させるということは、こういう方法によるわけです。民主主義に限らない。たとえば共産主義の宣伝であろうが全体主義の宣伝であろうが、みな教育と宗教とジャーナリズムを利用いたしまして国民の間に普及徹底したわけです。

ところで、内村鑑三先生の生涯あるいは仕事は、教育と宗教とジャーナリズムの三つに跨っているというか、あるいは分けることができる。先生は、学校を卒業した後は水産技師としての仕事と生活を始めた。北海道庁の技師となり、それからいまで言えば農林省ですが、昔の農商務省の水産技師となりまして、日本最初の魚類目録であるとかアワビの人工増殖であるとかなど、いろいろそういうことの技術者としての生涯を始められた。しかしこれはじきにお止めになって、アメリカに行かれて帰ってきて、教育者として日本の国に尽そうということで、教育者としての仕事が始まった。

明治二十一年ですか、アメリカから帰って新潟の北越学館の教師になって、すぐに宣教師と衝突してそこを止めて東京に帰って、それから麻布(東洋)英和学校ですか、の先生になって、それから第一高等中学校の先生になった。その後、明治二十四年一月に教育勅語に対して最敬礼をしなかったという、いわゆる不敬事件なるものが起りまして学校を追放されました。大阪、熊本、京都、名古屋と転々とし、英語教師として私立学校に奉職いたしまして、それから東京の『万朝報』という新聞の記者になって赴任したわけですが、そこまでは学校教員というものを方々でいたしまして、教育を通して日本国民の心を高め清め、当時は民主化などということばはなかったけれども、人間の自由と責任、人間の発見ということを説くために力を注がれた。そのためにはキリスト教の信仰、キリストの救いによらなければ人間はできない、そういう見地から教育事業に従事されたのですけれども、教育界は内村鑑三を容れることができなくてついに追放してしまった。だから学校教師としての内村鑑三の仕事は非常に短くありまして、あまり分量的に言って大きな仕事はなかった。ただ最大の仕事として私の記憶しておることは、一つは先ほど言った教育勅語に対して宗教的な礼拝を拒否したという事件です。教育勅語は守るために与えられたものであって、拝むために与えられたものでない。こういう信念を主張されたということは、これは教育者として三十年間勤続して、紫綬褒賞を賜わったということよりも、もっともっと有力な教育者の仕事をしたわけです。

も一つは、北越学館を止めまして東京に来て第一高等中学校の先生になるその間と思いますが、東京の正則英語学校ですか、そこに勤めているときに授業の初めにキリストに祈りをした。その授業の初めの祈りによって深く感じて、クリスチャンになったというわれわれのりっぱな先輩がおられる。そういうことは私の記憶に残っておりますけれども、しかし勤続何十年といって表彰されるようにはならなかった。(編者注、これが事実であるかどうかは確かめられなかった)

第二は、ジャーナリストとしての内村鑑三。これは先ほど言った万朝報の記者、新聞記者として大いに令名を博しました。万朝報における短いことば、これが社会批判、社会批評のことばでありまして、英文、日本文、両方でお書きになって、当時の読者を引立てたわけであります。それから御自分の雑誌の『東京独立雑誌』『聖書之研究』編集者・発行者および記者として長年の生涯を送られた。ジャーナリストとして大きな働きをされた。個人雑誌でもってこんなに長く続いておるのは田口卯吉の『東京経済雑誌』と内村鑑三(自分)の『聖書之研究』二つだけだ、ということを先生が雑誌に書いておられる所がありますが、一つの特色のある雑誌の編集とその執筆をもって、キリスト教ということを別にいたしましても、りっぱな一つのジャーナリストとしての生涯だったと思います。

しかし、内村鑑三先生の『聖書之研究』は晩年において売行きが殖えましたけれども、私の聞いているところによると四千三百部ほど毎月印刷された。そしてそのうち本屋に托しまして返品になったものもありますから、実際のきまった読者はそれよりも少かったのでしょう。これは数からいって大雑誌とは言えません。僅か四千三百部ぐらいのサーキュレーションでありますから、これも、たとえば『文芸春秋』とか『中央公論』とか『世界』とか、ああいうものに比べてみれば、いうに足りない、そう大きな問題でない。

第三には、先生の宗教伝道。これは無教会主義を唱えられまして、「人はキリストの救いに与かるためには洗礼を受けなくてもよろしい。洗礼を受けて教会員として登録されなくてもキリストを信ずる信仰だけで義とされる、それ以外何の必要条件もない」――こういうことをここに言われた。無教会主義のエッセンスというものは簡単に言えばこうだと思います。これは宗教の歴史の上において実に画期的な、革命的な宣言であります。前に、ギリシャのエクレシアとそれから初代教会、初代キリスト教のエクレシアとの違いを申しました。初代キリスト教会のエクレシアの方が人の範囲が広かったから、ユダヤ人でもギリシャ人でも奴隷の持ち主でも奴隷そのものでも、男でも女でも区別なく、キリストの福音を信ずる者はエクレシアに連なることができた。ユダヤ人が在来もってきた律法によるシナゴグというものは、ユダヤ人でなければそのメンバーにはなれなかった。ユダヤ人の律法によりますと、人は神様の前に出て礼拝することはできない。神に属するものとなるためには割礼という律法の儀式を受けることが必要だ、人は割礼を受けることによってエホバの民となる。エホバの民にして初めて集会に列しエホバを礼拝することができる、すなわちシナゴグの一員となることができる。これが律法の立場に立ったユダヤ主義であります。

だから初代教会、原始キリスト教の時代においても、これらのユダヤ主義者から見ると、キリスト教のエクレシアに連なるためにも、神の前に出て神を拝む集会であるから、やはり割礼は必要だ。割礼という儀式を受け、エホバの前に出る資格を得てから、エクレシアに連なることができるのである。――こういうユダヤ主義者がありました。

それに対して使徒パウロは、そうでない、キリストを信ずれば誰でもエクレシアに連なることができて、誰でも救われる。割礼を受けていても受けていなくても、そういうことは何も資格にはならない、差別の条件にはならない、と言った。

けれども、その後、キリスト教会の歴史において、いろいろトラディション（伝統）ができました。サクラメント（礼典）というものが定められまして、その一つとしてのバプテスマ（洗礼）ということが定められた。この洗礼を受けることによって人は教会員となることができる、教会員として登録される。教会員として登録されたものにして初めてエクレシアに連なるものとなることができる。――こういう風なトラディショナル（伝統的）な解釈がキリスト教の歴史の中にずっとありまして、ローマン・カトリック教会から分離したルッターの教会、すなわちプロテスタントの教会においてもその伝統が受け嗣がれてきた。

ところが、内村鑑三先生によれば、洗礼を受けていても受けていなくても、それはキリストによって救われるということの条件にはならない。したがってエクレシアに連なることに何の差別にもなるものではない。洗礼を受けていてもいいし、受けていなくてもいい。つまりエクレシアの一員となるために強いて洗礼を受ける必要はない。

これは実に革命的な、画期的な宣言でありまして、エクレシアの範囲を非常に広くいたしました。教会という制度の壁でエクレシアを限るということがなくなりまして、すべて霊と真実をもってキリストを信ずるものは誰でも救われる、誰でも神の国の民となる、すなわちエクレシアの一員として神の国の民となるという、そういう無教会主義を内村先生がわれわれに伝え、また世界に向って宣言された。それに対して先生は批難・攻撃をたくさんの宗教家から受けました。外国の宣教師や教会側から受けましたけれども、内村鑑三の宗教家としてなした大事業とは、これでありました。この事業も人数とか勢力とか組織とかそういうものから言えば微々たるものでありましたけれども、世界の宗教改革の歴史においてほんとうに特筆大書すべき画期的事業であったのです。

7

ところで、話が少し戻りますけれども、思想伝達の方法として教育と宗教とジャーナリズムという三つあるということを申しまして、内村鑑三先生の事業はこの三つにわたっていたことを申しました。ここでその問題を見る角度を少し変えて見ると、こういうことがある。内村鑑三先生はもちろんキリストの福音を伝えられた。だから、キリストはどうであったか。イエス・キリストはどのような生涯を送り、どのような事業をなさったか、ということを見てみる必要がある。

奇妙なことに、キリストが敵となり、彼らがキリストに向って敵となったものが、この教育家と宗教家とジャーナリストであった。福音書を見ますと誰でもわかりますけれども、イエスは敵のなかった人ではない。非常にたくさんの敵のあった人です。しかも敵をもつということを拒否して、抵抗から逃げた人でもない。ある場合には自分の方からぶつかって、突っかかっていきまして敵と戦いました。それで多くの人から憎まれ、その憎まれた結果殺されることになったのです。けっして事なかれ主義の穏やかな生涯を送った人でありません。

そのイエスの敵となり、イエスが敵対した者は学者、パリサイ人、祭司の長のともがらなのです。学者というのは、少しこじつけになるかもしれませんが、いまで言うならば教育家です。学者はモーセの律法を研究し解釈し、こういう具合に生きていけば律法に適う、こういう具合にしなければいけないということを、人々に教え示したものです。この学者の権威すなわち教育者の権威に従いまして、ユダヤの民衆はモーセの律法にたがわないようにということを考えながら生活をしたわけです。この学者というものをイエスは最も憎み給う。学者もイエスを憎む。

それからパリサイ人というもの。パリサイ人というのはモーセの律法を厳重に守る人たちでした。パリサイ人の起源は一種の宗教改革派であったようですけれども、律法を現代化すると言えば語弊がありますが、現代の実際生活に当てはまるように律法を解釈し、律法を死んだものとしてでなくて、生活的に生きていくことが必要だという、そういう主張からパリサイ派というものは出たものらしい。多少牽強附会とお聞きになるかもしれませんと思いますが、現代で言うならば、このパリサイ人というのは著述家、ライターズあるいはジャーナリストにいくらか似ている。事実を報道するとともに社会を批判する、生活を批判するものがパリサイ人でありました。イエスが最も憎み給うたものはパリサイ人、そしてパリサイ人もイエスを憎んだ。

それから祭司の長、祭司たち、これはいうまでもなく宗教家たちです。伝道と礼拝を司って、それによって律法の精神・思想を民衆の間に伝え、また維持しようとした輩《ともがら》です。この祭司長、祭司もイエスの敵であり、彼らもイエスを憎み、イエスも彼らを憎んだ。

思想伝達の方法として挙げた三つのもの、教育家、宗教家それから著述家、イエスの時代にあっては、それにいくらか該当すると思われる学者・祭司長・パリサイ人はイエスの敵対者であった。どうしてイエスは彼らに敵対したか、彼らはイエスに敵対したかと言えば、皆さんが御承知のように学者、パリサイ人、祭司長らは律法の形にとらわれて精神を殺していた。霊的な生命を失って、形式的に固定した伝統（トラディション）にこびりついていたからであります。学者・パリサイ人・祭司長たちは、律法の束縛を人々の肩にかけて人の自由を奪うものであった。そしてイエスはそれらの重荷を取去り、人の重荷を御自分の肩に負うて、そのためにイエスは十字架にまでもかかって人の罪の身代りとして死なれた。学者、パリサイ人、祭司長たちは律法を人に要求したが、イエスは人に愛を与えた、愛を与え愛を教えた。イエスは律法を重んじたが、しかしそれは律法の精神と霊的な生命と愛とを重んじたのであって、学者、パリサイ人、祭司長たちの言ったような形式主義の伝統や重荷を重んじなかったということであります。

イエスが教えを説き道を伝えた方法は、教育ということもありました。霊と真実をもって神を拝するということもありました。痛烈な社会批判をされたということもありました。しかし、それだけでなく、イエスはみずからの血を流された。みずから涙し、夜は枕をして寝る所もないほど、多くの人に捨てられ、辱しめられ、唾せられ、そして、そうしてまでもイエスは人間というものを発見しよう、人間というものを救おうとされた。だから世の中の人が彼は人間の屑である、人間でないとして蔑んだところの罪人であるとか盲であるとか足なえであるとか、病人であるとか遊女であるとか、気違いであるとか孤児《みなしご》であるとか寡婦であるとか、そういうものの価値を認めて、お前も人間だ、お前も神の子だ、ということを教えられた。他に何も要らない、神を信ずるその信仰だけで汝は救われる、汝は自由であるということを教えられた。イエスの目の中に入ってきた普通の人間と勘定されないような者を、汝は人間であると認められた。そしてその者の生きていく道を示された。これこそ人間性の解放であり、人間の回復であり、人間の自由である。だからイエスによって自由を与えられた者は、イエスによって神に対して責任をもつ者となることができた。学者、パリサイ人、祭司長とイエスとの違いはそこにあります。

そういう見地からわれわれは内村鑑三をも一度考えてみると、先生は教育者であった、伝道者でもあった。それからジャーナリストでもあった。けれども世間普通の教育者、宗教家、伝道者、それからジャーナリストと違うところが内村鑑三先生にありました。

それは先ほど一例として申しましたけれども、内村先生はみずから涙し、みずから汗し、人のしもべとなってキリストの福音を伝えた人である。ただ伝えただけでなくて、キリストの福音を生き、またその中に死んだ人であります。先生の涙と死と、彼に対して世の中が与えた侮辱と迫害の中にあって、ひたすらにキリストによって神に依頼んだ先生の信仰なくして、先生の教育者としての仕事も、伝道者としての仕事も、ジャーナリストとしての仕事も、全く空しいものである。

8

われわれが内村鑑三の記念日を毎年迎えまして講演会をいたしますのは、先生が教えたところのイエス・キリストの福音こそ、これがほんとうに人間を救う道であり、人間の自由、人間性を回復する道である、と信ずるからです。「世の中に屑という人間は一人もない、だめだという人間も一人もない。皆神の子として救われる。そしてその条件は、他のいろいろな、社会的な民族的な等々の条件は、少しも必要ないので、キリストを信ずる信仰だけでいいんだ。教会員である必要も全然ない。あっても無くてもいい。いっさいそういう区別、制限、囲い、壁というものはない。キリストを信ずる信仰だけですべての人がエクレシアの民となることができる、そうして神の国ができるんだ」ということを、ことばだけではなくて生涯において、生涯だけでなくてその生と死と復活の希望をもってわれわれに遺されたのであります。

これは諸君がただ私すべきものではありません。神が日本に興したまうたキリストの福音の証しとして、全世界に向ってこれを宣言し伝えるべき任務をわれわれはもっておる。内村鑑三先生の伝えたキリストの福音は、人を救い国を救い世界を救う力である、その基礎であるということをかたく私は信じております。

先年まで日本におりましたスイスのエミール・ブルンナーという人が、世界のキリスト教のホープとして、無教会主義を認めました。ブルンナーさんの立場そのものは完全な無教会主義であるとは言えないかもしれませんが、無教会主義でなければ、そのやり方、その考え方でなければキリスト教の福音は世界に弘まらないということをフルンナーさんは認めた。認めただけでなく、彼はこれを公言しました。彼はアメリカに講演に行きましたときに、もっぱら日本の無教会主義の紹介をし、その歴史的意味を語りました。彼はスイスに帰りました。スイスにおいて神学の専門的な雑誌にやはり日本の無教会主義を紹介し、キリスト教伝道の方法ならびに精神としての無教会主義を紹介したのです。

いまや無教会主義というのは日本だけのものではなくなりつつあります。いいことか悪いことか知りません。皆さんの御意見があると思いますけれども、アメリカの雑誌に『タイム』というのがありまして、そのタイム誌の東京支局長が私の所に来て、無教会主義のことをいろいろ聞きました。彼はタイムに書くのだと言っておりましたので、私は材料を与えました。

無教会主義を、人が認めてくれるから自分たちがうれしいとか何とかいう、そんな考えは毛頭もちません。無教会主義の団体があるわけでもなく、団体の利益があるわけでもありません。けれども世界がこうして着目しつつある。世界のキリスト教というのは、ある意味において大きな行きづまりを来しております。その中にあって、どうしても宗教改革がなければならない。キリスト教の歴史において大改革がなければならない。それは無教会主義ではあるまいか、こういう風に世界はますますこれから注意をしてくるでしょう。

日本において世の中の情勢が変化しまして、平和論も影が薄れ、民主主義の論も次第に影が薄れてきそうであります。あと十年たてば、もっともっと日本は変っているでしょう。キリストの福音によるところのほんとうの人間の自由と責任にもとづいた民主主義が十分に日本に根づかないで、またこれがいくらか逆転するらしいということは、非常に残念なことであります。しかし、われわれは希望を失いません。私どもは皆さんとともに祈り、心を合せまして、世の中が変っても、変らないところのイエス・キリストの福音、世の中の変化を貫いて保ち、そして人と国と世界を保つところの希望を与えるキリストの福音を、時を得るも時を得ざるも、世の中が変っても変らなくても、常に堅実に宣伝える。そしてそのことが、ただに日本国民の救いのみならず、ほんとうの意味で、世界の平和の基礎であり、人類の希望であるようにわれわれ思いますので、今日皆さんとともに、かかる大きな問題と言いますか、大きな教えをわれわれに遺され、そして世界に向って宣言された内村鑑三先生に対して、改めて心から感謝を捧げたいと思うのであります。

二十　内村鑑三とシュワイツァー

1

一九五〇年の六月に私はアメリカに旅行しておりました。六月の二十五日に朝鮮事変、例の三八度線の突破ということが起りました。アメリカの世論は非常に硬化して、ソ連と一戦交えることは避け難い。そういう気持が決定的になったようであります。フィラデルフィヤその他の町で防空演習がおこなわれておりました。私どもが戦時中やったようなことを向うもやった。戦争に勝った国は気の毒なものだと思いました。負けた国はそういうことをする必要がない。

その当時、あるアメリカの新聞に「世界三大偉人」という記事が出ました。インドのガンジーと、それからアルベルト・シュワイツァーと、も一人ははっきりと憶えておりませんがアインシュタインだと思うのです。戦争気構えで防空演習をしているような国民がガンジーとシュワイツァーを世界の偉人として尊敬することは、どういうことだろう、おかしいことだと思いました。同時にそのときに、この三人と張合うわけではないですけれども、二十世紀の世界偉人として内村鑑三を一まい入れてもらいたいと思いました。

内村鑑三先生の全集の中の一九二八年の十二月一日の日記です。

「日印協会々報」にマハトマー・ガンヂーの略伝を読み、彼に対して尊敬を表せざるを得なかった。印度ならでは起らざる大人物である。誠に亜細亜の救主として神が遣り給へる人であらう。日本などには到底此種の人物は起り得ない。但しイエスの小なる弟子は彼れガンヂーよりも大なりと言ひ得やう

こういうことが書いてある。まだガンジーがそれほど有名でなかったときに、内村鑑三がガンジーの値打を認めてこのように尊敬している。その日記に続き、無抵抗主義のことが書いてありまして、

無抵抗主義は勿論である。羅馬書三章同七章、哥林多後書五章にあるやうな信仰に立つ時に英国も米国も恐るるに足りない。自分は亜細亜はやはりキリストの純福音を以って欧米に勝つべき事を信ずる

このようにガンジーに関連して書いてあります。私いつか機会があれば「内村鑑三とマハトマ・ガンジー」という講演をしたいと思っています。

シュワィツァーについては、日本で多くの人がシュワィツァーを知らなかったときにすでに内村鑑三はシュワィツァーを認めております。竹山道雄君が翻訳しましたシュワィツァーの『わが思想と生活より』という本のあとがきとして、自分がこの本を訳した時は、もうすでにとっくの前に内村鑑三先生がシュワィツァーを認めていたということを全然知らなかった、ということを竹山君が書いております。

私の調べた限りにおいては、内村先生がシュワィツァーのことを、初めて日記にお書きになったのが、一九二六年の十一月であります。

阿弗利加洲仏領コンゴー国リムベレネーに土人の為に病院を設け、併せて福音伝播に従事しつつある、神学者に

して音楽家併せて医師なるアルベルト・シュワィツェルの事業に対し心ばかりの賛成を表せんが為に、内村聖書研究会を代表し少額の寄附金を送って非常に嬉しかった。昨年のクリスマスには持地夫人を通うして独逸の貧児に少しばかりの贈物を送るを得しが、今年は阿弗利加土人の児童療養の為に我等の心を向けることが出来て大なる感謝である。額は少なりと雖も（今年も昨年と同じく三百円以内である）――これは貨幣価値が変りましたので、今のお金に、三百倍として計算すると約十万円足らずですね。三百円以内である。金額は少い――日本人が欧洲人の伝道事業に参加するのであるが故に其意味は深長である。想ひ見る、赤道直下の、芭蕉の葉を以て葺きし病舎に於てドクトル・シュワィツェルが我等の同情の印に添ふ我が書翰を読む時に、彼の心は如何ばかり慰めらるることであらう。我等は常に博士の著書に教へらるる者である。時に少しく彼に報ゆる所なくんばあらず。一子祐之の欧洲留学が機会となりて斯かる事業に参加するを得るは何たる幸福ぞ

その礼状がシュワィツァーから翌年の一九二七年の五月十一日に届きました。

阿弗利加ラムベルネー三月三日発、ドクトルA・シュワィツェルの書面が達した。我等の少しばかりの伝道寄附金に対する懇切なる感謝の辞である氏の如き信仰的勇者の事業に寸毫たりとも参加するを得るは此上なき特権である。今後とも氏を通うして我等の同情の暗国大陸の民に及ばんことを祈る

それで先生は世界伝道協賛会というのをおつくりになって、ときどき内村聖書研究会会員から寄附を募って、毎年クリスマスのころに届くように金をシュワィツァーに送られました。

内村鑑三先生は一九三〇年の三月二十八日に召されたのでありますが、病気が悪くてもう日記がお書けにならない、後の事を、令息の祐之君が「父の臨終の記」として書いている。その一節によりますと、三月二十六日、召される二日前でありますが、こう書いてある。

「汝が院長で黒人の看護婦を連れてアフリカに行ったら……」

と言ふ様な言葉が夢ともつかず現ともつかずに発せられた。恐らく日頃からの心に掛けて居たアルバート・シュワイツェルのアフリカに於ける事業が頭に浮んで来たが為であったであらう

つまり内村先生は天に召される直前までシュワィツァーのことが頭の中にあった。息の祐之君、これは御承知のように東大の医学部の教授で、今日まで医学部長。今日までというのは任期が終りまして明日から変りますが、今日まで医学部長をしておられる方であります。それが黒人の看護婦を連れてアフリカで病院を経営したらいいだろう、という風に先生が頭の中で思われた。シュワィツァーのことが心にあったのでしょう。

今年の一月十四日がシュワィツァーの八十二歳になった誕生日でありまして、読売新聞の記者がシュワィツァーを訪ねた会見記が読売新聞に出ておりました。それを見ると、日本の話になって、シュワィツァーが記者に言うのには、

わしは過去に無名の日本人からこの病院の建設にささやかであったが援助を受けたことがあったと言い、自分も日本にぜひ往って見たいと思うが機会がなくて残念である

「無名の」というのは名を忘れたんでしょう。もう三十年も前のことですから。シュワィツァーは内村鑑三という名を忘れたけれども、誰かから寄附をもらったことを、金額は少かったけれども憶えていたのですね。

それで、内村鑑三とシュワィツァーの交わりは、そういうわけで親しく、そして日本の誰よりも早く

結ばれました。しかも、こちらから少額であるけれども金に貴い志を添えてシュワィツァーを応援したという美談と言いますか、話です。

私どもの友人でやはり内村先生の門下である野村実君が、一昨年わざわざアフリカまで行ってシュワィツァーの所に半年おって病院を助けた。ただ交通とか金を送るとかでなくて実際出かけて行って応援したのです。シュワィツァーの所に行って助けた医者や看護婦は世界のいろんな国から行ったようですが、日本からはるばる行ったということ、これまた非常な事件であります。

いまは日本では白水社が『シュワィツァー著作集』というのを全八巻で出している（編者注、続刊全十九巻完結）。シュワィツァーが日本にも有名になっている。けれどもシュワィツァーを日本に紹介した人、認めた人の最初が内村鑑三で、内村鑑三先生の門下生で、いちばんシュワィツァーのことに熱心でシュワィツァーの著書を初めて日本に翻訳したのは、いま申した野村実君。『水と原生林のはざまにて』、シュワィツァーのアフリカにおける仕事のことを自分で書きました自叙伝風のものを翻訳しました。先ほど講演された石原兵永君もシュワィツァーの熱心な研究者であります。その他われわれの友人がシュワィツァーの本を訳している。

私は昨年ヨーロッパにほんの短い期間でありますが、参りまして、フランスのストラスブルグに参りました。その大学でシュワィツァーは学びかつ神学の教授になり、かつアフリカ伝道を志してそこの医学部で医学を修了した。シュワィツァーの母校であります。シュワィツァーが働いたストラスブルグ大学の神学部の研究室とか図書室とか、シュワィツァーが学生のとき、教授になった後にも住まっていましたサン・トーマ教会附属の図書室とかを見まして、それからシュワィツァーの家のあるギュンスバッハというスイスに近い山間の小さい村に行きました。シュワィツァーはアフリカに行っておりましたが、留守を守るマルチン女史というのが、——未亡人でありますが長年の間シュワィツァーの仕事の、ヨーロッパにおける総支配人のような仕事をしている——マルチン女史をお訪ねした。彼女はシュワィツァーの家の中に住んでいる。シュワィツァーの部屋とかまたいろんな物を見せてくれましたが、マルチン女史の自分の部屋の、壁にくっつけてあるベッドのすぐ横に、自分が寝ていて見える所に長さ一間ぐらいの日本流の額がありまして、日本の字で横書きで「神は愛なり、内村鑑三」と書いてある。寝床の横に額にしてかけてある。誰が額につくったのかと言ったら、自分がつくったんだ。字を送ってこられて、そしてこれは額というものに入れるもので、その額のつくり方はこうこうで、裏打ちをして、周囲を木のわくに入れて、と教わってその通りしたというが、木のわくは、その辺に生えていた木の枝ですから山小屋式のものです。マルチン女史はその額の横に寝るわけです。

その他、シュワィツァーおよびそのマルチン女史に対して送った日本の品物は非常にたくさんありました。世界各国の人がシュワィツァーの事業を援助するのですけれども、日本、ことに内村鑑三とシュワィツァーは実に友だちのように親しい間柄にあることがわかりました。非常に愉快に感じました。

アフリカのランバレネーにおけるシュワィツァーの病院の建物の配置図であるという、野村実君が引きました図面を見せてもらったりいたしました。野村君は一ヵ月ほどそこに滞在したらしい。その他われわれの友人でそのシュワィツァーの家を訪問した人は少くない。内村祐之君はそのひとりです。いま名古屋大学の農学部長である中山博一君、やはりわれわれの信仰の友人でありますが、その人も訪ねた。日本に内村先生がシュワィツァーを紹介されたころ、私の非常に親しくした人でありますが、南洋群島に行って伝道したドイツ人の宣教師が来ました。それでシュワィツァーの話をし、内村鑑三先生がこうこういうわけでシュワィツァーの事業を応援するということを申しましたところが、彼の言うのに、シュワィツァーの信仰はキリスト教的信仰とは認められない。キリスト教の信仰の正しい信仰ではない、ということを言いました。ちょっと言っただけで、礼儀のある人ですからそれ以上深くは言わなかった。

昨年ヨーロッパに参りまして、日本にも来ていられたわれわれの尊敬する友人であるエミール・ブルンナー教授にスイスのチュリヒで会いました。あることからシュワィツァーの話をしまして、私がブルンナーに、あなたはシュワィツァーをクリスチャンと認めますか、と聞いたところが、ブルンナーの言うのには、信仰的にはキリスト教的でない。しかし行いとしてはキリスト教的である。こういう返事でありました。

ヨーロッパのクリスチャンたちのシュワィツァーの信仰についての評価はそうらしい。

そこで問題が起ってくるわけです。いったいそのシュワィツァーの思想・信仰・行い等々と、内村鑑三の思想・信仰・行いとは、どういう関係にあるだろうという問題です。これは非常に重要な問題と私は考えます。今日はそのことを少しお話しようと思うんです。

2

初めに、シュワィツァーと内村鑑三との比較をいたしますと、人間的に、非常に似ている点がある。シュワィツァーの伝記の概略と内村鑑三の伝記の概略を皆さんが御承知のことと前提いたしまして、話をすると時間をとりますから断片的に申しますと、内村鑑三は学生のときに生物学を学んだ。農学や水産学を学びました。それから聖書の研究に入りました。それで晩年には哲学について興味をもって、カントだとかオイケンだとか、その他いろいろの人の哲学の書物を読みました。これについて、キリストの福音は哲学などを持出すに及ばないことで、むしろ哲学などは言わない方がいいという批評があったのに対して、内村先生は、そうでない。哲学に興味のないような者はキリストの福音はわからない。もう一つ、数学というのを挙げている。哲学・数学に興味のない者にはキリストの福音はわからない、ということを晩年に非常にたびたび繰返している。

シュワィツァーは哲学から始まった。彼は学生のときに神学と哲学を学びまして、それから後に医学を学んだ。医学——生物学というか、生命の問題について、人間の生命のみならず動物・植物の生命についてまでも、彼は興味と関心を及ぼしました。しかし、哲学の尊重とか、思索するということがキリスト教に欠けている。考えない信仰というのは正しいキリスト教の理解に到達することはできない、ということを言っておる。

内村先生が生物学から始まって哲学に行った。シュワィツァーは哲学から始まって医学に行った。しかも両人とも思索ということ、思想ということを重んじている。そういう点が共通です。

それから、内村鑑三先生の仕事は、最初はあわびの発生学的研究とか、にしんの人工増殖とか、そういうことから始まった。アメリカに行ってからペンシルバニヤのエルウィンの精神薄弱児のおります白痴病院で働いて、白痴の治療と教育ということについて興味をもって働きました。それから社会改良の運動などにも参加したり、結局、聖書の研究をもって自分の生涯の仕事といたしました。

シュワィツァーは哲学・神学の講義をしたり、牧師として教会で説教をしたり、そういうことから始まって、アフリカに行ってアフリカの黒人の病気を直すことに終ったというか、それを自分の生涯の仕事にしている。

内村鑑三先生は生物学から始まって、白痴病院という経験を通って聖書の研究に行っている。シュワィツァーは聖書の研究、神学・哲学から始まって、白痴に限りませんが、黒人の病院というところに進んでいった。出発と到達は違いますけれども、していることは似ているのですね。

内村鑑三先生は御承知のように、教会に属さず、宣教師の助けを借りず、自分で独力でもって個人雑誌というものを発行した。内村先生があるときに誇って言われた、個人雑誌を出して長く続いているのは田口卯吉の『東京経済雑誌』とおれの『聖書之研究』だけだ。とにかく、独力で仕事をして、組織の中に入らない。団体の力を借りない。人といっしょでなく、自分でやるというのが内村先生の行き方です。

シュワィツァーもそうです。シュワィツァーのものを読んでみますというと、アフリカに彼が行こうと考えたときに、個人で、自分が直接に人間にぶつかる仕事をしてみたい、団体組織の中でなくて自分で自分の仕事というものをしてみたい、しなければならん、こう言って彼はアフリカのランバレネーのフランスの伝道会社の伝道地に行きましたけれども、しかし伝道会社から金をもらうわけではない。その組織の中に入るわけではない。自分で金を集めて自分で病院をつくって自分で経営をして自分でやる。この行き方が非常に似ている。

それから教会というものについての考え方は、内村鑑三先生は教会から出発して、最初は、メソジスト教会で洗礼をお受けになった。それから無教会に進んでいかれたのですが、非常に考えの広い方でありまして、興味の対象というのが実に広いのであります。たとえばガンジーとかシュワィツァーとか、それからその他たくさんの、普通ではクリスチャンとしてオーソドックスでないといわれるような考えをもっている人や――たとえばスピノザのような人であるとか、クリスチャンでない人、仏教の人、日蓮とか法然とか、そういう人とか、それから先ほど言いましたガンジーとかあるいはトルストイだとかイブセンとか、それからジャン・ジャック・ルソーだとか、非常に内村先生の同情と尊敬をもった人の範囲が広い。一九二九年、先生が召される前年の十月二日の日記にこういうことが書いてある。

今日も亦歴史哲学が唯一の思考の題目であった。斯んな大問題に捉はれて、他の問題はどうでも可きやうに思はれる。之に関聯して「無教会主義の積極的半面」と言ふ事を考へさせられる。全人類を教会と見るのが本当の見方ではあるまい乎。選民と非選民と信者と不信者と区別するのが間違ではあるまい乎。全人類を教会と見てキリストを其首長として仰ぐならば、自分も其会員たる事を辞さない。無教会主義の積極的半面は全人類教会主義であらねばならない

こういう実に大胆な、また独創的な思想を述べている。すべての宗教がそうですが、とくにキリスト教は差別ということを言う一面がありまして、お前が正しい信仰だとか、お前の信仰は間違っているとか言って線を引きたがるのが通例であります。ところが、内村先生は、信者も不信者も選民も非選民も、すべて合せて全人類を一つの教会として見るのがほんとうの見方ではあるまいか、こういう全人類の教会主義というのが無教会の反面だと考えられた。

シュワィツァーは教会に育った人で、教会の信者であり教会の牧師をいたしました。教会から出た人でありません。そして彼は教会に対して尊敬をもっているということを自分で告白しておりますが、しかし、主の霊のあるところ自由であるとパウロも言っているように、イエスの愛の宗教への強烈なる献身のあるところ、いろいろの形のキリスト教徒の信仰、それは自由思想家をも含めて、教会はそれを受入れるべきではあるまいか。つまり信仰箇条とか信仰の教義とか、そういうものにとらわれて、お前は教会に属するキリスト教徒として認める、お前は信仰なり、考え方が違うからキリスト教徒でない、こういう風に差別的に教会を考えるべきではあるまい。イエスの愛に従う、愛の宗教へ献身するという考

えをもっている者ならば、教義いかんにかかわらずすべて教会の中に受入れるべきではないか。こうシュワィツァーが言っている。こういうところも似ています。一種何か通ずるところがある。

それから、内村先生は聖書の研究をしキリスト教の福音を伝えましたが、しかし現代批判、時代批判という着眼点を常にもっておられる。鋭い預言者的な批判を現代の社会の政治に対していたしました。それは日本のことであるのみならず世界的な批判であります。シュワィツァーも同じでありまして、シュワィツァーに強い現代批判、文明批判というものがありました。

人間としての両人にも似ている点があり、内村先生は何と言っても野人でありましてもったいぶった宗教家ではなかった。シュワィツァーも非常な野人であるようです。シュワィツァーを尊敬するあまり、三月二十九日の毎日新聞に世界最大偉人とシュワィツァーのことを言っている。ロンドン大学のある金持の美しいイギリスの娘さんが、シュワィツァーを聖人扱いにしている。シュワィツァーはおよそ聖人とは違う人です。聖人などと言えば身震いするでしょう。内村鑑三先生が、「われはレベレンドにあらず」一僧職の者でない、こう言いましたように、シュワィツァーは近ごろあまり世間のジャーナリズムが騒ぎますのでいや気を感じているらしい。

それから、シュワィツァーは言うまでもなく音楽家です。音楽の能力と趣味のある人であります。内村鑑三先生はどれほど音楽を解したか私知りませんが、詩を解した人。内村先生は日本や支那や、中国や西洋の詩をよく読んだ。この間もある学校で話をしたのですが、内村先生の『愛吟』という、外国の詩の日本訳をしましたものはほんとうに優れたものであります。内村先生、シュワィツァーは、一人は詩、一人は音楽を通じての、ともに芸術家的なセンスがありました。

こういうわけで人間としての内村鑑三とアルベルト・シュワィツァーとは非常なパラレルに比較されますが、違う点もある。

3

違う点は、シュワィツァーは自己の思想を体系づけました。自分の文化哲学というものをつくりました。くわしく述べることはできませんけれども、生命を尊ぶ、生命を畏れ尊ぶということを、そういう思想を中心とした文化哲学をつくりました。内村先生は自己の思想を体系化しませんでした。そういうところでも非常に違うでしょう。

けれども、何と言ってもいちばん大きな違いは、信仰の内容にあります。内村先生の信仰は、いわゆるオーソドックス、正統的な信仰であります。そしてその信仰を重んずることは聖書を根拠とする点にあります。いわゆる聖書的信仰ということです。十字架による罪のあがないとか、体の復活とか、キリストの再臨とか、イエスの神性、イエスは神の子にしてまた人の子であるという信仰とかなどを維持されました。ただ内村先生は教会的な教義的制限というか、束縛を排斥されました。だからある教義に照してそれに合わないものは救われないとか、信者でないという風には差別なさらなかったように思います。教会という制度の束縛から自由であった自由人でありました。同じように教会の信仰箇条というドグマ的な制約、束縛からも自由であったようです。人を容れないとか、審くとかいう意味で、教会の制度とか教会の教義とかいうものに束縛されなかった自由人でありましたが、しかし、自分の信仰の内容そのものは正統的な教会信者が抱いていると同じ信仰を、すなわち十字架のあがないとか、体の復活とか、キリストの再臨とか、イエスが神の子であるとか、そういうことをかたく信じておられました。

シュワイツァーも自由思想家です。彼は教会のわくの中にはおりましたけれども、しかし先ほども申したように教会に束縛されない。教義的にも制度的にも、教会によって仕事をなすとかいうことでなくて、自分の自由な生き方をしたわけです。そして信仰の内容からもシュワイツァーは自由であります。聖書を重んずるという点においてシュワイツァーは内村鑑三と共通しております。シュワイツァーの神学的なあるいは聖書研究者としての業績は私は多くも知りませんし、また仮に知っていることだけも申し上げると時間がかかりますが、ごく簡単に言ってこういうことです。

十八世紀の終りから十九世紀にかけまして自由思想家というのがヨーロッパに起りまして、非常に極端には、イエスという人間はいなかった。あるいはいたとしても、聖書に書いてある記事は後の人の作事が多くて信用のできるところは非常に少いという議論をしました。日本の幸徳秋水が『基督抹殺論』という本を書きました。これはそういう十九世紀の自由思想家の説の受売りであります。そういう極端にまで走ったのでありますが、シュワイツァーは聖書を歴史的に研究して言うのには、イエスは確かに実在した。そして福音書も確かな歴史的文献であってその史実性、歴史的事実であるということは疑うことはできない。そう言って、極端な自由思想家の批評神学を退けまして、歴史的研究によって聖書の権威を彼は認めたのです。

けれども、シュワィツァーの見たところによると、――シュワィツァーでなくても――イエスは終末観的な考えに制約されておった。イエスの時代のいわゆる後期ユダヤ教の抱いていた終末観的な考え方というのがあります。これはどういうことかというと、世の終りにメシヤが来って神の国を建設する。そのときに迫害・苦痛の前触れが起るが、メシヤを信ずる者はその苦痛を免れる。そしてメシヤの来臨によって神の国が来る。こういうことをイエスはその時代の子として、当時の後期ユダヤ教の人々と同じく信じておった。そういう中でイエスは思想し、生活していたのだが、結果においてどうかというと、イエスが自分で信じました人に教えたごとくには神の国は来なかった。イエスは自分の生前において弟子たちを伝道に派遣する際に、お前たちが町々村々を一廻りして来ないうちにもう人の子は来るだろう、終りの時が来て神の国が来るだろうとまでも言われたが、そういうことは起らなかった。つまりイエスの考えの通りにならなくて、その点においてイエスは時代の子であって、時代の認識、時代の思想のわくの中で生活していたけれども、イエスにおいて独創的なことは愛ということ、愛の教えである。で、人を愛するという、愛の実践、愛のために生涯を献げるということが、イエスの永久的な貢献であって、これは時代とともに移り変るものでない。その愛すべしという倫理的な教えを、終末観的な後期ユダヤ教のわくの中で述べていたのである。そのわくそのものは事実その通りにならなかったので、もう捨て去られたけれども、中味である倫理的な愛の教えは伝わる。イエス以後の後の時代は、その時代その時代の世界観というわくの中で、イエスの説いた永久的な値打のある愛の実践、愛の教えという倫理をはめ込んでその世界観とイエスの教えの倫理ということとがうまくいっしょになるときに、時代の進歩というのがあるのだ。終末観的な考え方というものは間違っていたのである。今日は妥当しない。当時においてはその通り信じて、イエスは話しもし、教えもし、行動されたのだが、いまの時代においてそのことは信じられない。いまの時代にはいまの時代の世界観というのがあって、それにイエスの倫理、教えをはめ込むというのが仕事だ。こうシュワィツァーは言う。

たとえば聖餐式のことでも、パンを割き葡萄酒を飲むということは、イエスの罪のあがないの死ということを象徴するのではなく、それは終末の日において新しきものをともに食しともに飲むという、そのことをする記念だ。こういう風に説明する。パウロについてもシュワィツァーは同じように言う。パウロの思想、信仰は終末観的なわくの中にはめられている。それはパウロも時代の子であったから。その中でパウロが述べたことは、キリストわれに在り、われキリストに在るという、キリストの内在性——キリストとともに死にキリストとともに復活するというキリストとの間の神秘的な生命の交流。これをパウロが説いたのだが、しかしその背景には当時の終末観的な思想がある。シュワィツァーの言うのには、信仰によって義とされるとパウロの言ったことは、教義として、固定したものとして考えて人を審くために使ってはいけない。信仰によって義とされるとパウロが言ったのは、終末観的な意味をもっているので、終りの日が来て最後の審きのときにキリストと神秘的な生命が交流しておるものは、その終りの日の審きの苦痛から免れる。そのことを信仰によって義とされる、こう言ったのだ、という風にシュワィツァーは説明するのです。

そこでシュワィツァーの言うのには、それならば現代の必要としている世界観というのはどういう世界観だろうか。ここで彼は二つのことを言います。一つは世界の現実をどう見るか。これは非常に混乱していて、少しの進歩もない。現実の世界は弁護できない混乱状態にある。なぜそういうことになったかというと、現代は倫理というものを見失っている。ただ物質的な文明の進歩、精神的な文明の進歩ということを言っているけれども、それは機械的に物が動いているようなものだ。私の読んだシュワィツァーの本には「科学的」ということばは使ってありませんでしたけれども、われわれの理解するところによると「科学的」に動いている。シュワィツァーは「自動的」ということを言っている。オートマチックにものが運んでいく。そういう世界観になっている。倫理ということがないから世界は無茶苦茶になっている。現代の世界は少しも弁護できないし、このまま善くなっていくとも思えない。そこでシュワィツァーは戦争を否定し、戦争を批判し、彼は第一次世界大戦を経験いたしましたから、その経験をそこで述べている。

そこで何が必要かというと、イエスの説いた倫理の教え、愛すべしという教え、それを復興することである。いまの人は愛するという倫理の教えを見失っている。新しい文化哲学、物質的な文明の進歩を肯定し、同時に人間の生命を肯定するという、その両者を結びつけるものは、愛という教えであるが、その新しき文化哲学の指導精神は何であろうかとシュワィツァーが長く考えていた結果、生命を畏れ貴ぶ、生命を畏怖する、自分の生命を貴ぶごとく他人の生命を貴ぶということです。シュワィツァーはその倫理を極端まで進めて動物・植物の生命を貴ぶというところまで述べている。そしておよそ生命のあるものを愛し、生命のあるものを助け、生命のあるものとともに苦しんでいく、苦しみを分っていくという、その愛の行いに身を挺して行動するということが、この新しい文化哲学の生命である。もしそのことがわかるならば、キリスト教はドグマ的な束縛から解放されて生き生きした生命力になって、世の中の進歩はそれによって期することができるのだ。こう言っている。

シュワィツァーについて、非常におもしろいことは彼自身、体が非常に丈夫でありまして、そして家庭の係累がなくて、のみならず天分甚だ豊かでありまして、自分で働いて寄附金を集めることのできる人です。自分のように恵まれたものは少い、と彼は認めている。多くの人は自分の生活をするとか、家族のものの生計、面倒を見たりしなければならない。また社会的にいろいろの責任ある地位をあてがわれたりしていて、自分の全体の生涯を献げて愛に献身する、しかもじかに、人が人にふれるという、そういう生活はできない。できるものは少い。ただそういうことを欲することは誰にもできるし、自分に与えられた境遇において、たとえ生涯の全部でなく一部でも、ほんとうに具体的に実際的に人の生命を尊重して助けるということはできるはずだ。そういう風に述べている。

これが非常に粗雑ですが、シュワィツァーの文化哲学や信仰の要点であります。現代を救うものはそれだ。愛という倫理の教えと、倫理の実践、自分がそれをやるということがなければ、現代の人類は救えない。混沌そのものだ。シュワィツァーは自分がそれを実行したというわけですね。

4

内村鑑三はどうか。そういう考え方に対して賛成するだろうかと言うと、内村鑑三は、たぶん、私の想像ですけれども、シュワィツァー君の言うことは尤もだと言うでしょう。現代文明が精神を失い、倫理を失っている。ただ物質文明だけの世の中が世の中のように思っていることは幻滅である、間違いであるとシュワィツァーの言っていることに対しては、内村鑑三もそうだ、その通りだと言うと思います。そして愛が必要だ。理屈ばかり言っていて人を批評したり審いたり、そういうことで神の国は来ない。どんな小さいことでも、生きた人間、困っている生きた人間に救いの手をさし伸べて少しでも助ける、少しでもともに苦しむということがなければ信仰というものは死んだものだ。愛のなき信仰は死んだものだということも、内村先生はその通りだ、と言うでしょう。

しかしシュワィツァーと内村鑑三の大きな違いがまたそこにある。内村鑑三はきっと言うだろう。シュワィツァー君、罪の問題はどうするのだと。シュワィツァーの言うのには、罪というのは後期ユダヤ教の終末観的な思想を背景としている旧約聖書的な象徴をそういうことばを用いて説明しているのであって、現代には意味がない。現代に必要なのはキリストとの神秘的な結合であり、それによってキリストの霊を受けて人を愛するということだ。

内村鑑三はきっと言うでしょう。シュワィツァー君、その通りだけれども人を愛することができなかったときにはどうするか。シュワィツァーの言うのには、人を愛することができないというのは境遇の問題だ。ある人は体が弱い、アフリカに行きたくても行けない。あるいは家庭の面倒を見なければならない。年とった自分の親、あるいは幼い子供を自分が面倒を見なければならないからアフリカに行きたくても行けない。境遇の問題だとシュワィツァーは言います。境遇上思う通りの愛に対して献身ができないことは甚だ気の毒だけれども、誰だって少しはできるだろう、とシュワィツァーは言います。

しかし、心の中に、ほんとうに人を愛しきれない、愛さなければならないと思うけれども、愛しきれないという、その問題はどうするのか。内村鑑三は言うでしょう。自分は若いときにアメリカでペンシルバニヤのエルウィンという所の白痴病院で一年働いてみた。その精神薄弱児の世話をして一生懸命働いたけれども、そのことが自分自身の心に平安をもたらさなかった。内村鑑三の『求安録』にそのことがよく書いてある。シュワィツァーのやったようなことは、自分は小規模だけれどもやってみた。何もせずに言っているわけではない。けれども心に平安を与え喜びを与えるものは、愛の実践という倫理の教えではない。キリスト教は倫理教ではない、ということを内村鑑三は言うのです。

われわれの尊敬する友人の藤井武君が内村先生の『聖書の研究』を助けて、藤井が伝道生涯に入った初期に、「単純なる福音」というロマ書の研究を載せました。人が罪から救われるのは神の愛、神の恵みによるのであって、人の功績によるんでない。神は人の罪を怒って罰するというそのような贖罪という信仰は旧約的であって新約的でない。神は愛である、愛であるがゆえに人の罪を赦すのだ。それだけの単純な信仰でいいんだ、ということを藤井がその論文に書いたときに、内村先生が藤井君の言うことはわかる。藤井君の言っているだけのことは自分も認める。すなわち神の愛によって、神の恩恵によって人が救われるということを認めるけれども、しかしそれだけではない。罪のあがないという問題は根本的な大事な問題だ、ということを教えられた。それで藤井君は考えを改め、彼自身の経験が重なりまして、十字架による罪のあがないの信仰を心から信ずるようになりました。

個人の救いがそうであるように世の中の救いもそうです。どうして世の中というのはこんなに悪いのか。現代は腐敗している。これでは人類は滅亡の方向に急速度に向っている。なるほど、物質文明は盛んになった。飛行機も発達し、学問も発達し、いろんなことが発達したけれども、人類がこれで救われる道をおこなっているとは誰も思わない。シュワィツァーはそのことをはっきり申しました。内村鑑三もはっきり言いました。その点において両方同じなのです。

けれども、どうして世界の現状はかくも腐敗しているのか。どうすればこれが救われるのか、ということについて、シュワィツァーは、愛がないからだ、こう言う。愛をおこなわないからだ。倫理がないからだ。内村鑑三の言うのに、それはそうだけれども、どうすれば愛というのをもつことができるのか。この世がかくも悪いのは、文明がかくも堕落しているのは、人類がかくも滅亡に向いつつあるのは、愛がないからではなく、罪があるからだ。偉い世界の政治家や学者や文明人や技術者や経済界の者が、何とかかんとか言っておりますけれども、どうして原・水爆のごときものを製造して人を殺そうとしているのか。どうして社会には贈賄・収賄・疑獄事件がたくさん起って、何一つ解決されないで、うやむやに葬られてしまうのか。世界は偉い人を崇めて、シュワィツァーを「奥地の聖人」だとか、二十世紀の生んだ世界最大の人物だとか賞めたたえるのですけれども、シュワィツァーの行いをしようとしないのは、なぜか。

それは罪というものが世界に宿っているからだ。罪の実体は何であるか。これは神を信ぜずキリストを無視するということ。神を信ぜずキリストから離れておるということが罪の実体で、それあるがゆえに世界は倫理を失っているのだ。愛しなければならない、愛すべしというのは貴い教えでその通りであるが、しかし愛するということはキリストの生命との神秘的結合という風なものではできない。キリストの中に在る、キリストとともに死に、キリストとともに復活するというその生命の神秘的結合は、罪の赦しを信ずる、キリストのあがないによる罪の赦しを信ずるという信仰から起ってくる。キリストを信ずる者は罪が赦される。それ以外には罪が除かれる道がないということを信ずる。この信仰は旧約的な信仰であるとか、後期ユダヤ主義の終末観的な時代の制約をもっているものであるとか、言うべきものではなくて、愛ということが永遠的な生命力であるように、罪というものが永遠的な反生命力である。それを認めなければ救いも来ないし解決もない、というのが、内村鑑三の立場です。

どちらが、深い世界観として、どちらが世界の現実を正しく見抜いて世界の救いを来らせる根本の力を説いているか。すべての人がシュワィツァーに倣ってアフリカに行くことはできません。多くの人は自分の無力と罪に嘆いている。そして仮に百人、千人がシュワィツァーのようにアフリカに行っても、それによって原水爆は収まらず、政治の腐敗も収まらず、世は救われない。アフリカの黒人そのものさえも救われない。神を畏れキリストを信ずるということ、それは内村先生の言われた「古い古いキリスト教、古い古い十字架教」であり、これが永遠の、永久的な救いの道であります。

内村鑑三先生のすべての能力とすべての天分、すべての経験とすべての学問と、その広い広い人類的な視野、人類的な同情と厳しい現実批判、すべてのことを貫いて流れておるものは、キリストの十字架を信ずる信仰によって義とされる、律法の行いによっては義とされない。その律法の行いというのは、シュワィツァーの言っているように、旧約的な意味の律法だけではなくて愛の律法ということも含まれている。人間にできないこと、そういう罪からの赦しを含んでいるのであります。(編者注、末尾未詳)

二十一　キリストの福音とキリスト教

1　宗教の必要

戦後すでに十二年たちまして、いまはもう戦後ではないという合言葉ができております。これは、いまはもう戦後の混乱時代を通過してよい時代が来たという意味なのか。それとも戦争前のような状態に戻ってきつつあるというのか。

われわれが戦後の問題を考えると、民主主義と平和が日本国憲法ならびに教育基本法の根本方針でありますから、日本の国民はこの十二年の間にはたして平和の道に対して着実な進歩をしてきたか、またはたして日本の民主主義は地についてきたか。この二つの反省になるわけです。

私どもが常に感じまた述べていることは、戦後日本の民主化も平和主義も底が浅い。底が浅いから、一時の感激もしくは流行に終る危険が少くない。底の深い、地についた平和と民主主義を国民がもたないことには、戦争直後のほとぼりが冷めると、また戦争前のような日本にあと戻りをするおそれがある。民主主義は人間の自由と責任に立脚しておる。人格の観念に立脚しておる。人格の観念はどうして養うか。平和は、人を憎まないことから始まる。憎悪と、それを表現する手段としての暴力を否定することである。どうすれば国民と国民の間、あるいは人間と人間の間に憎悪を去って信頼をお互いにもつことができるか。これも人格の観念に立脚する問題なんです。そして、この民主主義と平和の根本の観念である人格は、結局宗教によって養われるというのが、私どもの主張であります。

近ごろ、科学技術教育の振興ということが言われますが、人類に幸福をもたらすという目的の反省と、それにもとづく応用の制限なしに、ただ科学技術を振興するということは、現に原子爆弾・水素爆弾というものを抱えこんでいる以上、物騒でしようがない。

科学技術を何のために、またいかなる方法で使用するかは、結局人間の問題です。科学技術を正しいことのために使う人間をどうしてつくるか。それは教育の力だ。教育の根底は、結局宗教に帰着する。宗教なき教育は教育技術に堕して、ほんとうの精神が養われ難い。

科学技術教育と並んで、道徳教育振興の声がある。道徳を貴び、これを守ることを教えることは必要でありますが、道徳的な人間をつくるにはどうすればよいか。最近文部省の教育課程審議会で小学校、中学校のおのおの三十何箇条に及ぶ道徳教育指導の手引書を作った際、その議議の過程において感恩と敬虔の二つは落されたということが、新聞に出ておりました。神に感謝する心と神を敬いかしこむという宗教的精神を除いて、道徳教育を授けることができますか。戦争前の日本の修身教育は、宗教なしの教育でありました。その到達したところは、われわれがよく知っておる。その同じあやまちをもう一度繰り返そうとするのですか。

岸総理大臣は貧乏と暴力と汚職の三悪追放ということを言ったが、はたしてどれだけ三悪が追放される見通しがあるのですか。戦後青少年は自由になったが、一面では青少年の非行が驚くべきほど目についている。大阪のある中学校が卒業式のために警官の保護を求めた。これは生徒の暴力沙汰をおそれるためだということです。

戦後自殺が多くなった。アメリカやヨーロッパでは中年の者の自殺が多いが、日本では青年の自殺が多い。これが日本の特別の型であるようです。しかも格別死なねばならぬような理由がないのに、簡単に自殺する学生が毎年何人かあります。

そのほか人生のよりどころがわからないということを訴える青年は多い。青年に生命の価値と、人生の生きる意味を知らせることは何によってできるか。それは結局宗教に帰着する。政治を潔めることも、教育に基盤を与えることも、青少年に希望を与えることも、民主主義・平和主義を身についたものとするためにも宗教が必要だということは、いろいろの機会において私どもが主張してきたところであります。

ところで、私の経験したところによりますと、私が論文あるいは講演において宗教の必要を述べますと、それに対して強い共鳴を表してくるものの多くは新興宗教です。戦後において最も活潑に活動している宗教は、新興宗教のようであります。たとえば創価学会が大本山へ信徒七十万人の大参拝行事を企画し、岸首相もそれに出席することに内定していたが、自民党内に反対が起ったために、口実を設けて出席を中止したということが新聞に出ていた。岸君の代理として、夫人が参拝したのであります。

私が最近驚きましたのは、内村鑑三派神宮神道学問所というものから、「神道寒中御信仰伺」というはがきが私のところに来たことです。ついで、同じ人らしいのですが、内村鑑三派神道救世軍という名で印刷したものが来ました。内村鑑三先生は、外国人の宗教を鵜呑みにしてはならない。日本民族の精神をもって宗教を信ずべきであると言われた。それは卓見であるというので、内村鑑三先生を開祖と仰いで一種の神道を始めた。

内村先生をかつぎあげるものがだんだんと出てまいります。全くいやになります。先生自身、「われは宗教家にあらず」と言われたことがあります。「われは Rev.（レベレンド）にあらず」と言われたこともある。また「キリスト教は宗教にあらず」と言われたこともあります。先生は宗教家と言われることを嫌い、キリスト教を宗教扱いすることに対して反撥されました。そのお心を、私もわかるように思います。戦後の宗教と宗教家の様子を見まして、私も宗教の必要を説くことがいやになりました。私は大学をやめましたけれども、宗教家になろうとは絶対思いません。「われは宗教家にあらず」と内村先生が言われたことに、非常に共鳴をするのであります。

2　宗教とは何か

そこで、宗教の本質は何かということを吟味する必要があります。宗教学者は宗教を何と定義するか私は知りませんが、しろうと流に考えてみると、宗教とは神を信ずることでありましょう。

それで、神とは何かということが第一に問題となる。神は超自然的な能力をもつ霊的実在であると考えられるが、そういう性質のものであるがゆえに、具体的に何を神とするかについての人々の考え方の幅が非常に広い。万物の創造主である唯一の人格神から、いわしの頭に宿る神まで、種々雑多の神々を人が信じ、それに応じて種々の宗教ができる。政治や経済や教育についても人々の間に異なる意見はあるけれども、これほどの幅はない。しかるに宗教の世界では、どんな神がとび出してくるかわからないのであります。

次に、信ずるという心の働きは、「知る」ということに比して、これまた幅が広い。知ることを排斥する狂信的な信仰、理性を無視して道徳性を養わないところの迷信から、知ることを含みつつもこれを越え、理性的な「知る」ことと道徳的な「愛する」ことを包容するところのキリスト教の信仰に至るまで、種々雑多の段階の信仰がある。

このように、神についても、また信ずるということについても、人々の考えの幅が広いから、一口に宗教といっても、その内容には実に種々雑多のものがあり、いくらでも新しい宗教が出てくるのです。私どもが宗教の必要を説くとき、それに応じて名乗りをあげるものは、多くは雑多な新興宗教なのです。世の智者学者にして宗教を軽蔑する者があるのは、もっともな一面もあるのです。私どもでさえ、宗教を口にすることを恥ずかしく思うことがある。福音を恥としないが、宗教を恥としたくなることがあるのです。

こういう次第ですから、一口に宗教の必要を説くだけでは足らない。かえって弊害さえある。それゆえにわれわれの戦いは、無宗教に対して宗教の必要を説くとともに、偽の宗教に対して真の宗教を顕わすものでなければなりません。

3　制度としての宗教

宗教には信ずるということのほかに、拝むという要素があります。礼拝するのです。拝むということに関連して、外形的な儀式、制度、組織など、人間のいとなみが生じてくる。それによっていろいろの宗教の具体相があるのです。

神を拝むということの内容は、第一に、神を畏れかしこみ、神の栄光をあがめることであります。第二に、神に祈り、神の助けと守りを願い求めることであります。第三に、神の前に己を正しくし、神と帰一することです。礼拝ということのなかに、こういう要素がある。

礼拝の内容と仕方にもいろいろある。自分の商売繁昌と病気の治癒だけを祈るものもあり、罪の赦しと永遠の生命のために祈るものもあり、また国民の救い、人類の救い、神の国の地上に成ることのために祈るものもある。礼拝の仕方についても、一定の方式による儀式や行事を定め、それを中心として一定の制度を立てる。

礼拝の場所をきめる。教会とか寺院とか神社という礼拝の場所ができます。礼拝をつかさどる専門家もできる。僧侶とか牧師とか神主とかいう祭司階級ができます。礼拝に連なる人々の範囲、資格もきめられる。これが会員とか信者とか、そういうものの制度であります。さらに、信仰の内容が教義化され、体系化され、組織化されてき、礼拝の様式が伝統化されてくる。

こういう具合に礼拝が形を成して制度化され、組織化されてくるに従って、そこに一つの宗教団体ができます。これは団体でありますから、おのずから自己の財産をもち、また社会的勢力をもってきます。すでに自己の財産と社会的勢力をもってくれば、他の団体と同様、宗教団体も財産の維持と勢力の拡張をつとめるようになる。寄附金を募集したり、会員の獲得、参詣者の増加を図るのでありまして、こうなれば宗教はもはやこの世の事業と異らないものになるのです。そしてこのことに関しては、キリスト教といえども例外をなすものではありません。

イエスがサマリヤの女に向い、「神は霊であるから、拝する者も霊と真をもって拝すべきである。父はこのような礼拝者を求め給う」(ヨハネ伝四の二三、二四)と教えたのは、イスラエルの宗教の形式化制度化から真の礼拝を救うためであり、内村鑑三先生が、「われは宗教家にあらず」とか、「キリスト教は宗教にあらず」とか言われたのも、いつの間にかキリストの福音にまつわりついてきた苔や藻屑や貝殻を落して、純真なキリストの福音を救い出そうという精神のあらわれにほかならないのです。

「キリスト教は宗教でない」ということばは、ことばの上で矛盾だと責める者があるならば、それはその通りですけれども、われわれはキリスト教という一つの宗教団体の活動が世を救うということを、宣べているのではありません。人を救い国を救い世界を救うものは、キリスト教という宗教でなく、キリストその人である、キリストの告げ給うた福音である、ということを信じかつ宣伝える者であります。キリストの教えが人を救いますから、その意味ではキリスト教と言ってもいいのですが、キリスト教という一つの宗教勢力が世を救うのではありません。

4　使徒行伝の読み方

キリスト教はイエスをキリストであると信ずる宗教ですが、最初のころはいわゆる宗教としての形を成したものではなく、キリストの福音、すなわち「恵みの御言」(使徒行伝一四の三)の宣教(コリント前書一の二一参照)があったに過ぎません。使徒行伝はキリストの福音がどのような経過によって世界にひろめられていったかを記録したものでありまして、キリスト教という宗教の成立を述べたものではないのです。そこには信者の集団としてエクレシアが成立しましたが、後の時代のような組織された教会制度はまだできていません。宣教もしくは礼拝は、ユダヤ人の会堂(シナゴグ)でおこなわれたか、あるいは信者の家庭でおこなわれたのでありまして、キリスト信者専用の教会堂が建てられたのではありません。御言を宣伝える使徒、預言者、教師、長老などはおりましたが、宗教専門家としての階級的な僧職制度が定められたのではありません。ユダヤ人の習慣に従って、信ずる者に洗礼を施したことがありますが、これもエクレシアにつらなるための様式行為として制度化されたのではありません。今日あるような教会制度は、第三世紀か第四世紀の頃になってできたのでありまして、イエスが在世中につくられたものでないことはもちろん、イエスの死後、使徒たちによって制定されたものでもないのです。使徒行伝は「教会」の成立と発展を記した教会史の一部ではなく、教会制度の起源を含むものでもない。教会制度の起源を使徒行伝の中に求めるのは間違いであるということを、西洋の公平な聖書学者が申しておるのであります。

使徒行伝はキリストの福音の宣教（「ケーリュグマ」）の記録でありまして、ペテロの宣教（二の二二―三六）、ステパノの宣教（七の二―五三）、パウロの宣教（一三の一六―四一）などが記されています。これらには共通な一つの型ともいうべきものがありまして、だいたい次のような順序になっています。

まず父祖時代以来のイスラエルの歴史を通観して、その中にメシヤすなわちキリスト（救主）出現の預言が一貫して流れている。しかもこのことを預言した歴代の真実な預言者をユダヤ人の先祖たちは受けいれず、常に迫害した。その事実そのものがまた、聖書の中に預言されていることを指摘する。

ついでユダヤ人の殺したイエスこそ、その待望のキリストであることを主張する。その証拠として聖書の預言を引用し、かつイエスが墓より復活し給うた事実を力説する。そしてユダヤ人が悔改めてイエスを信じ、罪の赦しと復活の生命を得るように勧める。

そしてこのキリストの福音はユダヤ人だけのものでなく、異邦人にもひとしく及ぶものであり、人類全般の救いに関係するものである。事実においてユダヤ人は、その先祖が歴代の預言者を迫害したと同様、このキリストの福音をも受けいれず、排斥するが、まさにそのことによって、福音はむしろ異邦人の世界に向ってひろがっていくのである。

このような福音の宣教と地理的進展の模様を、事実にもとづいて客観的に記録したものが使徒行伝でありまして、歴史的文書としての使徒行伝の学問的価値は、十九世紀後半以来の考古学的発掘その他の研究の結果、今日学者の間に強く認められているのであります。

5　パウロの宣教

使徒行伝における宣教の一例として、パウロがピシデヤのアンテオケの会堂で述べたところを見てみましょう。ここでもパウロはイスラエルの歴史を初めから概観しまして、メシヤすなわちキリストの現われることは歴代の預言者が預言し、待望してきたところである。そのキリストとして神から遣わされたものがイエスである。ところで、イエスをキリストであると信ずることにおいて、ユダヤ人にとり最大のつまずきとなることは、彼が十字架にかけて殺されたという事実である。キリストすなわち救主が十字架にかけられて死刑にあうなどということが、あり得ることであろうか。ところが、まさにそのこと自体が聖書の預言書の中にちゃんと預言されてあるのだ。名はあげられてありませんが、イザヤ書第五三章こそ、まさにその預言である。彼は侮られて人に捨てられ、悲しみの人にしてなやみを知った。

われらも彼を貴ばなかった。しかるに彼はわれらの罪を負い、われらの咎のために打たれて傷つけられた。義しきエホバの僕がこうして世から断たれたことによって、われらは救われるのである。イザヤ書第五三章に、まさしく預言されているとおりに、イエスは不法の手によって殺された。彼は悲しみの人にして、なやみを知り、人に侮られ、捨てられ――おそらくパウロは自分自身の感慨をこめて言ったでしょう、「われらも彼を貴まざりき」その一人が自分であった。

預言の成就は、イスラエル人の最も重きをおいた論証の方法でありますが、イエスの十字架はまさしくイザヤ書第五三章の預言の成就である。キリストすなわちメシヤが不法の手によって十字架にかけられたという事実は、ユダヤ人にとってはつまずきであっても、信ずる者にとっては救いの力である。まさにそのことこそ、彼が神から遣わされたキリストであることの証拠である。それのみでない。汝らの殺したイエスを、神は復活せしめたもうたのであり、そしてこの復活もまた、聖書にちゃんと預言されている事実である。パウロはそのため、とくに詩篇六篇一〇節のことばを引用しております。神は聖なる者を墓に朽ちしめ給わない、と記されているとおりに、イエスは復活し給うたのである。イエスが十字架で殺されたことは確実な事実であるが、それとともに、イエスが墓から復活したということについても、多くの生きた証人がおる。

それゆえイエスが神から遣わされたキリストであることは、聖書の預言と、十字架の事実と、復活の事実によって明かである。彼を信ずるものは罪を赦され、復活の恵みを与えられる。われらが信じて救わるべき名は、イエスの名以外にはない。汝らは心を転じて、彼を信じて救われた。こういう趣旨のことをパウロが宣べたのです。

この故に兄弟たちよ、汝ら知れ。この人によりて罪の赦のなんぢらに伝へらるることを。汝らモーセの律法によりて義とせられ得ざりし凡ての事も、信ずる者は皆この人により義とせらるる事を（使徒行伝一三の三八）

このことばの解釈がむつかしく、いろいろの説がある。モーセの律法によって義とされなかったことでも、イエスによって義とされるというのですから、これを反面から見ると、モーセの律法によって義とされることもあるらしき口ぶりです。それでは、「律法の行いによって義とされるものは一人もない。義とされるものは、すべて信仰による」（ロマ書三の二八参照）というパウロの大原理と、何かそぐわないような感じをまぬかれない。そこで使徒行伝のこのことばは、パウロが言ったのではあるまいと想像する学者もおります。しかしこれは困難を避けるための、ほしいままな想像というほかありません。

パウロがここで言おうとしていることは、イエスの救いは、モーセの律法をもつ者すなわちユダヤ人のほかに及ぶ。従来は、異邦人は一定の儀式を経てユダヤ教に改宗し、ユダヤ人に帰化した者でないと、エホバの神の前に出ることを許されない。すなわち神に義とされ、神に近づくことができないとされておりました。これに対してパウロは言うのに、そうする必要はない。異邦人は異邦人の身分のままで、すなわち一度モーセの律法の下に立つことはなくして、イエスを信ずる信仰により直接に神に義とされる、ということを宣べたのだと思います。

内村鑑三先生が初めて無教会を唱えたときには、無教会というのは「無い教会」と読むのであって、教会の無い者の行く所である、と説明されました。親の無い子はみなし児であって、かわいそうじゃないか。そのように、教会の無い人、教会に行かない人、行けない人、行きたくない人などは、教会に行かなくてもキリストを信ずることによって救われる。そういう喜びの音ずれを宣べることが、無教会という意味だと説明しておられる。無教会というものは、教会制度の下に立たない者も神に義とされるという主張から始まったのでありまして、パウロがピシデヤのアンテオケで語ったところも、これと同様の精神で解釈されると思うのであります。

そこから議論が進んできて、人は教会によって救われるのではなく、キリストを信ずる信仰によって救われるという、純福音が無教会の主張になった。同じように、パウロの主張も、律法によって義とされる者は一人もない、みな信仰に由るのだ、ということに進展したのであろうと思われます。

6　人類的・普遍的な救い

とにかくキリストの福音は、ユダヤ民族の範囲を越えて広く異邦の世界に及んだ。その福音、すなわち「恵みの言」の内容とするところは、十字架による罪の赦しと復活の信仰である。考えてみるに、罪の問題は人間に最も普遍的であります。モーセの律法の下に立つ者にとっては、とくに律法に違反することが罪と感じられますが、モーセの律法に立たない者にとっても、すべての人に良心が与えられているから、それによって罪が意識される。

なぜ人を憎むか。なぜ暴力に訴えようとするか。なぜ己の利益に執着して人をおしのけるか。なぜむさぼりの心があるか、等々のことを考えてみると、罪は人類すべてに普遍的なものであって、モーセの律法の下にある民族と、そうでない異邦人との区別はない。

罪の問題を道徳によって解決することができるか。道徳的努力をすることによって、人は神に義とされ、神に近づくことのできる正しい人間になれるかというと、それは不可能である。律法によって義とされるものは一人もない。かえって律法によって罪が暴露される。罪をあらわし、意識させることは、律法の非常に大事な働きでありますが、罪の咎めをなくして良心に平安と喜びを感じさせることは律法ではできない。それはただキリストを信ずる信仰によってできる。罪が人類的・普遍的であると同様、キリストによる罪の赦しもすべての人に普遍的に及ぶのである。これが使徒たちの説いたキリストの福音であり、恵みの御言であったのです。

罪とともに人類に普遍的な禍は死であります。死ぬることは人間にとって普遍的な事実ですが、この死ということから解放されることが、またすべての人間の普遍的な願いでありまして、そのことにおいてユダヤ人とギリシャ人すなわち異邦人の区別はありません。

パウロはイスラエルの歴史を概観して、モーセのときにエジプトの奴隷状態から解放されて、約束の地カナンに入ったこと、その後、バビロン捕囚の奴隷時代から解放されて、約束の地に導き還らされた神の恩恵を語りました。

その順序でいけば、パウロの生きていた時代はロマ帝国の支配下にあるのですから、イスラエルがロマ帝国の支配から自由になって、民族の独立を回復する恩恵の時がいま来ておる、と言いそうなところです。事実、この時代に多くの偽愛国者が起って、われこそキリスト（救主）であると名乗って、叛乱を企て、暴動を起しました。その一人として、チウダという者、またガリラヤのユダの名が使徒行伝にあがっている（五の三六、三七参照）。

ところがパウロがここに言ったことは、人の意表をついて、ロマからの解放でなくて、墓からの解放すなわち死からの解放であった。これはエジプトからの解放やバビロンからの解放に比して、最も普遍的・人類的な根本的解放でありました。人を束縛して自由を奪っている「死」という圧制者から、すべての人を解放して神の国に導き出し、復活の生命を与えるという大解放のみわざを、神はイエスによって成しとげ給うたのである。イエスの墓が空虚であったこと、そして復活のイエスが四十日間地上で信ずる者たちに現われ給うたことが、その何よりの証拠である。これがパウロの宣べたキリストの福音であり、恵みの御言であったのです。

この三月二十二日は、私の母がなくなりました日であります。四十数年も前のことです。田舎のことでありますから、土葬をいたしました。山の土を掘りまして、墓穴に柩を下しましたとき、私はほんとに悲しくなって、自分もいっしょに飛び込もうと思ったくらいでした。私の望みも喜びも、私の人生がその墓の中に、母の遺骸とともに葬られるように思いました。そのときのことをいま思い返しながら考えてみると、天の使いがイエスの墓に来た女たちに向って、汝らの尋ねるイエスはここにおられない。彼の言い給うたように復活された。――こう告げた天使のことばが私の耳にも聞かれる。私どもは愛するものを墓の中に求めない。そこには彼はいない。

これはまことに人間を生れ変らせるところの、革命的な真理の啓示であります。罪に悩んで心に平安を得ないことと、死にとらわれてわれわれの目を墓の中につけることが、人間を束縛するエジプト以上のエジプトであり、バビロン以上のバビロンでありまして、その束縛をイエスは己が十字架の死と復活によって打ち切った。人をしばるこの最大の奴隷のきずなを打ち切って、私どもすべての人類に解放の恩恵を与えられた。もはやわれわれは神を礼拝するのに、律法とか儀式とか制度とかドグマとか、そういう種類のものを必要としない。一人の人間として、霊と真をもって神を拝し、神の遣わし給うたイエス・キリストを信ずるときに、私どもは罪を赦され神に義とされて、神の前に立つことができる。

これは宗教ではなく、福音であります。教会とか教職とか会員資格とか、そういう制度的な要求を満たすことに救いがあるのではなく、ただキリストを信ずる信仰によって神に義とされる。実に革命的な教えであります。その教えは民族によって制限されるものでないから、しぜん、世界万民に及ぶものであります。こうしてキリストの福音が世界にひろまり、日本のわれわれにまでも及んだ。これは、この福音の人類的・普遍的性格そのものの中に、このような世界的発展への必然性があるからです。

初め申したように、民主主義でも平和でも、教育でも政治でも、すべての革新は新しい生命の深い基礎づけがあって初めて出てくるのです。新しい生命は罪の赦しと復活の希望という、二つの根本的な解放によって得られるのです。そこまで掘り下げておかないと、すべての改革が中途半端になってしまうものです。人を救い国を救い世界を救うものは、キリスト教という宗教ではなくて、キリストの福音である。パウロやペテロやステパノなどの宣べた恵みの御言である。これはこの世の智者・学者には愚かに見えましても、信ずる者を救う神の力であります。

私は一個の人間として、イエスの救いを信じます。またイエスの救いが、人を救い世を救う根本の道であることを確信いたしております。しかるに世の多くの人はどうしてキリストの福音を信じないか。これは問題でありますけれども、ペテロやパウロやステパノがキリストの福音を宣伝えたときにも、世界の多くの人がこれを信じなかった。のみならず、福音を宣伝えるものを迫害したのでありまして、彼らがそういう中をば臆することなく、キリストの十字架と復活の福音を、世の抵抗をおかして宣伝えたというところに、エクレシアの世界的に発展していく基礎がおかれたのであります。

福音の宣教に対しこの世から反撥、あるいは反対、あるいは迫害があることは当然であり、むしろないことの方が不思議であります。そういう意味で、いまの世の中は内村鑑三先生在世時代の日本に比べてはたして善くなっているか否かわかりません。ただ私どもは時を得ても得なくても、真のキリストの福音を宣伝えていかねばならない。また、いきたいと考えております。

内村鑑三記念講演会の催しは、単に先生を崇め追憶する趣旨のものではなくて、先生の宣伝えたキリストの福音をわれわれも宣伝えていく。われわれが天に召されたあとは、さらにこれを受けついで宣伝えていく人が絶えるはずはないのでありまして、そういう意味において記念講演会が年を逐ってなされる意味がある。もしもただ先生を崇め追憶するというだけのことであるならば、記念切手でたくさんでないかと思います。

二十二　われらは七人

1

「われらは七人」という題は、御承知と思いますけれども、イギリスの詩人ワーズワースの詩からとりました。ワーズワースがあどけない子供に向って、兄弟は何人かと聞きました。「七人あります。二人はどこそこに、二人は船に、そして私はお母さんといっしょにジェーンとジョンのお墓のそばに住まっています」と答えました。「二人が天に行ったとすると、残りは五人でないか」と言いますと、「いいえ、私どもは七人です」と言い通したという、非常に美しい詩であります。

内村鑑三先生に、「われらは四人」という詩があります。先生の御家族が四人でしたが、お嬢さんのルツ子さんが天に召されましたとき、われらはやはり四人であるという、美しい詩をおつくりになりました。

内村先生の天に召されたのは昭和五年（一九三〇）の三月二十八日でありましたが、その年五月に青山会館で最初の記念講演会をいたしました。藤井武、畔上賢造、三谷隆正、金沢常雄、塚本虎二、黒崎幸吉、それから私、この七人が二日にわたって演壇に立ちました。室賀春城翁の句に、

青嵐七騎七本の槍ぶすま

というのがありますが、これは賤ヶ嶽七本槍の故事を引いて、七人の講師がそれぞれの槍を揮って福音のため、真理のために戦ったことを句にしたのであります。

それから二十年たって、昭和二十五年三月二十五日に先生の二十周年記念講演をいたしました。それも二日にわたってなされたのでありますが、その第一日に講壇に立ちましたのが、塚本、黒崎、金沢、私の四人でありました。そのときのことを書いた私の文章がありますので、ちょっと読まして頂きます。

ワーズワースの詩に合せて『我らは七人』と歌ふとすれば、私は学生時代から四十年にわたる信仰の友情を結び、同じくキリストの福音の使徒として立てられた七人を思ふ。その中三人はすでに召されて天にあり、四人は地に残る。併し主に在りて我らは今も七人である。

ああ若き日結ばれた信仰の友情のなつかしさよ。四十年後の今日なほ信仰を共にし、同じ恩師の記念講演会に講壇を共にして、福音のための戦を共に戦ふことのうれしさよ。我らは七人である。然り、我らは今もなほ七人である。

一人又一人、天に召される者が加はり、地に残る者が減るであらう。併し我らは永遠に七人である。復活の晨、七人が主の御もとに顔をそろへる日まで、我らは常に七人である

こういう文章を、その年五月の『嘉信』に書いております。

四人残っていたそのうちの一人、金沢常雄君は今日この講壇に私どもといっしょに立つはずでありま

した。私は、病気恢復後初めて公衆の前に壇に立つ金沢君の右の手を支えて、彼のカムバックを力づけよう、祝おう、という考えでありました。しかるに彼は三月四日をもって、今日の講演を待たないで天に召されました。天にあるもの四人、地に残る者は三人となりました。しかしわれらは七人であります。永遠に七人であります。

最初の記念講演会のとき、最後に壇に立った藤井武は、「われらはすべての真理の敵に対して宣戦を布告する」ということばをもって、彼の講演を結んだのであります。そのときの彼の講演は、マルクス主義の無神論とアメリカ主義の享楽主義が日本を覆っておる、これに対して、われらはキリストの福音をもって戦うべきである、という趣旨でありました。真理の二つの敵を彼は赤き蛙と青き蛙にたとえたのでありました。

彼の召されたのちに、ファシズムという別の蛙が現われて、日本の国民を呑もうとしました。真理の敵は多くあります。いつの時代にも、顔を変え着物を変えた人々を惑わすのであります。われらは常に目をさまして、すべての真理の敵と戦わなければなりません。

2

金沢常雄君が今日の講演会に予定した演題は、「恩師の一言」というのであります。一昨日金沢君の奥さんから聞いたのでありますが、金沢君が内村鑑三先生に何か困難な事情を訴えたとき、先生が「君、恩恵だよ」と言われた。そのことを今日話すつもりで、準備をされたのだそうであります。

金沢常雄君という人は、イザヤ書第五三章に記されている「エホバのしもべ」の預言にふさわしい人でありまして、「侮られて人に捨てられ、悲しみの人にして病患を知れり」という、ことば通りにそういう人でありました。

彼の個人雑誌『信望愛』は、内村先生の『聖書之研究』、藤井武の『旧約と新約』についで古い無教会誌であり、昭和三年の創刊でありますが、その読者数は多くなく、盛んな時でも四百人ぐらいでありました。この世的には成功しなかったのであります。

健康は衰え、戦争中からとくに衰弱いたしまして、さらに終戦後、年六十を過ぎてから肺結核にかかりました。三年間の療養生活の後、昨年の夏退院されて、漸次普通の活動に戻ろうとしつつあったのですけれども、やはり身体の衰弱のためでしょう、突然心臓麻痺のためにたおれたのです。

彼は戦争前から、郊外上高井戸の森の中に住んでおりましたが、よりによってアメリカ軍は金沢君の家に焼夷弾を落しました。藤井武の家も焼夷弾のために焼かれたのでありますけれども、東条英機の家が近所にあったものですから、それを狙って攻撃されたという想像もできないではありませんが、金沢君の家は近所に東条大将もだれもいない田舎の一軒家であるのに、その上に焼夷弾を落された。家を焼かれた彼は、軽井沢の千ケ滝の寒い処で不自由な生活を余儀なくされました。

彼は非戦論を唱えたために警察からにらまれました。彼の雑誌は発禁になり、あのデリケートな金沢君が警察に召喚されたのであります。

早く福音伝道の志を立てて、生涯をイエス・キリストに捧げ、この世のことを考えず、福音のために身を粉にして働いた金沢君。場当りとかハッタリとかの微塵もない、純真そのものの金沢君を、神様はよりによって、どうしてこんな目にあわせたもうのか。普通ならばそう考えるところです。

しかし内村鑑三先生が金沢君に向って、「君、恩恵だよ」と言われた一言を、金沢君は「しかり、アーメン」として受入れました。世間的にはけっして成功したとは言えない生涯の終りにおいて、「すべてが恩恵でありました。私の生涯の上に神様が下したもうすべてのことは、みな恵みでした。ありがとうございます」と今日ここで、みなさんの前で申し上げようと思っていたのです。

真理の敵は常にわれわれの周辺に充満している。われわれはすべての真理の敵に対して、眼をひらいて戦わなければなりません。同時に、自分自身の上にきたるすべての事柄を神の恩恵として、感謝して生涯を終る。これがキリストを信ずる者の攻守両面の戦いであります。攻めてはすべての真理の敵をなぎ伏せ、守ってはサタンの攻撃に対して神の恩恵を守る。

福音のため、真理のための戦いをともに戦った友だちのことを思いますと、私どもはキリストを信ずる者の友情の永遠であることを知ります。それは、キリストを信ずる者の生命が永遠であるからです。友情は美しい。しかしキリストを信ずる者の友情は真に美しく、真にかたい。すなわち永遠であります。血は水よりも濃いと言われますが、霊は血よりも濃い。われわれはたびたび友だちと会っているのでもなく、またすべての点において一致するのでもないけれども、御霊において永遠の交わりを結んだのでありまず。同じ御霊が宿り、同じキリストを主と仰ぎ、福音の目的のために戦い、同じ望みをもって生き、また死ぬる。私が本日ここにみなさんの前に立ったわけは、私自身が何かを言おうと思ったのではなく、金沢君をして語らしめるためでありました。

3

エクレシヤの一致ということが聖書に説かれております。われはパウロにつく、われはアポロにつくと、そういうことを言うべきではない。パウロは播き、アポロは水をかける。育てたもう者は神である。汝らの間にある争いと嫉みを去れと、パウロは教えております。私どもは己が勢力とか人気とか、そういうことを考えて仕事をするのではない。同じキリストのため、同じ福音の目的のために働くという自覚に立つのであります。

関西学院の教授ノーマン氏が無教会のことを調査した中間報告が出まして、私にも一部送ってくれました。いろいろのことが書いてありますが、その中にXという人が、無教会には教会のもつあらゆる欠点があるうえに、さらに無教会特有の欠点があると言ったことが、匿名で記されてあります。

私どもは自分の長所とか欠点とかを考えるよりも、キリストの恵みとキリストの福音のことを考える方が有益であります。しかし自己反省ということも必要で、ときにはなすべきでありますが、私、ノーマン氏に礼とともに返事を書きました。無教会に欠点はあるだろう。しかしあのような重大な発言をするとき、またその重大な発言を引用するときに、名をかくすとは何事であるか。自己の責任を明かにして、堂々と攻撃し、または批評すればいいのです。無教会に欠点はあるでしょうけれども、己の責任を隠して人を攻撃するようなことはいたしません。なすべきでないのです。

何事にかかわらず、感情的な意味においてセクショナリズム（分派主義）に陥ることはよくありません。自分はパウロ、自分はアポロと、人気役者をひいきするような気持で先生につくことは、弊害のもとであります。また勢力関係を考えまして、会員の人数をふやそうとか、献金の額を多くしようとか、そういうことを考えて伝道することは、教会・無教会を問わずして誤りであります。キリストの福音のためという、共同にして唯一なる目的を常に意識しておらなければなりません。

その目的というのは、イエスが救主（キリスト）であることを宣伝えることに尽きるのであります。これがキリスト教の歴史の初期におきまして、使徒たちが証明し努力したところの宣教の趣旨でありました。使徒行伝の記事によりますと、ペテロでもステパノでもパウロでも、彼らの宣教に一つの型とも見られるものでありました。彼らはみなイスラエルの歴史を父祖の時代から通覧しまして、この歴史を通して一貫している神の経綸は、救主が現われるという預言に向って集中することを指摘する。その待望の救主こそイエスその人である。モーセのとき、エジプトにおいて奴隷の状態に呻吟していたイスラエルを救出して、約束の地に導き給うた神。下ってバビロン捕囚のころ、バビロンにおける何十年という捕虜生活からイスラエルを解放して、約束の地につれ帰り給うた神の恩恵を彼らは回顧する。

キリストの時代において、その線でいくならば、ロマ帝国の政治的支配からイスラエルの解放を実現することが、神の経綸の歴史的順序であると考えられるでありましょう。しかるにイエスの成就し給うた解放は、ロマ帝国の束縛からではなくて、もっと根本的かつ普遍的な人類の敵からの解放でありました。

その一つは、罪からの解放であります。すべての人が罪に束縛されて、心の自由と平安と希望を失っている。そのことにおいて、ユダヤ人もギリシャ人も区別はない。人という人はすべて罪に束縛されている。その束縛から人を解き放して、自由と喜びと平安と望みを与えるために、キリストは十字架にかかって死に給うたのである。

もう一つ、人類の普遍的な敵は死であります。死ということは、人種民族の区別なくすべての人間に臨むところの恐るべき敵であります。この死から人を解放するために、イエスは墓よりよみがえって復活し給うたのである。イエスを信ずる者は罪を赦され、かつ永遠の生命の望みを与えられ、勝利者として人生を送ることができる。この恵みは普遍的であり、絶対的であり、根本的である。したがってユダヤ人のみならず、異邦人もその救いにあずかることは当然である。

それまでの考えによりますと、異邦人はユダヤ人に帰化する法定の手続を経て、初めてエホバの民となる、とされておりました。そのおもなものは、割礼を受けることでありました。しかるにイエスも、イエスの弟子たちも、異邦人は異邦人のままでキリストを信ずることによって神に義とされる。この恵みは人種により、また個人によって区別はない、したがって異邦人は割礼を受ける必要はない、と唱えた。これがキリストの福音であって、弟子たちは心を揃えてこの福音を宣伝えた。おのおのが人物ややり方に多少の違いはありましたけれども、根本において彼らはこの共通の目的のために働いたのです。それによってキリストの福音は世界に弘まって、日本のわれわれにも及んだのです。

内村鑑三先生の説いたことは、パロウやペテロたち使徒の宣べたことを、現代的に応用したにすぎないと思います。教会員になるためには形式上の手続を必要とする。しかし神に救われるためには、その手続を経て教会員にならなくてもよい。教会に属しない者は属しないままで、イエスを信ずることによりその信仰を神に義とせられ、罪を赦され、復活の望みを与えられる。教会に行くことがいいとか悪いとか、そういう問題でありません。教会に行かなくても、人はキリストを信ずることによってその信仰を神に義とされる、という単純な教えであります。われわれはこの単純な福音を信じ、それを宣伝えているのであります。

4

今年の復活節に当りまして、私の注意をひいた一つの新聞記事がある。それは、イギリスのロンドンから八十キロの距離にあり原子力研究所のある町まで、四日間徒歩で原水爆反対のデモ行進を企て、二千人の人が参加するだろうということであります。

原水爆反対は、これを唱える人々の政治的な意図を問わずして、とにかく現代における人類の良心の声であると言えましょう。それにはそれだけの意味があることでありますが、しかしイエスの福音の説くところは、さらに驚くべき恐怖からの解放を考えております。それは人類が罪と死にとらわれておることからの解放であります。

インドの総理大臣ネルーが去年日本に来て、東大でも講演をいたしました。原水爆の脅威をくつがえすためには、それよりもさらに強力な武器が必要である。その強力な武器とは、「憎まない」という心であると彼は説きました。ネルーが消極的に「憎まない」と言ったことを、キリストの福音は積極的に「愛する」というのであります。憎む心を人がもっており、その憎悪を暴力という手段によって現わそうとするとき、第二、第三の原水爆が起ってこないとは言えません。根本的な問題は、人がどうすれば愛をもつことができるか。どうすれば憎悪を捨てることができるか。暴力をほんとうに心から捨てることができるか、ということにあるのであります。

そしてそれは、汝らが十字架にかけ、神がよみがえらせ給うたイエスを信ずることによるのであると、キリストの福音は宣べるのでありまして、われわれはそれを真理と信じておる。日本の個人に救いと希望を与え、日本の家庭を潔めて家庭に救いと希望を与え、日本の社会を潔め国民に希望を与えることの根本は、人がキリストを信ずる信仰によって新たに生れることにあるのでありまして、道徳教育などでできるものではありません。原水爆反対運動でできるものでもありません。これらはすべてろうそくの焔のようなものであります。ほんとうに永遠的な光はキリストの救いにある。

5

私はつい三、四日前、名古屋方面の講演旅行から帰ったのですが、こういう話を聞きました。名古屋のわれわれの友人たちがある所を借りて聖書研究の集会をしておるのですが、その聖書研究会はその会館の持ち主からたいへん信用されている。それは使用料を催促されるのを待たないで、進んで払う。それから後片づけをちゃんとして、すぐ次の会のために会場を使うことができる。僅かにこれだけのことでありますけれども、キリストの福音を信じた者は、そんな小さなことでも人から感心される。いわんやもっと大きな問題について、真理の立場を守って正しいことを主張し、正しいことをおこなうことは、信仰によって人が生れ変らなければできないことです。単に道徳とか習慣とかではできません。規則ではもちろんできません。その生れ変りということ、新たに生れるということは、イエス・キリストを信ずる信仰によって私どもに与えられる神の恩恵であります。

いまや、日本といわず、世界は希望のない状態でひしめいておるのが実情であります。われわれの周囲には、キリストの救いを必要としながらこれを知らない人が実にたくさんおる。キリストの福音が生命であるのに、これを知らない家庭が実にたくさんある。いわんや農村、いわんや工場、いたる所において福音の必要とされている場所は実に多いのです。

さらに目を放ってみれば、世界全体がそうです。われわれは内村鑑三の伝えたこの純粋な福音を携えて、世界の諸民族に福音を宣伝えるところの義務と責任をもっております。イエスの復活後、弟子たちがガリラヤの湖水で魚をとっていた。そこへイエスが現われて、もっと広い所に舟をこぎ出して網を下してみよ、と言われた。その通りにしたら、網が張り裂けるほどに魚がとれたという記事がある。広い視野をもって、深い信仰をもって、広い場所に向って、われわれはイエスの福音を宣伝えなければならないと思います。すでに天に召された内村鑑三先生、その他われわれの信仰の友人たちよ。天にあって、われわれの福音の戦いのために祈ってください。私どもは信仰により御国を望んで、ただに日本国民のためといわず、世界人類のために働きたいと思うのであります。

注（この日の聴衆は一、八〇〇名という、記録破りの多数に上った。イエスの話を聞くために集まったガリラヤの群集を思い出した）

二十三　主のしもべ

1

昨年の十月、大阪においてプロテスタント宣教百年を記念する大会が催されました。アメリカから有名な説教者ならびに音楽家が見えまして、日本全国からキリスト教会の教役者が集まったのであります。私の所にもどういうわけか、御案内がございました。日本のどこからでも出席者には往復の旅費と滞在費を出してくれるということでありました。私は出席しなかったのでありますが、非常に盛大におこなわれたそうであります。

また本年の二月、岸総理大臣が大阪に来られまして、たしかこの公会堂のこの部屋であると思いますが、安保改定――それは日本の再軍備につながるものでありますが――安保改定を説明する演説会をされ、新聞の伝うるところによれば、聴衆は堂に溢れ、場外にまで溢れましてその数、四千人あるいは四千五百人ということでありました。

私どもは今日皆さんとともに、質素に、そして祈るらくは御霊に満たされて、日本が世界に生んだひとりの預言者の記念講演会をいたしておるのであります。彼は日本にキリストの福音を伝えるために、外国ミッションから金をもらわない、もらってはいけない、というかたい信念をもちました。そしてそのことを生涯かけて実行したのであります。彼は米国の唯物的な拝金主義の思想に対して、徹底的な批判を加えました。これまた終生をかけて戦い通したのであります。彼は信仰にもとづいて、軍備撤廃・非戦論・絶対平和の主張を曲げず、終生守り通したのであります。

彼が世を去ったのは、今から三十年前、一九三〇年三月二十八日でありました。その年の五月二十八日、九日の両日、東京の青山会館において、最初の内村鑑三記念講演会が開かれました。その二日目、二十九日に藤井武が先生を記念した講演があります。藤井はその講演の初めにこういうことを言っている。

その年の三月下旬、東京市は関東大震災から復興したことを祝って、数日にわたる復興祭を賑やかにおこないました。旗行列、音楽行進。夜はちょうちん行列。町は不夜城と化した。その花々しい賑やかさの真唯中において、同じ東京の一隅、柏木の里において、厳粛きわまる一つの事実が起りつつあった。それは内村鑑三が病重く――その病は心臓の病気でありました――苦しい心臓の病気と戦っていたのであります。

ついに内村先生は召されました。藤井はその時ヘブル書一一章(三八節)にある「世はかれらを置くに堪へず」それは彼らを置くに値しないという意味だということを、藤井が述べているのです。誰か預言者が生けるものの地より絶たれしことを思いたりしや。当時の新聞は、内村鑑三の死を報ずるに、僅か四行か五行の小さい記事で、死亡の報知をしたに過ぎません。

先生の主治医であった人が書いたものを見ますと、先生の心臓の病気は召される二年ほど前から悪くなって、心臓肥大が見られ、足にむくみが見えるようになった。同時に両方の膝の関節リューマチスが起った。そういうことであります。

先生の心臓を解剖した東京大学医学部の長与教授は——後に総長になられた方でありますが——長与教授の解剖所見によりますと、先生の心臓は一種特別の形をして、正常の形でなかった。これはたぶん長年にわたる講壇の生活が原因している点があると思われる。しかし、よくもこのような不正常の形の心臓をもって、七十年の生涯まで生きられたということは不思議である。思うにこれは先生がキリスト教をかたく信じ、禁酒禁煙の清潔なる生活をされた結果であろうと思うということを、病理解剖の所見として発表されたのであります。

たしかに先生の召される二年ほど前から、先生の健康は衰えました。活動力が鈍りました。講堂における聖書の講義もお休みになることが多くありました。ときにはただ祈りをされるだけのこともありました。講演はほかの人に任せました。けれどもその祈りは、御自身の罪のゆるしをイエスの十字架によって求める祈りが多くありました。涙を流して祈られたことを、私は記憶しております。長年、福音のために戦い働かれた先生の心臓が衰えたときに、私ども若い者は、先生は活動がにぶった、こういう批評をしました。今日私は先生に対してほんとうに申しわけないと思います。おわびをしたいのであります。

2

先生の御生涯とその死とを思うとき、第二イザヤにある「主のしもべの詩」を思わざるをえません。第二イザヤには、ドゥムの指摘した四つの詩がありまして、イザヤ書四二章の一節から四節まで、四九章の一節から六節まで、五〇章の四節から九節まで、五二章の一三節から五三章の一二節まで。この四つの詩があります。これらの詩はだれが作ったのか。作者もわかりませんし、またたれのことを言ったのかも明かでありません。ある人は、エレミヤをモデルにしたのであろうと言っております。しかし明かなことは、イエス御自身が御自分のことを言われるときに、主のしもべの詩を引用されました。主のしもべの預言はイエスのことを言っておるのであるということを、おそらくイエス自身が気づかれて、これを弟子たちに話をされた。新約において、イエスの生涯とその死とその復活とを説明する預言として最も多く用いられているのが、「主のしもべの詩」であります。旧約におけるメシヤ預言は、ダビデの裔として、王の血筋、王家の出身として輝かしい背景をもつところの、神から出る権力を連想させる一連の預言であります。しかしながら、それをもってしては、キリストが十字架で死んだという事実を説明ができない。ダビデの裔であるキリストが、この世に来られて苦難の生涯を送られ、あの不法な裁判の結果、十字架にかけられて殺されるということが、どうしても出てこない。それを説明する鍵として、第二イザヤにおける「主のしもべ」の預言、ことに第四の詩、すなわち第五三章の預言を引用されたのであります。パウロが、「キリストは聖書に応じてわれらの罪のために死に給へり」（コリント前書一五の三参照）と申しましたときに、それは新約の福音の中心を述べたとともに、イザヤ書第五三章の預言を根拠としておるのであります。

3

四つの「主のしもべの詩」を並べて見ますと、第二と第三とすなわち第四九章と第五〇章においては、主のしもべは、「われ」という第一人称をもって書かれておる。第一と第四、すなわち第四二章と第五二章・五三章においては、「かれ」という第三人称をもって呼ばれている。第一の詩においては、神がこのしもべを「かれ」と呼んでいる。第四の詩においては、この世の人々すなわち、われわれが彼を「かれ」と呼んでいるのです。

その内容を見ますと、四つの詩の間に濃厚な共通性があります。ことに最初の三つの間には、非常に似通った思想が流れております。それを通観してみますと、第一には、主のしもべの生涯の使命感が述べられております。

我うまれいづるよりエホバ我を召し、われ母の胎をいづるよりエホバわが名をかたりつげたまへり（イザヤ書四九の一）

こういう思想であります。生れた時から、あるいは生れる前から、すでにしもべとして呼び出されていた。選ばれ、召されていた、という考えであります。もちろん、生れた時すぐにそう思うわけはないんでありますが、人は自分の生涯を歩んでいきまする間に、自分の使命というものを気づく。そして振返ってみると、自分が生れてきたことそのこと、また生れてからのちに自分の上に起ったさまざまの出来事、すべて自分が神につかえるため、神のしもべとなるためであった。そのために自分はこの世に生れさせられたのである、かかる生涯を送らされたのである、ということを知るのです。この使命感というものが、第一に強くわれわれの注意を引くのです。

それをさらに内容的に言いますと、第一に、弱き者に力を与えるということであります。第一の詩にあるように、

傷める蘆を折ることなく、ほのくらき燈火をけすことなく、真理をもて道をしめさん（四二の三）

あるはい第三の詩にあるように、

主エホバは教をうけしものの舌をわれにあたへ、言をもて疲れたるものを扶け支ふることを知り得しめたまふ（五〇の四）

疲れたるものに力を与える。傷ついた蘆をも折らず、ほのくらき燈心を消すこともない。傷つきやすい、痛みやすい人の心を特別に大事に守って、弱き人に望みを与える。それが、主のしもべの使命の内容の一つであります。

第二には、イスラエルの遺れるものを起す、ということであります。

第三には、異邦人に道を示す、ということであります。

自分の国民すなわちイスラエルに救いを与えるのであります。イスラエルの中に神の道をないがしろにする者たちがありますけれども、少数ながら真実の心をもって神に仕える者がある。このイスラエルの遺れる者を導いて、まことのイスラエルを起すことが、「主のしもべ」の使命であります。それのみならず、世界万国のために神の光を照し、神の道を示す。世界の救いということが、使命感の第三をなしているのであります。

このような使命を果すために、いかなる武器を彼は神様から与えられるか。第一に、みたまであります。第一の詩にあるように、

我わが霊をかれに与へたり（四二の一）

こういう思想が四つの詩に貫かれていると思うのであります。神が彼を選び、神が彼を助け、神がみたまを与えて彼を導き給うのであります。

第二には、みことばであります。


エホバわが口を利剣となし、我をその手のかげにかくし、我をとぎすましたる矢となしてえびらにをさめ給へり（四九の二）

みことばを与えられた。それを武器として彼は戦いました。政治の権力も、経済的な権力も彼の武器

ではなくして、みたまに導かれて、みことばを語る。神様から教えられた教えを朝ごとに聞いて、まじりなき心をもってこれを証《あか》しすることが、彼の使命を果す方法でありました。

この使命を果す彼の生涯は、実際にはどういう生涯を送ったかと言いますと、しばしば彼は失望・落胆の淵に沈みました。

われは徒らにはたらき、益なくむなしく力をつひやしぬ（四九の四）

しかし神がみたまによって、彼に力を与え、彼を支えましたために、「彼は衰へず、気落ちせずして、道を地に立てをはらん」（四二の四）と言われている。彼は、しばしば衰えようとし、しばしば落胆しようとしたに違いありません。働いても、力を費しても、真理を受けいれる者の数はあまりにも少い。そういうときに神は彼を助け、彼の力となり給うたのであります。

第二にいちじるしいことは、彼が無抵抗の生涯を送ったことであります。

われをむち打つものにわが背をまかせ、わがひげを抜く者にわが頬をまかせ、恥と唾とを避くるために面をおほふことをせざりき（五〇の六）

己をしいたげる者に対して抵抗しない。恥を与え、そしりのことばを吹っかけられ、つばきを引っかけられても、顔をおおうことをしなかった。無抵抗が彼の生涯であります。

もう一ついちじるしいことは、彼は不退転の勇気をもち、一歩も退かないという勇気をもった人であります。それは、神が彼の力となり給う、神が彼を助け給うという信仰であり、また実験であります。

我はエホバの前にたふとくせらる。またわが神はわが力となりたまへり（四九の五）

あるいは、こうも言っている。

主エホバわれを助け給はん、この故にわれ恥ることなかるべし。我わが面を石のごとくして恥しめらるることなきを知る。われを義とするもの近きにあり、たれか我とあらそはんや（五〇の七、八）

この不退転の勇気は、神が彼を助け、神の力が彼に与えられた結果であります。そしてこのような苦難と失意の生涯を送りましても、神は彼に報いを与え給う。最後に彼は神によって義とされる。彼をしいたげ、彼をののしり、彼を迫害した者たちは、神の裁きを受けます。彼は神によってあがめられる。こういう預言であります。

そして、第四の詩においては、とくにある特別の要素がこれに加わることによって、いままで申したすべての事柄が非常に強い色彩を発揮してきます。

それは何であるかというと、悲しみと悩みによって、いままでの三つのどの詩よりももっとひどい恥とはずかしめを彼が受けました。

かれは侮られて人にすてられ、悲哀の人にして病患をしれり。また面をおほひて避ることをせらるる者のごとく侮られたり。われらも彼をたふとまざりき（五三の三）

この悲しみとなやみの生涯において、

彼はくるしめらるれどもみづからへりくだりて口をひらかず、屠場にひかるる羊羔《こひつじ》のごとく、毛をきる者のまへ

にもだす羊の如くしてその口をひらかざりき（五三の七）

という無抵抗の生涯を送った。そして彼は不法なる裁きによってこの世から取去られた。すなわち死んだのであります。死ぬるということが、この「主のしもべ」の最大の仕事であったのであります。

彼はおほくの人の罪をおひ、愆ある者の為にとりなしをなせり（五三の一二）

かくてかれの霊魂、とがのそなへものをなすにいたらば（五三の一〇）

とありまして、彼がかくも苦しみの生涯を送ったのは、私どもの受くべき罪を彼が代って受けて死んだのである。私どもの罪を負い、とがある者のために取りなしをなすために、彼は死んだのであるということが、第四の僕の詩の述べているところであります。

これがイエス・キリストのこの世に来り給うた使命であり、そして彼がこの世においてお過しになった苦難の生涯と十字架の死の意味であります。そしてイザヤ書第五二章の終りにハッキリ述べられているように、そのキリストが後には「上《あが》りのぼりて」最高の地位にお立ちになる。地の王たちはこれを見て口をつぐむという、栄光の座におちつきになる。

キリストの復活と再臨を説明する預言として、イエス御自身がこれを御自分にあてはめて引用された。新約の使徒たちは、そのイエスの解釈にもとづいて福音書や書簡を書き記したように思われるのであります。

神のことばに仕える者は、すべての人がある意味において「主のしもべ」であります。彼は世において苦難の生涯を送ります。そのことは、第一に、神への従順を学ぶため、また神への従順をあかしするためであります。

第二には、苦しむことによって人に救いの真理を伝えるのであります。人がいかに苦しみましても、人の罪をあがない、神に向ってとりなしをなすことはできません。それをなしうるのは、ただイエス・キリストだけです。キリストの苦難は、キリストの道を歩む者の、またキリストの道を伝える者の苦難の原型であります。しかしキリストが十字架の苦しみを受けられて、キリストの道を歩む者が安楽の生涯を送るという法はないのです。

二、三のことを考えてみますと、「キリストのなやみの欠けたるを補う」(コロサイ書一の二四)ということばがありまして、解釈のむつかしいことばの一つのようでありますが、理論的にはイエスのなやみ、すなわちイエスの十字架だけで十分でありまして、それ以上に、私どもの罪をあがなうために付け加えるものは何もありません。イエスのなやみ、イエスの十字架は、それ自体で完全無欠でありまして、「欠けたるところ」はないのです。けれども個々具体的な場合に適用してみますと、イエスを信ずる者はみな兄弟のために苦しむのです。みずから苦しみを受けることによって、人に救いを伝える。人を救うことはできませんけれども、救いを伝えるんです。それがキリストのなやみの欠けたるを補う道だと思います。

またイエスは、「われに従わんとする者はおのが十字架を負いてわれに従え」(マルコ伝八の三四、ルカ伝九の二三)と言われた。罪のあがないの十字架は、キリストの十字架一つでたりる。それに付加えるものは何もないけれども、イエスの弟子たる者は、救いの福音を人にあかしするため、人に伝えるため、救いの喜びを人に分つために、みずから己が十字架を負うのです。

またイエスが言われたように、自分がこの世に来たのは、人に仕えられるためではなくて、人に仕えるためである。キリスト御自身がそう言っていられる。キリストの弟子たるわれわれは同じように、人に仕えるために私どもの生涯を送るのです。権力の座にすわって、人を使うためではありません。

こうして考えてみますと、われわれの恩師内村鑑三は私どもに道を伝えるために、キリストの福音を伝えるために、戦い、病み、悲しみ、責められて、そして死んだのです。義しき預言者が活けるものの地より絶たれていったことに注意を払った者は、当時ほとんどありませんでした。「われらも彼をたふとまざりき」とあるように、私ども先生の弟子をもって自称する者さえも、先生は衰えたと、言ったのです。

後になって日本政府は、郵便文化切手に彼の肖像を選びました。これはかれを尊敬したのでありましょうか、あるいは彼を侮辱したのでありましょうか。彼が心血を注いで説いたところのキリストの福音を理解しようともせず、キリストの福音を侮辱し、キリストの救いを受けようともしないで、キリストに郵便切手に彼の肖像を選んだことによって何かいいことをしたように思ってる日本の政府と国民は、彼を侮辱し、キリストの福音を侮辱したのであります。

私ども先生の弟子は、先生と同じ使命をもってこの世に生れ、先生と同じ道を歩み、同じ苦難の生涯を歩み、同じ死を遂げるんです。そのことによってだけ、キリストの福音の純粋さは維持されます。キリストの福音の真理は説明されます。

私は、御承知の方もおありと思いますが、今年の一月一日から三日まで三浦半島の秋谷というところで聖書講習会をいたしました。第二イザヤの講義をいたしました。その第一日に私は発病いたしました。病気をおして講習会を終りました。三日にうちに帰りましたが、その夜ふたたび前よりもひどい苦痛に襲われました。それから病院の生活、転地療養の生活をいたしました。私の病気は肝臓の病でありました。一月、二月、三月に予定されておりましたすべての講演を取消しました。私、生れて初めて病気をいたしました。生れて初めて約束ずみの講演を取消したんです。今日ここに来ましたのが、病後初めての旅行であり、初めての講演であります。医者はまだ私に全快を告げておりません。今日ここに来れるかどうか、心配の点もありましたけれども、神の御助けによりまして、この病後最初の務めを果すことができました。きょうはぜひとも来させていただきたいと、神様にお祈りをしておりました。

内村先生は満六十九歳でこの世から天に召された。その二年前から病気のために健康を害された、ということを先ほど述べました。内村先生のよわいまで、私自身が残すところは二年であります。もちろん内村先生には内村先生の寿命が与えられ、私には私のよわいが与えられるのでありますから、それをもってどうということはないですけれども、詩篇第九〇篇の作者が言っているように、「願くはわれらにおのが日をかぞふることを教えて智慧のこころを得しめ給へ」（詩篇九〇の一二）であります。

残れる私の生涯を神様はどのようにおん導きくださるか、私は知りません。しかし、いかようにもあれ、私は内村鑑三の弟子の一人として、また一人の小さき「主のしもべ」として、私の体と私の心を、あらためて神様におささげいたします。弱き人々が力を得るために、日本の救いのために、キリストの福音が勝利を得るために、そして神の国が地上に成るために、神様におん用いくださいとお祈りをするのであります。

二十四　宣教百年と無教会運動

1

御承知のように、プロテスタントが日本に伝道されましてから昨年が百年でありまして、宣教百年の記念の催しがいろいろあったようです。このプロテスタント宣教百年というものが、日本の歴史の上、ことに国民思想史の上においていかなる意味をもつかということが、私のきょうのお話の主題であります。

国民思想とか国民性とか申すことは、内容が漠然としておりまして、たとえば日本の国民性はこうであると、説明することがむつかしいのです。国民性あるいは国民思想というものは変化するものでありまして、固定しておりません。たとえば日本が仏教を取入れましたことにより、国民思想の中に仏教的要素が入ってきて、それがその後の国民性の形成に大きい影響を及ぼしたのであります。

仏教が日本に伝わりましたのが紀元五三八年であります。最初のころは、日本に渡来していた外国人の間に信じられていたものらしい。日本国民にとっては外来宗教ですから、多くの人は冷たい目でこれを見ていた。迫害もあったようです。

しかるに五八五年、すなわち仏教渡来後五十年近くのとき、用明天皇が即位されたあと、宮廷が仏教を信じ受ける態度を表明した。ことに有名なのは、用明天皇の皇子聖徳太子（五七四――六二二年）であります。太子は仏教学を勉強され、著書もあり、また有名な憲法十七条を制定された。

その第二条に「あつく三宝を敬すべし」とある。「三宝」というのは、仏と法と僧でありまして、仏教を信仰することを日本の政治の根柢とされた。これによって聖徳太子は、日本の政治に倫理性、道徳性を与える趣旨であったと言われております。

それ以来、仏教は宮廷の保護のもとに栄え、聖武天皇、光明皇后のごとき仏教をあつく信じ、保護した方も出ました。

飛鳥・奈良時代の仏教が主として宮廷および僧侶の宗教であり、また戒律を重んずる小乗仏教であったに対し、平安時代になりますと、最澄、空海という、ふたりのえらい僧が出まして、それぞれ天台宗と真言宗を開きました。これまでの仏教が主として都市と寺院と戒律の宗教であったに対して、山に寺を建て、心の糧としての信仰を民衆の間にひろめ、また土木・治水・医薬・教育等の面において民衆の困難を救う努力をしました。また「鎮護国家」といいまして、国を守るものとしての仏教の位置づけをいたしました。これによって仏教は民衆の間にひろまっていったのです。

それから鎌倉時代になりますと、法然とか親鸞とか日蓮などの新しい日本仏教が起った。これらの人人は既成仏教の代表者と、これを保護する政治権力によって弾圧されました。法然も親鸞も日蓮も流罪にあっております。流罪にあったことによって、これらの民衆的な信仰が地方にひろまる機会を得たのであります。こうした仏教の普及は善かれ悪しかれ、日本の国民性を形成する上に大きな役割をしたのです。

日本民族の固有の国民性が何であるかを説明することは困難ですが、たとえていえば清浄な白紙のようなもので、外から来るものを何でも受入れるという素質をもっている。しかしこれは気分とか、心持とか、要するに感情的なものでありまして、これという思想というものがない。「神」といっても、目上の者はすべて「カミ」であって、人間と神との間に本質的な区別がない。すなわち本来の意味で宗教というものがなかったといってよい。このような白紙状態の日本民族に対して、ともかく「思想」と「宗教」を与えたものは仏教でありました（儒教や道教を別として）。そして千年もの長い間仏教が日本国民の間に浸透した結果、仏教的な物の考え方、感じ方が、その長所短所ともに日本の国民性の内容となってきたのであります。

2

ところで、戦国時代の終りからキリシタンの活動が始まりました。フランシス・ザビエルが最初のカトリックの宣教師として鹿児島に上陸したのが一五四九年です。それから秀吉、家康、家光などの弾圧政策が続きまして、ついに島原・天草の乱が起ったのが一六三七年。オランダ船以外いっさいの外国船の入港を禁じる鎖国令が発せられたのが一六三九年です。一五四九年から一六三九年まで、百年に足りない。この九十年の間に、カトリック教は日本の国民性を形成する上にいかなる足跡を残したか。日本の国民思想の発展の上にどのような影響をもったか。ザビエルは各地で仏教の僧侶と対決をいたしまして、神というものはただ一つ。天地万物の造り主であるただ一つの神がおられるということと、主イエス・キリストの十字架のあがないの血によって人の罪がゆるされるということ、この二つを主として説いた。仏教の僧侶はこれに対抗できず、たじたじとなった、と記録に伝えられている。

この九十年のキリシタンの伝道が、どれだけのものを日本の国民性に寄与したかということについては、私は何もいうことはできません。大名たちがキリシタンに興味をもったのは、彼らの輸入した西洋の文明と技術に心をひかれた点が少くなかったと思いますが、徳川幕府の考案したあの残酷ないろいろの方法による迫害にかかわらず多くの信者が信仰を守り通し、喜んで殉教の死を遂げたということは、日本民族の血の中に宗教信仰を受入れる崇高な精神が流れていることを証明するとともに、これほどの感化を彼らに与えたキリスト教の伝道の力を示すものと思います。

しかしキリスト教の考え方生き方がはたして日本民族の間に広く、深く、また後世にのこるほどの力をもって浸透したかという点になりますと、ひどい弾圧と迫害によってキリシンは消し去られたのですから、はっきりしたものはわかりません。一八六四年フランスのカトリック宣教師によって長崎の浦上天主堂が建立されたとき、浦上村の「かくれキリシタン」の信徒が現れて人々を驚かしたのですが、これはきびしい禁止令の下において、二百年以上もかくれて信仰の形式を保ってきたというだけのことでありまして、彼らの生活感情や生活態度や社会思想や精神力の上において、キリストの生きた力が保存されてきたのではありません。今日なお平戸方面に「かくれキリシタン」の部落がありますが、その人人の生活は形の上でいくらかカトリック教を保存しているだけでありまして、生活そのものはすこぶる積極性・進歩性を欠くものであります。ともかく、神の摂理によって、カトリックの活動は九十年をもって終止符をうたれました。

3

その後幕末開港に伴い、プロテスタントの宣教師が日本に来まして、昨年で百年になった。百年間のプロテスタントの宣教によって、日本の国民性はどれだけのものを得たか、それは日本の国民思想の形成に対していかなる役割を果したか。これもなかなか評価するに困難な問題であります。

仏教でもカトリックでも、日本に入ってきたとき、その伝道者・宣教師は新しい宗教の宣教者であると同時に、新しい文化の担い手として迎えられました。新しい宗教の伝道は、新しい文化の輸入にになわれて、日本国民の間にひろまりました。そのことは明治初年におけるプロテスタントについても同様でありました。プロテスタント信仰の宣教のほかに、教育・文化・社会事業・社会運動、それからスポーツ等の面において、プロテスタントの活動が日本に新しいものを始めたことはけっして少くないのです。しかしこれら世俗的の事柄は、その性質上キリスト教会でなくてもできる仕事であり、そうして日本においては明治維新後国家がみずからこういう方面の仕事を営み、あるいは奨励しました。政府および民間の活動によりまして、キリスト教会そのものは、西洋文化の輸入者としての影は薄くなるというか、だんだん必要が少くなってきたのです。たとえば明治の初めにおいて英語を習おうと思えば、宣教師の所へ行くことが早道であった。いま、英語を習おうと思えば、宣教師に行かなくても、その辺にたくさん学校がある。

そこでプロテスタントの信仰、あるいは宗教としてのキリスト教そのものは、宣教百年の活動の結果、どれだけ日本国民の中にしみ込んだであろうか。新しい日本国民性の形成にどれだけ寄与したであろうか。仏教伝来のときとちがって、皇室も政府もキリスト教を受入れようとはしませんでした。キリシタンの場合とも異り、大名諸侯に相当する支配階級がキリスト教を信じ受けようとしなかった。かえって政府も民間もキリスト教は天皇を神とする日本の国体に反するという理由で、これを排斥した。ことに学界、教育界にその風が強くありました。一般民衆も、その長年養われてきた神社仏閣の信仰が、すでに形式化して精神的生命力を失っているにかかわらず、因習的にこれに拘泥して、キリスト教に心をとざしました。そのためプロテスタント宣教百年を経過した今日、九千万の国民の中で僅か百万たらずの信者であります。量的に言って、それほど多く国民の間にしみ込んでいるとは言えない。それならば、質的に言ってどうだろう。「なんじらは地の塩、世の光である」と言われるが、はたして日本のクリスチャンは地の塩、世の光としての役割を果してきたであろうか。太平洋戦争の時はどうだったか。戦後日本の民主化が始まったが、民主主義の根本である人間の人格の尊重と責任の観念が日本国民の間に十分植えつけられていないために、制度の改革はできても、ほんとうに民主的な人間というものに欠乏しているのが日本の現状でないか。少数の例外はあるとしても、この百年間キリスト教が日本国民の中にしみ込んで、民主的性格を形成する上に影響した程度というものは案外少いように思われます。

そういう意味からみると、プロテスタント宣教百年は失敗の歴史であったとも言える。ことごとく失敗とは言いませんが、日本の国民性を形成し、日本国民のたましいを揺り動かしたことにおいて、キリシタン九十年の活動に比べ、あるいは仏教伝来当時の八十年に比べて、めざましい活動であったとは言えないような気がする。

その原因は何であろうか。日本国民がすでに数世紀にわたり仏教と儒教による思想的訓練をもっていたため、外来の宗教であるキリスト教に対して抵抗した。ことに明治政府の思想政策として、天皇を神として拝むような教育をしましたために、なおさらキリスト教を排斥したという事情もあるでしょう。けれどもそのような抵抗と迫害は、新しい信仰を入れるときにはいつもあることでして、その抵抗に打勝ち、弾圧に抗することによって、新しい信仰は国民の中にひろまり、根づいていくはずのものである。しかるにプロテスタントの宣教に対しては、案外迫害も少かった代りに、弾圧に抗して信仰を守るために戦うということも少かった。プロテスタントの宣教が日本の一般国民に接触する面が狭く、浸透する度が浅かったように思われる。ここに宣教百年の反省と批判があって然るべきだと思うんです。

4

非常におおざっぱに言いますと、日本におけるプロテスタントの宣教は、外国ミッションからの人と金によって開始され、また援助されてきました。キリスト教が日本国民の間に深く根をおろさなかった原因の一つがここに求められると思います。外国ミッションから金をもらうことは、いわゆる「ひもつき」の伝道になります。精神の独立を害するおそれがたぶんにある。経済上の事業に外資を導入するのは、借りた金に利子をつけて返済しますから、独立を害することになりません。学者の研究に奨励金あるいは研究費を外国からもらいましても、それによって精神的独立を害することはありますまい。研究成果をあげることは、学者として当然のことですから。外国ミッションから伝道費を受けます場合にも、伝道成績について報告する義務がある。ところで経済や学術の場合と異り、信仰のことについては、ひとりのたましいを救うために、一年かかるか十年かかるか。一生かかってもひとりの人を信仰に導くことは容易でないのです。信仰のことは経済や学問のことと違いまして、神のなし給うわざでありまして、人間の努力と計算で成績を挙げるというわけにはいかない。

しかるに外国ミッションから金をもらうためには、伝道成績をあげて報告しなければなりません。そこで信仰の未熟な者にも洗礼をすすめて、信者の数を増そうということになってきます。これが宣教百年の間にキリスト信仰が信者の中にしっかりと根づかず、入信する者もあるが離信する者も少くなく、全体として日本国民の間にキリスト教が十分根づかなかった一つの原因となったように思われる。

もう一つ、キリスト教が容易に日本国民の精神的風土に同化することのできなかった理由は、その伝道のやり方が外国ミッションのやり方そのままを輸入し、あるいは模倣しておこなわれたという点にありましょう。同じような教会を造り、同じような神学校を建て、同じようなサクラメントをし、外国でできた制度と外国人の頭で考えた思想をそのまま日本に輸入しようとしたというところに、キリスト教が日本国民の間になじまなかった原因の一つがあるのじゃないか。

仏教が日本に渡来したときに、中国から多くの名僧が来、日本からも中国へ多くの留学僧が出ました。しかし中国の仏教ミッションから金をもらって、日本の寺院を建て、仏教伝道をおこなったということがあったでしょうか。私はそれを知りません。僧侶になるためには、頭をまるめ、法衣を着るという形式があったが、一般民衆が仏教の信仰に入信するとき、洗礼というような何かの形式が要求されたでしょうか。キリスト教会が要求するような、洗礼を受けなければキリスト信者でないとか、キリスト信者は洗礼を受けなければならぬとか、そういう問題で信仰に入ろうとする者を苦しめたことがはたして仏教にあるだろうか。

外国ミッションから金をもらったということと、外国と同じ教会のやり方で伝道したということと、これが宣教百年の努力にかかわらず、十分日本国民の間に行きわたるほどの成果を挙げえなかった理由ではないかと思います。

戦後、天皇の人間宣言があり、民主的な時代となりまして、従来あった伝道上の障害が除かれ、一般民衆がキリスト教を信ずるのは非常に信じやすい事情になってきました。終戦直後、一ころは教会に来る人がふえたが、近ごろはかえって教会を去る人がふえてきたといわれる。すなわち教会は、せっかく入ってきた信者をその中にとどめておくことができなかったのです。

戦後日本伝道に着目してやって来る米国のプロテスタント伝道隊のしぶりを目撃しますと、横腹に字幕を張ったトラックに乗りまして、メガホーンを使いまして、楽隊を乗せて町を走り廻り、広場に来ればトラックを止めて伝道説教をしていた。とうてい日本人はついていけません。キリスト教の信仰が日本人の心のすみずみ、性格の中までしみ込んでいくことはできない。

宣教百年を記念するために開かれた行事そのものが、米国から巨額の金を持ち込み鳴物入りで、はでなさわぎをいたしました。ああいうことでは、とてもキリスト教が日本人の心の信仰になることはできない。

5

プロテスタント宣教百年を回顧いたしまして、その中でたった一つ、日本が外国から受けるのでなくて、日本から外国に与えるもの、すなわち世界に誇るべきものがあります。それが内村鑑三の無教会主義であります。

内村鑑三の無教会主義は、プロテスタント宣教の結果として生れたものではないのです。これは宣教百年の産物ではありません。そうでなくて、これは宣教百年に対する批判であり、プロテストであるのです。百年にわたっておこなわれた宣教の精神とやり方が間違いであるという批判が、内村鑑三の無教会主義であります。

時間がありませんから簡単に要点だけ挙げてみますと、第一、彼はミッションと関係をもちませんでした。外国ミッションから金をもらわないということが、内村鑑三の方針であり、彼は終生それを守り通したのです。

第二に、彼は教会をつくりませんでした。すなわち制度的な組織教会をつくらなかったのであります。教会とか教派とか教団とか申しますと、それ自体が宗教的な権力団体となり、宗教的な勢力をもちます。また経済上の利害をもち、それ自体の財産をもちます。カトリックのごときはその最も大きなものですけれども、このような信仰以外の政治的な権力とか、社会的な勢力とか、経済的な財産のようなたぐいのものをいっさいもたない。そういうことに煩わされないということが、無教会の一つの特色であります。信仰だけ、信仰のことだけ、それ以外に守るべき勢力というものはない。無教会の人数をふやそうとか、勢力を増そうとか、そんなことを考えないということであります。

第三には、サクラメントをおこなわない。洗礼その他のサクラメントをおこなえば、どうしても集まりが制度化して、制度教会となるのです。無教会においてサクラメントをおこなわないということは、教会組織をつくらなかったということと深い関係があるのでありまして、人はキリストを信ずるそのことだけで救われる。信仰だけで救われるという信仰に徹底したのであります。

第四には、無教会には僧侶・牧師のごとき専門的な職業的宗教家がおりません。したがって神学校を建てません。すべての信者が伝道の責任をもちます。無教会の者は、必ずと言ってもいいくらいに、自分の周囲に聖書を中心とする小さい集まりをつくります。近ごろ外国においても平信徒伝道ということが言われますが、無教会においては、牧師の宣教とならんだ平信徒の伝道活動ではなく、すべての伝道が平信徒伝道なのであります。

第五に、無教会は聖書を重んじます。無教会の伝道は聖書講義であり、無教会の集会は聖書研究の集会であります。これは、神の真理は聖書に示されておりまして、これを聖霊の光によって学ぶのでありますす。おのおのの信者が聖書によって直接に神から真理を学ぶことができる。いかなる権威の媒介をも必要としない。聖書による聖書真理の直接的な受入れを高調いたします。

第六に、無教会は教会組織でありませんから、信徒に対して一律に課せられる信仰箇条というものもありませんが、聖書に現わされた根本的真理を信ずることが正統的信仰というならば、無教会の信仰は聖書的、すなわち正統的であります。その根本的信仰は、キリストの十字架による罪のあがないと、肉体の復活と、キリストの再臨による神の国の完成を信ずることであります。このきわめてオーソドックスな信仰の中心をしっかりと把握いたしまして、この古い古い、しかも永久に新しい純粋な福音をかたく守っているのが、無教会であります。

第七に、無教会はそれ自体の利害関係をもつ団体もしくは組織でありませんから、社会の問題について自己の利益の立場から発言するのでなく、神の御言を語るという預言者的立場に立つことができるのです。すなわち真に自由独立な信仰の立場から政治の腐敗を糾弾し、社会の不義を批判いたします。内村鑑三が藩閥政府や財閥を攻撃したり、絶対非戦、軍備反対を唱えたのも、彼の無教会の立場においてでありました。彼が教育勅語の巻物に対して最敬礼をしなかったのも、人間の尊厳、人間の自由の根柢をなすプロテスタント信仰に徹していたからです。

第八に、無教会は日本人の頭と心、口と手と足とをもって、イエス・キリストの純粋な福音を聖書から直接に学びかつ伝えるものでありまして、外国人の頭と外国人のことばでキリスト教を受売りするものでありません。こうしてキリスト教が日本国民の間に風土化し、一般民衆の間にしみ込み、行きわたる唯一の道を開いたものが内村鑑三の無教会主義であります。

6

今日における私どもの問題は、日本の国民が民主的国民として偉大な民族となるためには、ひとりひとりの日本人が真に民主的な人間とならねばなりません。日本国民のの国民性がそういう内容、そういう傾向に向って新たに形成されていかなければなりません。それは神社や仏教や儒教では、果すことのできない問題であります。そのためにはどうしてもキリスト教の信仰と思想をとり入れなければならないのです。

日本の政治の情況を考えてごらんなさい。社会の情況を考えてごらんなさい。戦後十五年たちまして、この民主化ということが、日本国民の間にまだ板についていません。日本国民の新しい国民性として、各人の生活と精神の血となり肉となっておりません。十四歳と十二歳の少年が自動車の運転手をナイフで刺して金をとる、そんなことのおこなわれている社会です。太平洋戦争の戦犯をもって責任を問われた人が、日本国の総理大臣になっている。国は安保改定によって、再軍備の方向に進もうとしている。文部省の教科書検定には、思想統一の徴候がないとは言えない。政党も労働組合も派閥の争いに明暮れている。日本の民主化も平和運動も声は大きいけれども、国民の思想と生活の中に何か大きいネジが一本足りないことを感じられる。それは何だろう。われわれの立場から言いますと、それはキリストを信ずる信仰が、新しい国民性をつくるまでに日本国民の間に行きわたっていないからだ。しみ込んでいないからだ。だから民主主義の根本である人間の自由ということも、人間の責任ということも十分身につかないままに、民主主義の制度とかけ声とだけがあるのだ。その中で日本の学問も経済も政治も社会も、みなから回りしている。真の平和も真の民主主義も、キリスト教の信仰と思想を植えつけることなしには、日本人の間に育たない。

国を愛する者、国民を愛する者は、どうすれば日本の国民を偉大な国民となすことができるか。底力のある強靱な道徳性をもった国民となすことができるか、ということを考える。そのためには国民がキリストの福音を受入れること以外に道はない。内村鑑三がそう信じ、そう主張し、そう戦ったように、彼の門下生であるわれわれも、キリストの福音を受入れる以外に日本国民の救いはないと、叫び続けるのであります。

中沢君が最初にブルンナー教授をもって講演を始めましたから、私もブルンナーをもって話を閉じたいと思います。ブルンナー教授が『福音主義神学』という雑誌に「日本の無教会運動」という論文を出しました。教授の許しを得まして、私どもで翻訳をいたしました。その論文の最後にこういうことが書いてある。

（無教会には）分派的精神はほとんど少しも認められないのである。それ故この運動は、全く広くかつ自由にものを考える人々をひきつけることができた。その創始者（すなわち内村鑑三）が広く自由にものを考える人であり、イエス・キリストの恩恵の福音に基づいて自由と寛容のために戦った人であったように

無教会運動が将来をもつかどうかという問題について、

私（ブルンナー）自身はすでにこれが唯一の純真に日本的なものであり、輸入されたものでないキリスト教的集団形成の形であるという理由から、その前途について疑を抱かない

最後にこういうことを言っている。

何が真のエクレシヤ、真の信仰共同体であるかという認識は、このサクラメント的僧職制度を克服するであろう。

プロテストント教会はただ信仰による真の兄弟の交りという意味に教会制度を変革することによってのみ、更に存立を続けることができるであろう。この点で日本の無教会運動以上に良い例は、今まで一つも示されなかった。その故に無教会運動は日本に対してばかりでなく、全キリスト教界に対して意味をもつのである

これはブルンナーが昨年書いた論文の結論でありますが、日本に対してのみならず世界の全キリスト教界は日本の無教会運動を手本として、進んでいくべき道をそこに見出すだろう、と申しているのです。プロテスタント宣教百年の間に日本が産出した世界的寄与は、これであります。それは同時に日本国民を救う唯一の道でもある。今日内村鑑三先生の昇天満三十周年を記念いたしまして、われわれの負うている任務がいかに重大であるかということを、いまさらのように認識するのであります。

二十五　日本の思想史上における内村鑑三の地位

近代日本の歴史も年を重ねて、百年を記念するようになりました。しかし生誕百年を記念された人物はそうたくさんありません。二、三年前に慶応義塾の創設百年が記念されました。これは慶応義塾という非常に大きな学校を背景にして、実質的にはその創設者である福沢諭吉を記念したものといってよいでしょうが、内村鑑三はあとに何も残さなかった。学校も残さず、教会も残さず、彼の残したものは著述だけであります。

しかるに明治以来たくさんの人物が日本に産出した中から、本年内村鑑三の生誕百年を記念するようになりました。ただに彼の門下である無教会の人々だけでなく、教会の側においても、内村鑑三は単に無教会の内村鑑三ではない、日本のキリスト教徒全体の内村鑑三であるとして、彼の生誕百年を記念する機運にあります。内村鑑三マイナス無教会。しかもその無教会というものは内村鑑三においては大して重要な問題ではなかったという認識のもとに、あとに残る内村鑑三の大部分を教会側においても尊敬し、彼から学ばねばならないといっている模様であります。

ひとり教会・無教会を通じてキリスト教徒だけでなく、一般の日本の国民の中にも、内村鑑三の生誕百年を記念する情勢であります。私自身のこれまでに関係したところだけをいっても、毎日新聞から、内村鑑三生誕百年について何か書いてくれという依頼を受け、短いものを書きました。読売新聞からも、内村鑑三生誕百年に際し、座談会に出てくれという依頼を受けまして、その記事が紙面に出ました。いわゆる商業新聞といわれる普通の新聞でも、内村鑑三生誕百年を記念しておるのです。

近年、明治以来の日本思想史の研究者の間に、内村鑑三をとりあげようという機運が強いそうであります。あるいは今後続々歴史学者・社会思想史学者・政治学者などの間から、内村鑑三の研究が発表せられるだろうと思うんです。

どうして内村鑑三が、明治以来の多くの人物の中で、生誕百年を記念される少数の人の中に入ったか。個人としては、いままでのところ内村鑑三しかない。このこと自体が一つの問題ですが、内村鑑三の生涯における人間形成と、近代日本の国民形成とが相伴っておこなわれた。そこに彼の歴史的意味があると思います。

内村鑑三の歴史的役割を、三つの点で考えてみましょう。一つは旧日本と新日本との連結であります。彼の生れたのは幕末でありまして、明治の初年が修学の時代であり、それから明治・大正から昭和の初めまで、普通に人々のいう明治・大正のよき時代、表面的によき時代を生きて、昭和五年すなわち満州事変の起る前年にこの世を去られた。

彼のよく言ったことばに、「武士道の台木にキリスト教の福音を接木する」あるいは、「武士道の台木に接木されたキリストの福音」ということを言われたのであります。「武士道の台木」というのは何だろう。武士道というものは封建社会の倫理道徳の体系であります。内村鑑三が武士道の台木といった意味は、君主制とか封建的な家族制とか、士農工商の社会的階級制度とか、そういうものを温存して、その上にキリスト教を接木する意味でないことは明かです。社会制度としての封建制度を土台としてキリスト教をその上に建てるのではなくて、彼が「武士道の台木」と言ったのは、武士道の精神でありましょう。

武士道の精神とは何であるか。これはいろいろの点で言うことができると思いますが、義理がたいこと、義を重んずることが、その特色の一つでありましょう。武士道の台木に接木されないキリスト教というのは、どういうものだろう。これは愛ということをただ甘い砂糖のお菓子のようなつもりで、「愛ですね、愛ですね」と、口さきで言っている。そういうキリスト教は日本には向かない。否、日本においてだめであるだけでなくて、それではほんとうにキリストの福音を理解することができないだろう。愛は貴い。キリストの教えはもちろん愛ですけれども、それが義に根拠しないと、義という台木に接木されていないと、軟弱な、軽薄な、吹けば飛ぶような愛になってしまう。義を重んずるということは、大きく言えば神の義を重んずることであり、小さく言えば人間の義理がたいということ、真実ということであります。それを内村は、武士道の精神として理解したのだと思います。

そのほか、利害の打算をしないということも、武士道の特色の一つであります。損をするとか得をするとか、数でこなすとか、そういうことでなくて、正しいことであればただひとりでもおこなう。間違ったならば自分が責任をとる。そういう利害の打算を越えた精神。正しいことを正しいがゆえに述べ、かつおこなう精神。これも武士の精神として、内村鑑三が体得した一つであると思います。

武士道の精神に接木されないキリスト教の伝道が、いかに利害の打算に走ったか。一年間にどれだけの信者がふえたか、どれだけの献金があったか、そういうことでもって伝道の成績を判断した。そういう考え方は、武士道の精神に反する。

そのほか、いろいろありましょうが、この武士道の台木に接木された福音を日本に伝えることが、旧日本と新日本を連結した彼の働きであったと思うんです。イエスが律法と預言者を完成するものとしてきたり給うて、しかも新しい福音を宣伝えられたように、内村鑑三も封建的日本と近代日本の移り変りの時代に、神から日本という国に遣わされて、彼の果した役割は、過去の善きものを受けついでそれに全然新しい解釈を下し、その基礎の上に新しい日本を造り上げる仕事に参与したのだと思います。

第二には、東洋日本と西洋の国々との結びつけということであります。彼は『代表的日本人』という本を書いた。中江藤樹とか二宮尊徳とか上杉鷹山とか西郷南洲とか、数人の人物の評伝を英文で著述しまして、これを西洋人に読ませた。『余は如何にして基督信徒となりし乎』という本も、もとは英文で書いたのであり、日本人の精神と理解を英文の筆を通して外国人に知らせた。

同時に彼はきわめて天才的な直観をもって、外国の思想や文学を日本に紹介した。外国文学の輸入者・紹介者のひとりとして、彼の名が比較文学者の間にも挙げられる。カーライルとか、ホイットマンとか、ダンテとか、ミルトンとか。イブセンでさえも、彼が初めて日本に紹介したのだと言われます。このように日本の思想を外国に伝え、外国の思想を日本に伝えるという役目をいたしました。

この二つの点、すなわち旧日本の中に生れて新しい日本をつくり出すという仕事と、東洋日本に生れて東西の思想・文化の交流を図るということは、内村鑑三ひとりの仕事ではない。明治初期から大正・昭和の初めにかけて働いた日本の思想家・学者・文学者たちは、ことごとくと言ってもいいくらい、その歴史的な、時代的な役割を果してきたのです。

ところで、内村鑑三が連結の役目をしたもう一つの問題があった。それは神と人とを結ぶことでありました。内村鑑三は札幌農学校の学生であったときにキリスト教の信仰に入ったのですけれども、同級生のうちで、彼は初めキリスト教の信仰に抵抗した最大の抵抗者でありました。彼は札幌神社の神前にぬかずいて、どうぞこの夷狄《いてき》の教え、外国の教えを日本から追っ払って下さいと、札幌神社の神様に祈った少年であったのです。彼は道を歩きまして社や祠の前を通ると、何を祭っている神社であろうとも、帽子をぬいで拝むことをしました。神社がたくさんあるから、首が痛くなるほどお辞儀をして通ったという、そういう少年であったのです。

ところで、まことの神は神社の神々ではない。神社の神々は人間だ。まことの神は天にいますただひとりの神だ。天地万物をお造りになり、人間をお造りになったただひとりの神がいますことを、キリスト教の聖書において学んだときに、彼は真の神と同時に、真の人間を発見した。いままでのように、たくさんあるお宮の前で頭を下げる苦労がなくなってよかった、と彼がユーモラスに言っておりますが、彼はこれによって、ほんとうの自分の人間形成の道と、そして旧日本を新日本にし、東洋日本を世界の日本にする国民形成の道の根本はこれであることを知ったのであります。

神についての考え方、神とは何であるかということについて、彼にこの大変化が起りました。まことの神を知ってみると、まことの人間の姿がわかる。自分というものがわかる。いかに自分が罪人であるか、いかにつまらない、弱い、悪い人間であるかがわかりました。

この神と人との間を結ぶものを、彼はイエス・キリストにおいて示されたのであります。彼の信仰に入ったコンバーションというものは、それであったのです。旧日本を新日本にし、東洋日本を世界の日本にする役割を多くの人がしましたけれども、内村鑑三の特別な役割はその第三の点にありました。

神がいかに内村の人間形成をし、かつそれを通して近代日本の国民形成に参与せしめたかを理解するために、彼が少年時代に札幌農学校に学んだという事実をどうしても忘れることはできません。彼の学んだ札幌農学校の性格を、三つの点で挙げることができる。

第一は、理学、今日のことばで言えば科学でありますが、科学を修め、産業を通して近代日本の建設に貢献することが、札幌農学校創設の趣旨でありました。

日本における学問・教育の中心は、明治の初めから東京でありました。東京大学が創設せられまして、天下の秀才はここに入学することを願った。東京大学に入った者は政治家となり、官吏となって、日本の国の近代化に貢献した。自分自身にとっては、大臣となり参議となるという立身出世主義が、当時の青少年をして勉強をさせた指導的精神であったのです。

これに対し、日本の国の建設のためには、政治家や役人や、つまり法律や経済の学問だけではだめだ。理学を通して産業を興さなければならないということが、札幌農学校創立の趣旨であり、内村鑑三はそれに共鳴して札幌農学校に入学した少年たちのひとりでありました。もう一つ、札幌農学校は官費でありまして、金がかからない。これも一つの理由であって、内村鑑三とか新渡戸稲造など、武士の少年たちが札幌農学校に入った。けれどもそれよりも大切なことは、何をもって日本の国民形成に貢献すべきかという、少年の志望決定において、札幌農学校に入学した少年たちは政治家とか官吏とかの立身出世主義と異ったフィールドを選んだのであります。これが第一の点です。

第二の点は、明治九年のころの北海道は、今日とうてい想像もできないくらいの辺鄙《へんぴ》の地でありましたが、そこに新しい学校をつくって、アメリカからウィリアム・S・クラークが来て教育に当った。ケネディ大統領がニュー・フロンティア――新しいフロンティア精神ということを言っておりますが、北海道はまさしく日本のフロンティアであったのであり、そこで勉強した学生たちは、クラーク博士の指導の下に、たくましいフロンティア精神を養成された。つまり文化的な都会で楽しい享楽生活をすることを魅力に考えないで、熊が出るような未開の土地に進んで入っていき、そこで勉強し、かつそこの開拓に従事するという精神の少年たちでありました。これが第二の点。

第三の点は、札幌農学校はクラーク博士がアメリカのカレッジの特色を移して教育をしたところでありまして、その長所の一つとして一般教育を盛んにしたのであります。戦後の日本では大学制度が改正されまして、一般教育がおこなわれるようになりましたが、日本の大学当局者も社会も一般教育の精神を理解すること甚だ薄くて、そのため新制大学の制度はいまだに宙に迷っている様子であることは甚だ遺憾でありますが、札幌農学校において一般教育が実施されたことが、内村鑑三その他札幌農学校の初期の学生たちの人間形成上非常に意味があった。彼は魚の学問を専攻に選びましたけれども、そのほか歴史学や哲学や、いろんな学問に対して興味をもちました。その上にもう一つ、キリスト教の信仰をそこで学んだ。

内村鑑三を日本におけるアウトサイダー、すなわち局外者のひとりであるとして、河上徹太郎氏が興味ある評論を書いておりますが、札幌農学校の出身者は日本の文化の主流の外に立った人々であると言ってもいい。内村鑑三に満ち溢れている預言者的精神。その野党的精神。権力に媚びず、権力を欲しない精神が養成されたのには、彼の生れつきもあるでしょうけれども、しかしながら札幌農学校の教育が非常に大きな力をもったでしょう。いずれにしても彼は野に叫ぶ預言者でありました。

彼は主流に属する多くの人々から攻撃されました。国家主義者たちからは、内村鑑三は皇室を尊ばないもの、国を愛さないものとして批難を受けました。宣教師や教会側からは、彼はキリストの教えの本質をわきまえないものとして排斥されました。彼がアメリカから帰って最初に就職したのは、新潟の北越学館という学校でありまして、そこで英語や歴史を教えた。ところで彼が、日本の産出したすぐれた思想家として日蓮とか法然とか、そういう人々の話をしたときに、宣教師たちはこれを批難して、キリスト教主義の学校において非キリスト教徒の話をするのはけしからんと言った。これが宣教師と衝突した最初であったのです。

旧日本と新日本の連結とか、東西文明思想の交流とか、そういう仕事をしたものは内村鑑三ひとりでなかったということを申しましたが、二、三の人物を挙げて比較をしてみましょう。

第一は、福沢諭吉です。福沢諭吉はなかなかの人物で、彼は政府に仕えず、在野の人として一生を過しました。かつ思想の広い人でありまして、庶民教育を勧め、家庭を潔める必要を説き、婦人を向上させなければならない等々、デモクラシーの思想を紹介した人として功績のあった人ですが、内村と福沢との違いはどこにあるかと言えば、福沢は、日本の国を興す道は富国強兵であるという立場でありました。それゆえに彼は日清戦争の時に率先して軍費献納の運動を起しました。

つぎには、福沢は、晩年にやりたいと思う事業として、一つには婦人の教育をすること、二には宗教を保護するということだ、と申しております。宗教は世道人心を養うのに有益なものである。自分自身はこれという宗教は信じないけれども、仏教でもいい、キリスト教でもいい、宗教を保護して宗教家の活動を助けたい、ということを言い、またいくらかそれを実行しました。

野にいたこと、家庭を潔くすること、庶民の教育を勧めること、いわゆる民主的な思想家・教育家として内村は福沢と共通なものをもちましたが、違っている点は、福沢は権門勢家と交際し、内村は藩閥・財閥を攻撃した。内村も初めは日清戦争を義戦であるとして弁護したが、後その非を認め、日露開戦に当っては、職をなげうってこれに反対した。福沢は、みずからは宗教を信じないが、宗教はいいものだからこれを保護すると言ったが、内村は福沢の態度を批難し、宗教を保護することではなく、宗教を信ずることこそほんとうに人を救う道であることを説いた。

第二の人物として、加藤弘之を挙げます。いまでも日本学士院という学者の団体がありますが、福沢諭吉が最初の学士院長です。二番目が西周、三番目の学士院長が加藤弘之。加藤弘之は三度学士院長を勤めております。東京大学の総理を二度勤めております。明治時代の日本の学界における最高の指導者でありますが、この加藤弘之は、若い時からスペンサーの学徒でありまして、合理主義者でありました。後に日本の国体を重んずる国家主義者になりまして『国体新論』その他の本を書きました。合理主義的な国体論者として、加藤弘之は宗教一般を攻撃し、中でもとくにキリスト教を批難したのです。彼は

『吾国体と基督教』という著書の中で、神というものは無いものだ、無いものを拝む宗教一般が迷信である。中でもキリスト教は、人間というものはみな神から造られたものである、そして神の前にひとしく罪人であって、キリストにあがなってもらわなければ救われない、ということを言っている。しかるに日本では天皇が最高の至尊である。その天皇よりさらに上に、天地万物の造り主という神があるなどというキリスト教では、天皇も人間であるとするんだから、当然罪人であって、キリストによらなければ救われないことになるではないか。それだけでも、キリスト教が日本の国体に合わないことは明白だ。キリスト教が日本の国体に同化できるという説は、間違いであると、論鋒鋭く論じました。これは、キリスト教会の側から、日本の国体にキリスト教が同化できるという妥協的なことを言って、伝道の助けにしようとした説がありましたのに対して、加藤博士は、だめだ、キリスト教は日本の国体には同化できない、と断言されたのです。内村鑑三も、その不敬事件のゆえに、加藤博士から批難攻撃されております。

第三に、中江兆民から幸徳秋水に伝わる無政府主義・社会主義の思想があります。福沢諭吉は英米の思想を輸入し、加藤弘之は初めはイギリス、のちにはドイツの思想を日本に輸入しました。フランスから来た無政府主義・社会主義の思想は、中江兆民・幸徳秋水の流れを汲むものですが、この人々は平民主義を唱えました。平民を貴び、またその利益を伸ばすことを主張し、藩閥・財閥を攻撃し、かつ戦争に反対しました。内村は『万朝報』により、また理想団をつくって、幸徳秋水・堺枯川らの社会主義者と共同戦線を張ったことがあります。非戦論において、藩閥・財閥の攻撃において、また平民主義を鼓吹する点において。しかしながら根本の違いは、キリストを信ずる信仰に対する態度にありました。中江兆民・幸徳秋水・堺枯川らは唯物論者であった。唯物論者であるという点においては、中江兆民や幸徳秋水も加藤弘之も同じであった。しかるに内村鑑三は、神を信ずること、キリストの救いを受けることが、人間を真に人間たらしめる人間形成の道であり、かつ日本の国を救い、日本の国民をまことの国民として形成する道であることをかたく信じて、その立場をとりました。

しかしおもしろいことには、内村鑑三の信仰的態度には、事実に即し、実験を重んずるという点において、唯物論者と共通のものが感ぜられる。三枝博音氏が日本における唯物論者の系譜のようなものを『理想』という雑誌に書かれたことがあるが、その中に内村鑑三を挙げている。三枝氏の言うのに、内村鑑三がキリスト信者であることは、だれもが知っている事実であり、唯物論者の列伝の中に彼の名を挙げることはおかしいと思われるだろうが、観念的・抽象的でなく、事実を重んじ実験を重んずる点において内村の信仰の仕方、ものの考え方が唯物論者と共通するということを指摘している。

内村鑑三は幅の広い人でありますから、いろんな人と共通な点がありますが、決定的に異る点はどこにあるかと言えば、キリストを信ずるかたい信仰にあります。

それならば、植村正久、海老名弾正、小崎弘道、本多庸一等々、彼と同時代の教会の先生方と内村鑑三とはどこが違うか。

一つには、彼は無教会主義を唱えた。人は教会員にならなくても、キリスト信者でありうるということであります。洗礼を受けて教会員にならなくても、キリストに救っていただけて、天国に行けるということを彼は唱えた。これは教会の伝統に対して、革命的な大胆極まる挑戦でありまして、キリスト教会の考え方を根本から覆す思想でありますが、それゆえにこそ、彼は非常にたたかれたのであります。

第二に、内村鑑三の特色とするところは、彼が信仰のゆえに国民から迫害され、嘲罵を受けたことであります。信仰のゆえに彼はまた、衣食の道をみずからなげうった。万朝報社の勤めを非戦論のゆえに捨てて、生活の道を捨てた。社会から辱しめを受け、苦しみを受けたということにおいて、内村鑑三は特異の存在でありました。彼の無教会の信仰と、キリストのみ名のゆえに実際に苦しみを受けたという二つのこととの間にどのような関係があるか、それについてお話しする時間はありません。

本年、彼の生誕百年を迎えたのでありますが、彼がこの世を去ってから三十年であります。この三十年の間の日本の変化というものは、ほんとうに先生に見せたくなかった。聞かせたくなかった変化でありました。先生はその死の床において、「日本国の隆盛を祈る」ということばを残してこの世を去りましたが、その後の日本国の歩んだ道は、先生の心臓をかき裂き、かき破る情勢でありました。内村鑑三生誕百年のうち最後の三十年は、われわれ自身がその中で苦しんで通ってきた三十年でありました。先生の生誕百年を記念することは、先生の生涯を記念するだけではなく、その後の三十年を併せて記念するのであります。

そうしてこれからどこへ行くだろう、これからどうなるだろうという、われわれ自身の問題となります。その際に、内村がこの世に遣わされて七十年の生涯をこの日本という国で、キリストのため、日本国のために過したことが、今日なお生きて働く生命力をもっておるか、どうか。もっておらなければ、彼の生誕百年を記念することは、ただ昔話になります。今日および今日以後のわれわれが生きていく生き方、われわれと、われわれの子供や弟や学生たちの人間形成、また戦後新たに生れ変ったはずである日本国の国民形成のために、内村鑑三の生命、精神が生きているとすれば、それは何だ。

第一に、キリストを信ずる信仰が、人間をつくる上において、日本の国を救う上において、また世界の平和をきたす上において根本的に必要だ、ということであります。戦後の日本の民主主義がなぜ空転しているか。なぜほんとうに地についていないか。それについてはいろいろの説明はありましょうが、内村鑑三の答えは、それは日本人がまことの神を知らないからである、まことの人間を知らないからである、人間ができていない、人間の罪ということも人間の救いということも、人間の貴さということも人格ということもわかっていない。それゆえに日本の民主主義は空転しているのである。掛声だけなのだ。どうしても聖書を学んで、ただひとりの神を信じ、キリストの福音を信じなければなりませんということを、内村鑑三は七十年の生涯をかけてわれわれに教え、それを残した。われわれはそれを受けついで、古い戦いを新しく戦っていきます。

もう一つ、内村鑑三はみずから辱しめを受けた。この世からほめられる存在ではなかったのです。とすれば、われわれがキリストにありて真に日本の国民を愛し、また日本が世界の平和に寄与するため、キリストにありてのわれわれの働きは、世人からほめられるものではない、かえって恥辱と批難と嘲りを受けるのが当然だということであります。

今日、無教会はだんだん世に認められておるそうでありますが、無教会が認められてきたということが、ある意味においては無教会の勝利です。教会員にならなくても人はクリスチャンでありうるということを、教会自身が認めざるをえなくなり、一般の社会の人々も認めざるをえなくなってきた。たとえば私は教会員でありませんが、しかし私をそのために、すなわち私は教会員でないからクリスチャンとは認めないとは、今日誰も言いません。教会員でも、ほんとうにキリストを信ずる者はもちろん救われる。教会員は神に救われないなどということを言うのではありませんが、しかし教会員でなくてもキリストによって救われる、クリスチャンでありうるということを、日本の人々が承認せざるをえなくなった。それのみならず、エミール・ブルンナー博士のごとき神学者も、日本の無教会のいき方がほんとうのキリスト教のいき方だということを認めたことは、無教会の勝利です。

内村先生にわれわれはその勝利を報告しますと同時に、世間が無教会を認めるということが、無教会を一つの勢力として認めるのであるならば、これは無教会の危機です。無教会は勢力ではありません。運動でもありません。無教会は一つの精神です。清潔な、清水のような精神であります。一つの信仰です。まじりなき純粋な信仰です。この精神と信仰とに生きていくときに、われわれはこの世から抵抗を受け、われわれは彼らに抵抗し、必ずや彼らから辱しめと嘲りと反対を受けるでしょう。無教会を一つの勢力として認めること、認められることとそのことが、無教会の危機を招きます。いまやわれわれは内村鑑三の霊に対して申し上げる。われわれは無教会の精神を、その精神と信仰を、純粋に守っていきます、受けついでいきます。

二十六　内村鑑三と日本

1　内村鑑三の略歴

本年は内村鑑三先生の生誕百年でありまして、先生は文久元年すなわち一八六一年の生れでありますから、明治維新の年には七歳であったのです。明治十年に札幌農学校に入り、それを卒業して、しばらく北海道開拓使、ついで農商務省に勤めて水産方面の仕事をされました。そのころの先生の業績が今日でも残っております。日本近海の魚の目録をつくりました最初の水産学者が内村鑑三であります。先生のつくった『日本産魚類目録』というものが残っていて、今日北海道大学の図書館に保存されております。専門の学者の話によりますと、今日でも科学的に価値のあるものだということであります。また先生はアワビの人工増殖の研究をされまして、その標本も北海道大学図書館に保存されております。佐渡にニシンの調査に行かれたときに、宿屋の主人が有名な酒飲みのごろつきで、客に対して酒をしいたり、けんかを吹きかけたりして、評判の人間であったそうですが、若い内村鑑三が酒を飲まず、おまけに食前の感謝をされたその威厳に圧倒されまして、「どうして酒を飲まないのか」ということで、それからこの主人に向ってキリストの福音の話をされたという逸話もあります。

明治十七年（一八八四）に、アメリカに私費留学されましたが、その背景には、結婚問題に失敗されまして、その心の痛手をいやすという事情もあったようであります。

アメリカでは最初、白痴院に入って働きました。日本人で正式に精神薄弱児の施設に入って勉強した最初の人間が、内村鑑三であったのです。

それからアーモスト・カレッジに入り、そこでシーリー総長のことばによりまして、目から鱗が落ちたように、律法の行為によらず信仰によって義とされるという、キリストの福音の根本義に目があきました。アーモスト卒業後、ハートフォード神学校にしばらく勉強されましたが、そこの教育と空気に失望して中途退学し、日本に帰ったのが明治二十一年（一八八八）であります。新潟の北越学館という学校に教師として赴任されました。教育事業をもって日本に尽そうという考えでありましたが、宣教師たちと衝突しましてわずか四カ月でそこを辞職したのであります。

その衝突のわけは、内村鑑三が日本の生んだ偉大なる人物として、日蓮とか法然とか親鸞とかの話を生徒に聞かせようとした。それが宣教師たちの気にいらなかった。それがおもな衝突の理由であったようです。

そこを辞職して東京に出て、しばらく麻布（東洋）英和学校、後の麻布中学の前身でありますが、そこで教鞭をとった後、明治二十三年（一八九〇）に、第一高等中学校、後の第一高等学校の嘱託講師になりまして、英語と歴史を教え、かつ寄宿舎の舎監をしました。

それも、ほんの四カ月にして、翌二十四年一月に、教育勅語奉戴式というものが学校でおこなわれ、その時内村鑑三が最敬礼をしなかったことが咎められまして、有名な不敬事件として騒がれ、そのため学校を辞職せざるをえなくなりまして、大阪に出て、泰西学館という私立学校の教師となり、それもしばらくで熊本へ行って、熊本英学校の教師をしました。当時貧窮のどん底にいて、破れた支那カバンを机の代りにして、『求安録』を著述しました。それから京都に出て、著述に従事しましたが、明治二十九年(一八九六)九月に、当地、名古屋英和学校に教師として赴任し、ここでもおることわずかに四カ月で、東京の万朝報という、当時においては有名な新聞社から招聘されました。万朝報の主筆黒岩涙香の兄、黒岩四方之進という人が札幌農学校の第一期生であり、内村鑑三の一期上の人でありまして、この黒岩四方之進の同情と推薦によって、彼はいわば黒岩涙香に拾われて、東京に出て万朝報の記者となり、英文欄を担当し、また日本文の論説をも書きまして、内村の名声が大いにあがり、そのため新聞もたいへんよく売れたのです。

この万朝報時代に、同じく万朝報の記者であった幸徳秋水、堺枯川らと共同して理想団をつくり、社会改良の声をあげまして藩閥、財閥を攻撃しました。ことに当時世間の問題となりました足尾銅山の鉱毒事件に関して、その経営者である古河市兵衛を痛烈に攻撃したのでありますが、そのうちに、日露開戦の是非をめぐって議論がたいへん沸騰いたしました。内村鑑三はキリスト教の絶対非戦の立場でこれに反対し、幸徳秋水などは社会主義の立場から同じく反対をいたしまして、それぞれ声明書を出して万朝報を退社したのです。そのあと幸徳秋水たちは平民新聞を創刊して日本の社会主義運動の道を進み、内村鑑三は『聖書之研究』という雑誌――もっともこれは明治三十三年の創刊で、万朝報記者としての活動と同時に、それと併行して発行されていたものですが、それからはもっぱらこれに力を注ぎまして、キリスト教の聖書の研究と福音の伝道に専心することになりました。

それからあとの内村鑑三の生涯は外面的には非常に単調であります。非戦論のゆえに万朝報をやめた時にも、彼は貧乏のどん底に落ちました。「自分は生涯において飢え死を覚悟したことが三度ある」と彼みずから書いていますが、その一つは、先ほど申した不敬事件のあとであり、それから非戦論で万朝報を退いたあともたいへん困難された。

お母さんがなくなりましたが、葬式を出す金がない。困りぬいているところに、『代表的日本人』という著書のドイツ語訳がスッットガルトの本屋から出版されまして、その印税が届いた。それで母親の葬式が出されたという話があります。

先生が聖書の研究に閉じこもった時代は、外面的には社会的活動から引っこんだ形でありまして、毎月の雑誌の発行のほかは、わずかに十数名の青年が集まってきて、聖書の講義をした。そういう生活が長く続いた。大正六年ぐらいまで続いた。私が先生のところへ入門を許されましたのは明治四十四年(一九一一)だったのですが、そのころでも八畳の日本間に回り椽のついた室で、毎日曜日に聖書の講義をしていられた。門戸閉鎖主義でありまして、なかなか新しい人を入れてくれなかった。私なども入門のチャンスを得るために、一年間待っておりました。

ところが第一次世界大戦を期として、彼は臥していた獅子が猛然として起ち上ったような、たいへんな勢いでもって社会に出まして、日本移民を排斥したアメリカの移民法を攻撃し、国際連盟を批判し、日曜日の聖書研究集会を市中にもち出して七百人ないし九百人という大会衆が集まり、かつ全国各地でキリスト再臨の大講演会をされ、非常な勢いで活動されました。大正十五年（一九二六）、六十五歳のときに、『ジャパン・クリスチャン・インテリジェンサー』という英文の雑誌を創刊して、世界の人々に向って福音を語った。この雑誌は昭和三年まで満二年続いたのであります。

そのころから彼の健康が衰えはじめて、二年後の昭和五年（一九三〇）三月二十八日、満六十九歳の誕生日を迎えた数日後にこの世を去られた。それで昨年満三十年の記念講演会をいたしたのでありますが、本年は生誕百年に当るものですから、各地で生誕百年の記念講演会の催しがあることになりました。

2　内村死後の三十年

万朝報を退社したあと、社会主義者と袂を別って聖書の研究に閉じこもったことをもって、内村鑑三の退却であると見る人が少くありません。これについて私が近ごろ感じたことは、「証詞をつかね律法をわが弟子の中に封《と》づべし」（イザヤ書八の一六）というイザヤの預言であります。イザヤが国民に向って偶像崇拝の罪を説き、エホバに対して純粋な信仰に立たなければならない。また外国の軍事的援助をたのんで国の独立を守ろうという政策の誤りであることを切言し、エホバによりたのむことが国の独立を確保する道であることを説いたけれども、王も国民も耳を傾けない。その失望のどん底に追いやられたときに、真理の言をたばにつかねて弟子の中にとじ込めておこう、そうすれば後世、神の真理が世に現れるときが来るであろうと、イザヤは思った。内村が万朝報を退社した後、社会的に花々しい活動から退いて、少数の読者と弟子に聖書を説いたその心を私が推察するに、預言者イザヤの心境に似たものがあっただろうと思います。

これは内村の退却でなく、内村を退却させた日本の罪である。彼は日露開戦に反対して、戦争は国を興す道ではない、かえって国を滅びに導く道である。すべての戦争が害悪であって、世に義戦というものはないと叫んだけれども、政府も国民もこれを聞かない。そこで内村は、真理の言を弟子の中に縫いこめておこう、とじ込めておこうと考えた。それゆえに時が来れば、彼は再び社会の表面に出て、市の中で叫んだのでありまして、彼はけっして山の中に引っこんで仙人のような生活をしたとか、僧院にとじこもって世捨て人になったわけではなかった。

ところで実に不幸なことにも、内村が最初望を嘱して真理の言をとじ込めておこうと考えた青年たちが、多く内村を離れました。内村の初期の最愛の弟子たちは、文学をやった人が多くありました。小山内薫氏とか有島武郎氏とか、いま生きている人では志賀直哉氏とか長与善郎氏とか、これらの人々は内村から学んだことは多くあり、今日でも内村に感謝する心をもっているそうですが、結局内村の信仰についていけなかった。それで内村を離れたのですが、代が変って、神は内村の信仰を受けつぐ弟子たちの何人かを、内村に恵みたもうたのであります。

内村鑑三がこの世を去った翌年に満州事変が起り、それから日本は急転直下情勢が変りました。ほんとうに先生に見せたくなかったような情勢が、日本に起りました。明治初年以来あれほど戦い、あれほど苦しんだ内村鑑三に対して、神の与え給う重荷はあれでたくさんであった。あれ以上に、さらに満州事変から始まった日本の情勢を彼の肩に負わせ、彼の心臓の重荷にするには忍びなかった。内村の苦しみは、あれで足れり。あとの苦しみは、彼の弟子であるわれわれが負担しなければならないのであります。

3　二つのJ

内村鑑三の生涯の概略は以上でありますが、しからば彼の生涯をかけての仕事、すなわち彼のライフ・ワークは何であろうか。先ほど申しました『ジャパン・クリスチャン・インテリジェンサー』という英文の雑誌に、「イエスと日本――二つのJ」という文章がありまして、「私は二つのJを愛する。そのほかは愛さない。一つはイエス（Jesus）、一つは日本（Japan）である」と言っている。「真理は楕円形である」という、おもしろいことを内村先生が言われまして、「イエス」と「日本」はその楕円形の二つの中心だ、自分はイエスを信ずるものとして日本人から嫌われ、日本人を愛するものとして宣教師から嫌われたけれども、自分は意に介しない。自分はこの二つを終生愛する、と言っておられる。

この「イエス」と「日本」という二つの中心を結びつけて、彼は「日本的キリスト教」ということを言いました。そして、多くの宣教師たちがこのことばを嫌うことを自分は知っているけれども、あえてこのことばを用いると言って、そのわけをいろいろ言っておられるのであります。

「イエス」を愛するということは、救主を信ずることであります。自分の救主として、また国の救主として、人類の救主としてイエスを愛することであります。天地万物を造り給うたただひとりの真の神を信ずる。この神はひとり子イエスをこの世に遣わされて、罪人を救うために十字架の上に死なせ、三日目に甦らせて天に昇らせ給うた。それゆえにイエスをキリスト、すなわち救主と信ずる者には罪のゆるしと復活の生命が与えられる。若き日にこの信仰を得た内村鑑三は、終生イエスを裏切ることはなかったのです。忠実なイエスのしもべでありました。

ところで、愛国者としての彼はどうかと言いますと、明治初年に来た外国宣教師が往々にして、異教徒である日本国民は尊敬すべき何の思想ももたぬ野蛮国民であるかのような頭で、日本人に臨んだ。それに対して内村鑑三は、過去の日本国民はキリスト教は知らなかったけれども、哲学も道徳ももたぬ野蛮の民族ではない、これこれのりっぱな人物がいたということを外国人に知らせる目的で、『代表的日本人』という本を英語で書きまして、日蓮上人とか二宮尊徳とか上杉鷹山とか中江藤樹とか西郷南洲の人物と思想を世界に紹介したのです。

内村鑑三のことばや文章には、一つの時には一つの事に重点を置いて強調する一種特別の論法がありますから、それを平面的な頭で聞いたり読んだりすると、誤解を招き、真意を見失うおそれがあるのですが、彼は仏教とキリスト教の関係についてこういうことを言っている。「仏教はキリスト教の敵であるから、キリスト教の伝道をするためには仏教の悪口を言って、仏教をやっつけなければならんという者があるけれども、それは間違いだ。仏教とキリスト教は共通の立場をもっているのであって、敵ではない。いまのことばで言えば共同戦線をはることができる。それは愛と無抵抗の教えである。キリスト教と仏教の共同の敵は西洋である」こう申しました。

これには西洋から来たキリスト教宣教師は驚いたでしょうが、彼がこのとき「西洋」と言っているのは、特殊な内容をもっているので、それは戦争を是認し、戦争を謳歌し、戦争を準備するところの「西洋」であり、また商業主義・商売主義で、打算に堕し、キリスト教の伝道をするにしても盛んな募金運動をし、多くの人を集めてはでにやるやり方を、「西洋」ということばで表現した。もちろん西洋の中に善いものがたくさんあることは内村は知っており、西洋の中の善いものをよく理解し、また日本に紹介しました。だから彼が敵は西洋だと言ったとき、西洋全般を敵としていると見ることは文章の読み違いであります。そんなことはないのでありまして、そこに具体的に意味されているものは、戦争主義、商売主義の西洋であります。これがキリスト教の敵であり、また仏教から見ても敵である。だからその点においてキリスト教と仏教は共同戦線をはることができる。こういう論法であります。だからして彼が狭量な宣教師たちや普通のキリスト教徒から誤解されたり、嫌われたわけがそこにあります。

彼はまた自分が武士の子であることを誇りとし、もしも宣教師たちからお前はクリスチャンでないと言われるならば、私はクリスチャンでなくてもいい。武士であることを選ぶ、と言っている。これもたいへんな誤解を招く言い方です。しかし内村の言っている意味はよくわかる。一方においては理想化した武士を心に描き、他方においては、純粋な信仰に生きない形ばかりのキリスト信者を目の前に置き、どちらを取るかと言えば武士をとる、と言ったのです。実際には、風上におけないような武士もありますし、クリスチャンの中にもりっぱな人もおります。「自分はいわゆるキリスト信者であるよりも、仏教徒もしくは儒学者であることを望む」とも言ったことがありますが、このようなことばは、これを表面的に批評してはいけません。それは一方では宣教師や教会の伝道のやり方、いわゆるキリスト信者の生き方に対する痛烈な批判を含むとともに、他方では日本に伝わっているところの、日本民族の中に流れている高貴な精神を認めてこれを愛し、その上にキリストの福音が接木されるべき真理の基盤があることを暗示しているのであり、この消極積極両面の主張は一つとなって、キリストに対する純粋な信仰を志向しているものと解さねばなりません。

このように内村における「日本」的なものの重視は、彼が徳川末期に生れて明治の初年に教育を受けたという社会的・歴史的な背景に負うところがあるでしょうが、それだけでなく、やはり彼の理解したイエスの教えの本質からもきているように思われる。

「イエスは、日本に対する私の愛を強めまた潔める。また日本は、イエスに対する私の愛を明確にし目標を与える」（石原兵永氏訳による）と、彼は書いています。イエスを愛することによって、彼は真に日本を愛する道を見出したのです。イエスを信ずることによって、彼はより愛国者になった。武士の子としての内村鑑三よりも、クリスチャンとしての内村鑑三の方がより愛国者になったのです。イエスを信ずれば、人を愛することを学ぶ。イエスを愛することによって、彼は隣人を愛することを知りました。同じように、彼はイエスを愛することによって国民を愛することを知ったのです。

宣教師たちからは、内村の教えはあまりにも国家主義的である、ナショナリスティックであるという批評がありました。今日でも私どもに対してそのような批評のあることを、二、三耳にしました。キリスト教は人類的なもの、世界的なものであって、私ども内村鑑三の弟子たちは国民ということを言い過ぎる、というのであります。

これについては、いろいろ言うべきことがありますが、一つには、欧米の国と日本との事情の差を考えなければならない。欧米諸国はとにかくキリスト教の普及した国でありますが、日本はキリスト教が普及しておりません。一昨年プロテスタント宣教百年を記念したのでありますけれども、百年伝道をして、まだ百万人の信者しかありません。人口全体に対してほんの一パーセントかそこらしかありません。こういう国に生れてキリストを信ずる恩恵を与えられた者は、当然同胞国民にキリストの福音を伝えたいという愛と義務を感ずる。日本の国民をほんとうに真理を愛し平和を愛する国民としたい、そのためにはキリストの福音を伝える以外には根本の道がないことを、私どもは確信している。これはキリスト教国といわれる国々の先生がたのとうてい理解できないところだと思います。このような意味の愛国心が、内村鑑三にたぶんにありました。キリストを信ずることによって、彼は国民を愛する心を燃やされ、また真に国民を愛する道の何であるかを示されたのであります。

第二に、聖書に言われている通り、目に見える兄弟を愛しない者は、どうして神を愛すると言えるか。われらの周囲に、真の光を知らない多くの民がいる。このあわれな同胞国民を見て、この国民を真理と平和を愛する善き国民としようと願わない者が、どうしてキリストを愛し神を愛すると言えようか。われわれにキリストによる愛国心が燃えあがるのは当然のことです。もしそれが燃えあがらなければ、私どもに伝えられたキリスト教が間違っている。あるいは西洋かぶれのした西洋式の教えであるにすぎないと思うのです。

もちろん日本が終局の愛ではありません。内村が言っているように、「日本は世界のため」でありまして、日本の国民をりっぱな国民としようということは、日本が世界を征服するとか、いわゆる帝国主義的な意味における日本ではなくて、世界のための日本である。人は自分を通して国を愛し、国を通して世界を愛する。自分をささげて国のために尽し、国をささげて世界のために尽す。それが正当な、当然の順序であります。

日本を愛することがキリストを愛することに、どういう具合に役立つか、結びつくかということは、日本を愛することによって、イエスを愛することは目標を得、地についたものになる。イギリス人でもないアメリカ人でもないドイツ人でもない日本人でもないという、そんな人間というものは存在しない。観念的な抽象的な、人間一般というもののキリスト教は、頭だけの信仰であって、実際に力のないものである。信仰が地についたものとなるためには、日本人の心情において、直接に聖書の教えを学びとるべきである。日本的キリスト教を国民主義的であると批難する宣教師も、実はアメリカ人であり、イギリス人であり、あるいはドイツ人であるのであって、そのキリスト教はアメリカ的キリスト教であり、あるいはイギリス的キリスト教であり、あるいはドイツ的キリスト教であるにほかならない。以前には教会の牧師の説教や祈禱のことばの調子に一種特別のくせがあり、それは外国宣教師の下手な日本語の口まねであるといわれたのですが、そんなものはけっして世界的キリスト教ではない。外国人のキリスト教の受売りにすぎない。アメリカ人がアメリカ人の心情でキリスト教を信じたように、日本人が日本人の心情で、聖書を学ぶことは当然ではないか。仏教とか儒教とか武士道とか、先祖から伝わった真理を愛し、道に従って生きる精神と生活態度を土台にして、その上にキリストの福音を受入れることによって、キリスト教は初めて日本人を救う力となる。西洋臭い、西洋の垢を除いて、キリストの福音を純粋に受入れることによって、初めて観念的・抽象的でないところの、実践的な能力をもつキリスト教が日本人の心に生れる。世界に対して聖書の真理の解明につき、日本人には日本人の貢献をなす特権と義務と責任をもっている。――これが内村の考えであります。

4　日本的キリスト教の濫用

こうして彼は「日本的キリスト教」ということを唱えたのでありますが、これは外国宣教師から誤解されただけでなく、日本人の間にも濫用される危険がありました。

太平洋戦争の時、日本のキリスト信者の中には古事記の神話と聖書の創世記の記事とを奇妙に結びつけたり、日本の国体とキリスト教の三位一体の神学を奇態にこじつけたりして、これを「日本的キリスト教」と称し、あの戦争を「聖戦」として弁護した者がありました。これは内村鑑三の言った日本的キリスト教とは同名異質のものでありまして、内村はそんな傾向を彼の日本的キリスト教の中に露一つももっていたものではありません。これは甚しいことばの濫用でありました。

また内村の『地人論』を利用して、日本軍の濠州進撃を弁護した者もありました。これは内村がこの著書の中で、濠州は地形的にアジア大陸の一部であると論じていることを利用し、アジアの指導者である日本がこれを占領するのは地理学的な基礎づけをもつと論じたのです。これも内村の議論の甚しい歪曲であり、見当違いの応用の一例でありました。

戦後になっても、北海道のある人から、内村鑑三派神道という印刷物を私のところにも送ってきました。内村鑑三は外国輸入の宗教ではだめだ、日本的でなければならぬと言っている、この内村鑑三の精神に従って神道を唱道する、というのでありまして、これもずいぶんひどい濫用であります。

最近問題になりました大日本愛国党の赤尾敏という人は、崇敬する人物として明治天皇とキリストの肖像を額にして自分の家にかけてあるということです。キリストはただ一人で十字架にかかったが、それによって世の中に大きなことをなした。大日本愛国党の連中の数は少いけれども身を捨ててやれば大きなことができるとか、キリストが「われを信ぜよ。信ずる者は救われる」といったように、赤尾を信じ、赤尾が「殺せ」と言ったら殺す。それによって君たちも救われ、世も救われるとかいうことを、入党した少年たちに語っていたといわれます。もし赤尾という人が内村鑑三の日本的キリスト教を知ったなら、彼はこれにとびついて、これを歪曲し、彼の偽愛国心のために利用するかもしれません。それほどでなくても、愛国心教育の復活や国家主義思想の鼓吹が再び起りつつある今日の時勢において、内村の日本的キリスト教が利用され、彼が単に日本主義者、国家主義者として国民の間に評価され、尊敬されてくる心配はないではありません。これをチェックして、その真の意味を把握するためには、「二つのJ」のうち、もう一つの方、すなわちイエスを愛することを正しく理解しなければならないのです。

5　預言者の墓を建てるもの

しからばイエスを愛した内村鑑三は、今日どのような評価を受けつつあるかと言いますと、彼の弟子である無教会主義者の間だけでなく、ひろく教会・無教会を問わず、「キリスト教界全体の内村鑑三」として尊敬される機運にありまして、前には内村鑑三の無教会主義を批評していた教会人が、いまでは記念碑を建てたり、全集を刊行したり、記念講演会を開催したりするようになっている。またキリスト教界以外の一般的な新聞やテレビも、彼の生誕百年記念をとりあげて、いろいろの企画を実行したのであります。

内村鑑三の生前において彼を批難し攻撃した教会側が、今日彼を単なる無教会の内村ではない、日本の全キリスト教界の内村であるとして尊敬しているのは、内村鑑三の信仰から無教会主義を取り去り、いわば骨抜きにした内村をかつぎ、尊敬しているのです。その人たちの言うところによれば、無教会主義というものは内村鑑三においては偶然的なものであり、時の勢いであいうことを言い出したに過ぎない。彼の教会攻撃・宣教師攻撃は、当時の事情からきた偶然的なものであって、今日では意味がない。無教会主義を取り去ってあとに残る内村鑑三の大部分がキリスト教界の共同の財産であり、それから学ぶところが大きいというのであります。

これについて私はマタイ伝第二三章（二九―三二）にイエスが偽善なる学者・パリサイ人を責めて、「汝らは預言者の墓をたて、義人の碑を飾りて言う、『我らもし先祖の時にありしならば、預言者の血を流すことにくみせざりしものを』と。かく汝らは預言者を殺しし者の子なるを自ら証しす。汝ら己が先祖の枡目を満たせ」と痛烈なことばを発し給うたことを思い出します。

預言者を記念する者は、預言者の精神を生きなければならない。墓を建立し、記念碑を飾るというような、形でもって預言者を記念しようとするのは、それだけですでに預言者の精神から離れたものである。私は右のイエスのことばをこれまでこのように解釈していました。それはそれでよいと思うのですが、私が今度内村鑑三生誕百年に当り新しく会得した一つの真理があります。それは、内村鑑三の生前において、彼を批難した教会側の人々が、今日彼の碑を建て、全集を発行し、彼を尊敬していることから得たヒントであります。この人々は、内村鑑三の無教会主義の主張と、これに対する教会側からの批難は、当時の事情、とくに対人関係から出た偶然的なものであって、本質的なものではない。したがっていまの自分たちがその時いたならば、内村鑑三を迫害しなかったであろうと言うのです。そのようにイエスの時代の学者・パリサイ人たちも、バラキヤの子ザカリヤが殺されたり、エレミヤその他の預言者が迫害されたのは、その当時の情勢からきた偶然的な衝突であって、信仰の本質的な差異から来たのではない。したがって自分らがその時代にいたなら、彼らを迫害することはしなかったであろう。彼らの信仰には大いに学ぶべき点があると言って、彼らの墓を建てたり、記念碑を飾ったりするのである。彼らは預言者たちが国民の罪を責め、偶像礼拝を攻撃したこと、それゆえにこそ血を流したのであることを忘れ、あるいはこのことを軽く考えて、預言者マイナス偶像礼拝攻撃、そういう預言者のイメージを勝手につくりあげてこれを尊敬する。だから彼は昔の預言者の墓を建てながら、現代の預言者であるイエスを殺そうとしているのである。イエスが「汝らの枡目を満たせ」と言い給うたのは、汝らの先祖たちが昔の預言者を殺したように、汝らはいまの預言者であるイエスを憎み、これを殺そうとしていることを指摘し給うて、「さあ、私を殺せ」といわんばかりの激しい口調で言われたのであります。現代教会人が内村鑑三をもちあげて、内村鑑三の無教会主義は、時の勢いでとび出した偶然的なもので、いまの時勢では無害なものであるが、彼の弟子たちの主張する無教会主義は極端でおもしろくないと批評するのと、大差ない論理でありましょう。

6　内村の精神を嗣ぐもの

人はキリストを信ずる信仰によって救われる。救いのためにはそれ以外の何ものをも必要としない、これが内村鑑三の唱えた無教会信仰の要旨であります。彼は往々批難されたように「教会破り」ではなかった。彼は教会内にも多くの友だちをもち、また彼みずから教会の活動を助けたことがたびたびありました。教会に行く者は救われない、などと申しませんでしたけれども、しかし教会員とならなければ救われないという思想に対しては、彼は死力を尽してこれに抵抗し、そのゆえに宣教師と教会から批難され、排斥されました。

一方「日本」を愛する者としての彼は、伝統的な偶像礼拝的国家主義に抵抗し、真に国を愛する道はキリストを信ずる信仰によって明かにされることを主張しました。そのゆえに彼は偽愛国者・偽国家主義者たちから非国民よ非愛国者よといって批難・攻撃されました。

イエスを愛して偽預言者から批難され、日本を愛して偽愛国者から攻撃されたのが内村鑑三の思想と生涯でありました。彼の信仰と、信仰による生活態度を受けつぐ者が現代からどういう待遇を受けるかは、おのずから明かであります。いまや日本において国家主義思想への復帰の徴候があります。一方では、内村鑑三の最も嫌ったドライブ（募金運動）――いまではキャンペーンというようですが――それにもとづくはでな伝道集会が、一昨年大阪において、本年東京において、クルセードの運動としておこなわれます。

このような時代において、内村鑑三の言った意味で二つのＪを愛する者は、一方ではキリスト教を受入れない日本の国民から嫌われ、他方では純粋な福音とそれにふさわしい伝道方法をとらない教会側から嫌われます。彼らは昔の預言者の墓を建てて、現代の預言者を無視する。昔の内村鑑三を尊敬しながら、いまの弟子たちを軽蔑する。これは矛盾でありません。内村鑑三マイナス彼の生命とした純粋な福音と純粋な愛国心を崇めようとすることが、大きな間違いのもとです。内村鑑三生誕百年を記念することが、そのような内村解釈の発端であってはいけません。そうではなくて、内村鑑三が生きて苦しみ、血と涙を流して戦ったそのなまの生活、その信仰による生き方と戦いの精神を受けついで、イエスによって日本を愛し、日本によってイエスを愛すること、彼の精神をわれわれの時代に適用して、さらに深く、さらに広く押しすすめていくという戦闘的精神をもって、彼の生誕百年を記念しなければならないと思うのであります。

どうかみなさんも、純粋なキリストの福音によって純粋に日本の国を愛することに、これからもさらに祈りと努力を傾けていただきたいとお願いする次第であります。

二十七　罪の問題

1　出題の動機

本年は内村鑑三先生の生誕百年でありますので、各地で記念講演会が開かれました。東京では、私は「日本の思想史上における内村鑑三の地位」という題でお話をいたしました。昨晩名古屋では「内村鑑三と日本」という題でお話をいたしました。今日は方面を変えて、「罪の問題」という題を掲げました。この演題をきめましたきっかけとなった事柄が二つありまして、一つは二月十二日付『朝日新聞』に出た亀井勝一郎氏の「入寂の年と誕生の年」という文章であります。それには「罪の自覚をめぐって」という副題がつけてある。今年は親鸞聖人が入寂して満七百年に当り、京都の本願寺で盛大な法要がおこなわれている。同時に今年は内村鑑三生誕百年に当ります。それで亀井氏は仏教徒でありますが、親鸞聖人の入寂七百年と内村鑑三の生誕百年を並べて書かれたのは、なかなかおもしろい。罪の問題を深く考えた点において、親鸞と内村は並び称せらるべきである、というのです。

近ごろ明治思想家の一人としての内村鑑三研究が盛んになる機運でありまして、日本の学者だけでなく、外国人で内村研究に手をつけている人もありますから、今後も内村鑑三研究が続々発表されると思いますが、社会科学者や歴史家は内村の活動の社会的な面だけを重要視し、したがって内村が日露開戦に反対して万朝報を退社し、社会主義者と袂を別って爾来聖書の研究に専念するに至ったことをもって、社会からの「退却」と見、それをもって内村の社会的意味は終ったというのが、多くの社会科学者たちの意見です。

ところが文芸評論家は、そういうことを言わない。文芸評論家は、人の思想そのものにその人の本質を見出そうとしますから、みずから「仏教徒のつもりでいる」と称する亀井氏が、内村の内村たるところは罪の深い自覚にある、罪の問題ととっ組んだところにあることを、ちゃんと見ぬいている。東京での記念講演会でお話したことですが、河上徹太郎氏の『日本のアウトサイダー』という本に、明治以来の最大の思想家として内村鑑三を挙げ、そして内村の内村たるところはその再臨の信仰にあると申している。河上氏自身はクリスチャンではなく、どの宗教も信じている人でないらしいが、内村がキリストの再臨を信じたことは実によく理解ができる、少しも不思議なことはない、当然彼は再臨の信仰に行ったのであって、その再臨の信仰にこそ内村鑑三の最も偉大な生命があることを指摘しておるのです。

亀井勝一郎氏の文章を新聞で見たちょうど同じころ、私の住っている町の所轄警察署の方が二人、私を突然訪問されました。私、戦争中にはずいぶん御厄介になったのですけれども、この頃はこういう方面のお客さんを迎えたことがないものですから、何事だろうと思ってお会いしましたところ、警視庁からの指令がありまして、例の嶋中事件に関連して、管内に居住する政治家や文化人の身辺を警戒するようにということでお伺いしたのでありますが、何か変ったことはありませんか、ということでありました。

そのとき刑事さんの一人が話のついでに、たいへん真面目な顔をして、「原罪ということはどういうことですか」と私に尋ねられた。私、非常に驚きました。「原罪の説明を簡単にすることはできないが、人間は誰でも罪の心をもっていることをあなたは認めるでしょう」と言ったら、「それはわかります」ということでありました。原罪ということは、別なことばで言えば人類の普遍的な罪ということでしょう。人間は誰でも罪をもっている。その事実を説明する一つの方法として、アダムとエバが罪を犯してそれが全人類に伝わったという、今日の科学的なことばでいえば遺伝の法則による人類連帯の観念でもって、人間固有の罪の事実を説明する。それを原罪というのです。とにかく、説明はどのようにするにしても、事実は人間は誰でも罪をもっている。そういう話をしたのでありますが、刑事さんもいくらかわかったような顔をして帰りました。

そのときに私非常に感じました。大日本愛国党総裁のことばから刺激を受けて、小森という十七歳の少年が人を殺した。殺人に限らず、非行少年の記事がよく新聞にも出ますが、非行少年といわれるものに限らず、あるいは実際に人を刺したその少年に限らず、人という人はみな非行人間ではないだろうか。誰でも人を殺す可能性をもっているのではないだろうか。「兄弟を憎む者はすなわち人を殺す者なり」と言われている(ヨハネ第一書三の一五)。そうすれば、非行という問題は特殊の少年だけの問題でなく、人間全体の問題でないだろうか。すなわちわれわれ自身の問題ではないだろうか。殺人ということでも、強盗ということでも、通りすがりに人を刺す通り魔でも、特殊なその人たちが悪いというだけでなくて、人間というものの姿が大きくそこにクローズアップされているのではないだろうか。今日の社会の混迷を救うためには、道徳教育とか刑事政策とか、社会保障とか、そういうことも若干役に立つでしょうが、それよりももっと深いところに問題があって、それが人間の罪の問題ではないだろうか。罪の問題は単に神学上の問題だけでなくて、現実社会の人間の苦しみがそこにあるのではないだろうかということを、所轄警察署の刑事の訪問によって私は痛切に感じた。亀井氏の論文と刑事さんの訪問とに刺激されまして、本日の題をきめたのであります。

2　我は罪人の首なり

ところで、罪の問題は大問題でありまして、罪の本質、その起源、その活動、その影響、その解決等を詳細に論ずることは容易でありませんが、今日はただ内村鑑三の罪の自覚について述べてみたいと思います。世には内村鑑三を目して、彼は神が日本に遣わし給うた預言者であるとか、福音の使徒であるとか、愛国者であるとか、いろいろの面で彼の特色を捉えますけれども、内村自身に向ってあなたは何ですかと聞いたならば、おそらく「われは罪人の首なり」とお答えになるだろうと思います。

親鸞上人は、「われは煩悩具足の凡夫なり」(歎異抄)と言ったということです。いろいろの煩悩、迷いや欲が、すべて自分の中に入っている、そういうただの人間だと、親鸞は自分を説明しました。同じように内村鑑三も、われは罪人の首なりという自覚をもちました。

亀井氏は、さきにあげた文章の最後に、親鸞も鑑三も信仰によって罪のゆるしを信じたが、――この罪のゆるしの信仰そのものも神から、あるいは仏から恩恵として与えられるものだが――その信仰によってみる自分は、救われそうな自分ではなくて、救われにくい自分というものを見出す。そこに祈りが生ずる。親鸞も鑑三もはたして安心立命の境地を得たか、疑問である。いわゆる俯仰天地に恥じずとか、七十にして矩を越えずとか、そのような安心立命の境地を得たかどうかは疑問である。しかし親鸞も鑑三も、感謝してこの世を去ったはずであると、亀井氏は書いている。

私は内村鑑三を個人的に非常に深く知っているわけではありません。先生についてのプライベートな逸話は、たいてい先輩から聞いたのです。私が先生について直接知っていることは、公の場所における内村鑑三だけであります。

先生は昭和五年に、満六十九歳でこの世を去られたのですが、その最後の一年は病気がちでありまして、日曜日の集会でも講壇にお立ちになることが少かった。しかし集会に来られて、祈禱だけをなさることがありました。

そういうときに先生の祈った祈りを、私は終生忘れません。非常に印象深く残っております。それはどういう祈りであったかというと、「どうか神様、イエス・キリストによって私の罪をゆるして下さい」

それだけの簡単な祈りでありました。このほとんど同じ祈りを祈りのたびごとに言われまして、時には涙を流して祈られました。内村の七十年の生涯を一貫して流れていたもの、最後の最後まで彼の心にいちばん生きていたものは、自分の罪をゆるして下さいという祈りであったと私は信じます。

彼が死ぬる二、三日前に言ったことばが記録されております。その一つに、「だれの罪もゆるす。自分にも悪いところがあれば、ゆるしてもらいたい」と言った。人をゆるし自分もゆるされることを願って、それを最後のことばとしてこの世を去られたのです。罪という問題がどれほど彼の心を占領していたかが、これによってもわかると思います。

3　人身攻撃と無抵抗

最近、塚本虎二君の『内村鑑三先生と私』というおもしろい本が出ました。その中に内村先生を批評して、内村鑑三にあっては理想と現実がばらばらになっている。非常に理想的に考えるかと思うと、とても俗で、羨しいほど俗人の面もある、という評であります。

藤井武が内村先生につまずいて、先生という人がどういうお方であるか、その正体がわからず、ずいぶん苦しんだが、ついに先生の歩行の法則というべきものを発見した。それは、ジグザグに先生は人生を歩いていかれる。ある時にはこういく。ある時にはこういく。先生の言われることや行動が、突然に全然反対の方角に向くので、ついていけない。だから先生は大いなる矛盾の人に見えます。けれども長い期間を見渡してみると、先生は結局真直ぐな道を前進している。時々急に向きが変るけれども、先生の行きついた処を見れば、ちゃんと行くべきところに真直ぐに目的地に行っておられる。これが内村先生の人生歩行の法則であることに気がついたから、もう先生につまずかなくなったということを、私に向って述懐したことがあります。

このことについては、先生自身が、私の想像でありますが、ずいぶんそれで悩まれたのでないかと思います。私がまだ内村先生の聖書集会に入門を許される前、偶然に一冊の本を読んだことがある。それは久津見蕨村という人の書いた『真人偽人』という本で、その中で内村鑑三を偽善者として攻撃しました。その内容は口にすることをはばかるような人身攻撃でありまして、それが一冊の単行本になっていた。私にも、私を攻撃するために出版された単行本があります。それは三井甲之、蓑田胸喜共著『真理と戦争』という本ですが、その内容は私の学説と思想を攻撃したものであって、人身攻撃ではありません。私が真面目な人間であることを、その人たちも認めていた。ただ私の思想と学説が誤りであるといって攻撃したのです。内村鑑三を攻撃した本はそんなものではない。ひどい人身攻撃でありまして、あるだけの悪口雑言を並べられていたのです。

いまから五、六年前、これも偶然私は明治四十年ごろに出た北沢楽天主筆の『東京パック』という漫画入り諷刺雑誌をある人から見せられました。それに漫画入りで内村鑑三の人身攻撃をし、偽善者だとか、母親殺しだとか、ずいぶんひどいことが書いてある。しかもその資料を提供した人は、彼が血をわけた実弟の一人でありました。内村は公の問題について、国民からは国賊とののしられ、非愛国者として排斥され、教会や宣教師からは教会破りである、偽キリスト信者であると批難されたのでありますが、公の問題についての出処進退や考え方についての批難だけでなく、人間としての性格や私的生活のことについて、こんなにひどい人身攻撃を身近な人々から受けたのです。私どもは先生につき従っていた間、こういうことを一つも知りませんでした。それは先生がこういうことについては何もおっしゃらなかったからです。先生は、不敬事件についてさえ、語るを好まれない御様子でした。先生は自分に対する人身攻撃に対しては、何の弁解も説明もされず、完全に無抵抗の態度をとられました。右の頬を打たれたならば、左の頬を向け、己を責める者を祝して、これを詛い返さないところの無抵抗主義を、先生は身をもって私どもに教えてくれました。あとから私どもはそれを知りまして、先生のお受けになった心の傷を思い、涙が出るくらいお気の毒であります。

これは塚本さんから聞いた話ですけれども、あるとき先生の散歩のおともをしたとき、先生は「植村君に敬意を表しよう」といって、植村正久の家に寄られた。植村は和服の着流しの姿でずかずかと玄関に出て来ていきなり、「金もうけはいい加減にして、少し聖書の勉強をしなさい」といって、奥に引っこんだ。塚本はびっくりしちゃったが、内村鑑三は何も言わず、静かに辞し去ったということであります。

藤井武が私に話したことであり「預言者のおもかげ」と題する彼の講演にも出ている話ですが（全集第十二巻）、銀座教会の創立四十年の祝賀会に内村が招かれて行きました。さきに演壇に立ったある有名な牧師が内村を前にして無教会主義の攻撃をした。藤井ははらはらしてそれを聞き、内村が壇に登れば、どのように痛烈な反撃を食わすであろうかと、固唾をのんで待っていたところが、順番が来て先生が登壇し、静かに、「池で子供らが遊んでいた。たまたま水中に蛙を見つけ、石を拾って投げつける。憐むべき蛙は打たれる度毎に深く水の中にもぐって、或るひとりの者にすがりつく。そうしてその者に慰められて、傷はことごとくいやされる」という話をされた。暴に報いるに暴をもってせず、暴言に報いるに暴言をもってせず、暴言にむくいるに無抵抗をもってされた。藤井が非常に感心して、私に話してくれたことがある。

この無抵抗ということを内村は律法的な無抵抗主義として唱えたのでなくて、自分の生活の実践として学びかつ実行した。どれだけ事実にあったことか、あわないことか、私どもは知らないけれども、公私にわたりあらゆる種類の人身攻撃を加えられて、少しもそれに対して打ち返さず、またそのことについて自己を語らなかった。これを反面からみると、彼はそのたびごとに心の深いところに痛みを覚え、それを癒してくれる「或るひとりの者」にすがりついたのでありまして、そこに彼の深い罪の自覚と、罪のゆるしを求める祈りがあったのであろうと思われます。

4　求安録

内村鑑三の初期の著作の一つに『求安録』という本があります。これは明治二十六年(一八九三)、すなわち私の生れた年でありますが、内村鑑三が三十二歳にして熊本で、いわゆる不敬事件のあとの流寓時代に、古い支那カバンを机代りの台にして執筆したものであり、『基督信徒の慰め』『余は如何にして基督信徒となりし乎』と並んで、彼の代表的名著の一つに数えられるものであります。この『求安録』という本の主題が、罪の問題であります。

私自身青年時代に、罪の問題に悩んで暗中摸索しているときに、この本を読みましたが、その時は私はこれを理解するだけの信仰がなく、引用文の多いことにむしろ反撥を感じたことを記憶しています。今度ここでお話するために読み返してみました。今度はいくらか私も理解する力ができておりますし、文章のあやについてつまずくこともありません。先生の罪に対する態度が、この本を書かれた明治二十六年から生涯を終られるまで、一貫していることを痛切に感じました。

内村先生が罪の救いの信仰を自分のものとしたのはいつであろうか。アーモスト・カレッジで学んでいた時、シーリー総長の教えによって目が開けたと言われますが、少くともこの本を書いた時には、その信仰をたしかに自分のものとしている。彼は十七歳にして洗礼を受けましたが、その後十数年苦しんで、やっとこの信仰がわかった。復活や再臨の信仰と同様、罪のあがないの信仰についても、彼は神学の教科書をおぼえてこの信仰を得たのではなく、血と涙を流して人生の実験を重ね、実践的にこの信仰をかたくもつに至ったのであります。

罪の問題を解決する道として、彼はいろいろのことを試みた。それが「脱罪術」として『求安録』に書いてある。第一にリバイバル、すなわち熱狂的な祈禱会に出席すること、第二に学問に従事すること、第三に自然の研究、第四に慈善事業、第五に神学研究。そういうことをみな試みてみたが、すべてだめだった。ことに最後の神学校というものは、最も危険である。そこでは罪の中で最大の罪であるところの、神のことばを汚すことが平気でなされている。聖書のことばを引用し、神の名をあげて勝手な論議をし、冒瀆の罪の溢れている社会であるから、自分は神学校の空気と教育に信仰上の危険を感じて、それをやめたと言っている。これは具体的に言えば、アーモスト卒業後ハートフォード神学校に入学したけれども、すぐに退学して日本に帰ったことを指すのでしょう。

罪をのがれる方法がないとすれば、せめて罪を忘れたい。そこで内村は「忘罪術」として、いろいろの方法を挙げます。第一はホーム。楽しい家庭をつくれば罪を忘れるだろう。しかるに楽しい家庭というものは、なかなかつくれるものではない。

第二は利欲主義(ヘドニズム)。今日のことばで言えば、快楽主義とか功利主義とか言うべきものでありましょう。明治初年にスペンサーの社会学説が日本に輸入されて、青年の思想界を風靡した。罪は社会組織から来るという説であります。今日で言えばマルクス主義のような考え方であって、罪というものは人間の心に固有しているものではなく、外側から来て人を圧迫するのである。それゆえに目を転じて社会に向けておれば、自分の罪の苦痛を忘れるというのです。当時、「ス氏曰く」と言えばそれだけですべての問題が解決されると思われる風であったと、内村が書いております。今日でいえば、「マルクス曰く」で問題が解決しているように思う青年が少くないと同じ有様であったようです。内村が言うには、罪を社会になすりつけて、社会が悪いからという説明をしても、それは要するに説明であって、自分の心の痛みそのもの、心のなやみそのもの、清き人間になろうと思ってもなれない、わが欲する善はこれをなさず、かえって欲せぬところの悪はこれをなすなり。ロマ書の七章においてパウロが言っているように、わが心においては神の律法を悦ぶけれども、わが肢体に別の法があってわが心の法と戦い、我を肢体の中にある罪の法の下に虜とする。ああわれ悩める人なるかな、この死の体より我を救はん者はたれぞ。この心の苦痛を、社会がどうだという説明でもって忘れさすことはできない、というのが内村の答です。

次に彼は、オプチミズム（楽天主義）を挙げ、それに関連してユニテリアン教と新神学について述べております。これは、罪があると思うのが心の迷いで、罪というものはほんとうはないんだ。人間、性は善であるから、罪がないと思えばそれでいいという説でありまして、今日生長の家の言っていることと同じであります。

内村が答えて言うには、それは若干の神経性的な患者には向くかもしらぬけれども、現に病気で苦しんでいるのに、お前は病気がないと思えと言ったって無理だ。病気を癒していただかない限りは、病気の苦しみはなくならない。同じように、わが欲する善はこれをなさず、欲せざる悪はこれをなすなりという、この心の苦しみが現実の自分であるんだから、これを何とかしてもらわないかぎり、罪がないと思えと言ったって、そんなことでは、とてもとても罪を忘れることわできない。

時代の変化を参酌して、私どもが今日キリストの福音に敵するいろいろの社会思想や擬似宗教に対して答えるべきことを、ちゃんと内村が答えている。今度『求安録』を読み返しまして、非常におもしろいと思ったことは、彼がすでにマイクロフォーンということばを使っていることです。彼はこれを「細音器」と訳している。「ああもし人心無声の叫号を集合し得る細音器（マイクロフォーン）ありて、吾人をしてその声を聞くを得せしめなば、悲哀の声は天を裂き地を動かすもなお足らざらん。ああ我を救うものはあらざるか」（求安録大正十三年版一一七頁）と彼は言っている。

5　十字架の福音

罪をのがれる道もない、罪を忘れるすべもない。ああこの死のからだよりわれを救わんものは誰ぞやと悲鳴をあげたときに、聖書による神の啓示によって、キリストを信ずる者は罪がゆるされる。これが神のみ心である。神は神に背いた人を、母親が放蕩息子の帰ってくるのを待つような心で待っていて下さる、ということが示された。

それならばキリストの福音と親鸞の弥陀の本願による救いの教えとどこが違うかと言えば、キリストの福音には十字架があり、親鸞の教えにはそれがない。内村の言うには、すべての物事には事実による裏づけが必要である。人間が悔い改めたといっても、口で言うだけでは確実でない。悔改めにふさわしき実を結んで、初めて悔い改めの実証があると言える。同じように神が人の罪をゆるすということも、事実の裏づけがあって初めてよくわかる。それは何であるかといえば、神が神の子キリストをこの世に遣わして、十字架の上に死なせたという事実である。神が人の罪をゆるして、神のところに人を連れ戻すということの事実による証拠がそこにある。すべて事実による裏づけのないものは信じられないと、内村が申しておるのです。

それならば「キリスト」が十字架についたことによって、どうして「私」の罪がゆるされるか。「十字架による罪のあがないの哲理」については、いろいろの説明があるだろう。身のしろ金を払って奴隷を買い戻すということも一つの方法だし、神と人との分離をいやしてそれを結びつけるものとして、神の子にして人の子であるイエス・キリストをこの世に遣わしたということも一つの説明であろう。内村はさらに当時、すなわち明治初年に流行した「社会有機体説」、もしくは社会連帯観念ともいうべき社会学者の説を利用いたしまして、すべての現象の間には連帯関係がある。物理的な問題においても、真空が生ずれば直ちに空気が流れこみ、それによって空気が平均して、すべての空間に穴があかないように平均する法則がある。生物について考えても、体の一部に傷をする、あるいはどこか病気をするとすれば、体の他の部分がすべて全力をあげて、その負傷もしくは病気の部分をいやすためにエネルギーを出す。そのように社会の人間相互の間にも連帯関係がある。ひとりの罪人を救うために罪を犯さない人が苦しみ、血を流すことは当然なことだ。さらに神と人間との間にも連帯関係がある。神が造り給うた人間が罪を犯すとき、神御自身がそのために苦しんで神御自身が血を流して、人間の罪を除くために骨を折られる。これによって神の愛が現れる。キリストの十字架は、その神の愛の具体的な現れである、と説明することもできる。

このようにいろいろの説明をあげた後、内村の言うところは、要するに説明は説明であって、救いのために効力のあるものは説明ではなくて、事実がものを言うんだ。説明は、人が納得しやすいように工夫して説明すればいいけれども、人が罪を犯したために心の平安を失ったという事実、罪から脱れることも罪を忘れることも、人間の力では、すなわち自分の力や社会の力では、どうにもならないという事実、そしてキリストを信ずる者はその信仰によって救われるという聖書に示されている福音を信じたときに、ほんとうに人は救われ、生れ変って希望と歓喜の人となるという事実。この事実を動かすことはできません。世にはキリストのあがないを信じない人の中にも善人がたくさんいるじゃないか、と言われる。これについては、キリスト教の善人には一種異様の特性があって、他の善人とは質が違うと、内村が言っております。

罪を犯した者ほど、神の愛を深く感ずるものはない。それなら、罪を感じない者は、キリストの愛の深さ高さ広さを知ることはできないか。この問題については、「読者自ら此問に答えよ。聖霊は直に汝に教えん」と内村は突っぱねているのであります。

要するに内村鑑三の『求安録』は、罪とその救いの問題をいろいろの角度から論じているのでありますが、もとより量的には小さい本でありますから、すべての問題について説いて詳細であるとは言えません。しかし内村が罪の問題を自分自身の人生の実験上最大の問題としてこれにとっ組み、キリストの十字架による罪のあがないを信じて救われたことは明かです。これが彼の生涯を通して力説した十字架の福音でありまして、内村鑑三は、キリスト教は十字架教である、キリストの福音の根本は十字架による罪のあがないであるということを、生涯かけて叫んだのであります。彼の時代においてすでに新神学とか批評神学とかいうものが十九世紀後半から起りましたので、この十字架による罪のあがないの信仰は古くさい、それはユダヤ思想であって、今日ではもう通用しないという批評があったけれども、内村はそういう批評の中にあって、古き古き十字架の福音をとって動かなかったのであります。

もちろん先生の説かれたのは、十字架だけではありません。復活の希望についても、キリスト再臨の信仰についても、力づよく語られたのでありますが、それらの信仰を語られるには、いずれも先生自身の人生の経験から来た実際的な事実の裏づけがあったのでありますが、なかでも内村鑑三の信仰の中心をなしたものは、十字架による罪の救いの問題であったと思われます。

6 最終問題

この罪の問題、罪の刺をいかにしてとり除いて心に平安と喜びを得ることができるかという問題は、古い古い問題であるけれども、同時に新しい新しい問題である。人間が人間たる限りは、いつまでも続く根本的な問題であると思われます。

キリスト教がこの罪の問題を処置する力がなければ、どれほど慈善事業をしようとも、社会事業をしようとも、音楽を盛んにしようとも、人を救う力はありません。そういうことはキリスト教でなくてもできる。社会事業や慈善事業や音楽礼拝は、キリスト教でなくても、いくらもやってくれる人がありますが、キリストの福音によらなければ与えられないものは、十字架による罪のあがないと、復活の希望と、再臨による人類ならびに宇宙完成の望みであります。私どもはそういう意味で、彼の古い信仰を新しく生きていかなければならないと思います。

彼の無教会主義というのは、要するに罪のゆるしの福音の一つの応用であると私は思います。人が罪をゆるされるのは、イエス・キリストを信ずる信仰によってであって、いかなる律法の行いにもよらず、いかなる制度的礼拝によるを要せず、ただキリストを信ずる信仰だけでいいんだということが、彼の無教会主義の意味だと思います。前に申した通り、亀井勝一郎氏は、親鸞でも鑑三でも安心立命の境地に達したか、疑問であるが、感謝をもって生涯を終ったはずだと言っております。たしかにそうだと思う。初めに申したように、晩年における内村の祈りは、「どうか私の罪をゆるして下さい」ということに集中した。彼は一生の間にいくども悪童から石をぶっつけられましたけれども、その都度あたまを引っこめて水の中にくぐり何の抗弁もせず、何の説明もしなかった。ほんとうに内村が悪かった点もあったでしょう。あるいは人が誤解した点もあったでしょう。あるいは悪意に満ちて彼を傷つけようとしたこともあったでしょう。けれどもいっさい弁解せず、いっさい抵抗せず、自分は神の前に罪人の首であるという自覚をもって、唯一の慰め主であるキリストを仰ぎ、どうかこの罪人をゆるして下さいという祈りをもって彼の生涯を終った。

『求安録』の最後、結論に当るところに、「最終問題」と題して彼の書いている一節を少し読んでみます。

此に於てか余は全く自身を救ふの力なきものなるを悟れり、然らば余は何をなさんか。余は余の信仰をも神より求むるのみ。基督信徒は絶間なく祈るべきなり。然り彼の生命は祈禱なり、彼れ尚不完全なれば祈るべきなり。彼れ尚信足らざれば祈るべきなり。彼れ能く祈り能はざれば祈るべきなり。恵まるるも祈るべし、呪はるるも祈るべし。天の高きに上げらるるも、陰府の低きに下げらるるも我は祈らむ。力なき我、わが能ふことは祈ることのみ

と言いまして、最後に

然らば我は何なるか、
夜暗くして泣く赤児、
光ほしさに泣く赤児、
泣くよりほかに言語なし

という詩で『求安録』を結んでいるのです。「泣くよりほかにことばなし」「夜暗くして泣く赤児」というのが、あの人生の激しい七十年の戦いを戦い抜いたまことの預言者、まことの愛国者、まことの福音の使徒として働き抜いた内村鑑三が、最後に神様に対して、ただ祈るだけ泣くよりほかにことばなき赤

児としてこの世をお去りになった。これが彼の力の秘密でありました。彼の戦闘力の秘密でありました。彼の愛の秘訣であり、そして彼がわれわれに残した最大の教訓であると私は信ずるのであります。

編者あとがき

父・矢内原忠雄は存命中、内村鑑三記念講演会で行なった講演を集めて一書とし、東京大学出版会から出版する意図をもっていた。しかし、三十年間全部そろっているところが値打ちだと言っただけで、具体的プランも示さないまま、一九六一年十二月二十五日に天に召された。その後、東京大学出版会はなお出版の希望を示されたので、自宅を調べてみたがこのために原稿が一ヵ所にまとまっているということもなかった。そこで諸資料によりリストを作成してみたところ、すでに活字になって公表されているもののほかに、未発表のものもあることがわかった。著者の意図が、既発表のものだけを集めるものか、それとも未発表のものも含めるのか、また排列の順序もわからないのであるが、ここでは入手できるものはすべて、講演の行なわれた時代順に収めることにした。各講演の年月日、出所等は次表にまとめてある。各講演はその時勢に対する戦いであると思われるので、参考までに年表と著者の動向を付した。

序にかえて――「内村鑑三先生と私」は講演ではなく、著者の個人雑誌『嘉信』の巻頭短言の一つであるが、私が序にあてたもので、著者の指示によるものではない。

2「悲哀の人」と6「内村鑑三論」は講演そのものではなく、講演にもとづく論文である。

3「人は何のために生くるか」はピリピ書についての三回の講演の第三講であるが、内村鑑三先生満九周年記念講演としてなされた。

13「自由と独立」、15「新日本の定礎」、19「教育と宗教」、20「内村鑑三とシュワィツァー」の四篇は未発表であるが、籾山民子氏による速記がそのままの形で保存されていた。著者は速記をもとにして原稿を作る場合かならず自分で手を入れており、速記そのものを活字にすることを許さなかった。この本に載せたものは、速記に私が手を入れ、章をわけたものである。籾山氏は著者の講義・講演を専門的に速記していたので、その速記はきわめて忠実である。私は表現を整理し、明瞭な著者のあやまり（記憶ちがい）を訂正するだけにし、論旨を損なわないように努めたつもりであるが、もちろん文責はすべて私にある。なお20「内村鑑三とシュワィツァー」の末尾は失なわれていたが、そのままにした。その他の既発表のものについても、著者のあやまり、誤植などはできるだけ訂正し、引用は出所を注記した。

「お茶の水講演」というのは、著者が当時毎日曜日午前の閉鎖的な家庭聖書集会のほかに、毎月第四日曜日午後に東京神田駿河台の女子基督教青年会（ＹＷＣＡ）四階（のちに佐藤生活館）で行なっていた公開聖書講義である。

「今井館講演」というのは、終戦後家庭集会を開放して今井館に移し、毎日曜日に聖書講義を行なっていたが、その講義をとくに内村鑑三記念にあてたものである。したがってこれらの講演はその他の講演にくらべ、いわば内輪の記念講演である。今井館については15「新日本の定礎」の後半を参照されたい。

一九四〇年に京都で「植民政策と基督教」という題で、記念講演をしているが、速記録も発見できなかった。

22「われらは七人」は内村鑑三記念講演会としてではなく、キリスト教講演会としてなされたものであるが、実質的には記念講演とかわらないと思い、収録した。

なお、既発表で洩れたものもあるかもしれないし、今後速記が発見されるかもしれないが、一応利用できる資料によって編集することにした。書名の『内村鑑三とともに』は内村鑑三記念講演の趣旨を考えて、編者と東京大学出版会との相談のうえきめたものである。

この編集が著者の意図を損なうことが少ないよう祈る。

一九六二年八月二〇日

矢内原　勝

出所	参考年表	矢内原忠雄の動向
序「嘉信」23-3 1「信望愛」27号，「内村鑑三と新渡戸稲造」（日産書房） 2「通信」6号	1929. 世界大恐慌 1930. ロンドン軍縮会議 1932. 満州国建設 1933. 日本国際連盟脱退 1936. 日独伊防共協定 1937. 日華事変勃発	1932. 満州旅行中匪族のために列車遭難 1936. 「通信」を創刊 1937. 東京帝国大学教授を辞職 1938. 「嘉信」を創刊
3「嘉信」2-6 4「嘉信」2-9 5「嘉信」3-6 6「嘉信」3-11「内村鑑三と新渡戸稲造」	1939. 第2次世界大戦勃発 1940. 日独伊軍事同盟 1941. 太平洋戦争勃発	
7「嘉信」6-4 8「嘉信」9-10, 11, 12「内村鑑三と新渡戸稲造」 9「嘉信」10-4「キリスト教入門」（角川書店） 10「嘉信」11-4, 5 11「独立」7号 12「嘉信」13-4, 6 13 未発表 14「嘉信」15-7「日本のゆくえ」（東大出版会） 15 未発表 16「嘉信」17-4, 6 17「嘉信」18-4 18「嘉信」19-6, 7, 8 19 未発表 20 未発表 21「嘉信」21-4, 5 22「嘉信」21-6 23「嘉信」23-5 24「嘉信」23-6, 7 25「内村鑑三と現代」（岩波書店） 26「嘉信」24-5 27「嘉信」24-6	1943. 米英華カイロ宣言 1945. 日本降伏 1947. マッカーサー 2・1スト禁止を命令 1949. トルーマン大統領ポイント・フォア提唱 1950. 朝鮮戦争勃発 1951. サンフランシスコ対日講和条約，日米安全保障条約調印 1952. 日米行政協定調印 1954. 日米相互防衛援助協定調印 1956. 日ソ国交回復宣言，日本国連加入 1957. 日ソ通商条約調印 ソ連人工衛星打上 1958. 勤務評定，警職法反対闘争 1959. 安保改定反対闘争 1960. コンゴ問題，キューバ問題	1945. 東京帝国大学教授に復職 1946. 東京帝国大学社会科学研究所長を兼任 1948. 東京大学経済学部長に就任 1949. 東京大学教養学部長を兼任 1950. アメリカへ出張 1951. 東京大学総長に就任．教授を兼任 1953. 定年により教授の兼任を退く 1955. 東京大学総長に再任 1956. 西ヨーロッパ諸国，インドへ出張 1957. 沖縄，アメリカ，カナダへ出張，総長退任 1961年12月25日死去

章題	周年	講演年月日	場所
序にかえて—内村先生と私	(30)	(1960. 3. 20)	
1　内村先生対社会主義		1930. 5. 28	東　京
2　悲哀の人	3周年	1933. 3. 26	東　京：演題「悲哀の人」
	〃	〃　4. 3	大　阪：「悲哀の人」
	〃	〃　4. 3	京　都：「現代に於ける基督教」
	〃	〃　4. 5	名古屋：「思想善導と基督教」 上の四講演をまとめたもの
3　人は何のために生くるか	9	1939. 3. 26	「お茶の水講演」
4　後世への最大遺物	〃	〃　3. 28	大　阪
5　前十年と後十年	10	1940. 4. 29	大　阪
6　内村鑑三論	〃	〃　5. 2	名古屋：演題「内村鑑三先生の生涯及び事業」にもとづくもの
7　ハガイ書を読みて内村先生以後の無教会主義に及ぶ	13	1943. 3. 28	「お茶の水講演」
8　内村鑑三の十の戦い	16	1946. 3. 31	「今井館講演」
9　無教会早わかり	17	1947. 3. 30	「今井館講演」
10　人の復活と国の復活	18	1948. 3. 28	東　京
11　キリスト教会と共産党	19	1949. 3. 27	大　阪
12　自由と寛容	20	1950. 3. 25	東　京
13　自由と独立	21	1951. 3. 25	「今井館講演」
14　日本のゆくえ	22	1952. 3. 30	東　京
15　新日本の定礎	23	1953. 3. 29	「今井館講演」
16　時勢の動きと預言者の声	24	1954. 3. 28	東　京
17　無教会主義の中心問題	25	1955. 3. 27	東　京
18　無教会主義とは何か	26	1956. 3. 25	「今井館講演」
19　教育と宗教	〃	〃　4. 8	大　阪
20　内村鑑三とシュワィツァー	27	1957. 3. 31	東　京
21　キリストの福音とキリスト教	28	1958. 3. 29	大　阪
22　われらは七人	(〃)	1958. 4. 6	東　京
23　主のしもべ	30	1960. 3. 20	大　阪
24　宣教百年と無教会運動	〃	〃　3. 26	東　京
25　日本の思想史上における内村鑑三の地位	生誕百年	1961. 3. 26	東　京
26　内村鑑三と日本	〃	〃　4. 8	名古屋
27　罪の問題	〃	〃　4. 9	大　阪

解説　真理の継承——内村鑑三から矢内原忠雄へ

川中子義勝

日本思想史に残る書物を挙げるように問われて、『歎異抄』と答える人は多いであろう。師親鸞の言葉を忠実に蒐めたこの証言集には、親鸞自らがその師への帰依を語った一説がある。第二条、法然聖人の教えに従って後悔はないと述べる箇所は、師への盲従を告げるものではなく、弟子が、師から伝えられた真実を我が身において深く受け止めた後に、自らの全存在を賭けて語り出す実感の言葉である。仏教が日本の精神に根付いていく過程を示す証言ともいえよう。信仰の真理は、このように人格の深い交わりを介して伝えられてゆく。我々に近い時代に、そのような継承の証言を見出すことはできるだろうか。近代は人を個の内面に孤立させた。専ら自己への集中を追求する現代に、特定の人格を導き手とし、その言葉に自己の生涯を沿わせようとする証言は稀であろう。だが、皆無ではない。『内村鑑三とともに』は、まさにそのような書物に数えられる。明治維新以後の思想に多大な影響を与えた人物として、今年生誕一五〇年を迎える内村鑑三の名は既に定まっている。矢内原忠雄もまた今年没後五〇周年を迎えるが、彼は日本が戦争へと邁進していく昭和の時代、また敗戦後の再建期に人々の心を捉えた。その活動は、師内村の信仰の戦いを引き継ぐ形で、キリストの福音がこの国に根ざすことを希求する戦いであった。真理の継承がここでも人格の深い交わりに基づくことを、この書は窺わせる。

一　出会い

二人の人格を結ぶ交わりには、出会いが重要な意味を持つことがある。内村鑑三と矢内原忠雄の場合も、弟子は師との邂逅によって震撼させられる経験を味わっている。矢内原にとって、内村の娘ルツ子の死はそのような出来事であった。故郷を離れ一高で学寮生活を送っていた矢内原は、内村の雑誌『聖書之研究』を一年購読した後、内村宅隣接の今井館で催されていた日曜聖書講義への参加を許される。ルツ子の死は、入門の矢先の出来事であった。葬儀に参列した矢内原は、「今日のこの式はルツ子の（天国への）結婚式」という内村の言葉に驚く。さらに埋葬の場に臨んで、内村は一握の土を掴んで高く掲げ、「ルツ子さん万歳」と叫んだ。ルツ子は矢内原とほぼ同年であったが、その光景に、矢内原は雷に打たれたように全身を深く揺さぶられる。信仰とは、生半可な気持ちで向かうことの許されないものと実感した矢内原は、内村の説く聖書の言葉にいっそう集中していく。

肉親の死の問題は、やがて矢内原自身の問いとして受け止め直される。父母思いの矢内原は両親に福音を伝えたいと願っていた。しかし東大へと進学する時期に母、そして父と次々に世を去ってしまう。信仰を告白せずに亡くなった両親の救いの問題は矢内原の心を悩ませた。独りで問いを担いきれなくなった矢内原は、意を決して内村のもとを訪れる。だが内村の答えは、「私にも分からない」という予期せぬものであった。失意の内に辞する矢内原に、内村は、問いを抱きつつ自ら信仰の生涯を歩むことの大切さを説く。「先生にも分からぬことがある」という事実は矢内原を驚かせたが、自らの経験をおいて他に信仰を学ぶ道はないことを悟る。札幌農学校で自然科学を学んだ内村は、信仰は「実験」に他ならぬと語っているが、矢内原もこれを自らの歩みに受け止めてゆく。

メディアの発達した今日、人と人の間が容易に結ばれる時代を迎えている。しかし一方でむしろ、濃密な人間関係を敬遠する人々が（ことに若者の間に）増えている。そこに窺える自己を内に閉ざす傾向は、やはり社会や共同体の命を衰退させる一因であろう。そのような時代風潮の中にあって、この書が再刊される意義は大きい。矢内原は、自らを内村の直弟子に数えず、むしろ邪魔をせぬように距離をおいていたと告白している。しかし、師が自ら先ず真実を貫き、弟子も、師と仰いだ人格に対して生涯にわたって誠実を尽くすその姿勢をとおして、信仰の真実は人格から人格へ伝えられる。人格に関わることは、命の遺り取りとして直に伝える他はない。そのような遺り取りを介して、矢内原は内村の信仰と思想の核心を受け継ぎ、これを自らの信仰と思想において証する生涯を生きることとなった。この書はそのような証言で充ちている。

二　国家の理想

矢内原忠雄が内村鑑三から受け継いだものとは何か。本書は矢内原が内村鑑三記念講演会において語った講演を集めたものである。それらが語られた時期は、日本の敗戦を挟んで大きく二つに分けられる。初めの七編は、日本が戦争へと邁進していく時期、審判を告げる預言者のように国家の不義を告発した時期のもの。「悲哀の人」、また「前十年と後十年」は、内村の精神と戦いをふり返りつつ、国人に憎まれても真理を証言する信仰者のあり方を語っている。一方、敗戦の後、矢内原は一転して癒しを語り、与えられた平和と民主主義を普遍的な真理のもとに秩序づけてゆこうとした。「人の復活と国の復活」に代表されるように、国の復興がキリストの福音と真理の基盤に立つように説かれる。ひとつひとつの講演の内容には直接触れていただきたい。以下は、そのような状況下に何が継承されたのかを要約的に述べてゆくことにする。

歴史においては、一人の人物の思想や事績が簡潔に一語で記憶されることがしばしばある。内村鑑三における「(一高）不敬事件」、また矢内原忠雄における「矢内原（東大辞職）事件」はその典型であるが、この両者には一つの筋ないし系譜を見定めることが可能であろう。両者がともにするのは、狭隘な民族主義、国家主義との闘いである。

アメリカから帰国した内村は、新潟北越学館での短い教育経験を経て、一八九〇年、一高に嘱託教諭として赴任した。折しもその年の暮れ、一高に宸署の教育勅語が授与され、年明けにはその奉読式が催された。内村は躊躇しつつも式に出席する。しかし、勅語の前で最敬礼をする式の次第に、彼は宗教的礼拝に通じるものを感じ、自らは僅かに頭を下げるだけであった。この不十分な敬礼が、国粋主義的な教員生徒の目にとまり、社会的事件にまで発展する。直後に病を得て床に伏した内村は、後日、知らぬ間に依願免職の手続きが取られていたのを知る。また看病疲れで妻加寿子は亡くなり、内村は職と家庭を一度に失ってしまった。内村への非難は、やがて東大教授井上哲次郎による「教育と宗教の衝突」論争へと発展していくが、当時内村は大阪、熊本へと転々とし国中に安住の地を見いだせぬ境遇を味わった。キリスト教会すらも、内村の態度を不徹底と見て積極的に擁護をしなかった。内村は教育の道を断念し、著述とジャーナリズムへ転じていく。これは日本が天皇制疑似宗教国家へと基礎を固めてゆく一時期を画する事件となった。しかし、内村はその後もなお『万朝報』等の誌面で筆鋒鋭く「鉱毒事件」を告発、また「非戦論」を掲げて時代批判を展開することができた。身に直接の危難が及ぶ事態が予感されるのは、漸く大逆事件の頃であるが、矢内原の時代になると状況はより深刻なものとなってくる。

内村は晩年、国家の滅亡の兆しは人を神とすることにあると指摘したが（石原兵永『身近に接した内村鑑三』下）、この問題を矢内原は学問の主題としてより根本的な形で表現することができた。そこにも内村の精神の継承を跡づけることができる。内村鑑三は、聖書研究に生涯打ち込んだが、生物学を学んだ者として進化論の問題をも最後まで追究し、両者をどちらか一方に安易に還元して事足れりとはしなかった。真理は楕円のごとく二つの焦点を持つと内村は述べているが、矢内原の場合にも、信仰に並ぶいまひとつの焦点を指摘できる。社会科学、とりわけマルクス主義（唯物史観ではなくその）経済学である。その方法は、彼に時代を洞察する視点を与えた。内村が自らを基礎づけた信仰者の経済的基盤は、彼が学んだニューイングランドの自営商工業者のそれであったが、時代はすでに帝国主義の世界規模での進展と無産者の増大していく方向へ大きく転換していた。そのような時代に、矢内原は現地調査とその学的分析によって自らの植民政策論を基礎づけていく。『帝国主義下の台湾』（一九二九）を初めとする一連の著作は、当時の被植民者に対する日本国家による抑圧の現実を明らかにしている。一方で、矢内原はイザヤをはじめとする旧約預言者に学びつつ、国際間の交渉は人間的欲望の原理を超えた宇宙的道義に基づくべきことを説き、その観点からも日本の大陸進出の不義と、その後盾としての天皇制国体論の問題性を指摘した。そうした発言や著作はまとめられ、『民族と平和』（一九三六）の表題のもとに刊行されたが、これは国体論者からの執拗な攻撃の的となる。翌一九三七年七月、盧溝橋事件の勃発を受けて、矢内原は「国家の理想」を『中央公論』九月号に執筆したが、これは当局によって全文削除とされた。これを知った矢内原は、畏友藤井武の記念講演会において、「神の国」と題し、虚偽へとねじ曲げられた日本人の国家思想への審判の言葉を語る。「日本の理想を生かす為めに、一先づ此の国を葬って下さい」という結語は、矢内原の東大辞職を直ちに導くことになるが、それはもとより覚悟の上の発言であった。後日、矢内原は「内村先生の御受けになった事は、私は……既に受けてしまった」と語っているが（本書「ハガイ書を読みて内村先生以後の無教会主義に及ぶ」）、これは、彼の天皇制国家主義との戦いが、内村鑑三から引き継がれたという自覚を証言している。

三　平和論の行方

日本の朝鮮出兵を義戦と信じ、「日清戦争の義」を公にした内村鑑三は、戦闘の経過とその結末を知り、慚愧の思いで前言を撤回する。以降内村は、日露戦争、第一次世界大戦を通じて「非戦論」の立場を貫き通した。内村にとって平和とは、単に戦いのない状態ではなく、社会の内にまた対外的に命と真実が溢れゆく現実を言うものである。『聖書之研究』誌の執筆刊行と自宅における聖書講義に専念した内村の後年の活動は、一見社会批判の表舞台からの撤退に見えるが、平和の福音を人の心に植え付けてゆくその活動は、社会の単なる表面的な修復に勝る積極的な救済の志に立つものであった。その後を継いで弟子たちには、矢内原の他にも、戦時中に非戦平和の立場を貫いた者が並び立った。矢内原の場合、東大辞職後は自宅における聖書講義、また土曜学校において少数の弟子たちに信仰と学問の真理を伝えようとしたが、一九四〇年には海を越えて朝鮮に赴き平壌他で講演やロマ書講義を行っている。それは、日本植民地下にあって支配する側にある人にも支配される側にある人にも、隔ての中垣を越えて等しく平和の福音を伝えようとしたものである。この旅を振り返って矢内原は、自らも「神の福音のために選び分たれたる者」として内村鑑三と同じ立場に立ったという自覚を語っている。

敗戦後、矢内原は一転して、焦土と化して荒廃した国と国民に対して癒しを語り出す。『日本の傷を癒す者』(一九四七)にまとめられるその活動は、新しく平和と民主主義のもとに出発した日本国民のために、真理追求の基盤としてキリスト信仰が根付くよう力を尽くす営みであった。矢内原は、日本国憲法を、値無くして日本国民に与えられた神の憐れみと祝福の徴と見なしたが、彼の平和論にも内村の非戦論の継承を見て取ることができる。矢内原は、平時にのみ説かれる相対的平和論に対して、侵略を受ける危機に直面しても揺るがない絶対的平和論を主張する。それはたとえ一時国が滅び、独立が喪われても、神の正義に立つ民族は、真実において世界から尊敬を受けるがゆえにその存立が失われることがない、という信仰に立つものであった。冷戦下の国際情勢と朝鮮戦争の勃発は、実際にその危機を告げるものであったが、矢内原は、絶対的平和を譲らぬためにいまいちど戦時下のような困難を身に受ける覚悟を表明している。「私の愛する国をも平和の為に燔祭として神にささげる。ここまでつきつめられて、私は神を信じた。而して始めて私の胸の波は静まった」(「モリヤの山」)。

日本社会の現実は矢内原が望んだ方向には動かなかった。晩年の彼にとって民主主義国家、平和国家日本の挫折は明らかであった。国家の滅亡を越えてなお揺るがぬ絶対的平和主義は、国家の境を超えた宇宙的道義に立つ信仰を抜きにして成り立ち得ぬものであったし、この国はそのような真理を受けなかったからである。そのような動向を見据えつつ語られた矢内原の講演がもつ今日的な意味を、逆にそこに見出すことができる。平和国家としての自信が揺らぎ、またその民主主義の脆弱さが明らかになった今の時代において、矢内原の言葉はそのかつての出発点をいまいちど見直させてくれる。

四　無教会主義・宗教改革・民主主義

矢内原は、戦後の民主主義の進展についても、危惧の念を抱きつつ、これを彼なりに思想的に支えようとした。民主主義に立つ社会や共同体を矢内原がどう想い描いていたのか。これを考えるときに、彼の無教会論をもう一度振り返ってみる必要がある。本書でもしばしば「無教会」という主題が繰り返されている。このキリスト教的な、しかもおそらく多くの人々に特殊と響く呼称が、なぜ、またどのように普遍的な意義を持つのか。

札幌独立教会の設立、また北越学館赴任の際の宣教師たちとの衝突等は、内村に日本伝道に携わる教派の対立、また外国布教団体による金銭的支配の弊害を認識させた。また不敬事件の際には自ら所属教会の無い状況に陥る経験を味わった。これらが内村に、通う教会の無い者のための集い（エクレシア）としての「無教会」を自覚させた。それは元来、既存の教会を否定するものでも無視するものでもなく、むしろこれを外に補うものである。一方で、「無教会」はキリストの福音に立つ共同体の本来の姿への回帰として、新たな「宗教改革」として受け止められていく。第一次世界大戦勃発によりキリスト教国が相争う事態に、内村は自らが学んだ西欧近代キリスト教の行き詰まりを感ずる。アメリカ参戦に接した際の信仰の危機を、彼は「再臨」を受け止め直すことによって克服するが、その後「再臨運動」に乗り出す前に、彼はルターを集中的に学び、「宗教改革の精神」と題して語り、さらに「信仰の上に愛を加ふる改革」の必要を説いた。また「宗教改革仕直しの必要」と題された晩年の文章には、「霊魂の自由なる交際」が説かれるが、そこには内村の思い描く真の無教会が見定められている。矢内原における「無教会」の理解は、そのような内村の宗教改革の理想に接続するものである。

矢内原の「宗教改革論」もまた、日本の社会が戦争と直面する時期に纏められた。その符合は象徴的である。東大辞職後、ロマ書を携えて朝鮮に渡った時の講演に基づくこの論文は、驚くことにいきなり「全体主義」の小見出しで始まる。個人主義、自由主義、民主主義が非難される時代状況を受けて、称揚されるべき全体主義とは何かと問いを提起する。そこで矢内原は、個人とその自由が顧みられた上に、なお全体の幸福を各人が追求してゆく社会こそ真の全体主義であると述べる。これは、もう全体主義を換骨奪胎して、「国家の理想」に説いた宇宙的道義に立つ国家像、社会像を指し示すものである。そしてそのような理想を追求する国家や社会の各層に個々人が浸透して内側から支えていくとき、その命の源として、キリスト者の共同体（エクレシア）が見定められる。無教会の理想がそこにある。それは、教会を世俗に対する橋頭堡のように固守するのではなく、宗教と世俗の境を越えて命を与え、平和を担い往くものとして福音の真理を語り出すがゆえに、既成の宗教や社会、また教派の境を越える現代の宗教改革を指し示す。

西欧近代は、思想や信条の自由を個人の権利として確立したが、一方で信仰や思想の問題を、国家や社会の公的な問題には与らぬものとして、個人の私的領域に閉じ込める傾向が生じた。矢内原はその活動の初期から、心の中に享受するだけの信仰は愛を欠いた自己満足であり、本来の命を失うとし、社会の傷んだところに赴き、苦をともにする信仰者の歩みを説いた。それはまさしく彼の学問の営みであったし、義を欠いた国家に対する批判も、身近な学生たちへの薫陶もその源に発していた。矢内原に惹かれた学生たちは、信仰告白の有無を問わず、等しくそのような無教会の徒として世に出ていったのである。かつて内村は、青年たちに「後世の最大遺物」と題して語った際に、誰にでも遺しうるものとして「勇ましき高尚な生涯」を指し示した。そこに語り出された広い意味での無教会の教えを、矢内原も受け継いだといえよう。戦後において矢内原は、衆愚政治に陥りがちな一面を心得た上で、なおかつ民主主義に将来の日本が辿るべき道を見定めた。そこで彼は、民主主義の根拠として自由、平等と並んで第三に「世の中の弱者という弱者の一人一人に温かい心をよせて、かれも人間であると、わが胸に抱きかかえるような気持ち」を挙げ、これを培うものとしてキリストの信仰を指し示した。矢内原の「宗教改革論」は戦後も一貫して貫かれている。多数者の利益追求の手段と化した感のある現代の民主主義政治に対するとき、矢内原の言葉は我々が自らの歩みを深く考えさせられる契機となる。

無教会は、キリスト教史に繰り返し登場する諸教派の一つではないし、そのような狭隘に陥ってはならない。これは、内村も矢内原も等しく志したことである。かつて鎌倉仏教において日本独自の仏教の礎が据えられた。これに相当する日本独自のキリスト教受容の姿を彼らは無教会に見定めていた。しかしそれは、かつて戦争推進期に唱えられた国粋的な「日本的キリスト教」とはむしろ正反対の志向である。矢内原は「日本的キリスト教の樹立する為めには、日本的キリスト教に特殊なる苦難がなければならない」と述べ、日本的迫害は「利欲虚偽の国家思想」と闘う時にその真価が明らかになると述べた（「悲哀の人」）。それは、内村鑑三の闘いであったし、矢内原忠雄は、これこそ内村から受け継ぐべきものと述べ、みずからその戦いを戦った。「利欲虚偽」という人間と社会のあり方はかわらないが、戦前のような信仰者の戦いの現場が見えにくくなったことに、あるいは現代の困難があるのかもしれない。そのような状況を見すえつつ晩年の矢内原がいまいちど指し示しているのは、社会を新たにするような徹底的な改革は、何よりもまず一個人の内に始まるということである。内村との出会い以来、その「十字架を仰ぎ見る」信仰は矢内原の命をその根幹から支える力となった。矢内原が内村から受け継いだ総ての底流には何よりもこの贖罪信仰がある。本書の内にも内村鑑三の「弱さ」に注目した発言が多い。内村の信仰の核心を、無力ゆえにただ神に泣き叫ぶ「赤子の信仰」と説く最後の講演「罪の問題」には、矢内原の共感が語り出されている。矢内原の終焉もまたそのような姿であったことが、彼の雑誌『嘉信』終刊号に妻恵子の筆で伝えられている。

（二〇一一年八月一日）

新装復刊にあたって、川中子義勝教授の解説を新たに加えた。——東京大学出版会

新装版 内村鑑三とともに

1962年11月15日 初 版第1刷
2011年 9 月30日 新装版第1刷

［検印廃止］

著 者 矢《や》内《ない》原《はら》忠《ただ》雄《お》

発行所 財団法人 東京大学出版会

代 表 者 渡辺 浩

113-8654 東京都文京区本郷7-3-1 東大構内
電話 03-3811-8814 Fax 03-3812-6958
振替 00160-6-59964

印刷所 大日本法令印刷株式会社
製本所 牧製本印刷株式会社

ISBN 978-4-13-013092-9 Printed in Japan